社会情感学习丛书

毛亚庆　杜媛◎著

社会情感学习
与
学校管理改进

Social Emotional Learning and
School Management Improvement

北京师范大学出版集团
BEIJING NORMAL UNIVERSITY PUBLISHING GROUP
北京师范大学出版社

图书在版编目(CIP)数据

社会情感学习与学校管理改进 / 毛亚庆，杜媛著 . —北京 : 北京师范大学出版社，2021.3(2024.7 重印)
ISBN 978-7-303-26302-8

Ⅰ. ①社… Ⅱ. ①毛… ②杜… Ⅲ. ①情感教育－关系－学校管理－研究－中国 Ⅳ. ①G44 ②G47

中国版本图书馆 CIP 数据核字(2020)第 166572 号

北京市社会科学理论著作出版基金资助

图 书 意 见 反 馈　gaozhifk@bnupg.com　010-58805079
营 销 中 心 电 话　010-58802755　58800035
北师大出版社教师教育分社微信公众号　京师教师教育

SHEHUI QINGGAN XUEXI YU XUEXIAO GUANLI GAIJIN
出版发行 : 北京师范大学出版社　www.bnup.com
　　　　　北京市西城区新街口外大街 12-3 号
　　　　　邮政编码 : 100088
印　　　刷 : 北京虎彩文化传播有限公司
经　　　销 : 全国新华书店
开　　　本 : 787 mm×1092 mm　1/16
印　　　张 : 25.25
字　　　数 : 420 千字
版　　　次 : 2021 年 3 月第 1 版
印　　　次 : 2024 年 7 月第 3 次印刷
定　　　价 : 85.00 元

策划编辑 : 鲍红玉　　　　　责任编辑 : 齐 琳　张筱彤
美术编辑 : 李向昕　　　　　装帧设计 : 李向昕
责任校对 : 郑淑莉　　　　　责任印制 : 马 洁

前　言

　　社会情感学习（social emotional learning，SEL）是世界范围内提升基础教育质量，促进学生适应 21 世纪学习、生活及未来工作的重要教育理论、研究与教学实践活动，也是当下中国基础教育发展方式转变、促进教育内涵式发展、提升学生全面发展质量的重要途径。通过社会情感学习促进儿童社会情感能力的发展，是人类共同体在提升基础教育质量、促进人的全面发展方面所进行的理论与实践探索。大量的研究指出，教育不仅要促进儿童的认知发展，也要促进儿童的社会情感能力发展。2015 年，经济合作与发展组织对在其成员国内开展的社会情感学习实践及政策进行了综合调查研究。研究表明，儿童发展需要均衡的认知和社会情感能力，只有加强两者的相互作用，才能进一步提高儿童未来获得成功的可能性；研究同时指出，教师和家长通过改善与儿童的关系、创设学习与体验的机会，能够帮助儿童提高社会情感能力。2017 年，经济合作与发展组织开始研究制定社会情感能力国际评价框架，旨在对其成员国的 10 岁和 15 岁学生进行测试，其结果将用于帮助家长、教师及学校更好地了解学生社会情感能力发展所需要的条件，以及如何提供支持、如何促进学生的发展。

　　实施社会情感学习，培养和提升学生的社会情感能力，回应了当今中国及世界其他国家社会发展所面临的由物质的极大丰富与精神的提升失衡导致的人与社会的冲突、人与人的冲突、人与心灵的冲突等问题。社会情感能力是儿童面对成长和发展的复杂情境，在社会化过程中，基于个人的自我感受和社会关系的互动体验，掌握并应用的一系列与个体适应及社会性发展有关的核心能力。情感教育要超越学生个体并关注他们与别人之间的关系的效果，因此，人际关系和社交技能被认为是情感教育的核心。由此可见，社会情感能力凸显情感教育中关于学生社会性发展的内容，强调学生在自我认知的基础上获得并发展与他人和社会的关系方面的能力，强调情感能力与人际关系、社会规则相互协调地运用，凸显人的社会性发展；它强调学生要更加清醒地识别自己和他人的情感状态及微细变化，主动及时地进行正向调节，从而维持自己良好的身心状态，并自觉与他人、社会保持和谐。

实施社会情感学习，培养和提升学生的社会情感能力，也积极回应了中国教育现代化发展的时代需要。现代化首先是人的现代化，教育的现代化在其中扮演着不可替代的角色，中国社会的现代化也不例外。人的现代化必须与现实社会发展的节律合拍，回应一个时代的诉求。随着中国社会发展进入新时代，回应人民日益增长的美好生活需要成为重要的社会发展任务。就基础教育而言，想要以更好的教育使每一个受教育者拥有向往和追求美好生活的能力，则需要丰富自身的教育内涵，扩大质量概念，促进学生积极、健康、全面、充分、协调发展；基础教育需要关注学生的人格品质、情感质量、责任意识和美好生活能力等有助于社会文明和谐的精神层面的提升。

在新时代，回应人民日益增长的美好生活需要其实也包含对生活意义的追问。这种追问不是一个向外的问题，而是一个向内的问题；不是仅仅指向人对外部世界的对象化活动，而是较多地指向人对自身存在状况的自省和反思。追问的是社会的发展不仅要生产，而且要生活；不仅要解决人在发展中所面对的如何客观存在的生存问题，而且要解决人作为存在者的意义和价值问题。因此，现代化的追求不仅要回应人生存的理性基础和物化需求的满足，而且要回应人作为存在者的自我本原和存在的意义，从而为社会的发展构建更为坚实的人性基础。

在很长一段历史时期，中国社会的发展更多地指向解决人类赖以生存的物质基础的问题，这一指向更加关注人对外部世界的对象化活动。这种对象化活动所遵循的逻辑是"主客二元对立"，把自我确立为主体，把自我之外的他者规定为客体，他者都是与自我相对立的，并由自我规定；人与人之间的关系是一种互为对象的关系，彼此之间充满控制与征服的竞争性倾向；每个孤立的个体自我化约为社会的原子，强调自我独立，凸显自恋性；构建的彼此之间的关系是不信任的，充满竞争，个体进而把社会共同体和他人视为实现自己目的的工具和手段，导致社会生活共同体的分裂和社会伦理的总体性破损。这种社会发展使理性得以彰显、物质得以丰富、人的主体性得以凸显，但在某种程度上使人"物化"了，使人更多地关注生命活动的外部表现，关注做出了多少业绩、创造了多少财富、挣得了多少金钱。这导致许多人只会生产，不会生活；只会挣钱，不会花钱；只知道积累财富、对外炫富，不知道如何滋润自己的内在世界，过上精神愉快、人际和谐的美好生活。

在新时代，人民日益增长的美好生活需要说明中国社会的发展进入以构建人与人之间良性互动关系为特征的阶段。要实现这种社会发展形态，就要防止由功利化引起的社会关系中的疏远与冷漠、紧张与矛盾、冲突与对抗等不信任与正能量缺失问题；要防止出现人们虽然已经获得物质生活的满足，但难以从物质满足中找到人生的意义与价值，难以获得应有的社会性发展，难以获得幸福感的现象。防止这些问题与现象的实质，就是在新的社会发展样态中构建人与人之间关系的精神生态与人格品质，使人们产生更多向幸福靠近的行为及相应的社会品质，这种社会品质的形成与提升决定社会的和谐与人的幸福感。

回应时代的发展对人的现代化的诉求，教育在其中扮演着重要的角色。在现实的社会发展中，人的现代化不是仅有人的理性化，人的社会情感能力提升也是重要的内容。社会与自然的根本区别就在于构成社会的人性基础，而人的社会情感能力就是社会发展的重要人性基础。这种人性基础构建了社会秩序，规范了社会行动，加固了社会团结的纽带，形成了具有正能量的社会基础。因此，如何在基础教育中提升学生的社会情感能力，实现对学生社会性的构建，形成促进学生社会情感能力发展的推进模式，是当前基础教育均衡、充分发展必须思考的重大理论和实践问题。

要提升学生的社会情感能力，就必须改进三个方面的观念认识。

第一，对人的发展的理解要回归本真。人的发展是在身体、心智、情感三方面进行的，情感是人性发展不可缺少的因素，情感在现实性上代表了人性的需求倾向。人的全面发展直接受到人的情感发展的制约，情感发展是人全面发展的基本前提。因此，一个真正意义上的人应该是一个有情感的人，情感在人类个体的生存发展与社会适应中具有不可替代的作用。那么，如何保持人的平衡发展、协调发展，促进人形成健康的身体、健全的心智、积极的情感，就是教育必须思考的问题。促进学生情感的发展是学校教育的应有之义，是教育的重要目标。

第二，对教育的理解要以人为目的。教育应以人为目的，基于人性应该获得的发展，使人获得精神的健全成长，而不是把人作为实现其他目的或利益的工具。教育的要义不仅在于提升人的理性，而且在于确证人的存在，促进人的生成，这应是教育的本质属性。在现实教育中，必须防止教育的目的脱离人的全面发展，教育不顾学生的情感发展，过分追求功利化目标的现象。

第三，对智力的理解要关注非认知能力。加德纳将智力定义为在某种社会和文化环境的价值标准下，个体解决自己遇到的真正难题或生产及创造出有效产品时所需要的能力。这表明人们对于智力的理解不再只停留在人认识、理解客观事物并运用知识、经验等解决问题的抽象思维能力上，而是认为智力也包括如何处理好自我与他人的关系等自我认识和人际关系能力，开始关注促进有关人的社会性发展的一系列非认知能力、胜任力和人际能力的构建。

基于此，要提升学生的社会情感能力，我们需要从以下四个方面努力。

第一，采取符合目的的教育方式。符合目的的教育方式意味着学校的管理者和教师在对待人的方式上是符合道德的，在学校文化、规章制度、班级文化的设计与表达上不贬低、侮辱学生，传递积极的善意。在教育过程中，教育者要约束自己的行为，不以非善意的、不道德的态度和行为对待受教育者；不忽视人的基本权利，不通过排斥、歧视、伤害、冷漠等行为伤害学生的心灵与情感。在教育中，教育者要站在促进人的精神全面发展的角度，以关爱、关注、引导、帮助等积极的教育行为对待所有学生。

第二，构建基于真诚的关心型校长领导力。学生的社会情感能力本质上是关系的社会性构建能力，促进学生社会情感能力发展的校长领导力本质上也是关系的社会性构建，核心在于构建一种积极向上的人与人之间的关系，构建学生社会情感能力发展所需要的安全、包容、支持性环境。为此，校长需要构建基于真诚的关心型领导力，这种领导力强调校长在学校管理中要关心他人、待人真诚，这种关心要公开、透明和真诚，倡导对他人进行积极关注以及从他人的角度看问题，关注人际感受，而非只制定普遍约束的规则。校长要营造人与人彼此关照的互动性氛围。

第三，构建积极向上的学校价值取向。真诚的关心型校长领导力的体现就是学校成为既能够分享又有归属感的组织。校长致力于在学校中发展相互关心的人际关系，关注关心型组织的构建，使学校具有一些积极向上的价值取向：一是团队感，即学校的组织成员在学校中产生归属感，建立彼此的信任和尊重，人们乐于帮助他人，团结得十分紧密，目标感很强；二是愉悦感，即学校的组织成员在学校中产生快乐感，快乐的教师让学生和家长也获得快乐，用愉悦打开心扉便会带来积极的情感体验，使想象的空间不会被挤压，创新的火花不会被熄灭；三是意义感，即学校的组织成员共享学校发展愿景，组织成员基于意义的追问，被激发出最大的潜力、想象力和创造力，为社会做更多有益的事情。

第四，构建生态的学校氛围。积极向上的学校价值取向的实现依靠学校氛围的营造。学校氛围应是生态的，它与学校环境不同，学校环境更多地关注学校的客观存在，学校氛围则更重视学校的心理—社会环境，更关注学校环境中教师和管理者的组织行为方式以及学生和教师共享的价值观。因此，学校氛围的营造要关注学生在学校中关于角色、人际关系的体验，这些体验既包括对教师行为、师生间互动、学生间互动的体验，也包括对学校管理者、教师、学生之间的互动的体验；要关注组织的价值观、舆论水平、行为规范的执行情况及组织成员对学校的归属感；要关注组织成员的感受与情绪状态，注重组织中人际关系心理相容的程度；要关注在学校组织中构建安全、健康、愉快、温暖的积极情感体验。

2011 年，教育部教师工作司和联合国儿童基金会合作，在我国西部五省（自治区、直辖市）试点实施"社会情感学习与学校管理改进"项目。该项目旨在通过学校管理、教育教学、家校合作等支持性环境建设，在校内外形成相互尊重、理解与支持的人际关系和积极氛围，帮助学生在学校和社会生活中获得发展所必需的对自我、对他人、对集体的认知以及管理的意识、知识和技能，培养学生的自信心与责任意识，帮助学生建立积极的人际关系，获得良好的情感品质和社会性发展，有效地应对成长过程中的挑战，促进其身心全面协调发展。这便积极回应了新时代对基础教育全面育人的要求。该项目先在广西、云南、贵州、新疆、重庆 5 个省（自治区、直辖市）的 250 所农村学校开展"整校推进"试点工作，随后又推广到全国东、中、西部 11 个省（自治区、直辖市），在 275 所小学开展了实验。此外，该项目依托本书著者主持的北京市教育科学"十三五"规划优先关注课题"北京市学生社会情感能力发展策略研究"、国家自然科学基金面上项目"中国学生社会情感能力发展的学校管理综合变革研究"以及国家自然科学基金面上项目"中国基础教育内在质量提升与学校管理改进"等课题，在北京市海淀区教委及顺义区教委、天津市东丽区教育局、广东省深圳市龙华区教育局、河北省秦皇岛市北戴河区教育局的支持下，在相关区域 50 余所中小学校开展了旨在促进学生社会情感能力发展的实验工作。

伴随实验工作的开展，在教育部及各省级教育行政部门的支持指导下，在国家级、省级专家团队和项目学校的校长、教师、家长、学生的共同努力下，项目完成了一系列试点工作，包括一套培训和教学资源的开发、四级培训团队的建设及培养、项目学校校长和教师的持续培训、学校管理改进方案的制定及落实等；相关理论的梳理工作以及实践探索经验的总结与提炼工作也同步进行，最终汇集成了本书。

本书力图描绘一幅切合时代发展形势，以社会情感学习理论为基础，以促进学生的全面发展为目标，以学校管理有效改进路径为目的的学校发展蓝图。本书既是"社会情感学习与学校管理改进"项目实施的理论结晶，也是社会情感学习与学校管理改进理论中国化的成果。希望本书能够帮助学校校长、管理团队、教师厘清一些概念，启发一些思路，提供一些具体建议；也希望本书能给予关注学校管理改进的研究者新的视角和思路，通过整合国内外关于社会情感学习的理论、实践案例和操作方法，共同描绘促进学生社会情感能力发展与学校管理改进的整体画面。

本书共包括七章，力图从为什么、是什么、现状如何、如何改进及效果如何五个方面，围绕社会情感学习这一核心问题，阐明为什么需要社会情感学习、什么是社会情感学习、社会情感学习的现状如何、有哪些改进的方式以及学校管理改进的效果如何，以期为正在从事学校管理改进的理论研究和实践探索的人们开阔视野，并提供实践建议。

第一章：社会情感学习的价值意义，回答"为什么"的问题。这一章通过对历史和现实的描述，提出我们所处的正是一个变革、转型的时代，在这样的时代中，学校管理和学生发展都存在诸多现实问题，教育处在复杂且改革空间较大的情境中。这一章通过分析国内外已有实证研究的结果和当前学校管理、学生发展所面对的种种矛盾和问题，提出社会情感学习对社会发展、个人发展和基础教育发展都有重要的价值和意义，可回应当前国内外基础教育的时代要求和现实需要。这一章可帮助读者理解社会情感学习的背景和意义。

第二章：社会情感学习的学理分析，回答"是什么"的问题。首先，从社会情感学习的哲学思想来源、教育学基础和心理学依据这三个不同的学科视角详细阐述社会情感学习的理论基础；其次，综述国外关于社会情感学习及学生社会情感能力发展的相关理论模型；最后，在借鉴国际经验的基础上，结合中国实际，对社会情感学习形成中国化理解，构建具有中国特色的学生社会情感发展的内涵及目标，即学生认识和管理与自我、与他人、与集体的关系的态度、知识和能力发展的三项六维发展目标。

第三章：社会情感学习与学校管理改进的现状调查，回答"现状如何"的问题。在系统构建社会情感学习中国化内涵的基础上，这一章主要介绍中国学生社会情感能力测量工具的研发过程，从实证分析的角度验证理论模型，并全面调查我国学生社会情感能力发展的现状、学校社会情感学习开展的状况，以及学校制度与管理、课堂教学、学校氛围、家校合作等影响学生社会情感能力发展的因素，进行深入、客观的描述，为制定基于社会情感学习的学校管理改进策略提供实证依据。

第四章至第六章系统地论述基于社会情感学习的学校管理改进模式，回答"如何改进"的问题。

第四章：社会情感学习与学校管理改进的国际经验。这一章详细介绍国外基于社会情感学习的学校管理改进的成功经验和典型案例，指出国际上在学校教育中发展学生社会情感能力的策略经历了从课程模式、项目模式到综合变革模式的变迁。课程模式以情绪智力理论为依据，实现了对学生发展的直接干预，但导致了碎片化和边缘化倾向，同时也受限于授课教师的能力特征。项目模式力图使学生在民主、参与、合作的氛围中达成对彼此的理解，进而发展社会情感能力；然而，氛围并不一定被接受，而且项目模式在面对项目干预措施与学校工作的契合度问题时表现出很大无奈，这使其有可能成为一种乌托邦式的干预策略。社会情感能力发展的综合变革模式使对社会情感能力的干预主体从学校外部转向学校内部，从"要我做"转变为"我被支持做"，从而确保学校在变革中的主体性，校长的领导力提升和教师的专业发展可为质量提供重要保障。

第五章：社会情感学习与学校管理改进模式的中国构建。这一章提出一个促进学生社会情感能力发展的学校管理改进综合模型。基于社会情感学习的学校管理改进需要按照整体的、系统的、协同的方式设计模式，学校管理人员、教师、家长、学生彼此协调互动，形成合力，共同推进。通过在课堂教学中教授社会情感技能，解决"知不知"的问题；通过改进师生关系和同伴关系，为学生社会情感能力的发展提供实践土壤，解决"会不会"的问题；通过完善学校管理制度、促进家校合作伙伴关系的建立，为学生的社会情感能力持续发展提供保障，解决"持续与否"的问题。基于此，促进学生社会情感能力发展的全员育人和全方位育人模式得以构建。

第六章：社会情感学习与学校管理改进的实践探索。这一章详细介绍学校管理综合变革的各个关键要素及学校实践的具体案例，包括：学校社会情感学习综合管理变革规划、社会情感学习与校长领导力提升、社会情感学习校本课程实施、在学科教学中融合社会情感学习、社会情感学习与学校氛围创设、社会情感学习与家校合作、社会情感学习的监测与评估。学校管理变革是系统化的改革工程，不能局部地、碎片化地修补，需要全局性的统筹规划。观照已往的基础教育变革，凡是头痛医头脚痛医脚、按下葫芦浮起瓢的局部改革，都只注重表象而不能解决深层问题，常常隐藏很多问题，这也是全面深化改革的必要性所在。为了促进学生的社会情感能力发展，应采取整体的、系统的、协同的思维方式，通过综合完整的改革措施、制度建设，重点关注区域层面和学校层面的系统变革。

第七章：社会情感学习与学校管理改进的效果评估，回答"效果如何"的问题。为验证社会情感学习中国化内涵及实践策略的有效性，这一章详细介绍对"社会情感学习与学校管理改进"项目实施效果的实证评估，客观分析项目给学校和学生带来的影响及影响项目实施效果的因素。

本书在写作过程中得到教育部教师工作司副司长黄伟、教育部教师工作司教师发展处处长黄贵珍的关心与重视；联合国儿童基金会的郭晓平博士、王超女士，以及"社会情感学习与学校管理改进"项目专家团队成员谢笠、龙登丽、江静帆、韦昌勇、李福灼、闻待、左萍、陈静、安洁、陈恬、杜屏、苏敏、李泽林、石义堂、万明春、姚计海、于洪霞、余凯、赵树贤等，为理论成果的提炼和实践探索提出了很多宝贵的建议，做出了积极的贡献，在此表示衷心的感谢。我的博士后曾垂凯(已出站)、曹慧(已出站)和研究生张海军(已毕业)、杨志(已毕业)、王树涛(已毕业)、陈瑛华(已毕业)、杨传利(已毕业)、李明蔚(已毕业)、张森(已毕业)、郭伟(已毕业)、何二林、田瑾等也在书稿撰写的前期阶段做了大量的资料翻译、整理和校订工作。实验区的校长、教师、专家团队及行政部门领导给予了大量的支持与配合。在本书面世之际，对大家的辛苦付出一并致以诚挚的谢意。

毛亚庆

目　录

第一章　社会情感学习的价值意义

社会情感学习(social emotional learning，SEL)是学生获得个人自主发展和社会性适应所必需的社会情感能力发展过程。[①] 社会情感能力的培养是教育促进儿童全面协调发展、为其未来奠定基础的重要任务之一，是当今中国及世界其他国家在提升基础教育质量、促进人的全面发展方面所进行的理论与实践探索。它回应了当今人类社会发展中由物质的极大丰富与精神的提升失衡导致的人与社会的冲突、人与人的冲突、人与心灵的冲突等问题；回应了社会的和谐发展不仅需要物质生活水平的提高，而且需要人格品质、情感质量和责任意识等决定幸福感的精神层面因素的提升的问题；回应了在功利主义与唯认知论的影响下，基础教育有时过分关注学生的智力提升而忽视学生的社会性发展的"重教学、轻育人"的现实问题。习近平总书记在党的十九大报告中提出："要全面贯彻党的教育方针，落实立德树人根本任务，发展素质教育，推进教育公平，培养德智体美全面发展的社会主义建设者和接班人。"如何在基础教育中提升学生的社会情感能力，实现对学生社会性的构建，促进学生平衡、协调发展，培养学生健康的身体、健全的心智、积极的情感，是提高我国基础教育质量、推进素质教育、实现教育优质均衡发展必须思考的重大问题。

[①] Osher, D. M., Kidron, Y., Brackett, M., et al., "Advancing the Science and Practice of Social and Emotional Learning：Looking Back and Moving Forward," *Review of Research in Education*，2016 (1)，pp. 644-681.

第一节　社会情感学习对社会发展的价值意义

一、关注社会情感学习凸显新时代协调发展的新理念

人类社会进入 21 世纪后，随着经济全球化的深入发展，物质的极大丰富与人们精神提升之间的失衡使当前中国和世界其他国家的发展中都不可避免地存在人与人的冲突、人与社会的冲突、人与心灵的冲突等问题；当冲突久久不能解决，并从根本上动摇了心灵的支撑或本体承诺时，精神便陷入存在危机。[①] 这种危机可能导致有知识没文化、有头脑没心灵的空壳化现象，人们可能表现出对生命的漠视、对自我的茫然麻木、对待他人的冷漠，甚至可能出现"单向度"粗暴冲动地对待人际关系的人。人是社会的主体，社会的良性运行离不开人的参与，如果人的品质出现问题，社会的稳定与发展就会受到影响。从现代社会的发展趋势来看，一个国家综合国力的强弱和社会运行的好坏越来越取决于人的素质的高低。人的素质不仅指人的智力素质，还包括人的情感素质。对于一个民族来说，良好的情感素质是其具有生机和活力的象征，代表整个民族的精神力量。在社会发展进程中，反映社会存在的积极的正性情感能推动社会向前，而消极的负性情感会阻碍社会的持续发展。

社会的飞速发展将中国带入从传统到现代的转型期，处于转型期的中国社会在各个方面都经历着较大改变。就我国现阶段的国情而言，社会转型已经成为不可逆转的历史趋势。从国外已有的经验来看，社会转型有可能引发一些社会问题，进而影响社会的健康、可持续发展。城镇化进程和大规模的人口流动使越来越多的中国人离开熟悉的家乡，来到陌生的地方生活，生活方式的巨大变化引起了传统观念的变化；在面对多元化观念的同时，现代信息与科技的高速发展又进一步将人们的物质生活与精神生活分开，社会中也出现了一些违背道德的现象，如拜金主义、功利主义、面对公共事件的冷漠心态等，这些现象都给学校教育带来了新的压力。

党的十九大召开以来，中国社会发展进入了新时代，具有了新的历史定位。新时代的"新"意味着与以往不同；新时代的"新"也意味着这是未来中国发展相

[①] 张立文：《中国哲学的现代价值——当今世界的病态与治疗化解之道》. 载《中国人民大学学报》，2005(2)。

对稳定的长期追求。新时代体现在我国经济已由高速增长阶段转向高质量发展阶段；我国社会主要矛盾已经转化为人民日益增长的美好生活需要和不平衡不充分的发展之间的矛盾，人民对美好生活的向往成为中国社会发展的奋斗目标。在新时代背景下，人民对于我国社会发展的诉求不仅有对"有没有"的物质层面的数量追求，而且关注基于"好不好"的质量层面提升。这种诉求的变化反映了对发展的理解呈现出丰富性、系统性、全面性的特征，更为根本的是为发展的要求赋予了更多内在的规定性，更强调走内涵式发展道路。

党的十八届五中全会提出了五大发展理念，其中"协调"紧随"创新"，居于次位。"协调"即在增强国家硬实力的同时注重提升国家软实力，推动物质文明和精神文明协调发展。这一发展理念充分体现了中国社会以人的发展为核心的发展方向，即在我国当前社会发展的背景下，社会的协调发展不仅包括物质生活水平的提高，而且包括人格品质、情感质量和责任意识等决定社会和谐、个人幸福感的精神层面的提升。

想要回应新时代人民对美好生活的向往，在教育上就要办更好的教育，体现在教育目标上就是努力让每个孩子都能享受公平且有质量的教育。更好的教育需要教育发展的定位发生变化，不能只是多出人才、快出人才，更重要的是出好人才。教育需要回归自己的本真：不仅关注人的理性提升，而且滋润人的灵魂，使人的思考与想象力得到提升，使人更具有人性。教育发展的方式需要发生变化，从数量到质量，从外延到内涵，从数量扩张的增长模式到质量提升的发展模式。

二、关注社会情感学习回应社会转型期的现实问题

社会情感能力对社会行为有发动之作用，可以使行动活性化；同时对社会行为起定向之作用，可以稳定行为的方向；社会情感能力还是维系人们彼此间关系的纽带。

1. 社会转型下儿童受到一些情感缺失的负面影响

我国社会正处于加速转型时期，现代化和社会主义改革开放浓缩在同一个时代，构成既波澜壮阔又复杂艰难的社会变迁，使我国学生处于传统、现代、后现代观点共存的时空中，生存环境发生巨大变化。从整个社会发展的大环境看，现代化是当前中国社会发展的主题之一。在传统社会中，每个人都作为其所处的集体中的个体存在，而现代化强调的是个人作为主体的价值。一方面，个人的主体性价值越来越得到承认，社会的发展需要每个人的主动性和创造性；另一方面，在西方国家，个人主义思潮的影响，个性的解放也导致了一些人私欲泛滥，如在美国，严重的利己行为、失业、贫富分化、社会阶层固化及环境污染等成为不能回避的社会问题。

以商品经济为标志的现代化正在改变社会中人与人之间的交往关系，渗透人们日常生活的各个方面；人与人之间的充满温情、彼此怀有真诚的交往关系，一部分变为以物质利益为基础的交换关系。例如，在一些西方国家，随着市场经济的高歌猛进，人们在充满竞争压力的环境中生活，赚钱成为一些人的中心议题，越来越努力地谋求经济方面的成功成为一些年轻人狭隘的人生观。个人主义也在某种程度上侵蚀社会共同体的价值。不时发生的不良现象使得学校教育需要肩负更多的责任。学校和教师需要寻求更多的办法，重新获得或加强自身对学生的吸引力，为学生在面对社会大环境时提供必要的、正确的信息和方法，树立权威地位。学生需要学习和理解如何处理彼此之间的关系，不仅包括技巧和工具，而且必须理解人的精神性存在，即超越个人利益的、在共同体中的人与人的交往。

2. 生存环境的巨变使我国儿童的心理问题日益增多

家庭是儿童成长的重要环境，家庭生活直接影响儿童的学校生活及未来进入社会的生活质量。随着现代化的推进，我国的家庭结构及其稳定程度也正发生剧烈的变化，在不同程度上影响了儿童成长的健康状态。在城市，家庭规模越来越小，家长需要为工作付出的时间不断延长，可能无法与孩子进行充分的思想交流与心理沟通。这样的家庭虽然在物质上可能比较富足，能为孩子提供丰富的学习资源，但家长可能很难与孩子保持经常性的、有质量的沟通，对孩子社会情感能力发展的影响力也可能减弱。在农村，劳动力大规模地向城市流动，大批农村青壮年人口进城务工。随着父母外出务工，农村出现了大量留守儿童，这些孩子要么与年迈的祖辈共同生活，要么寄居在亲戚家中，要么与兄弟姐妹共同生活，本应由家庭承担的教育职责无法得到充分履行，这些职责被不同程度地转嫁到学校，这也是农村中小学校所面临的新问题。成长于这样的家庭中的儿童可能由于缺乏健康成长所需要的关怀，感觉自己像生活在无人关心的孤岛上，可能进一步发展为所谓"问题儿童"。

此外，互联网技术高速发展，一方面使成年人容易将网络视为逃避工作压力的避风港，在闲暇时间也很少顾及孩子的利益；另一方面使家庭生活可能出现"文化反哺"现象，即孩子掌握新技术、接受新信息和新事物的能力明显优于家长，特别是祖辈家长，这会进一步加剧代沟问题，使家长与孩子的沟通变得更加困难。家庭生活若无法为孩子提供安全感、依恋感及有价值的沟通，家长的权威作用就会被削弱。

社会对儿童的宽容与家长对儿童的溺爱可能使一些儿童一方面冲动、任性、缺乏自制力，另一方面要求别人爱自己而想不到要爱别人。自私心理和对他人、社会的冷漠心态在一些儿童心中滋生。受社会大环境中负面因素的影响，他们或疏离社会、自我奋斗，或过早"成熟"，习得竞争环境下的不当行为，以致自私，感情缺失；最极端的情况可能是失去人类最根本的是非善恶的评判标准，表现出对弱者的疏离和漠不关心、对他人情感的无视。

全国少工委办公室与中国青少年研究中心于 2005 年 3 月联合开展了"当代中国少年儿童发展状况"调查，对广东、福建、山东、广西、吉林、湖南、安徽、河南、四川、贵州 10 个省（自治区）46 个区县 184 所中小学的 5589 名学生进行了问卷调查，回收问卷 5438 份，回收率为 97.3%。通过对回收数据的分析，并与 5 年前的调查数据对比，课题组发现：①在心理健康方面，绝大多数少年儿童具有健康向上的心理特征，主要表现为自我接纳程度高，认可自我价值，对自我发展充满期望，但心理承受能力减弱，情绪不稳定，存在焦虑、抑郁等不良心理；②在参与方面，少年儿童有一定的参与意识，能够认识到自身的价值，但存在参与机会不多、参与程度不高的问题，这些问题无疑不利于少年儿童责任感、独立性的培养；③在休闲状况方面，少年儿童的闲暇活动丰富多彩，但闲暇时间较少，缺少玩伴，缺乏休闲自主性，不会玩，看电视和阅读为主要休闲方式，闲暇生活质量未得到改善。①

中国人民大学俞国良教授团队经过调查和研究，指出当前我国中小学生心理健康状况不容乐观，具体表现为：小学生中有心理和行为问题的占总数的10% 左右，初中生占 15% 左右，高中生占 19% 左右；他们存在嫉妒、自卑、任性、孤僻、焦虑、逆反心理、情绪反常、神经衰弱、社交困难、学习不良、学校恐怖、吸烟酗酒，甚至自杀、犯罪等心理行为问题。研究团队进一步指出，

---

① "当代中国少年儿童发展状况"课题组：《中国少年儿童发展状况调查报告》，载《中国青年研究》，2006（2）。

这些心理行为问题主要体现在学习、自我、人际关系和社会适应能力方面，其比例分别为 30%、20%、30% 和 20%。[①]

除了全国性调查数据，来自我国各个地区的研究数据同样揭示了当前我国学生的社会情感发展状况不容乐观、值得关注。胡伶和万恒对江西省某市和贵州省某市的部分农村寄宿制初中学生和农村非寄宿制初中学生开展了社会情感学习能力调查。该研究发现：寄宿制学校学生基本能准确评价自己，但自信心相对不足；寄宿制学校学生的情绪控制能力相对较强，但学习的自我管理能力相对较弱；寄宿制学校学生的合作意识较强，但人际交往能力尤其是师生交往能力亟须提高；寄宿制学校学生相较于非寄宿制学校学生更懂得理解与包容，但资源的利用和识别能力相对有限。[②] 张海霞、张涛针对北京等五个地区的16472 名中小学生的调查发现：小学生有异常心理问题倾向的比例是 16.4%，有严重心理行为问题的比例是 4.2%；初中生有异常心理问题倾向的比例是 14.2%，有严重心理问题的比例是 2.9%；高中生有异常心理问题倾向的比例是 14.8%。[③] 涂敏霞通过对调查数据的分析发现，部分广州市青少年存在一定的心理健康问题，30.2% 的青少年认为自己有较大的精神压力，5.8% 的青少年经常感到郁闷，10.2% 的青少年觉得人生完全没有希望；同时，涂敏霞指出，广州市青少年从家庭、学校、教师那里获得的感情支持较少。[④]

生存环境的巨变使我国学生的心理问题和行为问题日益增多，严峻的现实问题使得社会情感教育比历史上任何时候都更迫切。

第二节　社会情感学习对个人发展的价值意义

社会情感学习对学生个人长期和短期的发展都会产生影响。社会情感能力是个人主体性的突出表现，是人的现代化的重要表征，关乎儿童发展的根本利益和长远利益。从短期来看，大量因果研究和纵向研究表明，儿童的社会情感

---

① 俞国良：《我国中小学心理健康教育的现状与发展》，载《教育科学研究》，2001(7)。
② 胡伶、万恒：《农村寄宿制学生社会情感学习能力调查》，载《中国教育学刊》，2012(9)。
③ 张海霞、张涛：《论青少年心理健康状况的影响因素》，载《教育与教学研究》，2010(2)。
④ 涂敏霞：《广州青少年心理健康状况调查》，载《当代青年研究》，2006(10)。

能力与积极调整的结果有关，与许多问题行为的出现成反比。[①]

一、社会情感学习能够促进学生的认知能力发展

大量的研究和实践证明，认知能力和社会情感能力是相互联系、相互影响的。[②][③] 研究者分析认为，社会情感学习项目能显著地改善学习态度（动机和承诺）、学习行为（出勤率、学习习惯、合作学习）和学习表现（等级、测验分数和掌握内容）。[④] 社会情感能力是学生学习的强大影响因素。[⑤]

罗杰·维斯伯格很早便对学生的社会情感能力对学业成就的影响进行了研究。他调查了参与社会情感学习项目的 668 名学生，分析了这些学生的学业成就测验分数和平均学分绩点。研究结果表明，社会情感学习项目对学生的学习成绩产生了很大的促进作用，在开展社会情感学习项目的学校中，有 50％ 的学生的学业成绩得到提高，38％ 的学生的平均学分绩点有所提高。[⑥] 美国芝加哥大学的约瑟夫·杜拉克及其同事对涉及 27 万多名学生的 213 项研究进行了元分析，发现社会情感学习干预通常在几个重要领域产生显著的积极影响。这些影响包括：①提高学习成绩；②提高社会情感能力；③培养亲社会行为和态度；④减少行为问题和情绪困扰（如焦虑和抑郁）。这些干预措施的效应量范围为 0.22～0.57，足以与其他成熟的心理社会干预相媲美。[⑦]

英国萨塞克斯大学心理学院的罗宾·班纳吉博士对实施了全英社会情感学

---

① Weissburg, R. P., Durlak, J. A., Domitrovich, C. E., et al., "Social and Emotional Learning: Past, Present, and Future,"in J. Durlak, C. Domitrovich, R. Weissburg, et al., *Handbook of Social and Emotional Learning: Research and Practice*. New York, Guilford, 2015, pp. 3-19.

② Sklad, M., Diekstra, R., Ritter, M. D. et al., "Effectiveness of School Based Universal Social, Emotional, and Behavioral Programs: Do They Enhance Students' Development in the Area of Skill, Behavior, and Adjustment?" *Psychology in the Schools*, 2012(49), pp. 892-909.

③ Korpershoek, H., Harms, T., de Boer, H. et al., "A Meta-analysis of the Effects of Classroom Management Strategies and Classroom Management Programs on Students' Academic, Behavioral, Emotional, and Motivational Outcomes," *Review of Educational Research*, 2016(86), pp. 643-680.

④ January, A. M., Casey, R. J., Paulson, D., "A Meta-analysis of Classroom-wide Interventions to Build Social Skills: Do They Work?" *School Psychology Review*, 2011(40), pp. 242-256.

⑤ Wang, M. C., Haertel, G. D., Walberg, H. J., "Learning Influences," In H. J. Walberg & G. D. Heartel, *Psychology and Educational Practice*, Berkeley, McCatchan, 1997, pp. 199-211.

⑥ ［美］丹尼尔·戈尔曼：《情商——为什么情商比智商更重要》，ⅩⅩⅦ页，北京，中信出版社，2010。

⑦ Durlak, J. A., Weissberg, R. P., Dymnicki, A. B. et al. "The Impact of Enhancing Students' Social and Emotional Learning: A Meta-analysis of School-based Universal Interventions," *Child Development*, 2011(1), pp. 405-432.

习项目的中小学进行了调研，共计收集了 63 所学校(32 所小学、3 所初中、24 所高中、2 所特殊学校和 2 个学生收容机构)的数据。分析结果显示，整校推进的社会情感学习干预措施是改善学校风气的最强预测因素，那些学生报告的具有较好的社会情感学习支持性氛围的学校，其学生也报告了更积极的同伴互动、更好的行为评级、较低的缺席行为及在学术能力评估测试(SAT)和普通中等教育证书(GCSE)中较高的成绩；49.8% 的学校间水平差异可以归因于社会情感学习项目的实施情况。[①]

在肯定了社会情感学习对学生学业成就及认知能力发展的影响后，心理学尤其是脑认知科学相关领域的学者对其内部的微观机制进行了研究，典型的研究有华盛顿大学格林伯格等人对社会情感学习项目促进学生成绩提高的原因的研究。他们发现，针对小学生的社会情感学习项目能够提高学生的学习成绩，这主要归功于注意力和工作记忆(前额叶皮层的主要功能)的改善，即社会情感学习项目可显著改善儿童的注意力和工作记忆。通过调整情绪的训练，小学生能比较容易地控制不利情绪对自己注意力的干扰，注意力的集中使他们的工作记忆能力提高，而工作记忆能力的提高又可显著改善小学生的长时记忆。这对于提高以识记为主要考核标准的测验的成绩来说无疑具有非常重要的意义。[②]

脑功能成像技术近年来也被应用于情绪记忆研究，研究发现，杏仁核在情绪记忆中的作用并不局限于巩固阶段，它的作用在编码过程的初期也显现出来，并参与记忆的提取过程。这不仅扩展了之前依据动物实验所得到的有关结论，而且进一步揭示了人类情绪记忆的脑机制。[③] 关于社会认知中的情绪过程对儿童社会情感能力发展的作用的研究发现，就个人—社会决策活动而言，情绪过程具有核心作用。围绕社会信息加工过程中情绪及其调控对儿童社会认知的影响这一问题的研究，特别是以社会认知与情绪过程的交互作用对社会能力的影响为核心所展开的一系列研究，以及由此形成的理论模型，不仅拓宽了发展心

① Robin Banerjee, "Social and Emotional Aspects of Learning in Schools: Contributions to Improving Attainment, Behaviour, and Attendance," http://users.sussex.ac.uk/~robinb/SEALtracker.pdf, 2019-08-01.

② [美]丹尼尔·戈尔曼：《情商——为什么情商比智商更重要》，XXVⅢ页，北京，中信出版社，2010。

③ 杨炯炯、赵艳兵：《杏仁核参与情绪记忆的脑功能成像研究述评》，载《北京大学学报(自然科学版)》，2009(2)。

理学关于社会性发展的研究领域，而且从实证和理论等层面成功地通过社会能力的发展与培养把情绪和认知活动有机结合起来。①

二、社会情感学习能够发展学生的社会情感能力

社会情感学习的使命是发展人在社会和情感方面的能力和技能。世界各国正在开展的社会情感学习项目有一个共同的目标和愿景，即帮助儿童和青少年掌握基本的社会情感能力，使其在学习、工作和生活中成为一个成功的人。

已有研究表明，童年时期评估的社会和情感能力与其之后生活中的健康、教育和福祉之间均存在正向联系。② 基于学校的社会情感学习能够有效地促进学生的社会情感能力发展，减少问题行为和情绪干扰。③

社会情感学习可以让学生掌握如何识别和管理自己的情绪和行为。情绪会影响人的行为——人在快乐时会微笑，难过时会哭泣，害怕时会哆嗦，忧伤时会沉默。一个开心的学生到学校后会高高兴兴地和同伴一起玩耍；一个情绪低落的学生则难以对其他事物提起兴趣；一个极度愤怒的学生则可能对别人大声吼叫甚至大打出手。一个学生带着一双哭肿的双眼来到教室，他沉浸在悲伤中难以自拔，这时候，如果教师没有询问他遇到了什么困难，同学们也没有觉察他的情绪不对，课堂教学按部就班地进行，那么这个学生就可能一直关注那件令他伤心难过的事情，根本没有时间和精力去思考自己为什么会这样、这样到底好不好以及应该如何去改变；假如这时候教师让他回答问题，但他因思绪飘忽而支支吾吾地回答不上来，暂且不说这种挫败感和自责会对他造成什么影响，一旦教师不明就里，直接劈头盖脸地批评一番，周围的同学们也火上浇油，发出鄙视或嘲笑的声音，那么结果可想而知。如果这名学生拥有足够的情绪知识，能够了解自己当时的情绪，找到导致自己悲伤的原因，告诉自己继续伤心难过有害无利，并想办法缓解这种消极的心理感受，那么结果就大不一样了。如果教师和同学们能够觉察他的异样，了解他的情绪，感同身受地给他安慰和鼓励，或者在教室里设置一个"平静角"，学生在感到伤心或愤怒的时候可以到这个角

① 王沛、胡林成：《儿童社会信息加工的情绪—认知整合模型》，载《心理科学进展》，2003(4)。

② Jones, D. E., Greenberg, M., Crowley, M., "Early Social-emotional Functioning and Public Health: The Relationship between Kindergarten Social Competence and Future Wellness," *American Journal of Public Health*, 2015(11), pp. 2283-2290.

③ Durlak, J. A., Domitrovich, C. E., Weissberg, R. P., et al., *Handbook of Social and Emotional Learning: Research and Practice*. New York, Guilford, 2015, p. 9.

落释放压力，深呼吸，使自己平静下来，那么他就可以更快地恢复心情，更好地投入学习。

社会情感学习可以让学生掌握如何建立和保持积极的人际关系。人类是群居性的，每个人都是社会大家庭的一员，与人相处、交往是每个人都不可逃避的，也是每个学生都应该学会的一项技能。在人际交往的过程中，难免会出现价值观念差异的问题，难免会发生一些分歧和冲突，这时候就需要我们发挥社会能力，使用正确的措施和平地解决问题。社会情感学习可以教会学生如何在人际交往过程中调节"气场"。例如，在比赛中获得冠军的学生，在面对被自己打败的同学时，可以更多地给予鼓励，而不是分享自己快乐的心情；当同学因自己最喜欢的小熊玩具被摔坏而难过，则可以拿出自己的玩具和他一起玩，或者和他一起想办法把小熊玩具修好，也可以和他一起玩别的游戏，从而转移他的注意力或缓解失去小熊玩具的悲伤心情；在教室中，教师可以设置一个"友谊角"，如果两名学生发生了争吵，那么他们就可以到"友谊角"进行平等的沟通和交流，反思问题的关键，最后重归于好；在操场上，教师可以设置一个"玩伴板凳"，这是专门为那些找不到玩耍伙伴的学生设计的，这些学生可以在"玩伴板凳"上找到与自己有相同兴趣爱好的朋友，一起开展游戏活动。参加过社会情感课程的学生不会任由自己的消极情绪扩张，以致对别人造成负面影响；也不会在与人发生冲突时任由矛盾激化，而是采取有步骤的措施解决问题、消除冲突。

三、社会情感学习能够培养学生的积极态度

社会情感学习能够改善学生对学校的态度。学校对于儿童和青少年来说是一个极为重要的成长场所，而学习则是他们在成年之前的主业。学生对学校的态度是否积极，对学习是否热情，对校园生活是否向往或持肯定态度，对于他们在校表现的好坏以及将来事业发展的好坏和生活质量的高低都具有不可忽略的影响。可以说，在一定程度上，学校的学习生活可决定学生将来的发展潜力，为他们的人生埋下伏笔。在学校中开展社会情感学习，提供促进学生社会情感能力发展的各种学习机会和多种形式的活动，可以让学生与学校有更加紧密的联系，学生感觉自己是学校和班级里重要的一员，在学校生活和课堂活动中扮演不可替代的角色。[①] 他们从思想上、情感上和心理上认同和接受自己的学校，

---

① Osterman, K. E., "Students' Need for Belonging in the School Community," *Review of Educational Research*. 2000(70), pp. 323-367.

并愿意履行作为学校集体成员的义务和责任，积极参与学校活动。① 学校归属感和责任意识的提高使学生更加热爱并珍惜在学校的生活。

社会情感学习能够增进师生之间的融洽关系。学生对情绪的认识和管理能力的提高使他们更能体会教师的用心良苦，感谢教师对他们的关爱和支持，因而对教师的信任、尊重和敬爱更加强烈。教师的社会情感能力发展也是学校社会情感学习的目标之一，通过社会情感学习教师也能更加体谅、鼓励和支持学生。当教师在课堂中以积极的、相互尊重的方式与学生互动，当学生能够感受到教师的温暖及对自己的鼓励和支持，学生的学习动机、学习参与度及学习成绩就都会有所提高。

四、社会情感学习能够促进学生的积极行为

丽贝卡·泰勒等人于 2017 年开展的元分析研究分析了关于 82 种社会情感学习干预措施的长达 18 年的随访效应，证明了社会情感学习能够促进青少年的积极发展。具体而言，社会情感学习干预措施的参与者在社会情感能力、积极态度和幸福指标方面的表现明显优于对照组，无论学生的种族、社会经济背景或学校位置为何。②

社会情感学习可以培养学生的社会责任感和亲社会倾向。亲社会行为作为一种积极的社会行为，是对他人有益或对社会有积极影响的行为，包括分享、合作、助人、安慰、捐赠等，其特征为高社会称许性、社会互动性、利他性和互惠性。它是人与人之间在交往过程中维护良好关系的重要基础，对个体一生的发展都具有重要意义。社会情感学习项目培养学生的社会责任感和亲社会倾向，并为学生提供参与积极的社会活动的机会，使他们的行为更加符合社会规则和公民道德的要求，也更有利于社会的良性发展。

社会情感学习可以有效解决学生间的冲突。社会情感学习培养学生良好的解决冲突技能，使学生在与人交流的过程中能够保持平和亲切的态度，学会使用问题解决的策略来消除分歧和冲突。社会情感学习还可以使学生学会调节自

---

① Ryan，A. M.，Patrick，H.，"The Classroom Social Environment and Changes in Adolescents' Motivation and Engagement during Middle School," *American Educational Research Journal*，2001(2)，pp. 437-460.

② Taylor，R. D.，Oberle，E.，Durlak，J. A.，et al.，"Promoting Positive Youth Development through School-based Social and Emotional Learning Interventions：A Meta-analysis of Follow-up Effects," *Child Development*，2017(4)，pp. 1156-1171.

己的情绪，学会冲动控制和愤怒管理，并在做出行动之前使自己平静下来，思考某些行为会产生的结果及其对自己、对他人、对周遭环境的影响。当他们把行为的后果纳入思考的范畴，他们就更容易做出明智的选择，做出理性的行为，从而大大降低发生人际冲突的可能性。

五、社会情感学习对学生个人发展有长期影响

从长期来看，教育学、心理学及经济学领域的研究已证明，学生的社会情感能力对学生一生的可持续发展和幸福生活所发挥的作用比其对考试成绩的作用重要得多。在控制了个人和学校变量后，儿童在学前阶段表现出的人际交往技能与其成年后的接受社会援助、犯罪及滥用药品等行为存在显著的负向相关。[①]

哈佛大学从 1938 年开始开展一项持续 70 多年的涉及 724 人的关于幸福的追踪研究，研究得出的结论是：幸福与财富、名声或拼命工作完全无关，亲密关系是让人们终生幸福的关键。这些关系使人们避免生活中的不满，帮助人们延缓身心衰退，并且比社会阶层、智商甚至基因更能预测长寿和幸福的生活。研究人员还发现，婚姻满意对人们的心理健康具有保护作用。根据这项研究，那些寿命长、健康状况良好的人往往避免吸烟和过量饮酒。研究人员还发现，那些有较强社会支持的人随着年龄的增长经历较少的精神恶化。[②]

近年来，诺贝尔经济学奖得主詹姆斯·赫克曼及其团队对非认知能力与教育、收入等一系列产出结果之间的关系进行了研究。结果证明，非认知能力对教育及其他产出结果都有非常重要的作用。在教育方面，如果个体在非认知能力的分布中从 25 分位上升至 75 分位，则平均而言其可以获得四年制本科学历的概率会增加 30%。在该研究中，赫克曼及其团队进一步分析了非认知能力对劳动者的影响，结果发现，如果劳动者的非认知能力从整体分布的 25 分位上升到 75 分位，则男性劳动者的工资收入平均增加 10%，而女性劳动者的工资收入能增加 40%。作为比较，认知能力同样程度的变化所能带来的工资收入的增加分别为 20%（男性）和 30%（女性）；而进一步控制了受教育年限后，研究者们

---

① Jones, D. E., Greenberg, M., Crowley, M., "Early Social-emotional Functioning and Public Health: The Relationship between Kindergarten Social Competence and Future Wellness," *American Journal of Public Health*, 2015(11), pp. 2283-2290.

② Liz Mineo, "Good Genes Are Nice, But Joy Is Better," https://news.harvard.edu/gazette/story/2017/04/over-nearly-80-years-harvard-study-has-been-showing-how-to-live-a-healthy-and-happy-life/, 2019-08-01.

发现收入对非认知能力的变化表现出更强敏感性，即若发生同样程度的变化，则非认知能力能比认知能力带来更明显的收入增加。

第三节　社会情感学习对教育发展的价值意义

一、社会情感学习是当前世界基础教育变革的重要内容

教育与社会发展密切相连，回应时代主题及社会发展的需要是教育的重要任务之一。21世纪以来，科技飞速发展与经济全球化对教育及人才培养模式提出了巨大挑战。加快教育发展、促进教育公平与普及、提高教育质量成为世界各国的重要发展任务。与此同时，教育自身的变革与创新势在必行。教育须为年青一代奠定基础，使他们适应充满变化的21世纪，并成为21世纪的主人，积极推动社会的文明进步与发展。

对学生社会情感能力的强调至少可追溯至约100年前杜威提出的"教育的目的是支持发展民主社会中富有责任的、积极参与的公民所需具备的知识和技能"的观点。① 但社会情感能力作为一个术语被提出，最早是在20世纪90年代的对情绪智力的研究中。

自1905年比奈和西蒙首创以智力测验的方式来测量人的智力水平以来，智力水平逐渐成为在学校教育和社会生活中预测个体学业成就水平和未来事业成就水平的重要指标。但随着测量技术的发展和研究的深入，研究者发现，智商的高低并不能很好地预测个体在学校和社会中成功与否。在研究过程中，研究者逐渐将视角转移到个体的社会与情绪能力方面，并将其作为影响个体成就的重要因素。情绪智力被认为是传统智力所忽视的一种智力，它主要研究情绪、情感、感情在智力活动中的作用，以及它们与认知的密切协同作用和处理情绪性问题的功能。

1994年，丹尼尔·戈尔曼和艾琳·洛克菲勒·格罗沃尔德在美国伊利诺伊大学创建了非营利组织——学术、社会和情感学习合作体（Collaborative for Academic，Social and Emotional Learning，CASEL）。该组织提出了社会情感学习的五项核心技能，即自我认知、自我情绪管理、自我监测、同理心和人际交

---

① ［美］约翰·杜威：《民主主义与教育》，3页，北京，人民教育出版社，2001。

往的社交技能。① 该组织在美国发起了以社会情感学习为核心的系列教育改革项目，旨在将社会情感学习内容列为幼儿园至十二年级（K-12）各个阶段的必修课程，以提升学生的社会情感能力，使学生掌握不可或缺的生活技能，促使学生在学校及未来社会生活中获得成功。②

2002 年以来，联合国教科文组织在全世界推广实施有关社会情感学习的项目，截至目前，有关社会情感学习的项目已经在美国、新加坡、马来西亚、日本、韩国、英国、澳大利亚、新西兰及拉丁美洲和非洲的一些国家和地区的数以万计的学校中得到推广和实施，取得了良好效果和广泛影响。③ 这也将社会情感学习研究和实践推向了一个新的繁荣阶段。

2014 年 3 月，经济合作与发展组织 11 个成员的教育部部长在巴西圣保罗召开了非正式教育部部长会议并达成共识：面对 21 世纪全球社会经济发展的挑战，全面发展意味着儿童的认知能力和社会情感能力的均衡发展。④

2015 年 8 月，联合国 193 个会员国的代表一致通过将"包容、公平和有质量的教育"确立为至 2030 年的教育发展议程；⑤ 提出教育既不能忽视基本的识字和计算能力，以及分析、解决问题的能力和高阶认知等认知能力培养，又需要更加关注儿童自主、有效地管理自己的学习、生活和人生发展目标，处理好自我与他人、社会、国家和世界的多种关系的社会情感能力的发展。⑥ 正如联合国教科文组织随后发布的《反思教育：向"全球共同利益"的理念转变？》这一报告中指出的："教育是人的生存和发展的权利，是全球共同利益，以尊重生命和人类尊严、权利平等、社会正义、文化多样性、国际团结为基础，为可持续的

---

① ② Elias M. J., Zins. J. E., Weissberg, R. P., et al., "Promoting Social and Emotional Learning: Guidelines for Educators," https://www.pausd.org/sites/default/files/pdf-faqs/attachments/promoting social and emotional learning. pdf，2019-05-05.

③ ［美］丹尼尔·戈尔曼：《情商——为什么情商比智商更重要》，ⅩⅩⅧ页，北京，中信出版社，2010。

④ OECD, "Skills for Social Progress: The Power of Social and Emotional Skills," http://read. oecd-ilibrary. org/education/skills-for-social-progress _ 9789264226159-en，2019-08-01.

⑤ UNESCO, "Education 2030 Action Framework", http://www. unesco. org/new/en/education/themes/leading-the-international-agenda/education-for-all/education-2030-framework-for-action/，2019-08-01.

⑥ 联合国教科文组织：《2030 年教育仁川宣言和行动框架》，http://cn. ichei. org/uploads/2018/01/245656c. pdf，2019-06-24.

未来承担共同责任。"①该报告进一步指出，学生个人的发展并不是孤立的，是在人类社会共同发展过程中实现的，需要关注对个人和社会发展具有重要意义的知识、技能、价值观和态度。②报告重申了学生社会情感能力的发展在世界教育此后 15 年的发展中的重要地位。

2017 年，经济合作与发展组织开始研究制定"社会情感能力"国际评价框架，旨在对其成员国的 10 岁和 15 岁学生进行测试，其结果被用于帮助家长、教师及学校更好地了解学生的社会情感能力发展所需要的条件及如何提供支持、如何促进他们的发展。③

二、社会情感学习是我国基础教育改革瓶颈的突破口

过于注重应试教育，偏重认知训练，而相对忽略自信、自尊、与他人友好相处等个人发展与适应社会所需要的社会情感能力的培养，是我国教育存在的现实问题，也是我国当前全面深化教育改革需要解决的关键问题。中国实行改革开放后，经济发展成为国家的中心任务，教育虽然可以为经济增长服务，但不能被降格为发展经济的工具。教育若演变为以获利技能培养为中心的"营利教育"，就会形成以学业成绩提升为核心的教育质量评价机制，塑造"知识人"就会成为教育的一个根深蒂固的信条。④

为了适应社会发展对人才的需要，从 20 世纪开始的教育改革似乎从未停止。为回应各种各样的改革，学校已经筋疲力尽。但是，对一个方面的认识，教师和家长多年来几乎保持了高度一致，即无论如何改革教育，学生的考试分数都不能降下来，否则，从教育行政部门到学校，谁也承担不起责任。因此，在现实的教育生活中我们可以看到，以知识灌输和智力训练为主的学术目的教育主导学校生活的方方面面，教学目标几乎都围绕着学生的认知发展，学生自身发展的其他方面的目标在不同程度上被忽视。但是，若将智力开发作为学校教育实践的首要任务，危机便在学校中潜伏。由于学生社会化过程的本质经常被误解，教育在传递社会价值和帮助学生为未来生活做准备方面的基本功能也

---

①② 联合国教科文组织：《反思教育：向"全球共同利益"的理念转变？》，14、65 页，北京：教育科学出版社，2017。

③ OECD, "Social and Emotional Skills: Well-being, Connectedness and Success. OECD study on Social and Emotional Skills," http://www.oecd.org/education/ceri/thestudyonsocialandemotionalskills.htm, 2019-07-01.

④ 鲁洁：《一个值得反思的教育信条：塑造知识人》，载《教育研究》，2004(6)。

被误解。在极力追求更高的分数和更高的升学率时，学校教育者的眼光会变得短浅，尤其是在深刻且全面地培养一个孩子成长为一个合格公民方面，学校的教育若没有关注学生生命的情感维度，就会阻碍人性的发展。

更加令人不安的情况是：为了有更好的升学和就业机会，学生自己也愿意成为学术课程或智力训练的工具，忽视自身社会情感能力的发展。相较于无知，情感知识的缺失可能潜藏更大的危险——在冲突中，失去良知和情感的人可能做出野蛮的行为，对社会充满敌视。

情绪发展是个体成熟和发展的一个极为重要的表征。人的情感不是自然成熟的，它是在教育的促进下发展、成熟的。对教育要有完整的理解，不能回避、抽离情感层面。离开情感层面，教育就不可能塑造个人的精神和个人的经验世界，不能使人发挥大脑的完整功能，不能使人保持道德的追求，也不能反映人类的文化世界。使情感成为人的内在尺度，是教育走向创造、实现价值理性的根据。①

以学业成绩提升为核心的教育质量评价机制会导致学校重视与学业成绩相关的课程，注重测量与智力有关的能力，对培养学生成为有知识、有道德、负责任的公民则不够重视。教育应滋润人的灵魂，使人的思考与想象能力得到提升，使人更具有人性；使人际关系成为丰富的人性关系，而不是互相利用与操纵的关系。

中国社会发展进入新时代，反映在基础教育领域就是必须用更好的教育回应人民对美好生活的向往。这就需要基础教育变革以丰富教育内涵、扩大质量概念、促进学生积极健康的全面、充分、协调发展为核心，关注学生人格品质、情感能力的发展，使学生获得健康的身体、健全的心智、积极的情感，为学生的发展打下坚实的基础。就我国教育发展的现实来说，社会情感能力的培养尤为重要。社会情感能力的培养可以成为素质教育改革瓶颈的突破口，通过学校的改进与变革，加强对学生社会情感能力的培养，促进学生积极、健康、全面地发展，可回应新时代对基础教育全面育人的要求。正如美国著名教育哲学家内尔·诺丁斯教授所提出的："幸福应该成为学校教育的目标，一个好的教育应该贡献于孩子个人和集体的幸福。"②

---

① 朱小蔓：《情感教育论纲》，12页，北京，人民出版社，2007。
② ［美］内尔·诺丁斯：《幸福与教育》，1页，北京，教育科学出版社，2009。

三、社会情感学习是我国发展素质教育的新思路

2018 年，党的十九大报告进一步提出"发展素质教育"的要求。这至少包含两层含义：一是在工作上采取更有力的措施，彻底改变"素质教育轰轰烈烈，应试教育扎扎实实"的现象；二是扩大素质教育的广度，增加素质教育的深度，提升素质教育的高度。

回顾过去 30 多年来我国围绕素质教育进行的教育改革可以发现，素质教育绝不仅仅是一种教育理念，它还是一种教育信念，是所有教育改革所要达到的改革目标。1985 年 5 月，改革开放后的首次全国教育工作会议召开，会后颁布的《中共中央关于教育体制改革的决定》指出，教育体制改革的根本目的是提高民族素质，多出人才、出好人才。在这一文件的引导下，时任国家教育委员会副主任的柳斌于 1987 年 4 月在一次重要会议上的讲话中明确提出了素质教育的概念："基础教育不能办成单纯的升学教育，而应当是社会主义的公民教育，是社会主义公民的素质教育。"①此后，众多学者纷纷撰文，论述素质教育的内涵。1991 年 7 月 29 日，国家教育委员会发布了《关于实施〈现行普通高中教学计划的调整意见〉和普通高中毕业会考制度的意见》，此文件正式提出要"把高中教育从应试教育转变为全面提高学生素质的教育，从只面向重点学校和升学有望的学生转向面向全体学生"。素质教育正式进入国家文件。无论是 1993 年中共中央、国务院印发的《中国教育改革和发展纲要》，还是 1995 年颁布的《中华人民共和国教育法》，都明确实施素质教育是我国教育改革的方向。2010 年颁布的《国家中长期教育改革和发展规划纲要（2010－2020 年）》强调："坚持以人为本、全面实施素质教育是教育改革发展的战略主题，是贯彻党的教育方针的时代要求，其核心是解决好培养什么人、怎样培养人的重大问题，重点是面向全体学生、促进学生全面发展，着力提高学生服务国家服务人民的社会责任感、勇于探索的创新精神和善于解决问题的实践能力。"

虽然在 30 多年里素质教育当仁不让地获得了教育改革领域的最高话语权，但事实上，无论是在学术界还是在实践领域，对于素质教育的理解一直没有达成明确的共识。一开始，学者们通常将素质教育理解为与应试教育相对立的一种教育形式。所谓应试教育，就是单纯以升学为目的的教育。由于应试教育的内涵本身就不明确，素质教育的内涵自然更不明确。因此，在很多情况下，学

---

① 燕国材：《素质教育的回溯、成就与思考》. 载《上海师范大学学报（哲学社会科学版）》，2009（2）.

者们都是根据相关法律政策的表述来对素质教育进行界定的，最明显的定义方式是：素质教育就是培育、提高全体受教育者综合素质的教育，它以促进人、社会、自然的和谐发展为价值取向，以德智体美劳全面发展的合格公民为培养目标，以全面贯彻党和国家的教育方针为根本途径，以教育质量的全面提升为显著特征。[①] 这样的定义方式虽然巧妙，却不具有可操作性。素质教育的核心在于素质是什么，不同学者对此有不同理解。有人认为素质是人通过合适的教育和影响而获得与形成的各种优良特征，包括学识特征、能力特征和品质特征；对学生而言，这些特征综合统一起来，构成他们未来从事社会工作、社会活动和社会生活的基本素养或基本条件。[②] 还有人认为，素质即人所具有的维持生存、促进发展的基本要素，它是以人的先天禀赋为基础，在后天环境和教育的影响下形成并发展起来的内在的、相对稳定的身心组织结构及相应质量水平，主要包括身体素质、心理素质和社会文化素质等。[③] 第一种理解提到的能力特征和品质特质，以及第二种理解提到的心理素质和社会文化素质，无疑都与社会情感学习有极大的相关性。无论是哪一种理解方式，素质教育中的素质都包含社会情感能力的核心内涵：实现成功所必需的情绪管理能力和交际能力。社会情感学习完全可以被纳入素质教育的框架体系，素质教育完全可以给社会情感学习提供合法性来源。

通常来讲，素质教育的理论基础是马克思关于人的全面发展理论，且素质教育在发展过程中不断地寻求心理学和教育学的各种理论支持，这使素质教育的内涵不断得到拓展。例如，终身教育理念和多元智能理论的引入使素质教育突破了学校教育领域，扩展到包括家庭教育和社会教育的更广阔的教育范围。素质教育作为一种由政府提出并推动的教育理念，具有较强的包容性，其先前的丰富实践为社会情感学习的推行奠定了良好的舆论和实施氛围；而社会情感学习的实施又有利于拓展素质教育内涵，为素质教育输入新鲜血液。

2017年9月24日，为健全立德树人系统化落实机制，中共中央办公厅、国务院办公厅印发《关于深化教育体制机制改革的意见》，提出在培养学生基础知识和基本技能的过程中，强化学生四个关键能力的培养，其中对培养学生合

---

① ③ "素质教育的概念、内涵及相关理论"课题组：《素质教育的概念、内涵及相关理论》，载《教育研究》，2006(2)。

② 史宁中、柳海民：《素质教育的根本目的与实施路径》，载《教育研究》，2007(8)。

作能力的说明为：引导学生学会自我管理，学会与他人合作，学会过集体生活，学会处理好个人与社会的关系，遵守、履行道德准则和行为规范。这与"社会情感学习与学校管理改进"项目构建的学生社会情感能力的内涵具有内在的一致性，反映出该项目回应了当前基础教育发展的重要问题，把握了全面深化我国基础教育综合改革的方向。

第二章　社会情感学习的学理分析

社会情感学习具有悠久的历史。希腊古城德尔菲的阿波罗神庙上刻有七句名言，其中流传最广、影响最深，以致被认为点燃了希腊文明火花的一句就是：人啊，认识你自己！随着人类认识的深入发展，社会情感学习在哲学、心理学、教育学、社会学等学科出现。对社会情感学习的各种认识不断交织，织成了一张细密、错综复杂的认知网络。在这个网络中，社会情感学习在哲学与教育学交织的小路上若隐若现，而在心理学的大道上一往无前。想要清晰地理解发展到今天的社会情感学习的定义，首先需要梳理它的发展历程，这能够帮助我们拨开重重迷雾，见到它的真实面目；其次需要厘清国际上已有的研究基础，它山之石，可以攻玉；最后有必要提出社会情感学习的中国化理解，指导我国基础教育改革的实践。

第一节　社会情感学习的理论基础

一、社会情感学习的哲学思想来源

1. 亚里士多德的友爱论

亚里士多德的友爱论是经典伦理学理论的重要组成部分。亚里士多德把友谊关系视为人的生活的核心。他认为，友爱是生活中最为必需的德性，友爱的基础在于共同性。他强调，作为朋友就要共同生活，朋友是另一个自我，对朋友的爱就是对自己的爱。在亚里士多德的名作《尼各马可伦理学》的第八卷和第九卷中，亚里士多德对友谊进行了精辟论述，即"在谈到了所有这些之后，我们应当谈一谈友爱。它是一种德性，或者是赋有德性，或者说是生活中最为必需的东西，谁也不愿意去过那种应有尽有而独缺朋友的生活"。①

在亚里士多德看来，幸福高尚的生活不能没有朋友。富人需要朋友成就其善事，保全其财产；人在穷困和遇到灾难时，要指望朋友的帮助；青年需要朋友帮助他们少犯错误；壮年人则需要朋友指点自己，使行为高尚高贵；老人需要朋友帮助他们做力所不及的事。因此，如果我们明智，我们就不仅要看到自己的幸福，还要顾及友爱。

在亚里士多德的伦理学中，友爱成为德性与幸福之间最重要的联系环节。对友爱的讨论使亚里士多德从自我中心的伦理学走向人际关系的伦理学。值得注意的是，亚里士多德将友爱分成了三类：源于共同经济目的的友爱，源于共同兴趣爱好的友爱，源于双方彼此欣赏的友爱。从这一宽泛的理解可以看出，友爱与人的幸福生活相联系，友爱不仅指我们通常所理解的朋友关系，而且包括任何两个人之间的相互吸引关系，人们之间的这种关系对个体的幸福生活同样有重要的意义。"真正的朋友彼此互相保护，不仅保护你免遭外面邪恶的伤害，而且阻止你内心邪恶思想的滋生。"②

2. 休谟的共情原则

大卫·休谟是 18 世纪英国著名哲学家，他提出了一个著名的命题——道德感源于共情，由此创立了著名的共情说。从英文词源分析可知，共情（sympathy）一词是由"sym（with）"和"pathy（passion）"两部分组成的，意思是"与……有同感"，由此可见，共情是与情感相伴的。但其本身并不是一种情感，共情并不意味着怜悯或仁慈，其本身是一种社会情感能力。共情是情感生气勃勃的起因，是通过想象来复现他人的某种情感的过程，并不特指某种情感。

休谟认为，共情不是人的理性的产物，任何他人的快乐和痛苦都毫无例外地会在自己的内心引起一种相应的情感反应。在《人性论》这一著作中，休谟首先对人性进行心理学上的剖析，描述人类本性的自然主义特征；然后进入伦理学领域，探讨人类社会的德性。休谟认为，由于人性中先天存在对利益和愉快事物的赞许情感，则必然要通过共情机制传到他人身上，同时希望他人愉快或得到利益。

---

① 朱晓宏：《复归与重构——当代美国道德教育理论与实践的变革》，52～53 页，济南，山东教育出版社，2010。

② ［美］内尔·诺丁斯：《学会关心——教育的另一种模式》，127 页，北京，教育科学出版社，2003。

3. 马克思的人的全面发展理论

人的问题始终是马克思主义的逻辑起点与价值核心，关注人生活的现实世界，关注现实世界中有个性的人，是马克思主义哲学区别于其他哲学的主要标志。马克思分析了不同历史阶段中个人与国家、个人与法的关系，进而从理论上提出了人的全面发展思想，奠定了人的全面发展理论的基础。

马克思主义关于人的全面发展理论具有丰富的思想内涵，主要体现在以下几方面。①

一是人的活动的全面发展。它既表现为人的实践活动内容和形式的丰富性、多样性和变化性，又表现为人的需要和能力的全面发展。人的需要的全面发展指每个人通过自己的自主活动来发展包括生存需要、享受需要和发展需要等在内的一切合理需要，既包括物质需要的发展，也包括精神需要、社会关系需要及自我实现需要的发展，而且低层次需要的发展是满足高层次需要的前提。

二是人的社会关系的全面发展。马克思指出，个人的全面性不是想象的或设想的全面性，而是其现实关系和观念关系的全面。个人社会关系的全面性发展包括人的社会关系的普遍性发展和全面性发展，意味着个人社会关系的全面丰富性、个人社会交往的普遍性、人对社会关系的共同控制以及个人在自身所处的社会关系中充分且协调地发展自己的全部特性。

三是人的素质的全面提高。人的素质的全面提高表现为人的身体素质、心理素质、思想道德素质和科学文化素质等的发展和完善，以及各种素质之间的均衡协调发展。人的全面发展最终要体现在价值的实现上，它标志着个人能够满足社会的某种需要，在某一方面有所成就，得到社会的认可。

四是人的个性的全面发展。人的个性的发展在内容上体现为个人倾向性的充分展现和满足，社会价值的进一步优化，以及各种个性要素的相互协调；从本质规定性来说，不但表现为个人主体性水平的全面提高，即人的自觉能动性、创造性和自主性的全面发展，而且表现为消除个性的模式化、同步化、标准化，打破个性的单调化、定型化，增加和丰富个人的独特性，使社会充满生机和活力。

五是人类的全面发展。它包括人类特性的全面发展、人类社会关系的全面发展、人类能力的全面发展、人类的全面解放和充分自由的实现。人类的全面

---

① 王拓：《推动人的全面发展是马克思主义的本质要求》，载《黑龙江日报》，2018-07-04。

发展是相对于片面发展、畸形发展、不自由发展、不充分发展而言的。马克思所追求的是人的全面发展，既是人的个性、能力和知识的协调发展，也是人的自然素质、社会素质和精神素质的共同提高，还是人的政治权利、经济权利和其他社会权利的充分实现。

马克思主义关于人的全面发展理论确立了科学的人的发展观，指明了人的发展的必然规律，并为我们制定教育目的提供了理论依据。

4. 海德格尔的关心

海德格尔在其著作《存在与时间》中用了三个德语单词——besorgen、fuersorge、sorge——来表达关心的三个方面。sorge 和 besorgen 这两个词都具有"忧虑、担心"和"操持、置办"两重含义，不过 sorge 更突出"忧虑"，而 besorgen 更突出"置办"。fuersorge 以 sorge 为词根，通用的含义是"照顾、帮助、救济"。从字面上看，sorge 是整体，besorgen 和 fuersorge 是它的两个方面。通过字形上的联系，海德格尔把人的本质理解为 sorge（操心、关心），并据此将关心描述为人类的一种存在形式。海德格尔意在体现关心内在于"此在"对他物、他人的行为举止，因而是"此在"的整体存在。他强调："人始终在世，人一刻也不能脱离与他者的关系而有个我自己。"[①]也就是说，从本体意义上讲，并非人先于关系，人自始至终总保持一种与世界共在的关系。关心是人对其他生命所表现的同情态度，也是人在做任何事情时严肃的考虑。根据海德格尔的理解，我们每时每刻都生活在关心中，它是我们生命最真实的存在，而且人的"此在"始终是一种关系的存在。

5. 马丁·布伯的关系本体论哲学

马丁·布伯是著名的宗教哲学家，是存在主义思想的先驱之一，他以其著名的关系本体论哲学在欧美学术界享誉甚高。关系是马丁·布伯哲学的本体，关系先于实体，实体由关系而出。马丁·布伯认为，个体同世界上各种存在物发生关系的方式有两种，可以用"我—它"和"我—你"来表达。在"我—它"关系中，"它"（客体）只是"我"（主体）认识与利用的对象。在这种对立而非交融的关系中，"我"不能发现自身的意义。"我—你"关系则是人类应有的一种真正的基本关系。"你"即绝对存在者，是世界。当"我"与"你"相遇时，"我"以"我"的整个存在、"我"的全部生命、"我"的自性来接近"你"，"你"不再是"我"的经验物、

---

① 陈嘉映：《从感觉开始》，192 页，北京，华夏出版社，2005。

利用物。"我不是为了满足我的任何需要，哪怕是最高尚的需要（如所谓'爱的需要'）而与其建立'关系'。"①根据马丁·布伯的观点，"我—你"关系是"我"与"你"之间直接的、交互的、活生生的、精神上的相遇关系，这种关系本身揭示了人生的意义深度。

这里提到的相遇是马丁·布伯关系本体论的思想核心。马丁·布伯指出，在"我—你"关系中，"他不是'他'或'她'，不是与其他的'他'或'她'相待的有限物，不是世界网络中的一点一瞬，不是可被经验、被描述的本质，不是一束有定名的属性，而是无待无垠、纯全无方之'你'，充溢穹苍之'你'"。②但是，这种纯粹的关系状态并非存在于每一次人与人的相遇之中。对此，马丁·布伯也承认，我们不可能完全生活在"我—你"关系中，悲剧就在于我们可能完全生活在"我—它"关系中。我们应看到"我—你"的相遇关系所蕴含的教育力量，即教育的核心在于关系，每个孩子都渴望通过交流使世界对自己显现出来，决定性的影响不被归于本能的释放，而被归于与被释放的本能相遇的力量，即教育力量。

6. 肯尼斯·J. 格根的关系性存在理论

肯尼斯·J. 格根作为社会建构论的主要奠基者，在其30多年的精心耕耘中构建了系统的社会建构理论和实践体系，其中的关系性存在理论对于探讨学生社会情感能力培养的理论问题具有启发意义。

对于如何看待人是理解教育的出发点这一问题，肯尼斯·J. 格根认为，在传统的经验主义知识观下，人的本质都是"有界的个体"（bounded individual）。③人们往往把自我看作自己行动的中心，具有自我优先性，是独立存在的个体，也是相互分离的个体，而把他人看作一种次要的或工具性的角色。个体之间建立关系的前提是"你是你，我是我"，彼此是不同的。对于个体而言，生命在本质上是相互隔绝的，个体心灵是孤独的；彼此之间不是关心的，而是在外部评价下分开的，彼此拉开距离，不信任与贬损加剧。由于自我是首要的，是天然存在的单元，那么对于我们而言，关系就是次要的，只在它能够满足我们的某种需要时我们才会去寻求它。因此，由"有界的个体"构造的是人造的关系，这

---

①② ［德］马丁·布伯：《我与你》，译者前言7、23页，北京，生活·读书·新知三联书店，2002。

③ Kenneth J. Gergen, *Relational Being：Beyond Self and Community*，Oxford，Oxford University Press，2009，p. 5.

种关系是两个作为个体的自我相遇时创造出来或寄生的。① 对于社会而言，由这样非此即彼、"有界限的个体"构成的世界，必然会产生差异性和利益之争，进而引发彼此的竞争和冲突。

这种对人与自我的判定建立于传统的经验主义知识观，这种知识观在描述和解释世界时有外生和内生两种倾向。② 外生倾向的知识观认为，当个体的内部状态反映或准确表现了外部世界的存在状态时，个体便获得了知识，它强调的是在知识获得过程中的敏锐和客观的观察，强调个体能力中知识的重要性，而将情感和个人的价值看作对知识获得有威胁性的存在。内生倾向的知识观强调的是个体的推理能力，重视人类内在的洞察、逻辑或概念提升能力。根据这一知识观，精神世界是不言自明的。无论是外生倾向还是内生倾向的知识观，体现的都是二元论的思想，即外部世界的存在与心理世界的存在是对立的，二者共同强调价值中立，知识被看作单独个体的占有物，情感是居于次位的。

如何超越有界的个体思维的不足，肯尼斯·J. 格根提出了关系性存在理论：对个体存在方式的理解上，关系是优先于个体的。人的行为不是内在心灵的自主选择，而是由特定角色或身份及其与相应对象的关系决定的。"不是独立的个体相聚而形成某种关系，而是关系赋予独立个体存在的可能性。"③ "人与关系的关系具有相互构成性，亦即人既由关系构成，又是关系的建构者，关系是处在不断建构中的关系。"④根据这一理论，每个人都被嵌入多元关系，在相互协调中建构对自己、对他人和对世界的认知。这里的相互协调，在肯尼斯·J. 格根的理论中被称为"共同行动"（collaborative action）。⑤ 它包括行动和回应两个方面：发起行动，行动之后要有回应。没有行动，意义无从谈起；行动的回应作为单独的存在时也不具有任何意义。我们看到的、说过的、思考的任何事情都来自相互协调。在共同行动中，最根本的不是我或你，而是彼此的协调，

---

①③　Kenneth J. Gergen, *Relational Being Self and Community*, Oxford, Oxford University Press, 2009, pp. 5, 38.

②　［美］肯尼斯·J. 格根：《语境中的社会建构》，135～136 页，北京，中国人民大学出版社，2011。

④　况志华：《社会建构论的人性观取向及其心理学意义》，载《南京师大学报（社会科学版）》，2007（2）。

⑤　Kenneth J. Gergen, *Relational Being：Beyond Self and Community*, Oxford, Oxford University Press, 2009, pp. 40, 46, 62.

共同构成"关系性的流动过程"(process of relational flow)。①

关系性存在理论认为,关系是先于实体存在的,知识不是产生于外部观察或个人思想的,而是产生于相互关系中的;知识生产的过程实质上是人们之间协调行动的进行过程,人们描述和解释世界的方式是关系的结果。"人是在社会文化情境中接受其影响,通过直接地跟他人的交互作用,来建构自己的见解与知识的。"②最根本的现实是"以人与人之间的相互联系取代相互分离"。③以往被归于个体心理的所有实体均是由关系构建的,心灵不再是关系之外的独立存在。任何事态都可能有潜在的无数种描述和解释。"所有关于真和善的有意义的主张都源自关系。"④

7. 后现代主义思潮的影响

社会情感学习理论的提出是对现代社会和教育问题进行学理思考的结果,因此不可避免地受到各种学术思潮的影响。随着 20 世纪 60 年代西方资本主义世界进入后工业化阶段,科学技术创造了发达的工业社会,提高了人们的生活水平,但人们在尽情享受大工业生产、市场经济、城市化所带来的繁荣、舒适和便捷的同时,也不得不面对越来越多的社会问题。于是,西方的理论家从不同角度对现代社会进行了全面且深刻的反思,形成了后现代主义思潮。这一思潮以反对理性、尊重差异、主张多元化为典型论调。

反对理性旨在打破以理性为中心的现代西方文明。自笛卡尔开始,西方哲学一直认为理性是人的最高本质,具有至高无上的权威地位,是一种绝对的力量,是人类区别于其他动物的根本标志,也是人赖以安身立命的文化支柱。在现代社会中,理性主义不仅成为科学领域的主宰,也成为社会领域的最高价值标准。一个以理性为中心的现代社会已经成为一个系统的客观世界,一个缺少人文关怀的世界,面临一系列危机:科学与人文的分离,人与人的分离,以及人与自然的分离。

后现代主义还主张尊重差异,主张多元化。在后现代主义看来,传统的一元论是一种形而上学的积习,也是一种陈旧、封闭、僵化的思维模式。一元论

---

① ③　Kenneth J. Gergen, *Relational Being：Beyond Self and Community*, Oxford, Oxford University Press, 2009, pp. 40, 46, 62.

②　钟启泉:《知识建构与教学创新——社会建构主义知识论及其启示》,载《全球教育展望》,2006 (8)。

④　[美]肯尼斯·J. 格根:《语境中的社会建构》,138 页,北京,中国人民大学出版社,2011。

的思维方式把丰富多彩的复杂世界概括为苍白贫乏的单一世界，它不仅会导致所谓权威话语的垄断统治，而且会导致以一取代多、以统一取代差异的做法，进而形成独断论和思维霸权，扼杀人的创造性和想象力。

后现代主义强调回归于实践和生活，具体表现为更多地关心人类的日常生活，把目光投向所谓边缘者、被忽略者、非中心者和被剥削者，希望使每个人都真正融入社会大家庭。作为一种文化思潮，后现代主义的目的是打破工业文明对人类精神的统治，建立一种多元化的文化世界。

从后现代主义的视角来看，社会情感学习理论所强调的学生的社会情感能力发展和尊重个体的独特性都具有鲜明的后现代主义思想的色彩。反对理性的观点能够丰富社会情感能力的内涵，即学校教育需要从关注学生的社会情感能力发展的角度来促进学生的发展。为了发展，孩子需要更多的东西，其中一定有来自成人的长期的非理性关照。尊重差异、主张多元化的观点使每一个学生都作为真实的自我存在于具体的关系之中，与他人相遇，并在相遇关系中建构自我，即与自己相遇。

8. 社群主义思潮的影响

在政治哲学领域，社群主义是在当代西方最有影响力的思潮之一。社群的概念源于亚里士多德，他在《政治学》中提到的"城邦"就可以被理解为最初的社群。在近代，早期的社群主义代表、德国社会学家滕尼斯认为："人们能有意识地建立、设置和加入各种各样的联合体，而共同体则是有机的，是一个人生于斯、长于斯的场所，它基于血缘、亲族、共居处和地域以及一系列共同的态度、经验、感情和气质。"①20世纪90年代以来，随着对以罗尔斯和诺齐克为代表的自由主义的批判和回应，社群主义得到了深入发展，并产生了桑德尔、泰勒、麦金太尔、沃尔泽等一批代表人物及著作，这一理论得以系统化。

尽管不同的代表人物所提出的理论表述各有不同，但他们都具有共同的理论基础，即强调社群的价值，认为社群优先于个人，人们的公益优先于正义，即优先于个人权利，反对个人主义的自由主义。

就社群主义与教育理论的联系来看，法国社会学家迪尔凯姆提出了经典观点，强调学校教育为青年人提供现代生活中道德社群的基础，如归属感和忠诚感。教育哲学家诺丁斯也认为："人皆为文化实体，人无可避免地都是相关文化

---

① 应奇：《当代政治哲学的三足鼎立》，载《国外社会科学》，1999(3)。

传统孕育的产物。没有归属，没有爱，没有个性的人，这都是极端错误的。"①

二、社会情感学习的教育学基础

在教育学领域，社会情感学习的观念自古有之：古希腊人把对儿童的教育看作最初亦最重要的社会化过程；② 杜威强调教育的目的是支持发展民主社会中富有责任的、积极参与的公民所应具备的知识和技能，学校是简化的社会，通过让学生参与适合他们年龄的各种形式的民主生活方式，让他们为民主生活做好准备。③ 学生在与学校这一社会的互动过程中，逐渐形成独特的个性和人格，从生物人转变为社会人，并通过社会文化的内化和角色知识的学习，为适应社会生活、承担社会责任、完成社会工作做准备。人的社会情感就是在人的社会化过程中逐步习得的、伴随人的整个成长过程的情感形态和技能。若要对教育做完整的理解，就不能回避、抽离社会情感层面。

1. 蒙台梭利的教育思想：关爱儿童

玛丽亚·蒙台梭利是 20 世纪享誉全球的幼儿教育家。她总结了卢梭、裴斯泰洛齐、福禄培尔等人的自然教育思想，吸收了生物学、心理学、人类学等学科的成果，通过创办"儿童之家"，并对儿童进行仔细的观察，研究人类成长的过程、法则和其中的道理，逐步制定了整套的教材、教具和方法，创立了蒙台梭利教育体系。

蒙台梭利认为，儿童教育的一个重要原则就是给予儿童自由，而这并不意味着任由儿童自生自灭或忽视他们。"我们给予儿童心灵的帮助，绝不是对他发展中的困难漠不关心，与之相反，我们必须小心谨慎和精心爱护，给予支持。"④在教育环境中，物质世界的秩序是用来引导儿童灵魂深处的宁静与优雅的。

蒙台梭利让儿童生活的环境成为儿童的家，让儿童使用的物品成为儿童的朋友。为此，在蒙台梭利的"儿童之家"里，所有器物都是吸引人的。明亮的器物从每个角落呼唤着儿童，它们几乎成为儿童心灵的一部分，儿童存在的一部分，儿童本性的一部分。儿童在使用物品的时候体验物尽其用的道理，并有意

---

① [美]内尔·诺丁斯：《始于家庭：关怀与社会政策》，73 页，北京，教育科学出版社，2006。

② Jonathan Cohen, "Social, Emotional, Ethical, and Academic Education: Creating a Climate for Learning, Participation in Democracy, and Well-Being," *Harvard Educational Review*, 2006(2).

③ [美]约翰·杜威：《民主主义与教育》，2 页，北京，人民教育出版社．1990。

④ [意]玛丽亚·蒙台梭利：《童年的秘密》，8 页，北京，人民教育出版社，2004。

识地控制自己的行动，避免无序的活动导致物品受损。通过这些精心设计的物品，蒙台梭利为儿童营造了可爱的、有序的生活环境，并希望儿童在这样的环境中能够逐步形成对秩序的热爱。

2. 裴斯泰洛齐的教育思想：爱的教育

裴斯泰洛齐是 19 世纪瑞士著名的民主主义教育家。他热爱教育事业的奉献精神、对教育革新的执着追求及其在教育理论上的独创论述，不仅为世界教育发展做出了重要贡献，而且为教育工作者树立了一个值得崇敬的榜样。裴斯泰洛齐受 18 世纪启蒙思潮的影响，认为教育是社会改革和发展的重要手段。他要求彻底改变不合理和不平等的教育制度，主张建立一种民主平等的教育制度，使社会各阶级的儿童，包括贫民儿童，都能受到一种合理的、符合他们实际生活需要的教育。裴斯泰洛齐还认为，每一个人都具有一些自然所赋予的潜在能力，并且这些能力都有渴望发展的倾向。教育的目的就在于全面和谐地发展人的一切潜在能力。

在裴斯泰洛齐的教育思想中，最突出的一点就是情感教育，即爱的教育。他强调教育者必须首先具有一颗慈爱之心，以慈爱赢得儿童的爱和信赖。教师要精心照顾儿童，注意儿童的需要，对儿童的进步和成长报以慈爱的微笑。教师要用亲切的话语、情感、面部表情及眼神打动儿童。当爱和信赖在儿童心中扎下根，教师就要尽力激励它、增强它，使它不断升华。裴斯泰洛齐也强调教师的权威性，但这种权威性不来自对儿童的惩罚、告诫、命令和指示，不来自凌驾于儿童之上的特权，而来自教师对儿童强烈的爱和责任感。

3. 杜威的教育思想：教育即生长

杜威是美国著名的哲学家和教育学家，其思想对美国乃至全世界的学者影响巨大。正如美国社会情感学习领域的著名学者乔纳森·科恩教授所提出的："尽管社会情感学习这一名词从出现至今只有不到 20 年的时间，但若追溯其源头，以 100 年前约翰·杜威提出的民主主义教育理论为源头是恰如其分的。"[1]

在杜威的著作《民主主义与教育》中，重点论述的就是教育应适应民主社会的要求，引导儿童的生活生长和经验改造，从而使新生一代符合和满足民主社会的希望。杜威认为，生活就是发展；不断发展，不断生长，就是生活。从这

---

[1]　Jonathan Cohen, "Social, Emotional, Ethical, and Academic Education: Creating a Climate for Learning, Participation in Democracy, and Well-Being," *Harvard Educational Review*, 2006(2).

个意义上，"教育的过程，在它自身以外没有目的，它就是它自己的目的。教育的过程是一个不断改组、不断改造和不断转化的过程"。①

4. 弗莱雷的被压迫者教育学：爱是对话的基础

保罗·弗莱雷是 20 世纪批判教育理论和实践领域最重要和最有影响力的学者之一，被誉为"拉丁美洲的杜威""近半个世纪世界上最重要的教育家"。他最具代表性的著作《被压迫者教育学》不仅具有时代特征，而且产生了广泛的国际影响。

弗莱雷一生的教育思想无不是围绕"教育即解放"拓展、延伸的结果。意识化是弗莱雷解放教育理论的核心，是贯穿其教育思想的线索。所谓意识化的基本思想是：通过教育唤起人民（被压迫者）的觉醒，使他们认识到自己在历史创造与发展过程中的主体性，并最终获得人的解放。意识化是一个历史过程，始终与社会现实息息相关。弗莱雷所说的意识化，就是通过教育培养人的批判性意识，即无论一个人多么无知，也不论一个人被沉默文化淹没得有多深，他都可以通过与别人的对话、接触来批判性地看待这个世界。在批判性意识的形成（唤醒）过程中，教育起着关键性作用。

弗莱雷提出了著名的对话式教育观，他认为人并非抽象的、孤立的、与世界没有关联的；师生双方处于一种对话的关系中，从人与世界的关系出发，针对现实中的问题，共同反思，共同采取行动，以达到认识世界、改造世界的目的。对话教育的精髓在于反思与行动。这两个方面相互作用，如果牺牲了一方——即使是部分地牺牲——另一方就马上受到损害。反思被剥离了行动，对话就只会是空话（verbalism）、废话；行动被剥离了反思，对话就只会是行动主义（activism）。在这两种情况下，对话都不可能实现，教育也就不可能走向真正的解放。对话是一种创造行为，不应成为一个人控制另一个人的狡猾手段。对话的目的是对现实不断进行改造，指向人的不断人性化。没有对话，就没有交流；没有交流，也就没有真正的教育。在这种交流中，师生双方都是主体，为了共同的目的进行交流。但是，对话的展开并不是一件容易的事情，需要爱的倾注、谦虚的态度、对人的信任、满满的希望以及批判性思维，爱是对话的基础和对话本身，缺乏对世界、对人的挚爱，对话就不存在。②

---

① [美]约翰·杜威：《民主主义与教育》，58 页，北京，人民教育出版社，1990。
② [巴西]保罗·弗莱雷：《被压迫者教育学》，38～39 页，上海，华东师范大学出版社，2001。

在弗莱雷看来，对话是人与人之间的接触，是倾注爱的创造性行为。真实的对话是开放性的，是对话双方共同追求理解、同情和欣赏的过程。社会情感能力的获得正需要师生之间进行平行的、平等的、民主的、真实的、积极的交流，这一对话过程将人们联系在一起。

三、社会情感学习的心理学依据

智力一词从产生的那天起，就始终处在清晰与模糊之间的灰色地带。关于"什么是智力"这个问题，许多人都曾尝试给予一个完满的答案，但智力至今仍无确切的定义。智力到底是一种普遍的、适应多种情境的能力，还是多种特殊能力的组合？智力的评定标准是什么？智力测验测的到底是什么，是广义的智力，还是狭义的认知能力？它能在多大程度上解释一个人的工作表现和事业成功的概率？这些问题从 21 世纪初到现在一直是智力研究者争论的问题。这些争论既说明了智力的复杂性，又反映了人们对传统的智力理论和智力测验的不满，为其他类型智力概念的提出留出了空间，也为社会情感学习理论的发展提供了心理学依据。

1. 加德纳的多元智能理论

20 世纪初，法国心理学家比奈设计了智力测验，用来测量人的智力的高低。1916 年，德国心理学家施太伦提出了智商的概念，智商即智力商数，它是用数值来表示智力水平的重要概念。1935 年，美国著名心理学家亚历山大（Alexander）第一次提出非智力因素这个概念。所谓非智力因素，即记忆力、注意力、观察力、想象力、思维力等智力因素之外的一切心理因素，主要包括动机、兴趣、情感、意志、性格等，这些非智力因素都是直接影响和制约智力因素发展的意向性因素。但是，这一概念被提出后并没有得到人们的关注。

1967 年，美国哈佛大学教育学院创立"零点项目"，由美国著名哲学家丹尼尔·戈尔曼主持。"零点项目"的主要任务是研究在学校中加强艺术教育、开发人脑的形象思维的问题。在此后的 20 多年里，美国对该项目投入了上亿美元，参与研究的科学家、教育家超过 100 人，他们先后在 100 多所学校做实验，有的学者进行了从幼儿园开始持续 20 多年的跟踪对比研究，学者们出版了几十本专著，发表了上千篇论文。多元智能理论就是这个项目在 20 世纪 80 年代的一个重要成果。哈佛大学的霍德华·加德纳教授在参与此项目时首先重新考察了大量的、没有相对联系的资料，包括关于"神童"的研究、关于脑损伤病人的研究、关于有特殊技能但心智不全者的研究、关于正常儿童的研究、关于正常成人的研究、关于不同领域的专家的研究及关于各种文化中的个体的研究。通过对这些研究的分析整理，他提出了自己关于智力的独特理论观点。基于多年来对人类潜能的大量实验研究，加德纳在1983年出版的《智力的结构》（Frames of Mind）中提出了一个新的智力定义："智力是在某种社会或文化环境的价值标准下，个体用以解决自己遇到的真正难题或生产及创造出有效产品所需要的能力。"①他认为人类的智能至少可以分成七个范畴（后来增加至九个范畴），即语言智能、数理逻辑智能、空间智能、身体—运动智能、音乐智能、人际关系智能、内省智能（后来又补充了自然探索智能及存在智能）。

多元智能理论对传统的智商理论和皮亚杰的认知发展理论所主张的智力是以语言能力和数理—逻辑能力为核心的、以整合方式存在的一种能力这一观点进行了批判。该理论的提出对美国中小学教育教学改革产生了广泛且积极的影响，并成为西方国家20世纪90年代以来教育教学改革的重要指导思想。

2. 萨洛维和梅耶的情绪智力理论

情绪智力理论发轫于20世纪20年代由桑代克提出的社会智力（social intelligence）理念。作为智力多因素论的首创者，桑代克坚持认为人之智力是众多小能力之和，且不存在所谓智力一般因素。1920年，他提出了社会智力这一概念，并将人类智力细分为社会智力、具体智力和抽象智力。所谓社会智力，即"理解和管理男人和女人、男孩和女孩从而妥善处理人际关系的能力"。②此后，有研究者依据社会智力的内涵及外延，将情绪智力归入社会智力范畴，并将情绪智力界定为管理和区分自己和他人情绪的能力、运用信息引导自己的思维和行为的能力。③1935年，美国著名心理学家亚历山大在《智力：具体与抽象》一文中提出了非智力因素的概念；1940年，韦克斯勒提出了著名的普通智力中的非智力因素理论；1966年，洛伊纳在《情绪智力与解放》一文中首次提出了情绪智力这一术语，尽管这个情绪智力概念的内涵与外延与今天我们所认同的情绪

① Gardner, H., *Frames of Mind: The Theory of Multiple Intelligences*, New York, Basic Books, 1983, p.6.

② 徐小燕、张进辅：《情绪智力理论的发展综述》，载《西南师范大学学报（人文社会科学版）》，2002(6)。

③ Mayer, J.D., Salovey, P., "The Intelligence of Emotional Intelligence," *Intelligence*, 1993 (17), pp.433-442.

智力概念有些出入，但该术语仍被视为最早出现的情绪智力术语。

真正有关情绪智力的研究始于 1990 年，美国著名心理学家萨洛维和梅耶厘定了情绪智力这一概念，并在此基础上提出了较为系统的理论。

情绪智力是被传统智力忽视的一种智力，它主要研究情绪、情感、感情在智慧（智力）活动中的功用，以及它们与认知密切协同作用处理情绪性问题的能力。20 世纪 90 年代，萨洛维和梅耶以理论家特有的敏锐洞察力和科学态度，在《想象、认知与人格》杂志上发表了《情绪智力》一文，提出了一个情绪智力的框架，并讨论如何对情绪进行有效的调控，如何将情绪、情感应用于动机的引发、计划的制订和完成等问题。从某种实际意义上，人类不是占有绝对优势的理性生物，也不是占有绝对优势的情绪性生物，确切地说，两者兼而有之，一个人在生活中适应和应对的能力依赖情绪能力和理性能力的整合功能。萨洛维和梅耶将情绪智力定义为："社会智力的一部分，包括觉察自我和他人的情感情绪的能力，识别情绪并使用情绪信息引导思维和行为的能力。"[1]1997 年，他们又对该定义进行了较大修改，将情绪智力定义为："精确地知觉、评估和表达情绪的能力；利用情感促进思维的能力；理解和分析情绪、运用情绪知识的能力；成熟地调节情绪、促进情绪和智力发展的能力。"[2]这个定义着重强调对情绪的感知，以及通过调节和管理来促进理智的发展。

知觉、评估和表达情绪的能力指个体从自己的生理状态、情感体验和思想中知觉和表达情绪，以及从他人、艺术活动、语言中知觉和表达情绪的能力。知觉他人的情绪是很有价值的社会特性，这种技能要求个体关注能够反映他人情感的细小的社会线索。要想熟练掌握这一技能，个体必须能够参与和理解面部表情和其他非言语线索（如语音、身体语言）所表达的情绪的含义。人们的许多行为都是对别人情绪状态的一种反应，如果不能清晰地理解他人的情绪，那么就会影响社会活动的沟通。

利用情绪促进思维的能力指个体的情绪促进认知，使记忆、判断、问题解

---

① Mayer，J. D.，DiPaolo，M. T.，Salovey，P.，"Perceiving Affective Content in Ambiguous Visual Stimuli：A Component of Emotional Intelligence，" *Journal of Personality Assessment*，1990(54)，pp. 772-781.

② Mayer，J. D.，Salovey，P.，"What Is Emotional Intelligence?" In Salovey P. & Sluyter D. (Eds.)，*Emotional Development and Emotional Intelligence：Implications for Educators*，New York，Basic Books，1997，pp. 3-31.

决、推理、决策和创造性行为更有效的能力，包括：情绪对思维的引导，情绪对信息注意方向的影响；心境的起伏对思维的影响；情绪状态对问题解决的影响；等等。个体在日常生活中的决策不能仅按照逻辑行事，还需要情绪的参与，只有这样才能做出最好的决策。情绪会使我们接近或远离特定的情境、活动或人群。情绪对决策的作用并不明显，通常情绪会与认知加工联系起来。虽然情绪有时会阻碍认知加工，但情绪也可以把认知资源分配到最重要的部分。事实上，积极的情感可以促进认知的灵活性和创造性，使决策更加有效。

理解和分析情绪、运用情绪知识的能力指辨别不同情绪、理解复杂情绪和并存情感的能力。它主要包括理解情绪所传达的意义的能力；理解复杂心情的能力；认识情绪转换的可能性及原因的能力；等等。其中，给特定的情绪命名和有效地辨别它们之间的关系是最基本的能力，如对喜欢与爱的辨别，这一能力也是最具有认知意味的，是最初的情绪智力定义所没有的。

管理情绪能力，即成熟地调节情绪、促进情绪和智力发展的能力，指通过一定方式来反省和管理自己的情绪状态，从而促进情绪和才能增长的能力，主要包括：根据所获得的信息判断进入或离开某种情绪的能力；觉察与自己和他人有关的情绪的能力；调节与别人的情绪之间的关系的能力；等等。情绪管理能力可以说是在这四种能力中最难的，因为情绪的产生伴随一定的生理反应，这些生理反应的介入使情绪管理变得很困难。

萨洛维和梅耶的情绪智力模型是一种能力模型，他们认为情绪智力是一种能力，因此情绪智力符合一些标准：①是有正确和不正确答案的心理问题；②被测量的技能与其他心理能力测量相关；③能力随年龄的增长而增长。在这一模型中，情绪智力是一种多维结构，受生物、环境和心理因素的影响。总之，作为最早对情绪智力进行系统科学研究的学者，萨洛维和梅耶提出了情绪智力模型，并对后人的情绪智力模型产生了深远影响，对社会情感学习项目指标体系的构建也产生了深远影响。

3. 戈尔曼的情绪智力理论

1995 年，戈尔曼出版了著名的《情绪智商》(*Emotional Intelligence*)一书，较系统地论述了情绪智力的内涵、生理机制、对成功的影响及情绪智力的培养等问题，初步形成了自己的情绪智力理论体系和基本观点。戈尔曼将情绪智力界定为五个方面：自我认知(认识自己情绪的能力)，自我管理(妥善管理自己情绪的能力），自我激励（自我激励的能力），共情（理解他人情绪的能力），处理人际关系（人际关系的管理能力）。①

自我认知指个体在某种情绪刚一出现时便能察觉该情绪的能力，是情绪智力的核心。监控情绪时时刻刻的变化的能力是自我理解与心理领悟力的基础。若不能认识自身的真实情绪，就只能任由这些情绪摆布。

自我管理指调控自我情绪，使之适时、适地、适度。这种能力建立在自我认知的基础上，如自我安慰及有效摆脱焦虑、沮丧、愤怒、烦恼等因失败而产生的消极情绪的能力。这一能力的薄弱会使人总处于痛苦情绪的旋涡中；反之，这一能力强的人可以从人生的挫折和失败中迅速跳出，重整旗鼓，迎头赶上。

自我激励指服从于某个目标而调动、指挥情绪的能力。要想集中注意力、实现自我把握、发挥创造性，这一能力就必不可少。任何方面的成功都必须有情绪的自我控制和延迟满足，必须压抑冲动。只有不断自我激励、积极热情地投入，才能取得杰出的成就。具备这种能力的人，无论从事什么行业，都更有效率、更富于成效。

共情是在情感的自我认知基础上发展起来的一种能力，是最基本的人际关系能力。具有共情能力的人能通过细微的社会信号，敏锐地感受他人的需求与欲望。

处理人际关系，大体而言，就是调控与他人的情绪反应的关系的技巧，主要指社交胜任及与之相关的技能。人际关系能力可提高一个人的受欢迎程度、领导权威、人际互动效能等。

戈尔曼的情绪智力理论在提出后遭到了许多质疑，原因是该理论体系的外延太大、不严密。为此，戈尔曼于1998年出版的《EQⅡ——工作EQ》一书中修改了他的理论模型，对情绪能力与情绪智力加以区分。他提出："情绪能力是以情绪智力为基础的一种习得的能力，而情绪能力又能使得人们在工作上取得出色的成绩。"②他认为，情绪智力本质上是一种潜能，而情绪能力是以情绪智力为基础的一种习得的能力，反映人们通过学习掌握技能及把这种智力应用到具体的情景中的能力。例如，一个有音乐天赋的人，他还需要学习歌唱技巧，否则就不能开启歌唱生涯。戈尔曼在之后的文章和著作中很少使用情绪智力一词，

---

① ［美］丹尼尔·戈尔曼：《情感智商》，35页，上海，上海科学技术出版社，1997。
② ［美］丹尼尔·戈尔曼：《EQⅡ——工作EQ》，29页，上海，上海科学技术出版社，2000。

而是有意用情绪能力或情绪胜任力替代情绪智力。在前述情绪智力的五个方面的基础上，戈尔曼进一步解释了情绪能力的五个要素，具体如下。[1]

一是自我认知，指对情绪的自我意识。包括：能了解自己的情绪及可能产生的结果，准确地自我评估，知晓自己的长处和弱点，具有自信心，对自己的价值和能力给予肯定。

二是自我调节，即自控力，指控制破坏性情绪和冲动的能力。包括：诚信，保持诚实正派，遵守职业道德，对自己的工作负责任，具有适应力，具有灵活应变的能力和创新精神，乐于接受新观点、新方法和新信息的挑战。

三是自我激励，即成就内驱力，努力提高或符合优秀的标准。包括：有责任感，与群体或企业机构的目标保持一致，有主动性，随时准备抓住机会，乐观，即使经受打击挫折也能始终如一地追求目标。

四是共情，即善解人意，能觉察他人的感情，理解他人的观点，关注他人担心的事情。包括：能预感、觉察、满足他人的需要；能觉察他人的发展需要，并培养他人的能力，提携他人；能集思广益，通过各种各样的人创造机会；具有政治敏锐性，能觉察群体的情绪倾向和力量关系。

五是社交技能，包括：具有感召力，能卓有成效地影响或说服他人；具有有效沟通的能力，能明白无误地表达信息；具有领导能力，能鼓动和引导群体；具有促变能力，能够促成或控制变化；具有控制冲突的能力，能够沟通和解决分歧；具有凝聚力，能培养和谐的人际关系；具有合作能力，能与他人齐心协力，实现共同的目标；具有团队协调能力，能发挥群体效应，追求集体目标。

4. 巴昂的情绪智力理论

1997年，鲁文·巴昂经过多年的研究和实践，提出了对情绪智力的定义。他认为情绪智力是一系列影响个人成功应对环境需求和压力的非认知能力、胜任力和技能，是决定一个人在生活中能否取得成功的重要因素，直接影响人的心理健康。巴昂还进一步区分了情绪智力和社会智力，认为情绪智力是一种个人管理能力，如冲动控制，而社会智力则是关系技能（relationship skills）。巴昂认为，情绪智力是随着人的成长而逐渐发展起来的，并且一生都在变化，能通过训练、矫正措施及治疗干预得到改善和提高。情绪智力也与其他一些能成功地应对环境需要的重要因素相联系，如基本的人格特质和认知能力。情绪智力

---

① ［美］丹尼尔·戈尔曼：《EQ Ⅱ——工作 EQ》，29 页，上海，上海科学技术出版社，2000。

高的人能识别和表达他们的情绪；拥有积极的自我认定，能发挥他们的潜能且生活幸福；能理解别人的情感，并能建立和保持相互满意和负责的人际关系，但不依赖别人；他们一般是乐观的、灵活的、现实的，能成功地解决问题和应对压力，并且不会失去控制。[①]

巴昂也提出了一个情绪智力模型，该模型由 5 个成分、15 个相关能力构成。[②]

一是个体内部成分（intrapersonal components），包含 5 个相关能力：情绪自我觉察——认识和理解个人情绪的能力；自信——表达情感、信念、思维，并以非破坏性的方式保护个人权利的能力；自尊——知道、理解、接受且尊重自己的能力；自我实现——了解自己的潜能，做自己想做的事情，喜欢做且能够做的能力；独立性——在思维与活动中及避免情绪依赖中的自我指导和自我控制的能力。

二是人际成分（interpersonal components），包含 3 个相关能力：共情——知道、理解和评价他人情感的能力；社会责任感；人际关系——建立和保持相互满意的关系的能力。

三是适应性成分（adaptability components），包含 3 个相关能力：现实检验——评价内在的、主观的经验与外在的、客观的存在之间的一致性的能力；问题解决——不仅识别和弄清楚个人的和社会的问题，而且产生和潜在地实施有效解决办法的能力；灵活性——调节情感、思维和行为去改变情境和条件的能力。

四是压力管理成分（stress management components），包括 2 个相关的能力：压力承受——承受不利事件的、压力大的情境的能力，通过积极、正面地应对压力来避免"崩溃"的强烈情绪；冲动控制——抵抗或延迟冲动、内部驱动、诱惑行动的能力及控制个人情绪的能力。

五是一般心境成分（general mood components），包括 2 个相关能力：幸福感——对自己的生活感到满意，欣赏自己和其他人；乐观主义——面对不幸时着眼于生活中更明亮的方面，保持一个积极态度的能力。

---

① 徐小燕、张进辅：《巴昂的情绪智力模型及情商量表简介》，载《心理科学》，2002(3)。

② Baron, R., "Emotional and Social Intelligence: Insights from the Emotional Quotient Inventory (EQ-i)," in R. Baron & J. D. A. Parker, *Handbook of Emotional Intelligence*, San Francisco, Jossey-Bass, 2000.

巴昂根据十几年的研究和统计分析，认为前述 15 个相关能力是个人应对生活的能力和个人总的情绪幸福的决定因素，因而是情绪智力中最有效、最稳定的成分。[①]

5. 塞利格曼的积极心理学理论

积极心理学是心理学领域的一场革命，也是人类社会发展史中的一个里程碑，是一门从积极的角度来研究传统心理学所研究的内容的新兴科学。积极心理学作为一个研究领域的形成，以马丁·塞利格曼和米哈里·西卡森特米哈伊于 2000 年 1 月在《美国心理学家》上发表的论文《积极心理学导论》为标志。[②] 积极心理学的研究方向是以主观幸福感为核心的积极心理体验，它采用科学的原则和方法来研究幸福，倡导心理学的积极取向，研究人类的积极心理品质，关注人类的健康幸福与和谐发展。[③]

具体而言，积极心理学关注如下几个方面。

第一，积极情绪。它是积极心理学研究的一个主要方面。积极心理学主张研究个体对待过去、现在和将来的积极体验；在对待过去方面，主要研究满足、满意等积极体验；在对待现在方面，主要研究幸福、快乐等积极体验；在对待将来方面，主要研究乐观、希望等积极体验。

第二，积极人格品质。它是积极心理学得以建立的基础，因为积极心理学是以人类的自我管理、自我导向和有适应性的整体为理论假设的。积极心理学家认为，积极人格特质主要对个体各种现实能力或潜在能力加以激发和强化，当激发和强化使某种现实能力或潜在能力变成一种习惯性的工作方式，积极人格特质也就形成了。积极人格有助于个体采取更有效的应对策略，其中的共同要素包括积极人格、自我决定、自尊、自我组织、自我定向、适应、智慧、成熟的防御、创造性和才能等。

第三，积极社会环境。积极心理学将人的素质和行为纳入整个社会生态系统进行考察，注意人的体验、人的积极品质与社会背景的联系性，因此，积极心理学综合考察良好的社会、积极的社区及积极的组织对人的积极品质的影响，

---

① 徐小燕、张进辅：《巴昂的情绪智力模型及情商量表简介》，载《心理科学》，2002(3)。

② Martin Seligman, Mihaly Csikzentmihalyi, "Positive Psychology: An Introduction," in *American Psychologist*, 2000(1).

③ ［爱尔兰］卡尔：《有关幸福和人类优势的科学：积极心理学（第 2 版）》，序，北京，中国轻工业出版社，2013。

处于发展中的社会背景建构人的素质，社会关系、文化规范与家庭背景在人的心理发展中具有重要影响。

第四，积极预防思想。积极心理学认为，心理学的功能应在于建设而不在于修补，因此，心理学的研究对象应该是正常的、健康的普通人，而不是少数"有问题"的人。心理学应该注重人性的优点，而不是人的弱点。积极心理学重视对心理疾患的预防，并认为预防主要来自个体内部系统的塑造能力，而不是修正其缺陷。积极心理学认为，人类自身具有抵御精神疾患的力量，预防的大部分任务是形成有关人类自身力量的科学，其使命是探究如何在个体身上培养出这些品质。积极心理学认为，如果能挖掘困境中的个体的自身力量，就可以做到有效预防。心理学的任务在于有效测量个体的积极心理品质，弄清它们的形成途径，并通过恰当干预来塑造这些心理品质。

第二节　国外社会情感学习的理论模型

社会情感学习是获取并有效应用知识、态度和技巧以识别、管理情绪，培养关爱他人、做出负责任的决定、建立积极人际关系及巧妙应对挑战性情境的社会情感能力的过程。[①]　社会情感能力并不是单一的能力，而是与个人的社会性发展相关的一系列核心能力。最早将社会情感能力作为一个术语提出是在 20 世纪 90 年代。1997 年，美国社会情感学习共同体在其发布的《面向教育工作者的社会情感学习指导手册》中，将社会情感能力界定为："人们在成长和发展的复杂情境中发展出来的认识情感和管理情感的能力；这一能力以多元智能理论和情绪理论为基础，能够帮助人们应对学习、人际关系和日常生活中出现的各种问题，发展积极的自我情感并建立有效的人际关系，最终获得良好的发展。"[②]

最近关于社会情感能力的定义出现在 2016 年美国《教育研究评论》(Review of Research in Education)发表的有关社会情感学习研究与实践的百年回顾的文章中。该文章将社会情感能力界定为："儿童和成人掌握并应用的一系列与社会

---

①②　Elias, M. J., Zins, J. E., Weissberg, R. P., et al., "Promoting Social and Emotional Learning: Guidelines for Educators,"https://www.pausd.org/sites/default/files/pdf-faqs/attachments/promoting social and emotional learning.pdf, 2019-05-05.

情感发展有关的核心能力，包括识别和管理情绪、设置并实现积极目标、欣赏他人、建立和维护支持性关系、做出负责任的决策、富有建设性地处理个人和人际事宜。"[1]为了研究或实践的需要，不同研究者、实践者选用了不同方式来组织和描述社会情感学习的具体领域、维度及其中的具体能力，这里称它们为社会情感学习的理论模型。在一些国家和地区，社会情感学习项目已经成为一把无所不包的"保护伞"，囊括诸多与其拥有共同理念和技能的教育运动，如性格教育、预防暴力、预防毒品、反校园暴力及加强学校纪律等。[2] 这既是当前社会情感学习的现状，也是社会情感学习的特点；也就是说，社会情感学习的内容不是固定不变的，社会情感能力的内涵也不是世界通用的，而是可以根据各国社会背景及其文化要求做出相应调整的。

一、美国学术、社会和情感学习合作体的社会情感学习模型

社会情感学习领域的先行者当属美国的学术、社会和情感学习合作体。该组织创建于 1994 年，其创始人是畅销书《情绪智商》的作者戈尔曼和女性企业慈善家艾琳·洛克菲勒·格罗沃尔德。1993 年 5 月至 9 月，两位创始人与研究者召开了一系列会议，讨论对情绪智力教育进行研究的意义。1994 年 2 月，学术、社会和情感学习合作体在耶鲁大学儿童研究中心成立。1994 年 12 月，该组织在费策尔研究所举行了第一次社会情感学习领导会议。1996 年 10 月，学术、社会和情感学习合作体任命罗杰·韦斯伯格为董事长，进驻伊利诺伊大学芝加哥分校。

学术、社会和情感学习合作体与政策制定者、学者、教育者、政府官员及社区领导者都建立了紧密的合作关系，通过大范围的调查研究、培训、评估、传播和推广，支持社会情感学习实施标准的落实。合作体的研究人员在实证研究的基础上不断丰富社会情感学习理论，并将这些理论应用于实践。在过去，人们常常认为教育一线工作者和教育研究人员之间是相对疏离的，研究人员的研究理论成果难以为一线教育者提供切实可行的指导，而学术、社会和情感学习合作体的成立使缩短这两个群体之间的距离成为现实。学术、社会和情感学

---

① Osher, D., Kidron, Y., Dymnicki, A., et al., "Advancing the Science and Practice of Social and Emotional Learning: Looking Back and Moving Forward," *Review of Research in Education*，2016(40)，pp. 644-681.

② ［美］丹尼尔·戈尔曼：《情商——为什么比智商更重要》，11 页，北京，中信出版社，2010。

习合作体提供了一个资源共享平台，在这个平台上，相关专家、学者及普通民众均可以就促进学生积极的社会情感和行为发展的有效方案进行交流。具体来说，学术、社会和情感学习合作体的出发点有两个：一是引起相关人员（包括儿童发展学、教育学、心理学和神经科学等领域的专家学者，以及一线教师、学校管理者、政策制定者、慈善家和普通民众）对学生的社会情感能力发展现状和需求的关注；二是促进从幼儿园至高中持续进行的社会情感学习项目的实施、评估和改进。

受其发起者戈尔曼的情绪智力理论的影响，学术、社会和情感学习合作体对社会情感能力的界定阐释了情绪智力理论在教育领域的应用模式，具体而言，社会情感能力包括五组核心能力，即自我认知、自我管理、社会认知、人际关系技能、负责任地决策。[①]

自我认知：准确地判断和认识自身的感受、兴趣、价值观和能力优势；保持自信心。具体地说，掌握自我认知的小学生能够准确地识别简单的情绪，如悲伤、生气和快乐；初中生能够分析那些导致情绪产生的因素；高中生能够分析不同的情绪如何对别人产生影响。

自我管理：通过管理自己的情绪来处理焦虑、控制冲动，在挫折与阻碍面前坚持不懈；设置学业目标并监督自己不断向目标靠近和进步，适当地表达自己的情感和情绪。具体地说，学会自我管理的小学生能够描述设置的目标和向目标靠近的步骤；初中生能够制订计划来达成短期的个人目标或学业目标；高中生能够运用策略来利用学校和社区的可利用资源，战胜困难、扫除障碍，以达成远期目标。

社会认知：能够理解他人并与他人共情；认识并学会欣赏自己与他人的共同点与差异；学会发现并利用家庭、学校和社会的资源。具体地说，有社会认知能力的小学生能够通过语言、肢体和环境线索来识别他人的感受；初中生能够预测他人在不同情境中的感受和期待；高中生能够评估自身在与他人共情上的能力。

---

① Osher, D., Kidron, Y., Dymnicki, A., et al., "Advancing the Science and Practice of Social and Emotional Learning: Looking Back and Moving Forward," *Review of Research in Education*, 2016 (40), pp. 644-681.

人际关系技能：在合作的基础上建立并维持健康的、有益的人际关系；抵制不当的社会压力；预防、管理并解决人际冲突；在有需要时向他人寻求帮助。具体地说，掌握人际关系技能的小学生能够描述交朋友并维持友谊的方法；初中生能够进行合作和运用团队协作来促进小组目标的达成；高中生能够学会判断和评估与同伴、教师及家庭成员进行沟通时所使用的不同技巧。

负责任地决策：在综合考虑道德标准、安全性、社会规则、尊重他人及不同行为造成的可能结果的情况下做出决策；将这些决策技能运用到学习和社会情境中；对自己的学校和社区的健康发展做出贡献。具体地说，能够负责任地决策的小学生可以在学校里有意识地做出一系列决策；初中生能够评估和判断那些用来抵抗朋友怂恿参与危险或不道德的活动时的压力的策略；高中生能够分析他们现在所做的决策将如何影响以后的大学和职业前景。①

这一理论模型是当前社会情感学习研究和实践领域影响最大、应用最广的模型。这五组核心能力中，自我认知和自我管理这两组能力是自我导向的，社会认知和人际关系技能是关系导向的，负责任地决策则是行为导向的。该理论模型虽然直接来自戈尔曼的情绪智力理论模型，但对该模型进行了较大的调整。例如，戈尔曼的理论模型中有关于解决问题能力的内容，而学术、社会和情感学习合作体的理论模型增加了关于负责任地决策的内容。

二、经济合作与发展组织的社会情感能力理论模型

经济合作与发展组织始终致力于推动学生社会与情感技能的培养。2014 年 3 月，在经济合作与发展组织有关社会进步技能的非正式教育部部长会议上，11 位教育部部长或副部长讨论了"哪些技能可促进人类幸福和社会进步"这一议题，会上达成的一致意见是：面对 21 世纪全球社会经济发展的挑战，全面发展意味着儿童的认知能力和社会情感能力均衡发展。

2015 年 3 月 10 日，经济合作与发展组织发布了《促进社会进步的技能：社会情感能力的力量》，呈现了对社会与情感技能作用的全面分析，同时提出了提高这些技能的策略。在该报告中，社会情感能力被看作与认知能力并列、可以

---

① CASEL, "Safe and Sound: An Educational Leader's Guide to Evidence-Based Social and Emotional Learning (SEL) Programs," https://casel.org/safe-and-sound-an-educational-leaders-guide-to-evidence-based-social-and-emotional-learning-sel-programs/, 2018-04-07.

促进未来社会进步的重要能力。该报告将社会情感能力定义为："可以通过正式学习和非正式学习获得的一系列核心能力，这些能力使个人在面对不同状况和场景时的想法、感受和行为表现具有稳定特征，而且是个人未来发展的重要驱动力。"①社会情感能力具体包括三个维度：①达成目标，包括毅力、自控力、对目标饱含热情；②与人合作，包括社交技能、尊重他人、关心他人；③情绪管理，包括自尊、乐观和自信。②

　　该报告指出，社会情感能力既具有一定的稳定性，又具有可塑性，且塑造途径是多样的。人们既可以通过正式的、专门的课程教学提升自己的社会情感能力，也可以通过非正式的、潜移默化的学习来获得社会情感能力的发展。该报告还强调了社会情感能力的重要意义，即能够为人类社会经济状况的改善提供动机。

　　2017 年 12 月 12 日，经济合作与发展组织发布了《社会与情感能力：幸福、连通与成功》，提出了对学生的社会情感能力进行全球评估的框架，并计划在之后的 3 年对学生的 19 项社会情感能力进行评估。③ 经济合作与发展组织的社会情感能力理论模型主要借鉴了心理学领域非常成熟的模型——大五模型。在这个模型中，社会情感能力被分成不同层次，五大技能类别被细分为更具体的技能。五大技能类别为：开放性（对于新体验的开放程度，思想开放，无偏见）；责任心（工作效能）；情绪稳定性（情绪调节）；外向性（与人相处）；亲和力（合作）。这五大技能类别的每个技能又包含一个相互联系的社会与情感技能群。例如，责任心包含成就定向、可靠性、自我控制与毅力四个子技能。通过这样的分层，该模型不仅展示了社会情感技能子群的相似点，而且确保能对个体的社会情感技能进行系统、全面与平衡的研究。

　　此外，经济合作与发展组织的研究还纳入了复合技能这一指标，复合技能代表两个或多个技能的综合。例如，自我效能是责任心、情绪稳定性和外向性三大技能类别的综合。使用复合技能便于描述和理解行为的特定方面，在很多情况下，复合技能对人的一些重要生活结果有非常大的影响。该理论模型可被归纳为图 2-1。

---

①②　OECD, "Skills for Social Progress: The Power of Social and Emotional Skills," http://read. oecd-ilibrary. org/education/skills-for-social-progress _ 9789264226159-en, 2019-06-01.

③　OECD, " Social and Emotional Skills: Well-being, Connectedness and Success," http://www. oecd. org/education/ceri/thestudyonsocialandemotionalskills. htm, 2019-07-01.

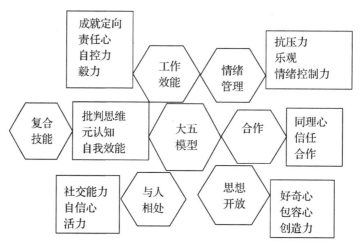

图 2-1　经济合作与发展组织的社会情感能力理论模型①

经济合作与发展组织进一步研究发现，人在成年后社会情感能力会变得更加稳定，这意味着在生命早期即儿童期社会情感能力可能大幅波动，而成年以后，波动随着年龄增长而减弱。社会情感能力水平波动最剧烈的时期是儿童期和青少年期。亲和力、责任心和开放性在儿童后期和青少年早期趋于下降，在青少年后期和成年早期又快速提高；情绪稳定性也在青少年期趋于下降，成年后逐渐恢复。因此，很明显，儿童期和青少年期是社会情感能力发展的关键期。②

三、英国社会和情感方面的学习项目的五维模型

在英国，许多地区以不同名称开展了旨在促进学生社会情感技能发展的工作，这些名称包括情绪智力、情感素养、情感健康与福祉、个人和社会发展、心理健康等。为了整合在社会情感能力发展领域的诸多工作和努力，给全体学生提供一个统一的、更为清晰的框架，英国教育和技能部自 2005 年起在全英实施社会和情感方面的学习（Social and Emotional Aspects of Learning，SEAL）项目，以促进学生社会情感能力的发展和应用。

英国的社会和情感方面的学习项目基本沿袭了美国学术、社会和情感学习合作体理论模型的主干内容，同时融入了很多英国本土特色，如对教育公平的

---

①②　OECD，"Social and Emotional Skills：Well-being，Connectedness and Success，" http：//www. oecd. org/education/ceri/thestudyonsocialandemotionalskills. htm，2019-07-01.

强调。学术、社会和情感学习合作体作为一个民间组织，其推广的社会情感学习项目更强调质量，而英国在推广社会情感学习时将教育公平的因素纳入考虑范围，因此其具体的结果指标与学术、社会和情感学习合作体的项目有所不同。在英国的社会和情感方面的学习项目中，社会情感能力指"帮助人们有效管理生活和学习的起支撑性作用的一系列素质和技能"。[1] 其包含五个维度：自我认知、自我管理、动机、同理心和社交技能（详见表 2-1）。[2]

表 2-1　英国的社会和情感方面的学习项目的五维模型

维度	二级维度
自我认知	了解自己
	理解自己的情感
自我管理	管理表达情感的方式
	管理自己的情感
动机	设立目标并计划实现
	坚韧和回弹力
	评价和审查
同理心	理解他人的情感
	重视和支持他人
社交技能	归属于社区
	友情和其他关系
	共同工作
	解决冲突
	做出明智的选择

这五个维度的具体内涵如下。

自我认知：使儿童能够了解自己。儿童知道自己如何学习，如何与他人交往，了解自己的想法和感受。他们运用这些理解来组织和计划自己的学习。该维度具体分为两个二级维度。

一是了解自己。具体来说儿童应该具备的能力有：知道自己何时、怎样学

①② Humphrey, N., Lendrum, A., Wigelsworth, M., "Social and Emotional Aspects of Learning（SEAL）Programmes in Secondary Schools：National Evaluation，https：//assets. publishing. service. gov. uk/government/uploads/system/uploads/attachment _ data/file/181718/DFE-RR049. pdf ，2019-05-05.

习最有效率；能够对自己的行为和学习负责；对自己做得好的事情感觉良好，而且接受自己；能够承认某些事情难以完成。

二是理解自己的情感。具体来说儿童应该具有的能力有：能够识别、认识和表达一系列情感；知道情感、想法和行为之间的相互联系；当被某种情感压倒时，能够察觉到；知道有情感是可以的，但不能任意随情感采取行动。

自我管理：儿童运用一系列策略来认知和接受自己的感情。他们可以通过自我管理来管理自己的情感和行为，如处理焦虑和愤怒，或在困难面前显示出复原力。该维度具体分为两个二级维度。

一是管理表达情感的方式。具体来说儿童应该具有的能力有：能够在行动之前停下来并进行思考；能够以不会伤害自己和他人的方式表达一系列情感；知道表达自己情感的方式能够改变他人的感受；能够调整自己的情感表达方式来适应特定的情况或人。

二是管理自己的情感。具体来说儿童应该具有的能力有：能够在选择平静时使自己平静下来；有一系列策略来处理担心和其他不安的情感；有一系列策略处理愤怒；知道改变思考人们和事情的方式会改变自己对他们的感觉；能够通过思考自己的经验、回顾自己的思考来改变自己感觉的方式；知道自己可以在生气、担心和难过时寻求他人的帮助；知道什么能让自己感觉好，并且知道怎样加强这种舒适的情感。

动机：动机使儿童积极乐观地参与学习。内在驱动的儿童认可学习，并且从学习中获取乐趣。动机使儿童能够确定目标并为目标努力，集中精神于学习，在学习遇到困难时坚持不懈，发展独立性、智谋和个人组织性。该维度具体分为三个二级维度。

一是设立目标并计划实现。具体来说儿童应该具有的能力有：能够设立挑战或目标，提前思考，为自己和他人考虑不同的结果；能够将一个长期的计划分成小的可以实现的步骤，计划克服阻碍的方法，设定成功的标准，并且在达成时进行庆祝。

二是坚韧和回弹力。具体来说儿童应该具有的能力有：能够选择在何时何地引导自己的注意力，集中精神，克服随时间出现的注意力分散；知道并能克服学习上的一些阻碍，如疲惫感、挫折感，而且知道何时该继续努力、何时该做不同的尝试；可以在一次失望、一次错误或一次失败后恢复原状。

三是评价和审查。具体来说儿童应该具有的能力有：知道如何评价自己的学习，并且运用这些评价来提高以后的表现。

同理心：包括理解他人，预测他人可能的想法、情感和观念，以及从他人的视角来看问题，并根据这种理解在适当的情况下改变自己的回应。该维度具体分为两个二级维度。

一是理解他人的情感。具体来说儿童应该具有的能力有：能够识别他人的情感；知道所有人都有情感，也理解他们可能以不同的方式或在不同的情况下经历和表达他们的情感；能理解他人的观点，并且理解他们可能是怎样感觉的。

二是重视和支持他人。具体来说儿童应该具有的能力有：重视并且尊重他人的想法、情感、信仰和价值观；能够支持他人，并且在他们需要时尝试帮助他们；知道自己的行为可以影响他人，并且可以使他们感觉更好或更坏。

社交技能：社交技能使儿童能够和他人交往，积极地参与群体，和不同的受众交流、协商，处理差异，支持他人的学习。该维度具体分为五个二级维度。

一是归属于社区。具体来说儿童应该具有的能力有：感觉自己归属于家庭、学校和社区，并且在其中受到重视；理解和接受自己在学校中的权利和责任，而且知道如何承担责任以使学校成为一个对每个人来说都安全和公平的地方。

二是友情和其他关系，体现在这些能力中：知道如何表现友善，能够看起来和听上去友善，成为一个好的倾听者，给予和接受赞扬，而且为他人做好事；能够识别出"贬低"且知道它会如何影响人们，并因此注意不去使用它们；能够获得、保持友情，且能不伤害他人地结束友情。

三是共同工作，体现在这些能力中：能够很好地在团队中工作，与他人合作完成一个共同的成果；能够说出如何帮助一个团队很好地合作。

四是解决冲突，体现在这些能力中：能够解决冲突，使每个人都对结果有积极的看法；能够坚持自己；可以在需要的时候表现出自信、坚定。

五是做出明智的选择，体现在这些能力中：能够通过考虑所有选择识别优势和劣势，选择一个方案解决问题，并且能在完成方案后评价它；能够在工作或行为上做出明智的选择。

如果儿童具有良好的社会情感能力，并且在一个支持情感健康和安宁的环境里接受教育，他们可获得一些积极结果：成为高效且成功的学习者；获取和保持友情；高效公平地处理和解决冲突；独自或合作解决问题；管理强烈的情感，如挫折、生气和焦虑；保持平静和积极的状态以促进目标的达成；从挫折中恢复并在困难面前坚持不懈；协同工作和娱乐；公平竞争，不论输赢都保持尊严且尊重对手；认识且保护自己和他人的权利，理解和重视人们之间的相同点和不同点，尊重他人不同于自己的信仰和价值追求。

四、美国伊利诺伊州的社会情感学习标准

2003 年，美国伊利诺伊州颁布并实施《儿童心理健康法案》。该法案在帮助学校实现教育目标方面发挥了重要作用，并已成为全美国范围内公认的可帮助学校改进教育、帮助全体学生获取成就的新方法与途径。该法案规定，伊利诺伊州的学校要将社会情感学习作为学校教育使命的重要组成部分，并采取切实步骤促进学生社会情感能力的发展。该法案要求伊利诺伊州教育委员会开发与各传统学科学业标准类似的学生社会情感学习标准，并要求州内的每一个学区都制定将社会情感学习整合进学区教育项目的政策法规。随着法案的颁布和全州教育工作者的努力，伊利诺伊州教育委员会开发出了学生社会情感学习标准，该标准于 2004 年 12 月得以通过。该标准是第一个由政府颁布并具有法律地位的学生社会情感学习标准，具有重要意义，为各国教育行政部门出台社会情感学习的相关政策提供了现实依据。

该标准由三个目标、十项社会情感学习标准、不同学段学生的具体学习目标及行为表现描述四个部分构成。[①]

目标一：培养学生的自我认知和管理能力，以确保学生在学业和生活中取得成就。

在这一目标下，学生需要具备的社会情感能力包括三个方面：识别和管理自己的情绪和行为；识别个人品质及外部支持；展现出与实现个人和学术目标相关的技能。

根据这一目标，学生应了解自己的情绪情感，并知道如何管理及恰当地表达自己的情绪情感，这种技能和态度可以为学生在学业和生活中获得成就奠定坚实的基础，这种能力能够使个体更合理地应对压力、控制冲动，并且在克服困难、达到目的时保持主动进取的动力。学校需要发展学生的一系列技能，包括准确地评估自己的能力与兴趣，发展自己的特长和优势，有效地利用家庭、学校和社区的资源。对学生而言，为实现学业和个人目标而建立和监管自我进

---

① Rachel Gordon, Peter Ji, Peter Muhall, et al. , "Social and Emotional Learning for Illinois Students: Policy, Practice and Progress," https: //igpa. uillinois. edu/sites/igpa. uillinois. edu/files/reports/IR11-Ch6 _ SEL. pdf, 2019-05-01.

展尤为重要。对于这一目标，小学至高中各阶段学生的学习标准详见表 2-2。

表 2-2 小学至高中各阶段学生的学习标准(目标一)

学习标准	小学初期	小学后期	初中	高中初期	高中后期
识别和管理自己的情绪和行为	识别情绪并准确地对情绪进行分类，了解情绪与行为的关系。	描述各种情绪和引发这些情绪的情景。	分析产生压力的因素或优异表现的动力。	分析思维和情绪是如何影响决策和负责任的行为的。	评估在不同情境中的情绪表达如何影响他人。
	表现出对冲动行为的控制能力。	以社交活动中可接受的方式描述并表达(展示)情绪。	运用策略来管理压力，并激发优异表现的动力。	开发多种方式以培养更加积极的态度。	评估更加积极的态度表达如何影响他人。
识别个人品质及外部支持	识别自己的喜好、需求与期望、优势与不足。	描述自己希望培养的技能和兴趣。	分析个人品质如何影响选择与成就。	确定特长发展的优先顺序，并明确需要提高的领域。	实施一项计划以发展特长满足需求、应对挑战。
	识别家庭、同龄人、学校和社区的优势。	阐述家庭成员、同龄人、学校教职人员及社区成员如何支持自己发展学业和做出负责任的行为。	分析如何利用学校、社区的支持和条件来促进自己在学业和生活中取得成就。	分析积极的成人角色模型和支持系统如何促进自己在学业和生活中的成就。	评估如何发展兴趣，以及如何塑造有助于在学业和生活中取得成就的角色。
展现出与实现个人和学术目标相关的技能	描述为什么学校在帮助学生实现个人目标方面是重要的。	描述目标设定与实现目标的步骤和计划。	制定一个短期目标并制订实现这一目标的计划。	确定为实现目标而利用资源、克服障碍的策略。	制定中学毕业后的目标及相关的行动步骤、时间表、评价成就的标准。
	确立学业成功和良好班级行为的标准。	监测个人短期目标实现的进展。	分析目标实现与否的原因。	运用策略克服目标实现过程中的困难。	监测目标实现的进展，并按设定的标准评价自己的表现。

目标二：运用社会认知和人际交流的技巧，建立并保持积极的人际关系。

在这一目标下，学生需要具备的社会情感能力包括四个方面：识别他人的感受与观点；辨别个人和集体之间的共性与差异；使用沟通和社交技能以有效地与他人交往；表现出建设性地预防、管理和解决人际冲突的能力。

这一目标之所以重要，是因为与他人建立并保持积极的人际关系对获得学业和一生的成功来说都非常重要。想要与他人建立并保持积极的人际关系，就需要具备识别他人的想法、情感和观点的能力，以及接纳与自己的想法、情感和观点不同的人的能力。此外，想要与同伴、家庭成员和工作中的同事建立积极的人际关系，还要有与人合作、相互尊重地进行交流及建设性地解决与他人冲突的能力。对于这一目标，小学至高中各阶段学生的学习标准详见表 2-3。

表 2-3　小学至高中各阶段学生的学习标准（目标二）

学习标准	小学初期	小学后期	初中	高中初期	高中后期
识别他人的感受与观点	认识到他人可能有和自己不同的体验。	识别提示他人感受的言语、身体和情境方面的线索。	在若干不同的情况下预测他人的情感和观点。	分析自己和他人的观点的相似性和差异性。	掌握向持有不同意见的人表达理解的技能。
	采用倾听技巧识别他人的情感和观点。	描述他人表达出来的情感和观点。	分析个人的行为如何影响他人。	使用交谈技巧了解他人的情感和观点。	掌握向他人表达同感的方法。
辨别个人和集体之间的共性与差异	描述人与人之间的共性和差异的表现方式。	识别不同社会和文化群体间的差异和各自的贡献。	解释为何个人、社会和文化的差异可能增强欺侮的倾向，以及预防欺侮的方法。	分析保守和偏见的根源及其负面影响。	评价尊重他人及反对保守与偏见的策略。
	描述他人的优点。	表现出有效地与持有不同意见的人一起工作的能力。	分析因个人与集体差异而对欺侮所采取的不同措施所获得的效果。	表现对不同社会和文化群体的尊重。	评价承认他人的权利如何有利于集体利益。

续表

学习标准	小学初期	小学后期	初中	高中初期	高中后期
使用沟通和社交技能以有效地与他人交往	识别与他人友好地学习和玩耍的方法。	描述交朋友和保持友谊的方法。	分析与他人建立积极人际关系的方法。	评价向别人寻求帮助和为别人提供帮助的作用。	评价在与同学、教师、家庭成员日常的交往中沟通和社交技能应用的效果。
	表现出恰当的社会和班级行为。	分析在集体中有效学习的方法。	表现出合作意识与团队精神，以促进集体效能的提高。	评价作为成员和领导者在集体中的不同贡献。	规划、执行和评价在集体项目中的参与情况。
表现出建设性地预防、管理和解决人际冲突的能力	识别同龄人间经常发生的问题和冲突。	描述冲突发生的原因和后果。	评价预防和解决人际关系问题的策略。	分析正确的倾听和交谈是如何有助于冲突解决的。	评价使用谈判技巧实现双赢的效果。
	识别建设性地解决冲突的方法。	运用建设性的方法解决冲突。	明确同伴压力的不良影响，并评价应对它的策略。	分析冲突解决技巧是如何有利于组织内的工作的。	评价当下掌握的冲突解决的技巧，并计划如何加以改进。

目标三：在个人、学校和社区情境中展现出决策技能和负责任的行为。

在这一目标下，学生需要具备的社会情感能力包括三个方面：在决策时考虑道德、安全和社会因素；运用决策技能处理日常学业和社会事务；为学校和社区的福祉贡献力量。

这一目标之所以重要，是因为促进个人的健康，避免危险行为，真诚且公平地对待他人，为班级、学校、家庭和社区的福祉贡献力量，是社会对普通公民的基本要求。要达到这一目标，就要有决策的能力，以及根据谨慎做出的决策采取行动以解决问题、根据实际情况选择运用不同的解决方案、预计每个行为的后果、对自己的决策进行评价和反思等方面的能力。对于这一目标，小学至高中各阶段学生的学习标准详见表2-4。

表 2-4 小学至高中各阶段学生的学习标准(目标三)

学习标准	小学初期	小学后期	初中	高中初期	高中后期
在决策时考虑道德、安全和社会因素	解释为什么无正当理由的伤害他人的行为是错误的。	表现尊重自己和他人权利的能力。	评价诚实、尊重、公平和同情是如何使一个人在决策时考虑他人的需求的。	在进行涉及道德的决策时表现出责任感。	运用道德推理来评估社会实际问题。
	分辨引导行为的社会准则和安全考虑。	表现对社会准则如何影响决策和行为方面的知识。	分析学校和社会规则设立的原因。	评价社会准则和当权者的期望是如何影响个人决策和行为的。	考察不同社会准则和文化是如何影响其成员的决策和行为的。
运用决策技能处理日常学业和社会事务	识别同学在学校做出的一系列决策。	识别和运用系统决策的步骤。	分析决策技能如何改善学习习惯和提高学业成绩。	评价个人收集信息、提出备选方案和预测决策效果的能力。	分析当下的决策如何影响同学及未来的职业选择。
	与同学交往时做出积极的选择。	发现解决学业和社会事务的多种途径,并评估其效果。	评价抵抗参与不安全和不道德行为的压力的各种策略。	运用决策技能建立负责任的社会关系和工作关系。	评价负责任的决策是如何影响人际关系与组织关系的。
为学校和社区的福祉贡献力量	识别并扮演促进班级发展的角色。	识别并扮演促进学校发展的角色。	评价自己应对学校要求的努力。	规划、执行和评价自己为改善学校氛围而参与的活动与组织。	与他人合作规划、执行项目并评价项目是否达到学校规定的要求。
	识别并扮演促进家庭和谐的角色。	识别并扮演促进社区发展的角色。	评价自己应对社区要求的努力。	规划、执行和评价自己为改善社区氛围而参与的集体活动。	与他人合作规划、执行项目并评价项目是否达到社区规定的要求。

五、美国阿拉斯加州安克雷奇学区的社会情感学习四维模型

美国阿拉斯加州安克雷奇学区(Anchorage School District,ASD)对社会情感学习的界定也来自学术、社会和情感学习合作体,并增加了学区自己的理解。

该学区对社会情感学习的界定为：社会情感学习是学生学会识别和管理情绪，关心他人，做出合理决策，理性和负责任地行事，培养积极人际关系，以及避免消极行为的过程；通过这一过程，学生可增强整合思维、情感和行为以完成重要生活任务的能力。[①]

安克雷奇学区的社会情感学习理论模型将学术、社会和情感学习合作体的五组核心能力简化为四维模型，具体内容见表 2-5。

表 2-5　美国阿拉斯加州安克雷奇学区的社会情感学习四维模型[②]

活动	对象	
	自我	社会
认知	我是…… （有知识的）	我关心…… （关心的）
管理	我能…… （有能力的）	我愿意…… （负责任的）

自我认知：知道自己当下的感受；对自己的能力有一个真实的评价，并保持充分自信的感觉。这一维度上的内容与学术、社会和情感学习合作体理论模型的自我认知的内容基本一致。

自我管理：调整自己的情绪，使其有利于而不是妨碍手头上的工作；全身心地、不轻易满足地追求制定的目标；在面对挫折和失败时要坚持。此维度上的内容与学术、社会和情感学习合作体理论模型的自我管理的内容没有差异。

社会认知：理解他人当下的感受；能够站在他人的立场上看问题；积极主动地和不同的组织、群体交流互动。此维度的内容延续了学术、社会和情感学习合作体理论模型中社会认知的相关内容，没有变化。

社会管理：有效地处理人际关系中的情绪情感；在合作、摆脱不必要的社会压力、以谈判的方式解决矛盾、在需要时寻求他人帮助的基础上，建立并维持健康有益的人际关系；预防、管理和解决人际冲突。此维度的内容变化较大，将学术、社会和情感学习合作体理论模型中的人际关系技能和负责任地决策两

①② SEL Steering Committee, "Social and Emotional Learning(SEL) Standards and Benchmarks for the Anchorage School District," http://smhp.psych.ucla.edu/pdfdocs/sel% 20standards% 20and% 20benchmarks%20 _ anchorage%20school%20dist _ .pdf, 2019-08-01.

个维度的内容融为一个维度，减少了负责任地决策的内容：负责任地决策强调对一切问题的解决，而该维度局限于人际关系冲突。

总之，安克雷奇学区的四维模型既延续了学术、社会和情感学习合作体的理论模型的基本内容，又根据逻辑将内容纳入一个完整的框架体系。

六、美国哈佛大学的社会情感能力三维发展模型

随着心理学研究取得新进展，人们对社会情感能力的认识也不断发展。2012 年，哈佛大学的斯蒂芬妮·M. 琼斯等人提出，儿童的社会情感能力发展不是并行的，而是按照发展顺序依次进行的，早期发展的能力可以为后期发展的能力奠定基础。琼斯等人将社会情感能力分成互相交叠的三类能力，分别是：情绪管理，社交和人际技能，认知调节。①

情绪管理包括：情绪知识和情绪表达，情绪和行为调节，同理心。

社交和人际技能包括：理解社交线索，理解他人的行为和看法，适应社交场合，积极与同伴和成年人互动，有亲社会行为。

认知调节包括：注意力控制，反应抑制，工作记忆加强，认知灵活性。

这一模型超越了以学术、社会和情感学习合作体为代表的构建在情绪智力理论基础上的社会情感能力模型，第一次提出社会情感能力具有动态特征，并指出社会情感能力的发展与认知能力的发展相互交织，认为当前认知领域的新发现——认知调节——也可以作为社会情感能力的一部分。该模型由于刚被提出不久，还需要更多实证研究来验证其中的各类能力之间的发展递进关系及序列。

七、澳大利亚的学生社会情感健康模型

2003 年，澳大利亚教育研究委员会(Australian Council for Educational Research，ACER)发表了一系列关于社会情感健康(social and emotional well-being，SEWB)的调研工具，它们针对不同年龄组的不同调研对象，包括两份学生问卷和两份教师问卷。2007 年，在澳大利亚奖学金组织(Australian Scholarships Group，ASG)的资金支持下，澳大利亚教育研究委员会开展了一项大规模、大样本的调研。该调研的报告详细分析了澳大利亚 81 所学校的 1 万多名学

---

① Jones, S. M., Bouffard, S. M, "Social and Emotional Learning in Schools: From Programs to Strategies," *Social Policy Report*. 2012(4), pp. 1-32.

生的社会情感健康状况。[1] 他们把学生的社会情感健康分为六种水平：最低、非常低、低、高、非常高、最高。每一种水平的社会情感健康均通过学生的内部社会情感特性和外部环境特性来描述。内部社会情感特性包括：回复力、积极的社会取向、积极的工作取向。外部环境特性包括：积极的学校指标、家庭指标和社区指标。[2]

社会情感健康问卷评估学生的个体特征和环境特征，两者共同组成了积极的社会情感健康。个体特征分为两个类别：①积极社会情感健康的情感指标和行为指标，如高兴、感到安全、尊敬、不担忧、不紧张等；②帮助学生应对个人、社会和学习领域中的压力和挑战的社会情感能力，如情绪恢复力、信心、相处技能等。环境特征分为三个类别：①学校中成人和儿童项目的开展和行动；②家庭里成人和儿童项目的开展和行动；③社区中成人和儿童项目的开展和行动。

1. 学生社会情感健康的七个维度

社会情感健康总体：学生感受到的自身的积极情绪和行为的存在（如开心、与人友好相处、积极参与），以及消极情绪和行为的缺失（如远离毒品、不绝望、不紧张、不焦虑）。

回复力：学生感受到的自身的情感能力/应对技能（如在不开心时向别人倾诉），以及积极合理的态度（如在遇到不明白的事情时不悲观、不丧气，相信自己具备了取得成功的能力和资源）。

积极的社会取向：学生感受到的自身的社会能力（如建立友情、解决冲突、理解他人感受、遵守规则），以及其他重要的社会价值（如尊重、关爱、诚实、责任和良好的公民意识）。

积极的工作取向：学生感受到的自身的学习能力，如自信心（举手回答一道难题），坚持，组织（计划和安排时间），以及与人合作。

积极的学校指标：学生感受到的教师的积极行为，包括教师关心学生、帮助学生获得成功、讨论价值观和社会情感的能力和价值、让学生参与班规的制定，以及有趣的学校活动。

积极的家庭指标：学生感受到的父母的积极行为，包括表扬孩子，让孩子

①②　Michael E. Bernard, Andrew Stephanou, Daniel Urbach, "ASG Student Social and Emotional Health Report," http://www.ncflb.com/wp-content/uploads/2013/02/SEWB ＿ ASG-StudentSocialEmotionalHealthReport.pdf, 2019-08-01.

感到自己被认可和接受，留出与孩子共处的时间，倾听孩子的声音，给孩子发表心声的机会，对孩子的学习表现出兴趣，和孩子讨论可接受的行为和错误行为的后果，讨论不同的社会价值观、不同的社会技能和工作技能的重要性，讨论如何进行压力管理。

积极的社区指标：学生感受到的成人的积极行为和积极项目，包括学校和家庭以外的成人有关怀心，与学生交流负责任的行为的重要性，与学生交流在学校好好学习和工作的重要性，帮助他人解决问题；学生在社区中有努力学习、表现良好的同伴；社区开展一些项目，使学生的个人兴趣爱好得以发挥和发展；给学生机会，让其为社区变得更加安全、更加美好做出自己的贡献。

2. 社会情感健康七个维度对应的六种水平

表 2-6 详细呈现了社会情感健康的七个维度分别对应的六种水平。

表 2-6　澳大利亚学生社会情感健康的七个维度对应的六个水平①

维度	级别	水平	具体描述
社会情感健康总体	一级	最低	处于最低水平的学生很难表现出积极的社会情感健康指标。例如，他们不喜欢自己，不开心，不能和同学们友好相处，不喜欢参加游戏，不喜欢和陌生人打交道，不认为尊敬每个人是重要的，在学校中无法尽自己的能力做到最好。他们极有可能表现出许多消极的社会情感指标，如吸毒、酗酒。此外，他们还可能存在自杀倾向及失眠、饮食不规律等问题。
	二级	非常低	处于非常低水平的学生会表现出少量的积极指标，同时表现出大量的消极指标。从情绪上讲，这些学生似乎感到开心，并且喜欢这样的自己。但是，他们很可能会在持续一周或更长的时间内感到孤独，情绪低落，无望，乱发脾气，过于忧虑并缺乏安全感。从行为上讲，这一水平的大部分学生不太可能饮酒过度或吸毒，但他们很可能对他人非常刻薄、小气，他们还可能搞破坏。从社交上讲，他们能与班上绝大多数的同学友好相处，但他们很有可能在与家人和教师相处上存在困难，并且他们不喜欢帮助那些看起来不开心的人。

① Michael E. Bernard，Andrew Stephanou，Daniel Urbach，"ASG Student Social and Emotional Health Report，" http：//www.ncflb.com/wp-content/uploads/2013/02/SEWB_ASG-StudentSocialEmotionalHealthReport.pdf，2019-08-01.

维度	级别	水平	具体描述
社会情感健康总体	三级	低	处于低水平的学生会表现出较多的积极指标，同时有少量的消极指标。从情绪上讲，这些学生比较有安全感，而且不太可能感到孤独，但他们对学校缺乏归属感。从行为上讲，他们不太可能冲他人大喊大叫，但他们仍然有可能对他人较刻薄并陷入麻烦。从社交上讲，他们与家人和老师能够友好相处，也喜欢帮助不开心的人，但他们不太可能参与许多活动。从学业上讲，他们在学校的表现较好，但不太可能在学习与工作中尽最大努力。
	四级	高	处于高水平的学生会表现出许多积极指标。从情绪上讲，这些学生对学校有归属感，并且很少长时间地情绪低落或感到无助，但他们仍然会感到紧张、焦虑，也会控制不住自己的脾气。从行为上讲，他们基本上不会制造麻烦，也不刻薄待人。从社交上讲，他们在学校里和学校外都会参加各种活动，但缺乏自愿性和主动性。从学业上讲，他们在学习与工作上不会尽自己最大的努力。
	五级	非常高	处于非常高水平的学生在自身生活的许多领域都能表现出绝大部分积极指标。从情绪上讲，他们很少感到紧张、焦虑或脾气失控。从社交上讲，他们会自愿做一些能够增强学校和社区安全性的事情。从学业上讲，他们会在学习与工作上尽力做到最好。
	六级	最高	处于最高水平的学生能够在生活的方方面面表现出所有积极指标，包括情绪、社交及行为方面。他们极少在行为、情感或人际交往上遇到困难，并且事事都能尽自己的最大努力去做。他们还经常体验到许多积极情绪，包括愉悦、趣味、满足、爱、热情等。
回复力	一级	最低	学生几乎没有任何符合其所在年龄段的回复力指标的表现。例如，很容易感到不安和生气，难以冷静下来；不会使用应对技能；有许多消极的、不合理的态度。他们使用许多消极的方式来应对紧张和压力，如暴饮暴食，挑衅、攻击他人。
	二级	非常低	面对大多数具有挑战性的困难情境时，学生不会使用应对技能。他们会持消极的、不合理的态度来面对，并且他们的思维方式会进一步导致自我管理情绪和行为的水平低下。
	三级	低	在个别具有挑战性的困难情境里，学生可能表现出少量的回复力指标。他们可能做一些事情来放松自己，让自己冷静下来，并且不再认为人们指责他们是因为他们无可救药。但他们仍面临缺乏应对技能（如向他人倾诉）和存在消极、不合理的态度（如因自己没做好一件事情就觉得自己是个失败者）的问题。

维度	级别	水平	具体描述
回复力	四级	高	在一些具有挑战性的困难情境里，学生能表现出许多应对技能和积极合理的态度，有一定的回复力。他们不会因为没做好一件事情而认为自己是个失败者。他们在控制沮丧、压抑上没有困难。他们的情绪和感受不容易受到伤害。这些学生会找别人谈话以使自己冷静下来，但他们仍较难控制自己的焦虑，也难以快速平复心情。他们觉得描述自己的感受不是一件容易的事。
	五级	非常高	在许多具有挑战性的困难情境中，学生能够表现出全部应对技能和积极合理的态度。他们能够快速冷静下来，控制自己的焦虑和愤怒。在有压力时，他们会采取应对技能，如向他人倾诉或做运动。生气的时候，他们会三思而后行。他们能够描述自己的情绪感受。
	六级	最高	学生能够很好地表现出回复力（使自己冷静下来，保持镇定）。面对具有挑战性的困难情境和他人时，他们能使用应对技能并以积极合理的态度对待。他们会使用高级的情感能力和自我情绪调节机能，表现出最高水平的情绪智力。
积极的社会取向	一级	最低	学生几乎没有发展出任何与自己年龄相符的社会技能和价值。他们表现出糟糕的社会技能，做出反社会行为，而且缺乏社会价值（如缺乏尊敬和诚信）。他们会持许多反社会的、不合理的态度。
	二级	非常低	学生可能表现出少量的社会技能和价值（如知道怎么交朋友，喜欢认识和接触陌生人，尊敬他人）。但他们在同情心上比较不足，不擅长解决冲突，难以体现出其他社会价值（如关怀和诚信）。他们对别人的情绪感受很不敏感。这些学生会采取许多不合理的、反社会的态度，如他们认为规定举止得体、遵守规则及谴责别人的行为都是令人无法忍受的。
	三级	低	学生会表现出许多积极的社会指标，有共情能力，表现为他们能够理解别人的感受，帮助别人解决问题，努力不伤害别人的情绪感受。在这一水平的学生身上，许多社会价值有所体现，包括正直、诚实及爱护环境。但还有一些社会取向指标是他们难以达到的，如给每个人公平的获胜机会，即便这意味着自己要被打败；在别人受伤时，自己也会感觉很糟糕；采取不争斗、不打架的方法来解决冲突。
	四级	高	学生能表现出大多数社会技能、价值和合理态度，包括擅长和平解决冲突。他们的社会取向使他们确保每个人都有公平竞争的机会，即便这意味着自己会输。他们不会采取消极、不合理的态度，如"那些不公正的人简直坏透了，伤害他们是他们罪有应得"。这一水平的学生不再排斥遵守规则。

续表

维度	级别	水平	具体描述
积极的社会取向	五级	非常高	学生掌握了足够多的社会技能、价值和合理态度，并能够在不同的社会情境里运用它们。
	六级	最高	在不同的情境里、面对不同的人时，学生能够高度体现不同的社会技能和价值。他们能够进行高水平的沟通和交流，拥有高水平的领导技能，体现出许多积极的人格特质（如思想开放、勇敢、宽容）。他们拥有最高水平的社会智力。
积极的工作取向	一级	最低	学生几乎没有表现出任何与自己年龄相符的积极的工作取向指标，反而表现出许多消极指标，如他们在学校里不愿意尽最大的努力，不能很好地与他人合作，不能坚持完成学习任务。他们很有可能贬低教育的重要性。
	二级	非常低	在自身的学习上，学生没有掌握足够的学习能力，如工作信心、毅力、组织性、合作能力等。他们会表现出许多消极指标，包括缺乏组织性，遇到不明白的事情时容易放弃，对自己的学习工作没有信心，并认为不应该要求他们完成枯燥无趣的学习任务。但是，他们可能想在学校里尽自己的努力做到最好。
	三级	低	学生可能表现出少量积极指标，包括与他人合作、坚持努力完成自己的作业。但他们还会表现出一些消极指标，如缺乏组织性，在遇到不明白的事情时容易放弃，对自己的学习工作没有信心，并认为不应该要求他们完成枯燥无趣的学习任务。
	四级	高	学生掌握了成功完成学习任务所必需的学习能力。他们在完成有难度的任务时很有信心、乐观（如"我有获得成功所需的能力和资源"），在面对一些自己不明白的或枯燥无趣的任务时不容易放弃。他们会计划自己的时间，具有组织性，如不会忘记带上课需要的东西，桌面不脏乱，作业写得很工整。
	五级	非常高	学生掌握了足够的学习能力，如信心、毅力、组织性、团队合作，并能在不同的学科领域运用它们。
	六级	最高	学生掌握了所有的学习能力，如信心、毅力、组织性、团队合作，这使他们能够完成自己的学习任务，在学业的方方面面尽自己最大的努力做到最好。他们还表现出其他更高水平的思维技能和人格特征，如好奇心、创造力、热爱学习，这使他们能够在学业上取得最高成就。

续表

维度	级别	水平	具体描述
积极的学校指标	一级	最低	在学校中，学生几乎无法感到教师的任何积极行为。例如，教师不提醒学生努力做到最好；学生已经尽了自己最大的努力时，教师没有对他们说任何积极的话语。
	二级	非常低	学生在学校中能感到少量的积极指标。他们可能感到教师提醒他们努力做到最好；当他们已经尽了自己最大的努力，教师会对他们说一些积极的、鼓励的话语。但他们可能无法感到教师关心他们，努力帮助他们，友好对待他们，跟他们交谈学校以外的事情，允许他们对班规和学校事务有发言权，教他们欣赏来自不同文化背景的同学，和他们讨论信心、毅力、组织性等能够帮助他们完成学业的重要品质，和他们讨论一些重要的价值，如尊敬、诚实、关怀、责任、良好的公民意识，和他们探讨如何交朋友和解决问题。
	三级	低	学生能感到他们拥有关心自己、友好对待自己并帮助自己建立信心的教师。学生认为有些知识能够引起自己的兴趣。但他们可能无法感到教师会花时间和他们讨论信心、毅力和组织性如何帮助他们完成学业。教师也不会花时间和学生讨论尊敬、诚实、关怀、责任的价值，以及如何成为一个好公民。此外，学校缺乏一些活动来让学生了解来自不同文化背景的同学。
	四级	高	学生能感到教师和他们讨论信心、毅力和组织性等是如何帮助他们更好地完成学业的，也会讨论尊敬、诚实、关怀、责任、成为好公民的价值，同时教师开展一些活动让他们了解来自不同文化背景的同学，以增加他们的知识。学生也能感到教师让他们在班规制定、学校活动开展、如何把学校变得更好且更安全等事情上拥有发言权。但这一水平的学生难以感到教师和他们讨论学校以外的事情。
	五级	非常高	学生能感到几乎所有支持他们社会情感健康发展的学校指标。他们能感到至少有一个教师会和他们讨论学校以外的事情，他们的教师会花时间和他们讨论结交朋友、解决冲突等事情，会谈论他们的情绪感受，教他们如何应对压力和紧张。
	六级	最高	学生能感到教师的全部积极行为，学校开展了一些项目，它们体现出教师的高质量教学，并丰富和发展学生的社会情感能力。

续表

维度	级别	水平	具体描述
积极的家庭指标	一级	最低	学生难以感到父母支持他们的始终如一的积极行为，如父母不给他们留出时间，不听他们说话，不表扬他们，不让他们感到自己被认可和接受。学生会感受父母的一些消极行为，如缺乏关爱，批评和虐待，忽视他们，在管理自身情绪上没有做好榜样，以及采取极度的权威和专制，如严苛的家规、粗暴的强制。
	二级	非常低	学生能感到父母给他们留出时间和他们讨论在学校中尽最大努力的重要性，表扬他们，帮助他们接受自我，让他们感到自己有重要的家庭责任。但他们可能无法感到他们有一个对自己的学习感兴趣的家长，如家长不关心、不询问他们在学校学什么，不讨论哪些是可接受的行为，不讨论如果他们的言行举止不正确会有什么后果。父母不和他们讨论信心、毅力和组织性在完成学业中的重要性，不和他们讨论一些重要的价值，如尊敬、诚实、关怀、责任、做一个好公民。他们也不能感到自己在家里有发言权。
	三级	低	学生能感到父母对他们正在学习的东西感兴趣。父母会和他们谈论哪些是可接受的行为、不良行为会带来什么后果，谈论一些重要的价值（如尊敬、诚实、关怀、责任、做一个好公民）以及信心、毅力和组织性在完成学业时的重要性。学生会感到在家里有一些有趣的事情可做。但他们无法感到自己在家里有发言权。父母很少花时间和自己的孩子交谈。
	四级	高	学生能感到父母跟他们讨论如何交朋友、如何解决人际问题，讨论情绪感受及如何应对压力和紧张。
	五级	非常高	学生能感到全部与高水平社会情感健康相联系的积极的父母行为。
	六级	最高	学生能感到全部的与高水平社会情感健康相联系的积极的父母行为。他们还能感到其他体现高水平情商的积极的父母行为，如意识到孩子的情绪感受、共情，这些可丰富和拓宽学生的社会情感学习发展。

续表

维度	级别	水平	具体描述
积极的社区指标	一级	最低	学生感到社区中没有成人支持他们，没有积极的同伴小组行为，没有开展一些放学后的项目。
	二级	非常低	学生能感到少量的积极社区指标。放学后他们有许多感兴趣的活动能参加。但他们难以感到除家人外有其他成人关爱他们，在他们付出努力或在做事有责任心的时候表扬他们。如果他们遇到困难，没有成人能够接受他们的求助。
	三级	低	学生能感到社区中存在一些积极行为和项目。他们能感到在家庭和学校以外还有其他成人关心他们。但他们难以感到自己的朋友举止得体，或在做作业时尽全力做到最好。他们无法感到在家人以外有成人在他们努力工作并表现出担当和责任心时表扬他们，在他们遇到结交朋友、情绪、应对压力的问题时能够向他求助。
	四级	高	学生能感到在社区中存在许多积极行为和项目。他们能够感到自己的朋友举止得体，或在做作业时尽全力做到最好。他们能够感到，在家人以外至少有一位成人，在他们努力工作并表现出担当和责任心时表扬他们，在他们遇到问题时能够求助于他。但他们可能难以感到他们居住的地方成人给年轻人机会去做一些事情以把社区变得更美好。
	五级	非常高	在社区中，学生能感到有成人支持他们，有积极的同伴小组行为和放学后开展的项目。成人给年轻人机会去做一些事情以让社区变得更美好。
	六级	最高	在社区中，学生能感到有成人支持他们，有积极的同伴小组行为和放学后开展的项目。学生们还能感到存在一些额外的项目和学习机会来拓展他们的兴趣、满足他们的需求。

综上所述，国外学生社会情感学习理论模型的构建具有两个特点。第一，建立在科学严谨的心理学理论基础之上。当前国外大多数社会情感学习理论模型都建立在戈尔曼的情绪智力理论模型和基础上。第二，不同的主体实施社会情感学习的目的不同，导致不同主体确立的社会情感学习理论模型各有侧重。学术、社会和情感学习合作体的理论模型强调质量，因而更强调对戈尔曼心理

学理论的跟随；美国伊利诺伊州为使全州的学校推广社会情感学习，分学段制定了详细的学习标准；英国在推广社会和情感方面的学习项目时不得不考虑教育公平因素；澳大利亚的社会情感健康模型则从测量出发，不仅包括不同维度，还分出层次水平，操作性更强。

第三节 社会情感学习的中国化理解

一、情感与社会情感

1. 情感

关于情感的概念，一直众说纷纭。对情感的一般定义是："一种以自我体验的形式反映客体与主体需要关系的心理现象。"[①]在汉语中，情感一词包含了"感"字，有感觉之意；还包含了"情"字，所以有别于单纯的感觉，有所"情"才有所"感"。因此，情感以感觉为依托，其基本内涵可以被看作感情方面的觉知。

将情感一词翻译为英文则是 emotion，而 emotion 这一英文单词其实既可以被翻译为情感，也可以被翻译为情绪。[②] 其实，情感与情绪是有区别的，情绪"与有机体的生理需要相联系，具有明显的生物学适应价值，为人和动物所共有"；[③]而情感则与人的社会需要相联系，为人类所特有，可以被看作"组织化了的社会化了的情绪"[④]，是一种"具有稳定而深刻社会含义的感情性反映"[⑤]。然而，情感和情绪的区分又是相对的，人类情绪和动物情绪有本质上的区别：人类情绪受到人的社会生活方式、文化教养的影响和制约，具有很强的社会性。从这个意义上说，人类的情绪和情感是统一在人的社会性本质之中的。

社会情感学习强调对情绪的识别与表达、理解和调节，整合情绪能力和理性能力。情绪主要指情感方面，是主要的非认知因素。非认知因素还包括动机、兴趣、意志、性格，情绪与这四个要素有不同程度的交叉和联系。

动机是能够激发个体进行专项活动、维持活动主体朝向一定目标的机制。动机理论主要有本能论、驱力论、唤醒论、诱因论、认知论，其中认知论认为

---

①③④　郭景萍：《情感社会学：理论·历史·现实》，42～43、50～51 页，上海，上海三联书店，2008。

②　因为 emotion 一词有不同译法，所以当前国内从事社会情感能力相关研究的学者在研究领域描述上同时使用"社会情感能力"与"社会情绪能力"两种译法。

⑤　孟昭兰：《情绪心理学》，6～8 页，北京，北京大学出版社，2005。

认知具有动机功能。除此之外，期待价值理论认为达到目标的期待应该被视为行为的决定因素；动机归因理论重视引导个人进行正确合理的归因，自我效能感理论认为个体对自己是否有能力来完成某种行为的期望在行为决策中起着重要作用。动机又分为内在动机和外在动机。兴趣是个体在进行活动时所产生的积极情绪体验。兴趣在人的实践活动中具有重要意义，它能使人集中注意力，产生愉悦的心理状态。兴趣以精神需要为基础，且同认识和情感相联系，对某个事物或某项活动的认识越深刻、情感越炽烈，兴趣就越浓厚。意志是在个体确定目的后，根据目的来调节、支配自身的思维及行为，以实现预定目标的心理过程。它会直接影响主体活动的方向性、积极性与持久性。意志不是与生俱来的，而是受意识发动和调节的高级活动。性格是个体在对现实的态度和行为方式上比较稳定的心理特征，主要体现在对自己、对他人、对事物的态度和所采取的言行上。

人的三种基本主观心理活动（认知、情感与意志）分别反映了三种基本的客观事实（事实关系、价值关系和行为关系）。情感是一种特殊的认知，意志又是一种特殊的情感。广义上说，知、情、意都是认知活动，只是各自的侧重点不同，情感侧重于意义角度的认知，意志侧重于行为效应角度的认知。认知、情感与意志又相互区别，主要表现为：认知一般以抽象的、精确的、逻辑推理的形式出现，情感一般以直观的、模糊的、非逻辑的形式出现，意志一般以潜意识的、随意的、能动的形式出现；认知主要是关于"是什么"的认识，情感主要是关于"应如何"的认识，意志主要是关于"怎么办"的认识。如果把情感与认知割裂开，情感就会因没有客观依据而变成了"公说公有理，婆说婆有理"；如果把情感与认知混淆，情感又会因失去公正性而变成了"成者为王，败者为寇"；如果把情感与意志割裂开，情感就会成为空洞的情感；如果把情感与意志混淆，情感则会成为糊涂的情感。

2. 社会情感

社会在汉字上的本义是特定土地上的人的集合。社会在现代意义上是指为了共同利益、价值观和目标的人的联盟，它是共同生活的人们通过各种各样的社会关系联合起来的集合，其中最主要的社会关系包括家庭关系、共同文化及传统习俗。微观上，社会强调同伴的意味，并且延伸至为了共同利益而形成的自愿联盟；宏观上，社会就是由长期合作的社会成员通过发展组织关系形成的团体，并形成了机构、国家等组织形式。

　　社会的群体集合性质决定了社会中个体的共存形态。为了群体集合中的共存，社会不仅需要竞争，而且需要合作。竞争虽然使我们获得了效率，但也带来了防范、自私、争夺，甚至带来了成功者的傲慢及其激发的失败者的怨恨，形成了冷漠、功利等不和谐因素，加剧了冲突。因此，社会也需要行动主体自觉地追求合作与协助精神，通过积极的观念、行动和情感构建人的相互性。

　　从社会学的角度来看，人类的情感世界是具有层级性的。第一层级可以被称为个人情感世界，最基本的承受者和主体都是个人。"这个情感世界存在于人们的生平情境和场域情境中，直接影响行动者，行动者也直接作用于这个世界。"①第二层级可以被称为社会情感世界，在个人情感世界进行对外交流和扩张时，社会情感世界便被建构出来。在这个场域中，"人与人的情感世界相遇并互动，其结果总是表现出一种合纵连横的集体力量，即社会性情感"。②这里所要探讨的社会情感不是完全心理学意义上的社会情感，而是社会学意义上的社会情感。有学者借鉴韦伯关于实质理性和形式理性的区别，把情感区分为实质情感和形式情感。"形式情感是多种多样的，非常个体化的；实质情感则是隐藏在形式情感背后的支配着多样化情感的集体情感，或者说是个体情感的共性因素。"③这里所关注的社会情感便是这种既存在于人的本性，又存在于社会本质的实质情感。

二、重新理解教育的本质

1. 关于教育属性的认识

　　教育以促进人的全面发展为根本目的。人的发展并非智能的单一发展，也不以知识的获得为唯一的目标和途径。现代教育追求人的全面发展，即在德、智、体、美等方面获得完整、均衡的发展。只有获得全面的发展，人才可能是健康的、丰富的人，才可能是具有完整人性、真正意义上的人。人的发展是在身体、心智、情感三个领域进行的，情感是人性发展不可缺少的基因，情感在现实性上代表了人性的需求倾向。人的全面发展直接受到人的情感发展的制约，情感的发展是人全面发展的基本前提。因此，一个全面发展的人，首先应该是一个有情感的人，情感在人类个体的发展中具有不可替代的作用。

　　教育并非基于其自身与政治的善心，而基于人性应该获得的发展，即让人

---

①②③　郭景萍：《情感社会学：理论·历史·现实》，50～51 页，上海，上海三联书店，2008。

获得健全人格、自由能力、理性精神、卓越德行、独特个性的发展。如何以人性的本质所需要的方式尊重人的尊严、促进人的发展，这是教育应该关注的核心问题。教育应以人为目的，而不能以使人成为实现其他目的和利益的工具为目的。教育应正当地对待每一个人，这表现为合道德、合价值地形成教育与人的交往关系，使人获得教益，获得精神的健全成长，这是教育正义的内涵。

基于教育的本质与目的，教育者在教育实践中有义务站在促进人的精神全面发展的角度，以关爱、关注、引导、帮助等积极的教育行为对待所有儿童；而不能忽视人的基本权利，以非善意的、不道德的态度和行为，以贬低、侮辱、排斥、歧视、伤害、冷漠等行为伤害儿童的心灵与情感。儿童的健康发展与儿童健康发展的机会和方式联系在一起。这意味着国家、学校、制度、管理者、教师对待人的方式应是符合道德的，政策制度、学校文化、班级文化、教育者、同伴等教育场域中显性与隐性的教育因素都应对儿童的健康发展产生积极影响。

2. 关系性存在理论视域下的教育图景

肯尼斯·J. 格根作为社会建构论的主要奠基者，经过 30 多年的精心耕耘，构建了系统的社会建构理论和实践体系。其中的关系性存在理论对于探讨社会情感学习的理论问题有着启发意义。

在很长一段时间内，人们认为教育就是知识的传授，教育的作用是培养出知识渊博的个体，学生以掌握和储存知识为目标。这些知识是不具有感情和意义的，是静态的，是与现实世界分离且可预期的。在考试中取得较高的分数成为好教育的唯一评价标准，统一以分数为依据对所有学生进行考评和选拔，分数与评优、升学、评奖等切身利益挂钩，分数成了衡量一个学生的终极价值，最终形成学生评判自身和他人的单一标准。高分使一个人在他人面前获得自信和自尊，低分则可能摧毁一个学生。学生可能被对分数的苛求拖进恶性竞争的泥潭，学生之间不再是伙伴，而是对手和潜在的敌人；学生之间的关系不再单纯友好，而随着竞争的加剧日益冷漠。教师的任务就是用其独白式讲授和叙述来"填充"学生的头脑，学生本身也变成"独白式"权威的模仿者。这样的教育观将学生看作彼此独立的个体，教师与学生之间也有着明显的分界。教师是"知道"者，学生则被强行置于客体地位接受教育——头脑中被填满内容或理性。在教师眼里，学生是分数的载体，本该温情脉脉的师生关系变得相互疏离，这样的"学校暴力足以摧毁一个人的自我和社会性存在的基本自信，同时影响与其他主体的一切实践交往"。①

在这种"有界的个体"的视域下，构建了这样的教育图景。②

第一，在对学生个体的认识方面，教育的作用是培养出知识渊博的个体，学生以掌握和储存知识为目标，考试被认为是评价学生的有益方式，分数成了衡量一个学生的终极价值，最终构成学生评判自身和他人的单一标准。其中，在外生取向的知识观下，"学生在很大程度上被视为一张白板，教育的过程是在上面描绘出世界的基本特征"。③ 内生取向的知识观尽管以学生为中心，但它强调的个体的理性能力及"审慎思考信息的方式"。④ 在这两种知识观的主导下，学生被看作彼此独立的个体，不断面临被评价的威胁。知识掌握是第一位的，情感发展则是次要的。

第二，在学生间的关系方面，由于学生以掌握和储存知识为目标，学生被看作自己行动的中心，具有"自我优先性"。学生被看作彼此独立的个体，关系是次要的、可选择的，把他人（与物质环境一起）视为一种次要或工具性的角色，这便导致无论是学生个体还是学生群体的发展都很难成为全人的发展，而是单向度的发展。

第三，在师生间的关系方面，教师的任务就是用他的独白式讲授和叙述来"填充"学生的头脑，学生"总是保持被动的，他们只是被期望吸收提供给他们的知识"，本身也变成了"独白式"权威的模仿者。⑤ 教师与学生之间有着明显的分界。教师是"知道"者，学生则被置于客体位置接受教育，"知识的传播使权力关系得到扩展"⑥，师生关系处于"等级制模式"⑦中。

第四，在教师间的关系方面，学校中教师之间的关系也不是丰富的人性关系，而是简单的互相利用与操纵的关系。采用社会网络分析方法可知，教师之间的工作与咨询关系更为密切，情感关系则相对淡薄，且咨询与情感关系都具有明显的等级性。⑧

---

① 程平源：《中国教育问题调查》，1页、204页、206页，北京，清华大学出版社，2013。

② 杜媛、毛亚庆：《基于关系视角的学生社会情感能力构建及发展研究》，载《教育研究》，2018(8)。

③④⑤⑥⑦　［美］肯尼斯·J. 格根：《语境中的社会建构》，136、138、146页，北京，中国人民大学出版社，2011。

⑧ 杨传利、毛亚庆、曹慧：《学校内部教师社会网络现状及对学校管理改进的启示——一项基于社会网络分析的研究》，载《基础教育》，2017(3)。

在关系性存在的视域下，教育的首要目的被理解为促进学生参与关系过程的潜能。① 教育的核心不再是培养独立自主的思考者，而是促进关系过程，且能够贡献于更长远的、扩展的关系流动过程。②

首先，在对知识的理解上，知识是产生在相互关系中的。③ 构成知识的语言无法先于个人在关系中形成意义而存在，语言只有在社会使用中才能获得其可理解性。④ 任何语言本身都无法传达单一意义的信息，个体的语言只能作为"可能的关系序列的指示器"。⑥ 语言实践受到关系的束缚，而关系又受到更广泛的实践方式或文化传统的束缚。"意义的生产不只是使用谈话者的言语和行动，还需要在具体的物质情境中发生。"⑦ 每一种情境又可以被归结为"个体引进新关系的资源"。⑧ 由此可见，知识的产生不是建立于观察或源于观察的，而是从参与对话的关系共同体中发展出来的，"知识的价值是在一定的条件和关系中存在的"。⑨

其次，学生和教师都是关系的存在。无论是学生还是教师，每一个人都以一种角色或身份存在，每一种角色或身份都与其他角色或身份构成多种关系。教师与学生之间并不是知识存储与知识接受的主客体关系，学生之间也并非你是你、我是我的相互独立的隔绝关系。师之所以为师，生之所以为生，都是师生关系因为具有优先性并在关系过程中"激发彼此参与关系的潜能"。⑩

再次，生生、师生、师师之间的关系是相遇中的我—你关系。如果我们承认关系具有先于个体的优先性，每一个人都是平等的主体，那么人与人之间便是相遇中的我—你关系，不存在任何人相对于他人的自我优先性。在这样的我—你关系中，我以我的整个存在、我的全部生命、我的真本自性来接近你，你不再是我的经验物、利用物，"我不是为了满足我的任何需要，哪怕是最高尚的需要而与其建立'关系'"。⑩

最后，学校是流动的关系过程。学校是无界的，无论是在学校内部还是在学校外部，每个层级都是流动的关系过程，在不同的体系中创建不同的理解和意义。学校需要"与周围环境发生共振，吸收它的潜能，创造新的生成物，并将

①②③⑨　Kenneth J. Gergen, Relational Being, *Beyond Self and Community*, Oxford, Oxford University Press, 2009, pp. 204-205, 243, 248.

④⑤⑥⑦　[美]肯尼斯·J. 格根：《语境中的社会建构》，138～140 页，北京，中国人民大学出版社，2011。

⑩　[德]马丁·布伯：《我与你》，6～7 页，北京，生活·读书·新知三联书店，2002。

其纳入更大规模的关系流，然后在这样的关系流中被构成"。① 在学校内部，学生的学习过程就是学生与作为教育内容的对象世界的接触与对话，是与在此过程中发展的其他学生或教师的认识的接触与对话，是与新的自我的接触与对话。② 在学校外部，学校与外界有持续不断的联系和连接，信息的流动不再是单向的传递和接受，而是彼此协调、互动的过程，对话是这一过程的核心。

三、社会情感能力的本质是关系构建③

格根认为，情感的发展是关系的表现。④情感作为人的本真发展的重要方面，作为人的社会性发展的某种行动方式，也只能在关系中获得理解。情感并不为个体所有，也不是由个体的生物因素决定的，有关情感的理论和表达均内嵌于关系之中，在共同行动中不断地被建构和重构，而且也只有在某种关系体中、经由共同的行动才能被理解。学生的社会情感能力本质上是关系的社会性构建能力。"社会关系实际上决定着一个人能发展到什么程度。"⑤人是唯一以社会性为自身基础和根本特色的存在物，人要进行实践活动，就必须结成一定的社会关系，人总是在一定的社会关系中存在、活动和发展的，人的本质在其现实性上是一切社会关系的总和。教育以促进人的全面发展为目的，马克思主义学说的经典论述就指出："个人的全面性不是想象的或设想的全面性，而是他的现实联系和观念联系的全面性。"⑥

人的社会情感若只是人的内在本性，那么便很难被认识，也很难被改变。然而，情感的社会性本质决定了情感不是由生物因素决定的，而是后天社会文化教育的结果，是个人在家庭环境和其他社会环境的交往过程中形成的，是"人的内在心理活动与外在社会情境相互作用的产物"。⑦ 情感是先有感后有情的，如果人没有因与外在社会情境发生关系而有所感，也就无法动情。所以说，社会情感产生的前提和基础是人与自身及外在的相互作用关系。因此，学生社会

---

① ④ Kenneth J. Gergen, *Relational Being：Beyond Self and Community*，Oxford，Oxford University Press，2009，pp. 46，102.

② ［日］佐藤学：《静悄悄的革命——课堂改变，学校就会改变》，85 页，北京，教育科学出版社，2014。

③ 杜媛、毛亚庆：《基于关系视角的学生社会情感能力构建及发展研究》，载《教育研究》，2018（8）。

⑤ 《马克思恩格斯全集》（第三卷），295 页，北京，人民出版社，1979。

⑥ 《马克思恩格斯文集》（第八卷），172 页，北京，人民出版社，2009。

⑦ 郭景萍：《情感社会学：理论·历史·现实》，53 页，上海，上海三联书店，2008。

情感能力的发展既决定学生实际生活中现实关系的构建，又决定现实关系的质量。

结合关系理论和我国的传统文化，立足于我国国情，学生实际生活中与社会情感能力发展相关的现实关系主要体现为学生与自己、学生与他人、学生与集体这三个层面的关系的构建。

一是学生与自己的关系。个人作为承载多种关系的关系性存在，需要保持"中和"。《中庸》讲道："喜怒哀乐之未发，谓之中；发而皆中节，谓之和。"学生应既能够清晰认识自我，了解自我的情绪，心正气顺，心理和乐，又能够戒惧而制约自我，慎独而不为外物所蒙蔽，做好自我控制、调节、反省。

二是学生与他人的关系，包括学生之间的生生关系、教师与学生之间的师生关系。人与人之间之所以能形成健康和谐的关系，是因为人皆有不忍人之心，需要以善意与人相处，人与人相爱而不相贼。"被关心几乎是普遍的人类愿望，每一个人都希望被他人接受，每个人都在以各种方式表达这一内在的需要或者愿望。"①人与人之间需要宽厚相待，和谐相处。

三是学生与集体的关系。在我国传统文化中，集体承担很多社会角色，社会的责任更多地通过集体来传递给个人。在集体中，人与人之间不是利益上的相互关系，而是基于合作而形成的价值上的不可分离性关系。处于集体中的人们不仅具有先天的身份上的相互依赖关系，更重要的是，人们可以通过在集体中的积极观念、行动和情感增进对集体的归属感，并作为主体自觉追求合作与协助的精神和行动。

之所以提出集体这一维度，主要是因为以下几方面的考虑。

一是中国教育实践的特性。在中国文化里，自身之外的社会其实包含两类主体：个人和集体。而人在处理与他人和集体的关系时具有完全不同的规则和习惯。对于他人，中国人讲究与人为善，建立和谐的人际关系；对于集体，中国人强调个人服从集体。也就是说，中国人心目中的集体承担更多的社会角色，社会的责任更多地通过集体来传递给个人。无论是古代儒家学说强调修身、齐家、治国、平天下，还是当前我们的教育强调从热爱集体过渡到热爱社会和热爱国家，都强调个人和社会中存在一个集体维度。基于对中国人这一文化特性

---

① ［美］内尔·诺丁斯：《学会关心——教育的另一种模式》，15 页，北京，教育科学出版社，2003。

的考虑，应在社会维度下进一步划分出他人和集体两个维度。

二是心理学的观点。在情绪智力和社会智力方面，斯滕伯格近年来提出的三元智力理论的情境亚理论和成功智力理论中的实践智力，充分强调个体与环境的交互作用。此外，心理学界出现的分布式认知和分布式情绪理论也认为情绪与认知广泛分布于个体内和个体间以及媒介、环境、文化和社会中。

三是中国学者取得的社会智力和情绪智力概念本土化的经验。很多中国学者在将西方的社会智力和情绪智力进行本土化的过程中，都将西方的个人与社会两个维度扩展为个人、他人与社会三个维度。例如，许远理在对情绪智力的对象进行划分时，进一步突出了集体的作用，他认为情绪智力的对象应该"指向自己、指向他人、指向环境"。[①] 而根据他的解释，所谓环境情绪信息，指的是广泛分布在环境中能够引起人们情绪、情感、感情反应的信息刺激，它包括社会环境情绪信息和物理环境（人工环境和自然环境）情绪信息，而且他更强调社会环境情绪信息对个人情绪的重大作用。社会环境情绪信息包含人际情绪信息、群体和团体情绪信息，也就是说，他最终将西方的个人与社会维度扩展为个人、他人和集体三个维度。

学生社会情感能力的发展是学生在实际生活中的现实关系的丰富和发展过程。从过程的角度来理解，学生的社会情感能力发展包括两个维度：认知和管理。前者属于社会情感能力中的认知因素，对于关系构建的过程与行为具有前导和动力作用，关涉个体知道如何做的问题；后者属于社会情感能力中的行为因素，是关系构建的具体表现过程，关涉个体实际如何做的问题。学生的社会情感能力就是学生认识和管理与自我、与他人、与集体的关系的知识、技能和态度的综合，学校教育需要促使学生学习并获得这些能力，并在此过程中产生积极的情感体验，从而实现整体性提高和人性的完满发展。基于此，我国教育部与联合国儿童基金会合作开展的"社会情感学习与学校管理改进"项目的专家团队共同论证，将社会情感能力的内涵分为六个维度。

在构建与自我的关系方面，有自我认知和自我管理两个维度。自我认知指觉知自己的情感、兴趣、价值观和优势，认同自我发展的积极品质，保持充分的自信，分为自知、自信和自尊三个层面。自我管理指调节情绪，调适压力，

---

① 许远理：《情绪智力三维结构理论的建构与实证研究》，第十二届全国心理学学术大会，济南，2009。

积极反省，具有坚韧的自我意志品质和进取心。

在构建与他人的关系方面，有他人认知和他人管理两个维度。他人认知强调的是对他人的同理心，"己所不欲，勿施于人"，即能够识别和理解他人的态度、情感、兴趣和行为，站在他人的立场上看待问题，理解差异。他人管理则指人际交往技能，包括能够尊重差异性，有效化解冲突，建立并维持友善的人际关系。

在构建与集体的关系方面，有集体认知和集体管理两个维度。集体认知指认同集体价值观与集体行为规范，具有集体归属感、荣誉感，正确理解集体与个人的关系。集体管理指遵守集体规范，调适个体与集体的关系，明确个人在集体中的权利与责任，表现出团结、合作、承担责任等亲社会行为。

四、社会情感学习的中国化理解

根据前文的学理分析，结合中国文化和社会背景，这里提出由三向六因素模型（见图2-2）构建的中国学生社会情感能力的内涵。

图 2-2 中国学生社会情感能力的三向六因素模型

1. 自我认知

自我认知指对自己的情感、兴趣、价值观和优势的识别与评价；认同自我发展的积极品质并保持充分自信。自我认知的关注点为自知、自信、自尊。

自知：正确认识自己；客观认识自己的优点和缺点；正确把握自己的情感状态、兴趣爱好、价值观念。

自信：相信自己；激发和保持良好的动机；相信自己有能力完成某项任务、解决某个问题。

自尊：个人基于自我评价产生和形成自重、自爱、自我尊重的态度，并要求受到他人、集体和社会的尊重。

2. 自我管理

自我管理指能够调适自我情绪和行为，调节自我压力，激励自我意志，形成和维持良好的情感体验与行为表现。自我管理的关注点为调适能力、反省能力、坚韧性、进取心。

调适能力：调节自我情绪以适应环境的能力；积极应对压力的能力；理性控制冲动的能力；以恰当的方式表达自己情绪的能力。

反省能力：行为的自我反省与改进能力。

坚韧性：确立适切的目标并持之以恒地努力直至取得成功的能力；面对困难和挫折时能够坚持不懈的坚韧力。

进取心：勇于迎接挑战、积极向上的心态；克服困难的自我激励能力。

3. 他人认知

他人认知指能够识别和理解他人的态度、情感、兴趣和行为；能够站在他人的立场上看待问题；有主动与他人交流的意愿。他人认知的关注点为共情、尊重、亲和。

共情：理解他人的想法和感受，重视他人，支持他人。

尊重：尊重他人的人格、意见和选择。

亲和：积极接纳他人；友善对待他人。

4. 他人管理

他人管理指能够理解他人的想法、情感和行为，尊重差异，学会包容，化解冲突，建立并维持友善的人际关系，强调人际关系技能的发展。他人管理的关注点为理解与包容的能力、化解冲突的能力、处理人际关系的能力。

理解与包容的能力：能够识别、理解、尊重和包容他人的想法、情绪和行为的能力。

化解冲突的能力：能够通过交往化解冲突的能力。

处理人际关系的能力：能够积极友善地处理并维持健康有益的人际关系的能力；能够依据伦理道德标准，拒绝他人不道德、不安全、不合法行为的能力。

5. 集体认知

集体认知指形成集体与亲社会意识，认同集体价值观与集体行为规范，形成集体归属感、荣誉感，正确理解集体与个人的关系。集体认知的关注点为集体意识和亲社会意识。

集体意识：归属感，认同感，合作，从集体的角度思考问题，等等。

亲社会意识：积极友善地对待社会现象。

6. 集体管理

集体管理指遵守集体规范，能够调适个体与集体的关系，明确个人在集体中的权利与责任，培养亲社会行为，强调在处理自我与集体关系方面形成正确行为的能力。集体管理的关注点为融入集体、遵守规范、维护荣誉、合作、领导力、亲社会能力。

融入集体：认同集体目标的能力；融入集体活动的能力。

遵守规范：遵守集体规则的能力。

维护荣誉：维护集体荣誉的能力。

合作：有效协调合作的能力。

领导力：参与集体决策的能力；主动引领示范的能力。

亲社会能力：养成亲社会倾向的能力。

第三章　社会情感学习与学校管理改进的现状调查

　　国外已有的社会情感学习研究从理论和实践上充分证明了社会情感学习有利于学生的全面发展，这种发展不仅体现在学生的学业成就方面，也体现在学生的自信心、承受挫折的能力、人际交往能力等内在品质发展方面。在系统构建社会情感能力的中国化内涵的基础上，本章主要介绍学生社会情感能力的测量工具研发过程，从实证分析的角度验证理论模型，并全面调查我国中小学生社会情感能力发展的现状及影响学生社会情感能力发展的相关因素，为构建基于社会情感学习的学校管理改进策略提供实证依据。

第一节　中国学生社会情感能力测量工具的开发

一、社会情感能力测量模型的建构和指标设计

　　根据第二章提出的中国学生社会情感能力的三向六因素模型，中国学生社会情感能力由六个因素构成：自我认知能力、自我管理能力、他人认知能力、他人管理能力、集体认知能力和集体管理能力。这个三向六因素模型可能存在四个理论模型，需要通过实证数据的检验找出最优模型。第一个是一阶六因素模型，即社会情感能力包括自我认知能力、自我管理能力、他人认知能力、他人管理能力、集体认知能力和集体管理能力六个因素。第二个是二阶单因素模型(社会情感能力)，即上述六个因素共同构成了一个二阶因素。第三个是二阶二因素模型(认知能力因素和管理能力因素)，即自我认知能力、他人认知能力和集体认知能力三者构成一个二阶因素(认知能力因素)；自我管理能力、他人管理能力和集体管理能力三者构成另一个二阶因素(管理能力因素)。第四个是二阶三因素模型(自我因素、他人因素和集体因素)，即自我认知能力和自我管

理能力构成第一个二阶因素（自我因素），他人认知能力和他人管理能力构成第二个二阶因素（他人因素），集体认知能力和集体管理能力构成第三个二阶因素（集体因素）。

根据这些因素的内涵，可进一步发展出 21 个二级指标，具体如下。

自我认知能力的二级指标有 3 个。①自知：正确认识自己；客观认识自己的优点和缺点；正确把握自己的情感状态、兴趣爱好、价值观念。②自信：相信自己；激发和保持良好的动机；相信自己有能力完成某项任务、解决某个问题。③自尊：个人基于自我评价产生和形成自爱、自我尊重的态度，并要求受到他人、集体和社会的尊重。

自我管理能力的二级指标有 4 个。①调适能力：调节自我情绪以适应环境的能力；积极应对压力的能力；理性控制冲动的能力；以恰当的方式表达自己情绪的能力。②反省能力：行为的自我反省与改进能力。③坚韧性：确立适切的目标并持之以恒地努力直至取得成功的能力；面对困难和挫折时坚持不懈的坚韧力。④进取心：勇于迎接挑战、积极向上的心态；克服困难的自我激励能力。

他人认知能力的二级指标有 3 个。①共情：理解他人的想法和感受，重视他人，支持他人。②尊重：尊重他人的人格、意见和选择。③亲和：积极接纳他人，友善对待他人。

他人管理能力的二级指标有 3 个。①理解与包容的能力：识别、理解、尊重和包容他人的想法、情绪和行为的能力。②化解冲突的能力：通过交往化解冲突的能力。③处理人际关系的能力：积极友善地处理并维持健康有益的人际关系的能力；依据伦理道德标准，拒绝他人不道德、不安全、不合法行为的能力。

集体认知能力的二级指标有 2 个。①集体意识：归属感，认同感，合作，从集体的角度思考问题，等等。②亲社会意识：积极友善地对待社会现象的态度。

集体管理能力的二级指标有 6 个。①融入集体：认同集体目标的能力；融入集体活动的能力。②遵守规范：遵守集体规则的能力。③维护荣誉：维护集体荣誉的能力。④合作：有效协调合作的能力。⑤领导力：参与集体决策的能力；主动引领示范的能力。⑥亲社会能力：养成亲社会倾向的能力。

二、社会情感能力测量工具的开发

1. 预编问卷与预试

基于上述模型和指标，参考国外已有的问卷和相关文献，并兼顾中国文化背景的特点，可以为各个二级指标编写 3～5 条行为描述作为测验题目，从而形成《中国学生社会情感能力预试问卷》。在预试问卷形成过程中，为切实保证问卷质量，确保项目的内容效度，由 2 名博士、2 名博士在读生组成的专家小组对拟进入问卷的每一个题目进行讨论，仔细推敲题目的内容，反复锤炼题目的表达，不断改进和修正题目，最后得到了有 92 个题目的预试问卷。为防止调查对象作答顺序等的影响，采用随机确定题目序号的方法编排题目。

接着，这份自编的预试问卷作为工具展开预试调查。各题目均以陈述句的形式呈现，要求调查对象就所列举的各种行为或态度与自身实际的符合程度做出应答。题目采用李克特 5 点量表的形式呈现。

预试的被试来自 6 所学校，小学和中学各 3 所。总共发放 780 份问卷，所回收的问卷先接受废卷检查，空白过多、反应倾向过于明显的问卷被剔除，最终有效问卷有 715 份，占总发放问卷的 91.7%。

被试的基本情况如下：男生 329 人，女生 376 人，信息缺失 10 人；汉族 694 人，少数民族 12 人，信息缺失 9 人；平均年龄 12.8 岁；市区中学 111 人，市区小学 130 人，城乡接合部中学 106 人，城乡接合部小学 130 人，偏远区中学 99 人，偏远区小学 139 人；四年级 121 人，五年级 128 人，六年级 137 人，七年级 151 人，八年级 165 人，信息缺失 13 人；农村 62 人，乡镇 118 人，市区 477 人，信息缺失 58 人；父亲在一起生活的 579 人，父亲在外地工作的 112 人，信息缺失 24 人；母亲在一起生活的 635 人，母亲在外地工作的 57 人，信息缺失 23 人。

将预试样本在各题目上的应答情况转换成相应得分后输入 SPSS 22.0。在进行分析时，考虑到所要形成的社会情感能力问卷并非智力测验，不适合评价区分度和难度，因此，在修订和筛选题目时，主要参考各题目得分的平均数、标准差、单题得分与问卷总分的题总相关(item-total correlation)及删除某一题目后问卷的内部一致性系数的变化。题目的取舍并不单纯依赖于题目各指标的数值，而是结合题目的具体内容进行综合分析。经过分析，得到了有 75 个题目的复测问卷——《中国学生社会情感能力问卷》。

2. 社会情感能力的因素结构分析

采用由预试和分析形成的复测问卷进行较大规模的调查，通过因素分析探明社会情感能力的因素结构，并进一步修订和完善问卷。

（1）被试

这次调查的被试来自北京市的 9 所学校，其中小学 6 所，中学 2 所，完全小学 1 所。共发放 1250 份问卷，回收有效问卷 1211 份，有效问卷占 96.9%。将数据随机分为两部分，一部分包含 606 个样本，做探索性因素分析（exploratory factor analysis，EFA），另一部分包含 605 个样本，做验证性因素分析（confirmatory factor analysis，CFA）。

做探索性因素分析的 606 名被试的基本情况如下：男生 322 人，女生 282 人，信息缺失 2 人；平均年龄为 12.87 岁；独生子女 474 人，非独生子女 120 人，信息缺失 12 人；班干部 255 人，非班干部 328 人，信息缺失 23 人。

（2）结果分析

探索性因素分析依据的是 606 名被试的数据。复测问卷共包含 75 个题目，样本容量超过题目数的 8 倍，接近探索性因素分析要求的理想容量。首先，采用 KMO 检验和巴特利特球形检验对样本数据是否适合做探索性因素分析进行检验。检验结果显示，KMO＝0.94，达到探索性因素分析的最佳效果值 0.90，说明各变量间的相关程度无太大差异，适宜做探索性因素分析。巴特利特球形检验的结果为 $x^2=8289.72$，$df=435$，$p<0.001$。球形假设被拒绝，表明各变量之间并非彼此独立，而是密切相关的，符合进行探索性因素分析的基本前提。

对调查所获数据进行的探索性因素分析采用的是主成分法，采用方差最大化正交旋转法抽取因子，以特征根大于 1 为因子抽取的基本原则，并参照碎石图陡度变化情况来确定抽取因子的有效数目。问卷题目的精简遵循三个标准：①该题目在各因子上的负荷较低（均低于 0.40）；②该题目存在交叉负荷，即最大的因子负荷和第二大的因子负荷之差不够大（低于 0.10）；③该题目与对应因素中的其他题目具有截然的内容异质性。经过多次探索，所得结果见表 3-1。

表 3-1 《中国学生社会情感能力问卷》探索性因素分析结果表

变量	因素 1	因素 2	因素 3	因素 4	因素 5	因素 6
CM1	0.54					
CM2	0.62					
CM3	0.82					
CM4	0.78					

续表

变量	因素 1	因素 2	因素 3	因素 4	因素 5	因素 6
CM5	0.66					
IM1		0.68				
IM2		0.58				
IM3		0.65				
IM4		0.62				
IM5		0.60				
SM1			0.76			
SM2			0.70			
SM3			0.61			
SM4			0.59			
SM5			0.64			
OA1				0.49		
OA2				0.73		
OA3				0.76		
OA4				0.44		
OA5				0.48		
SA1					0.61	
SA2					0.67	
SA3					0.71	
SA4					0.61	
SA5					0.70	
CA1						0.61
CA2						0.50
CA3						0.51
CA4						0.61
CA5						0.71
特征根	3.76	3.14	3.13	2.88	2.86	2.35

续表

变量	因素 1	因素 2	因素 3	因素 4	因素 5	因素 6
方差贡献率	12.52%	10.47%	10.42%	9.59%	9.54%	7.84%
累积方差贡献率	12.52%	22.99%	33.41%	43.00%	52.54%	60.38%
克朗巴哈系数	0.82	0.80	0.85	0.79	0.77	0.78

注：负荷数只列出了大于或等于 0.40 的结果。

从表 3-1 可以看出，所抽取的 6 个因素的特征根都大于 1，累积方差贡献率达到 60.38%；各个题目在相应的因子上具有较大的负荷，处于 0.44 和 0.82 之间；同时可见，社会情感能力问卷包括 30 个题目，每个因素各包含 5 个题目。

因素 1 包括的 5 个题目都与个体对自己与集体关系的管理有关，简明起见，将对个人与集体关系的管理这一因素命名为"集体管理能力"。因素 2 包括的题目都与个体对自己与他人关系的管理有关，简明起见，将对个人与他人关系（人际关系）的管理这一因素命名为"他人管理能力"。因素 3 包括的题目都与个体对自己的管理有关，于是将其命名为"自我管理能力"。因素 4 包括的题目都与个体对他人的理解认知有关，于是将其命名为"他人认知能力"。因素 5 包括的题目都与个体对自己的认识有关，于是将其命名为"自我认知能力"。因素 6 包括的题目都与个体对班集体和学校的认知有关，于是将其命名为"集体认知能力"。

以上分析结果表明，社会情感能力由 6 个因素构成：自我认知能力、自我管理能力、他人认知能力、他人管理能力、集体认知能力和集体管理能力。从探索性因素分析结果来看，6 个因素的题目分布合理，且每个题目在相应因素上的负荷都在 0.44 以上，因素累积方差贡献率达 60.38%，说明各个项目上的变异能够得到各共同因素的有效解释，问卷的六因素结构是可以接受的。

从表 3-1 还可以看出，6 个因素的内部一致性系数即克朗巴哈系数为 0.77~0.85，达到心理测量学建议的 0.70 以上的标准。

3. 信度和效度分析

（1）被试

做验证性因素分析的 605 名被试的基本情况如下：男生 316 人，女生 283 人，信息缺失 6 人；平均年龄为 11.75 岁；独生子女 388 人，非独生子女 198 人，信息缺失 19 人；班干部 220 人，非班干部 358 人，信息缺失 27 人。

（2）信度分析

主要通过计算克朗巴哈系数检验社会情感能力各子问卷的内部一致性，同时参考题总相关及删除该题后内部一致性的变化，具体结果见表 3-2。

表 3-2 信度分析结果

变量		克朗巴哈系数	题总相关	删除该题后的克朗巴哈系数
自我认知	SA1	0.78	0.51	0.75
	SA2		0.56	0.74
	SA3		0.68	0.70
	SA4		0.58	0.74
	SA5		0.50	0.77
自我管理	SM1	0.86	0.68	0.83
	SM2		0.70	0.83
	SM3		0.66	0.84
	SM4		0.70	0.83
	SM5		0.67	0.84
他人认知	OA1	0.79	0.50	0.77
	OA2		0.65	0.73
	OA3		0.53	0.73
	OA4		0.59	0.75
	OA5		0.53	0.77
他人管理	IM1	0.80	0.58	0.76
	IM2		0.59	0.76
	IM3		0.65	0.74
	IM4		0.63	0.75
	IM5		0.51	0.80

续表

变量		克朗巴哈系数	题总相关	删除该题后的克朗巴哈系数
集体认知	CA1	0.78	0.44	0.78
	CA2		0.66	0.72
	CA3		0.71	0.70
	CA4		0.63	0.72
	CA5		0.44	0.79
集体管理	CM1	0.83	0.54	0.83
	CM2		0.52	0.83
	CM3		0.75	0.77
	CM4		0.72	0.77
	CM5		0.67	0.79

从表 3-2 中可以看出，社会情感能力各子问卷的克朗巴哈系数为 0.78～0.86，均达到了 0.70 的标准。从题目与相应子问卷分的相关系数及删除该题目后相应子问卷的内部一致性变化可以看出，所有题目与相应子问卷的相关系数都高于 0.40，大多数题目与相应子问卷分的相关系数高于 0.50；且删除一个题目后，绝大多数相应子问卷的内部一致性系数会出现不同程度的降低或保持不变。此外，所有子问卷的信度都在 0.78 及以上，均达到心理测量学建议的 0.70 以上的标准。

（3）验证性因素分析

探索性因素分析是事后依据数据运算结果将各变量归类于各因素的过程；验证性因素分析则是事前根据理论假设将各变量归类于各因素，预估变量与潜在因素的关联，验证变量间的相关矩阵是否支持该假定模型的过程。与探索性因素分析相比，验证性因素分析具有以下特点：①在允许测量误差存在的情况下，对观测变量与潜变量、潜变量与潜变量之间的关系进行分析；②从观测数据出发，用观测数据拟合先设的理论模型，衡量数据与模型的拟合程度，以检验先设的理论构想，相对而言，探索性因素分析在提出和检验理论构想方面比较困难；③能够根据理论和实际需要自由地确定潜变量之间的关系，可以同时假定某些潜变量之间是相关的，另一些潜变量之间是不相关的，而探索性因素分析则缺乏这种灵活性，所有因子要么被假定为相关，要么被假定为不相关；④可以指定误差之间的相关，而探索性因素分析则假设特定误差之间均无相关，比较片面。因此，采用验证性因素分析不仅有利于检验探索性因素分析所得到的因素结构，而且有利于获得探索性因素分析结果不能反映的与先定基本假设相关的证据。

　　验证性因素分析技术的关键在于通过比较多个测量模型之间的优劣来确定最佳匹配模型。通过对探索性因素分析得到的六因素模型与其他可能存在的若干模型进行优劣比较，可找出最佳模型。从前面的研究结果可知，社会情感能力是六因素结构的，但研究结果还反映了这些因素之间具有中等程度的相关，那么，有没有可能社会情感能力本身是一个单因素的结构呢？基于此，这里对多个模型进行比较，分别为：单因素模型（所有项目测量的是一个因素），一阶二因素模型（包括认知能力因素和管理能力因素），一阶三因素模型（包括自我能力因素、人际能力因素和集体能力因素），一阶六因素模型（包括自我认知因素、自我管理因素、他人认知因素、他人管理因素、集体认知因素和集体管理因素），二阶单因素模型（所得到的六个一阶因素构成一个二阶因素），二阶二因素模型（所得到的六个一阶因素中，自我认知、他人认知和集体认知三个认知能力因素构成一个二阶认知能力因素，自我管理、他人管理和集体管理三个管理能力因素构成另一个二阶管理能力因素），二阶三因素模型（所得到的六个一阶因素中，自我认知能力和自我管理能力构成二阶自我能力因素，他人认知能力和他人管理能力构成二阶他人能力因素，集体认知能力和集体管理能力构成二阶集体能力因素），并确定最佳模型。

　　验证性因素分析采用了以下对样本数或自由度不太敏感的拟合指数来评价观测数据与各竞争模型的拟合优度：①卡方自由度比（x^2/df）；②近似误差均方根（root-mean-square error of approximation，RMSEA），评价模型不拟合的程度；③累积拟合指数（incremental fit index，IFI）；④相对拟合指数（comparative fit index，CFI），它是在对假设模型与独立模型进行比较时取得的。评价标准分别为：x^2/df＜2 时，表示模型拟合良好；2≤x^2/df＜5 时，表示模型可以接受；RMSEA＜0.05 时，表示模型拟合良好；0.05≤RNSEA＜0.08 时，表示模型可以接受；IFI＞0.90、CFI＞0.90 时，表示模型拟合良好，且越接近1，模型拟合就越好。具体分析结果见表3-3。

表 3-3 《中国学生社会情感能力问卷》的验证性因素分析结果

模型	x^2	df	x^2/df	IFI	CFI	RMSEA
单因素	1679.048	405	4.146	0.751	0.748	0.072
一阶二因素	1633.652	404	4.044	0.759	0.756	0.071
一阶三因素	1273.830	402	3.169	0.829	0.827	0.060
一阶六因素	898.849	390	2.305	0.901	0.899	0.046
二阶单因素	32.850	9	3.650	0.976	0.976	0.066
二阶二因素	29.717	8	3.715	0.978	0.978	0.067
二阶三因素	22.541	6	3.757	0.984	0.983	0.068

从表 3-3 中的验证性因素分析结果可以看出,在一阶模型中,六因素模型的各项拟合指数都优于二因素、三因素模型,且其 $x^2/df=2.305$,接近 2;RMSEA=0.046,小于 0.05;IFI 和 CFI 分别为 0.901 和 0.899,与 0.90 相差不大。可以认为该模型接近于拟合良好。在二阶模型中,单因素模型的 $x^2/df=3.650$,小于 5;RMSEA=0.066,小于 0.08;二者都优于二因素、三因素模型;IFI 和 CFI 均为 0.976,略低于二因素、三因素模型。该模型拟合可以接受。再比较一阶六因素模型和二阶单因素模型,前者的 x^2/df 和 RMSEA 两个指标都优于后者,但其 IFI 和 CFI 两个指标不如后者。根据模型的简约性原则,宜选择一阶六因素模型。

(4)效标关联效度分析

通过探讨问卷及其各维度与学业成绩及学习投入相关问卷之间的相关系数来获得效标关联效度指标,结果见表 3-4。

表 3-4 效标关联效度分析结果

变量	自我认知	自我管理	他人认知	他人管理	集体认知	集体管理	学业成绩	学习投入	总问卷
自我认知		0.63**	0.49**	0.45**	0.44**	0.43**	0.30**	0.43**	0.70**
自我管理	0.63**		0.58**	0.58**	0.54**	0.57**	0.36**	0.56**	0.82**
他人认知	0.49**	0.58**		0.54**	0.45**	0.47**	0.28**	0.37**	0.77**
他人管理	0.45**	0.58**	0.54**		0.59**	0.61**	0.29**	0.42**	0.82**
集体认知	0.44**	0.54**	0.45**	0.59**		0.58**	0.26**	0.48*	0.78**

续表

变量	自我认知	自我管理	他人认知	人际管理	集体认知	集体管理	学业成绩	学习投入	总问卷
集体管理	0.43**	0.57**	0.47**	0.61**	0.58**		0.33**	0.47**	0.76**
学业成绩	0.30**	0.36**	0.28**	0.29**	0.26**	0.33**		0.64**	0.37**
学习投入	0.43**	0.56**	0.37**	0.42**	0.48**	0.47**	0.64**		0.57**
总问卷	0.70**	0.82**	0.77**	0.82**	0.78**	0.76**	0.37**	0.57**	

注：** 表示 $p < 0.01$。

问卷总分及其各维度与学业成绩之间均呈正相关，相关系数为 $0.26 \sim 0.37$，且具有统计学意义（$p < 0.01$）。社会情感能力总分及其各维度与学习投入亦呈正相关，相关系数为 $0.37 \sim 0.57$，均具有统计学意义（$p < 0.01$）。这些结果说明问卷具有较好的效标关联效度。同时，社会情感能力各维度之间都显著相关，相关系数为 $0.43 \sim 0.63$。各维度与总问卷之间的相关系数均在 0.70 以上，表明该问卷具有较高的会聚效度。另外，社会情感能力总问卷的内部一致性系数达到 0.94，各维度的内部一致性系数为 $0.78 \sim 0.86$，均达到了心理测量学建议的 0.70 以上标准。

综上可见，中国学生社会情感能力有一个六因素结构，包括自我认知、自我管理、他人认知、他人管理、集体认知和集体管理六项能力。信度分析、探索性因素分析、验证性因素分析、效标关联分析的结果都表明，《中国学生社会情感能力问卷》的信度和效度都达到了心理测量学要求，可以作为后续实证研究的有效测量工具。

第二节　中国学生社会情感能力发展的现状调查

一、研究介绍

依据《中国学生社会情感能力问卷》，中国学生社会情感能力发展的现状调查先后形成了《中国学生社会情感能力问卷》的学生自评版、校长他评版、教师他评版和家长他评版四个版本。在此次调查中，主要回答以下两个研究问题。

①西部农村学校学生的社会情感能力的基本水平如何？

②西部农村学校学生的社会情感能力受到哪些因素影响？

为了回答第一个问题，调查采用了具有较好信效度的《中国学生社会情感能力问卷》的四个版本，分别调查学生、校长、教师和家长四个群体对学生的社会情感能力的认识；同时对学生的人口学变量进行统计，试图考察不同群体学生对社会情感能力的自评的差异。

为了回答第二个研究问题，即探讨学生社会情感能力的影响因素，调查在梳理国内外文献的基础上，结合社会情感学习的实践，试图揭示学校管理、校长领导力、教师教学风格、家庭教养方式及学生的学业成绩等因素与学生社会情感能力的关系，为有针对性地改进学校管理、促进学校整体变革提供依据和参考。

二、研究设计

1. 抽样方法

调查合并使用方便抽样、分层随机抽样、整群抽样和随机抽样的方式进行抽样工作，在全国东、中、西部的 7 个省份(山东、湖北、重庆、云南、贵州、新疆、广西)共抽取了 7 个县(市、区)的 18967 名三至六年级学生。其中，女生占 47.9%；三年级、四年级、五年级和六年级学生分别占 23.9%、25.2%、25.0% 和 25.9%；父亲和母亲均在外打工的留守儿童占 36.7%；寄宿学生占 15.6%；独生子女占 17.8%；家住农村和乡镇的学生占 82.9%。样本具有一定的代表性。这些学生所在学校的教师、校长和部分家长也参加了调查。不同调查的被试数量及要求见表 3-5。

表 3-5　调查被试的数量及要求

调查	被试数量及要求
校长调查	每个县(市、区)选中的学校的正校长参与，共计 40 人。
教师调查	每个县(市、区)选中的学校全体教师参与。
学生调查	每个县(市、区)选中的学校的部分学生参与，由调查人员当场从样本学校的三至六年级学生中，每个年级随机选取 4 个班；少于 4 个班的年级，选取该年级的全部学生。
家长调查	每个县(市、区)选中的学校的部分学生家长参与，采用随机取样，每所学校 60 人左右。

2. 研究工具

调查分别从学生的视角和他人的视角来了解学生的社会情感能力发展情况，调查工具包括《中国学生社会情感能力问卷》(学生自评版、校长他评版、教师他评版、家长他评版)、《学校的社会情感学习过程指标问卷》(学生版)、《学校的社会情感学习支持氛围问卷》(学生版)、《多元领导风格问卷》、《教师教学风格问卷》和《父母教养方式问卷》。所有调查工具经过多轮预试，各项量化指标均符合心理测量学要求，具有良好的信效度。

(1)学生调查

学生是此次调查的主体。问卷调查了学生的基本信息、学生自评的社会情感能力、学校的社会情感学习过程和学校的社会情感学习支持氛围。

学生社会情感学习能力自评采用的是《中国学生社会情感能力问卷》(学生自评版)。该问卷的维度、题目数量及内部一致性系数情况见表 3-6。问卷包括 6 个维度：自我认知、自我管理、他人认知、他人管理、集体认知和集体管理，共 30 道题。其中，自我认知维度共 5 道题目，测量学生了解自己的需要、情绪、行为、认知等方面的程度，如"我知道自己在什么情况下会生气"。自我管理维度共 5 道题目，测量学生控制自己的认知、情绪和行为，管理压力，进行积极对话，控制冲动，在困难面前具有坚持性，进行目标管理等方面的能力，如"遇到困难时我会给自己加油"。他人认知维度测量学生换位思考，与他人共情，认知并肯定个体间的差异性、相似性、多样化等的能力，如"同学不肯借给我东西时，我能理解"。他人管理维度测量学生有建设性地预防、管理和解决人际冲突，在有需要的时候寻求帮助，或在他人需要时主动帮助他人等方面的能力，如"我会主动和别人打招呼"。集体认知维度测量学生了解群体间差异性、相似性、多样性，关注并爱护身边的环境，了解集体规则，知道集体期待等方面的能力，如"我很高兴自己是班集体的一员"。集体管理维度测量学生的社会道德感和责任感，以及在做决定时考虑并尊重他人的需要和权利等方面的社会公民行为，如"集体活动时我的意见能被大家接受"。表 3-6 显示 6 个维度和总量表的内部一致性系数都在可接受范围内。问卷皆采用李克特 5 点量表计分，1 表示"非常不同意"，5 表示"非常同意"；得分越高，表明学生自评的该项能力越强。

表 3-6　学生调查各问卷的维度、题目数量与内部一致性

问卷	维度	题目数量	克朗巴哈系数
《中国学生社会情感能力问卷》(学生自评版):6 个维度,30 道题,总问卷的克朗巴哈系数为 0.91。	自我认知	5	0.58
	自我管理	5	0.71
	他人认知	5	0.72
	他人管理	5	0.71
	集体认知	5	0.60
	集体管理	5	0.76
《学校的社会情感学习过程指标问卷》(学生版):3 个维度,12 道题,总问卷的克朗巴哈系数为 0.87。	学生支持系统	4	0.70
	组织因素	4	0.73
	监测评估	4	0.78
《学校的社会情感学习支持氛围问卷》(学生版):5 个维度,22 道题,总问卷的克朗巴哈系数为 0.91。	物理环境	4	0.76
	家庭环境	4	0.81
	师生关系	5	0.80
	同伴关系	4	0.74
	家校合作	5	0.80

　　调查采用《学校的社会情感学习过程指标问卷》(学生版)测量学校的社会情感学习过程。问卷共 12 道题,包括学生支持系统、组织因素和监测评估 3 个维度,每个维度有 4 道题。各维度的内部一致性系数为 0.70～0.78,表明有较好的内部一致性。其中学生支持系统测量学生所感到的教师和同学对自己在日常学习和生活中的支持程度,如"老师教导我如何处理与同学的冲突"。组织因素测量学校在社会情感学习方面所做出的努力,如"校领导经常听取学生的意见"。监测评估测量教师对学生社会情感学习方面的情况的监测和反馈,如"老师会指出我人际交往方面的不足"。问卷皆采用李克特 5 点量表计分,1 表示"非常不同意",5 表示"非常同意";得分越高,表明学生所感到的学校在社会情感学习的支持、推进和监测等方面做得越好。

　　调查采用《学校的社会情感学习支持氛围问卷》(学生版)测量学校的社会情感学习支持氛围,包括物理环境、家庭环境、师生关系、同伴关系和家校合作5 个维度,每个维度有 4～5 道测验题目,总共 22 道题目。物理环境指在学习中师生能够看见或听见的物质环境,如"学校墙报帮助大家了解如何与同学交往"。家庭环境指促进学生社会情感能力发展的来自家庭方面的因素,如"父母

会耐心地听我说烦恼的事"。师生关系指学校中促进学生社会情感能力发展的来自教师方面的因素，如"老师总相信我能克服学习上的困难"。同伴关系指在学校中促进学生社会情感能力发展的同伴方面的因素，如"同学之间闹矛盾，大家会商量解决"。家校合作指促进学生社会情感能力发展的学校与其他利益相关者（如家长和社区）的联系方面的因素，如"学校的活动会邀请社区（村）的代表参加"。问卷皆采用李克特5点量表计分，1表示"非常不同意"，5表示"非常同意"；得分越高，表明学校支持学生发展社会情感能力的氛围越好。

该调查还具体收集了学生某些方面的人口学资料：性别，年级，是否担任过学生干部，是否为独生子女，是否为寄宿生，家庭所在地理位置，以及学生上一学期期末考试的语文、数学和英语成绩。

（2）校长调查

在校长层面，调查主要测量校长评估的学生社会情感能力和校长自评的校长领导风格。

调查采用《中国学生社会情感能力问卷》（校长他评版），请校长对本校学生的社会情感能力进行评估。所有题目都改编自《中国学生社会情感能力问卷》（学生自评版），使其符合校长的视角。该问卷的问卷结构、维度、题目数量都与《中国学生社会情感能力问卷》（学生自评版）一样，分为6个维度——自我认知、自我管理、他人认知、他人管理、集体认知和集体管理，共30道题，维度测量内容和题目都与学生自评版类似，对其改动列举如下：自我认知维度中的"我知道自己在什么情况下会生气"修改为"我校学生能知道他/她在什么情况下会生气"。在此问卷中，6个维度的内部一致性系数为0.78～0.89，总量表的内部一致性系数为0.96，显示出极好的内部一致性信度。这一问卷同样采用李克特5点量表计分，1表示"非常不同意"，5表示"非常同意"；得分越高，表明校长对本校学生的社会情感能力评价越高。

调查采用《多元领导风格问卷》测量校长的领导风格，包括变革型领导、交易型领导和放任型领导3个维度。其中变革型领导指领导者使部属对其有信赖、忠诚及尊敬的感觉，能改变部属的价值与信念，提高部属对组织目标或任务的承诺，开发部属的潜能，给予部属信心，让部属有意愿与动机为领导者付出个人期望外的努力的领导风格。该维度包括12道题，如"能让教师认同并追随我所描绘的发展愿景"。交易型领导指领导者通过在奖酬基础上的及时交换来影响追随者的领导风格。该领导风格的基本假设是：领导与部属间的关系是以两者一系列的交换和隐含的契约为基础的。当部属完成特定的任务，领导者便给予承诺的奖赏，整个过程就像一场交易。该维度包括 6 道题目，如"提醒教师他们能得到什么取决于干得如何"。放任型领导指领导者放手不管，部属愿意怎样做就怎样做，完全自由的领导风格。其特点有：工作事先无布置，事后无检查；权力完全给予个人，个人自由度大；组织无规章制度，完全凭个人的自觉性；没有整体计划。该维度包括 3 道题目，如"教师按照一成不变的方式工作，我会很满意"。在此问卷中，3 个维度的内部一致性系数为 0.78～0.89，总问卷的内部一致性系数为 0.96，显示出极好的内部一致性信度。问卷同样采用李克特 5 点量表计分，1 表示"非常不同意"，5 表示"非常同意"；得分越高，表明校长越认同该领导风格。

（3）教师调查

在教师层面，调查主要测量教师评估的学生社会情感能力和教师自评的教学风格。

调查采用《中国学生社会情感能力问卷》（教师他评版），让教师对本班学生的社会情感能力进行评估。所有题目都改编自《中国学生社会情感能力问卷》（学生自评版），使其符合教师的视角。该问卷的问卷结构、维度、题目数量都与《中国学生社会情感能力问卷》（学生自评版）一样，分为 6 个维度——自我认知、自我管理、他人认知、他人管理、集体认知和集体管理，共 30 道题，维度测量内容和题目都与学生自评版类似，对其改动列举如下：自我认知维度中的"我知道自己在什么情况下会生气"修改为"我班学生能知道他/她在什么情况下会生气"。

在此问卷中，6 个维度的内部一致性系数为 0.61～0.91，总量表的内部一致性系数为 0.95，显示出较好的内部一致性信度。问卷同样采用李克特 5 点量表计分，1 表示"非常不同意"，5 表示"非常同意"；得分越高，表明教师对本班学生的社会情感能力评价越高。

教师教学风格采用傅亚强和徐丽华编制的《教师教学风格问卷》进行测量。[1]原问卷将教师教学风格划分为情感陶冶、知识训练、教师中心、学生中心、严格严谨和体系形象 6 个维度。根据此次调查的目的，调查仅选取了情感陶冶、

---

[1] 傅亚强、徐丽华：《中小学教师教学风格调查表的研制》，载《教师教育研究》，2007(2)。

教师中心、学生中心和严格严谨 4 个维度。情感陶冶指在教学过程中对融入情绪情感的行为方式以及努力营造轻松、愉快的课堂气氛的偏好程度，共 6 道题目，如"我力求通过丰富的情绪来吸引学生的注意力"。教师中心指课堂教学以教师为中心的程度、教师对整个教学过程的控制程度，共 5 道题目，如"我严格根据教学计划控制整个课堂教学进程"。学生中心指课堂教学以学生为中心的程度、学生参与课堂教学的程度，共 6 道题目，如"讲课过程中，学生经常有机会上讲台表演"。严格严谨指对学生要求的严格程度、对严谨的课堂教学气氛的偏好程度，共 6 道题目，如"学生表现不好时，我通常公正地指出其错误"。

在此问卷中，4 个维度的内部一致性系数为 0.57～0.69，显示出可接受的内部一致性信度。问卷同样采用李克特 5 点量表计分，1 表示"非常不同意"，5 表示"非常同意"；得分越高，表明教师越认同该教学风格。

（4）家长调查

在家长层面，调查主要测量家长评估的学生社会情感能力和家长自评的教养方式。

调查采用《中国学生社会情感能力问卷》（家长他评版），让家长对自己孩子的社会情感能力进行评估。所有题目都改编自《中国学生社会情感能力问卷》（学生自评版），使其符合家长的视角。该问卷的问卷结构、维度、题目数量都与学生自评版的一样，问卷分为 6 个维度——自我认知、自我管理、他人认知、他人管理、集体认知和集体管理，共 30 道题，维度测量内容和题目都与学生自评版类似，对其改动列举如下：自我认知维度中的"我知道自己在什么情况下会生气"修改为"我家孩子能知道他/她在什么情况下会生气"。在此问卷中，6 个维度的内部一致性系数为 0.58～0.78，总量表的内部一致性系数为 0.91，内部一致性信度可以接受。问卷同样采用李克特 5 点量表计分，1 表示"非常不同意"，5 表示"非常同意"；得分越高，表明家长对自己孩子的社会情感能力评价越高。

本研究采用《父母教养方式问卷》调查家长的教养方式，包括关怀、拒绝、过度保护和自主性 4 个维度。[①] 其中关怀维度共 6 道题目，如"用温和友好的语气与孩子说话"。拒绝维度共 3 道题目，如"不知道孩子需要什么或想要什么"。

---

① 蒋奖、鲁峥嵘、蒋苾菁等：《简式父母教养方式问卷中文版的初步修订》，载《心理发展与教育》，2010(1)。

过度保护维度共 7 道题目，如"不管孩子多大，我都觉得他还没长大"。自主性维度共 6 道题目，如"让孩子自己决定自己的事情"。在此问卷中，4 个维度的内部一致性系数为 0.61～0.78，显示出可接受的内部一致性信度。问卷同样采用李克特 5 点量表计分，1 表示"非常不同意"，5 表示"非常同意"；得分越高，表明家长越认同该教养方式。

3. 调查实施过程和数据分析方法

这次调查由受过专业培训的教育学、心理学博士和项目县专家共同担任主试。在施测前，主试接受统一培训，了解调查目的，并熟悉问卷的内容和结构，严格按照指导来操作，避免采用影响被试理解和答题的行为和语言。培训结束后设有讨论时间，主试能够进一步明确职责，澄清疑惑，对可能出现的问题达成一致的处理意见。对学生进行问卷调查时，先征得家长、学校和教师的同意，之后统一在班级内进行集体施测。主试向学生统一说明调查目的和注意事项，要求被试认真阅读每一部分的指导语等，并强调对问卷数据将只进行集体数据分析，不进行个人数据分析，问卷署名的目的是进行追踪研究，所有个人数据都不会反馈给学校或教师。问卷由主试当场回收，主试对问卷的填写情况进行核查（填写是否完整、清晰，是否多选和漏选，等等），并对发现的问题进行及时处理。问卷被回收后，当天得到编码，然后由专业的数据录入公司进行数据录入，对所有数据都进行双人录入，且采用第三人抽查的方式。调查采用 SPSS 20.0 软件对数据进行描述统计、相关分析和回归分析。

三、中国学生社会情感能力发展现状调查的结果

1. 中国学生社会情感能力发展总体情况

中国学生社会情感能力发展总体良好，自我管理维度的得分最高，他人认知维度的得分最低。参加调查的学生的社会情感能力的总体得分为 4.05（标准差为 0.64）。自我管理维度的得分最高（平均分为 4.22，标准差为 0.74），自我认知和集体认知维度的得分次高（平均分均为 4.16，标准差分别为 0.71、0.77），他人认知维度的得分最低（平均分为 3.76，标准差为 0.82）。具体数据见表 3-7。

表 3-7 学生社会情感能力得分情况

维度	平均分	标准差	得分率
自我认知	4.16	0.71	83%
自我管理	4.22	0.74	84%
他人认知	3.76	0.82	75%
他人管理	3.99	0.86	80%
集体认知	4.16	0.77	83%
集体管理	4.03	0.75	81%
社会情感能力总分	4.05	0.64	81%

数据表明，在将来的干预研究中，应当重视对学生他人认知能力的培养，这符合各群体对学生薄弱能力的看法。数据还表明，学生对自我方面的能力相对信心较足，评分是各维度中相对较高的，同时这两个维度的自评分数相对来说更接近他评的分数。但是，在他人认知、他人管理和集体管理等维度上学生的信心则较弱，认为自己发展得并不太好，需要提升。这与学生的发展阶段也有一定关系，被试均处于小学阶段，小学阶段是从自我中心和家庭中心走向同伴关系发展的过渡阶段，在这个时候，小学生的生活重心渐渐从家庭、父母、教师等重要他人慢慢转到同伴。随着年龄的增大，同伴关系扮演的角色越来越重要，但由于过去的生活重心是围绕重要他人展开的，与社会性的同伴关系不同，四年级、五年级的学生正处在学习与同辈打交道的时期，因此学生不会与人打交道是非常容易理解的。建议在干预实践中加强对学生与人相处等方面的培训，让学生能够通过社会情感学习课程快速掌握与人打交道的正确方法，能够与同伴建立和谐、长久、稳定的人际关系，这将让他们受益一生。

数据分析显示，与教师、校长的评分不同，学生自评的分数在不同题目上的差异较大，显示出不一样的评分模式。这一点与已有培训经验是吻合的。培训实践发现，中国学生比较习惯于"批评与自我批评"，而不太习惯于"表扬与自我表扬"。在培训中，如果要求说出自己的缺点，受训者往往能够迅速地说出一堆自己的缺点；而当要说自己的优点时，受训者则往往不好意思表达，也常常需要反复提示才能说出自己的优点。这既受文化因素的影响，也反映了教育理念的偏差。社会情感能力的自我认知中有一个二级指标是自尊，发现自我优势是建立自尊的重要过程之一。调查结果显示，被调查的小学生在发现自我优势上的能力尚有欠缺。

　　除此之外，学生自评得分最低的题目是"在其他同学不高兴时，我会安慰他"和"我可以接受不同特点的同学"，仅接近 3.2 分，将之与他人认知维度的其他题目的评分比较，会发现整体分析中学生在他人认知维度的平均分之所以最低，正是因为这两道题目的分数比较低。因此，总体来说，学生在他人认知维度的能力还有提升空间；进一步分析可发现，孩子在理解他人，即走出自己的限制、看到别人的情绪和理由这方面的能力相对好一些，更加需要得到提升的能力是表达共情和接纳差异的能力。这与他人管理维度中学生自评分数最低的题目"与同学吵架后愿意先跟他/她说话"的含义相似。

　　2. 学生社会情感能力发展的性别差异

　　女生的社会情感能力发展情况好于男生。在社会情感能力得分上，女生的自评得分显著高于男生。在社会情感能力的所有 6 个维度上，女生的自评得分都高于男生（见图 3-1），且这一差异具有统计学意义（$p < 0.001$）。

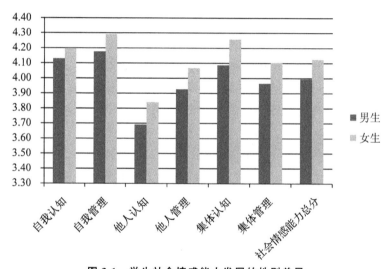

图 3-1　学生社会情感能力发展的性别差异

　　一种可能的解释是：女性在共情能力方面具有优势。例如，陈武英等人在综述了大量研究结果后提出：在进入中小学阶段后，一方面，由于个体自身的生理成熟，内分泌的差异出现，女生分泌更多与共情正相关的催产素，而男生分泌更多与共情负相关的睾酮；另一方面，社会性别角色倾向加强，社会一般要求女生更加温柔、关注他人，而要求男生关注力量。① 基于此，女生会比男生具有更强的他人认知和他人管理能力。同时，女生更加关注自己的情绪，更有可能在自我认知等维度上得高分。

另一种可能的解释是：女生在学业成绩上更有优势。但进行分析可以发现，与男生和女生天生的能力差异一致，女生在与语言相关的两门学科（语文和英语）上的成绩好于男生。但男生在数学学科上的成绩略优于女生。

3. 学生社会情感能力发展的年级差异

不同年级在社会情感能力上的得分略有差异，四年级的学生在自我认知和他人认知维度上的得分均低于其他各年级。具体见图3-2、表3-8。

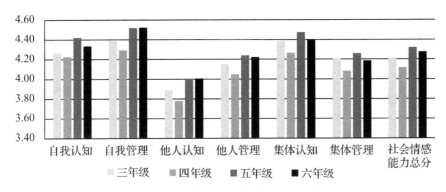

图3-2 学生社会情感能力发展的年级差异

表3-8 学生社会情感能力发展的年级差异

年级	自我认知	自我管理	他人认知	他人管理	集体认知	集体管理	社会情感能力总分
三年级	4.26	4.40	3.89	4.15	4.38	4.21	4.21
四年级	4.23	4.29	3.78	4.05	4.26	4.08	4.12
五年级	4.42	4.52	4.00	4.24	4.47	4.26	4.32
六年级	4.33	4.52	4.01	4.22	4.39	4.18	4.28

---

① 陈武英、卢家楣、刘连启等：《共情的性别差异》，载《心理科学进展》，2014(9)。

4. 独生子女学生与非独生子女学生社会情感能力发展的差异

独生子女学生与非独生子女学生的社会情感能力得分不具有显著差异。在社会情感能力总分上，独生子女的得分略高于非独生子女的得分，但差别并不具有统计学意义。在自我认知和他人管理这两个维度，独生子女的自我评价得分略高于非独生子女的得分，但差别并不具有统计学意义。

独生子女的社会情感能力从数值上看高于非独生子女，但效应值不大。因此，二者间是否确实具有应该讨论的差异，还需要以后的研究进一步探讨；尤其是在非独生子女方面，可以再进行区分：是否与出生顺序有关？是否由于本次调查笼统地将所有非独生子女放在一起探讨，掩盖了本有的差异？按照阿德勒的理论，长子通常更加有责任感和上进心，而幼子更可能有创造性和依赖性，那么，出生顺序是否会影响学生的社会情感能力的发展可以作为将来研究的一个问题。

5. 班干部经历对学生社会情感能力发展的影响

担任过班干部的学生的社会情感能力自我评价得分显著高于没有担任过班干部的学生。在社会情感能力自评的所有 6 个维度上，担任过班干部的学生的自我评价都高于没有担任过班干部的学生。在社会情感能力总分上，有班干部经验的学生也显著高于其他学生。具体见图 3-3、表 3-9。

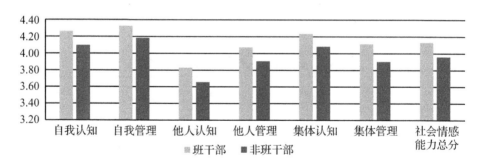

图 3-3　班干部经历对学生社会情感能力发展的影响

表 3-9　班干部经历对学生社会情感能力发展的影响

班干部经历	自我认知	自我管理	他人认知	他人管理	集体认知	集体管理	社会情感能力总分
担任过班干部	4.26	4.33	3.83	4.07	4.24	4.12	4.13
没担任过班干部	4.10	4.18	3.66	3.91	4.08	3.90	3.96

在考察的各因素中，是否担任过班干部对学生社会情感能力差异的影响最大，表现为分数差值最大且效应值也最大，即在各因素中该因素最为重要。成为班干部，最大的一个变化是承担的责任变大，班干部除了要管理自己，还要管理其他同学，也要承担班级（甚至学校）活动的组织工作；同时，为了完成各项任务，与教师的沟通也会增加。调查数据表明，通过一定的方式（如让学生承担班级责任）增加学生参与的机会、自主的机会，能够提升其社会情感能力。该发现一方面从本质上回应了"小学是否应该取消班干部"的问题，另一方面也肯定了爱生学校标准及社会情感学习的思想——通过鼓励学生积极参与班级、学校活动，可以提升学生的社会情感能力。

6. 不同生源地学生社会情感能力发展的差异

农村学生的社会情感能力得分低于县城、乡镇学生的得分。调查结果显示，县城学生的他人认知得分高于乡镇学生，而乡镇学生的得分又高于农村学生。在自我认知、自我管理、他人管理和集体管理这 4 个维度上，县城学生的自评得分也都高于农村学生，乡镇学生的得分介于两者之间，但乡镇学生和农村学生的差异不显著。具体结果见图 3-4。

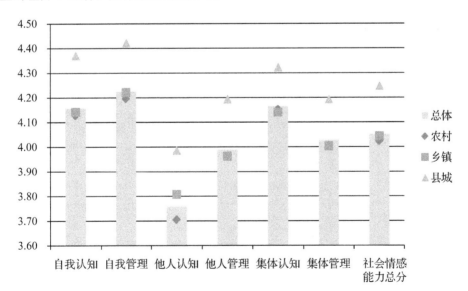

图 3-4　不同生源地学生社会情感能力发展的差异

7. 不同地区学生社会情感能力发展的差异

东部地区学生社会情感能力各维度的评分均高于中部、西部地区学生的评分。无论是社会情感学习总分还是 6 个维度的得分，我国东部地区学生的社会情感能力得分均显著高于中部、西部地区学生的社会情感能力得分。在各个维度的得分上，东、中、西部地区学生的得分表现出一样的趋势，即自我管理维度的得分最高，他人认知维度的得分最低。

8. 学生成绩与学生社会情感能力的关系

学生成绩采用学生报告的上一学期期末考试语文、数学和英语 3 门课的成绩（等级），这里采用的是四年级和五年级学生的数据。语文、数学和英语 3 门学科成绩的峰度和偏度显示 3 门学科成绩都近似于正态分布。

学生的学业成绩与社会情感能力具有显著但略低的相关，其中语文学科成绩与社会情感能力的相关性略强。3 门学科成绩的标准差比较大。相关系数表明，各学科的学习成绩与社会情感能力具有显著但略弱的相关，其中语文成绩与社会情感能力的相关性略强，学生的自我认知能力和自我管理能力与学业成绩的相关性略强。具体结果见表 3-10。

表 3-10　学生成绩描述统计结果及其与社会情感能力的相关系数

学科	描述统计		与社会情感能力的相关系数						
	均值	标准差	自我认知	自我管理	他人认知	他人管理	集体认知	集体管理	社会情感能力总分
语文	73.03	17.92	0.22***	0.23***	0.15***	0.15***	0.19***	0.17***	0.22***
数学	73.07	20.14	0.18***	0.16***	0.10***	0.10***	0.13***	0.12***	0.16***
英语	67.13	23.79	0.14***	0.15***	0.09***	0.12***	0.13***	0.12***	0.15***

注：*** 表示 $p < 0.001$。

9. 教师眼中的学生社会情感能力发展情况

教师对学生社会情感能力各维度的评分均高于学生的自评得分。教师对学生社会情感能力的总体评价得分为 4.32 分，高于学生的自评得分。教师对学生的评分中，自我认知维度的评分最高（平均分为 4.44，标准差为 0.53），对他人认知维度的评分最低（平均分为 4.16，标准差为 0.63）。这说明，无论是学生自评还是教师他评，他人认知维度均是社会情感能力得分最低的一个维度。

从总体的分数水平看，教师的评价结果高于学生的自评结果，显示出教师群体更加肯定学生的社会情感能力。进一步进行题目分析可发现：教师在学生"知道自己在哪方面做得好""知道自己在什么情况下会生气""回答问题时希望其他同学认真听""听到别人说自己学校的坏话时会很生气"这几道题目上，给出了4.5分以上的高分，即十分相信学生会在这几种情况下有觉察和管理的能力。这些题目可能是教师心目中的底线行为，即学生都应该有的基本诉求和行为能力。

学生对尊重的需要、人际关系技能和集体荣誉感的自评分数均低于教师的评分。在自我认知维度，在"知道自己在哪方面做得好""希望得到别人的尊重""喜欢得到其他同学的夸奖"这3道题目上，学生自己的评分低于教师的评分，即学生对自己的优势、尊重及夸奖的了解程度或需求程度低于教师的评价。在他人认知维度，在"可以接受不同特点的同学"和"其他同学不高兴时，会安慰他"这2道题目上，教师认为学生做得不错，但学生认为在这两个方面自己做得不是很好。在与同学吵架之后主动和解的能力、通过沟通来消除误会的能力、原谅同学所犯错误的能力及班级集体荣誉感方面，学生对自己的评分均显著低于教师对学生的评分。各维度差异见表3-11。

表 3-11　教师对学生社会情感能力的评分与学生自评分数的差异

维度	教师评价得分		学生自评得分	
	均值	标准差	均值	标准差
自我认知	4.44	0.53	4.16	0.71
自我管理	4.31	0.67	4.22	0.74
他人认知	4.16	0.63	3.76	0.82
他人管理	4.37	0.61	3.99	0.86
集体认知	4.30	0.65	4.16	0.77
集体管理	4.35	0.62	4.03	0.75
社会情感能力总分	4.32	0.51	4.05	0.64

东部地区教师对学生的社会情感能力评分高于中部和西部地区教师对学生的社会情感能力评分。在学生社会情感能力总体得分上，东部地区教师对学生社会情感能力的评分显著高于中部和西部地区教师对学生社会情感能力的评分。在各个维度的得分上，东、中、西部地区教师对学生的评分表现出一样的趋势，即对学生自我认知维度的评分最高，对学生他人认知维度的评分最低。

第三节 中国学生社会情感能力的影响因素分析

一、学校氛围和学生社会情感能力的关系

学校氛围包括：物理环境、家庭环境、师生关系、同伴关系和家校合作5个维度。在5个维度中，师生关系的得分最高，表现出学生感受到来自教师的关心与帮助。学生还表现出对同伴关系的肯定，在4道题目上的得分都在3.85以上，家庭环境、物理环境、家校合作维度表现出不同题目的得分差异较大的现象。在家庭环境中，学生认为家长虽然会关心自己的心情、愿意给予情绪上的帮助，但在行为上却较少倾听自己的烦恼。在学校的物理环境建设上，校园有明确的安全标志，信息栏和墙报建设较好，但没有明确的路标。家校合作是所有维度中得分最低的，学生认为教师会主动与家长沟通，但学校与家长或社区的互动还是比较少的，尤其是学校课堂对家长的开放程度较低。

在学校氛围的5个维度中，师生关系是学生最认同的维度，然后是同伴关系，而家庭环境、物理环境和家校合作3个维度的得分相对较低，而且维度内部各题目的分数差异较大，显示了发展不平衡的问题(见图3-5)。

第一，多项指标都指向较弱的家校合作关系，学生并不能感受到学校和家庭之间的积极正向沟通。例如，在学校氛围的测量中，家校合作的得分最低；在氛围指标中，家庭环境的得分也较低，学生虽然肯定了家长的关怀之心，但表示不能从家长处获得有利于社会情感发展的支持和帮助，家长不会耐心地听他们的烦恼，也较少征求他们的意见。从学校的角度来说，学校应当对家长进行相关方面知识的传播和方法的引领，这是家校合作的一个重要方面。

第二，在学校物理环境方面，环境建设还有待进一步加强。学校应当增加明确的路标，学校墙报的宣传引导作用也有待加强。学校环境建设是学校教育理念的展示，也承担着使教育理念潜移默化的任务。学校环境建设应当进一步加强，尤其是在体现学校教育理念方面。

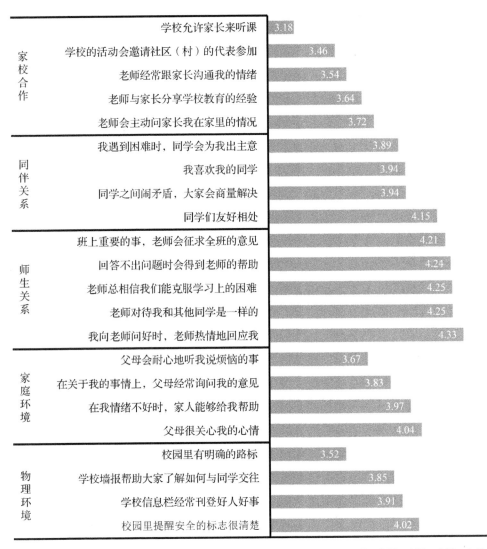

图 3-5　学生评价的学校氛围各个题项的得分

第三，在同伴关系方面，同伴友好相处的得分较高，相对而言，同伴的主动帮助、对同伴的情绪反应和合作解决问题等方面的得分略低。对此需要具体分析产生该结果的原因，是因为学生不具备合作的能力，还是因为缺乏合作的氛围？如果是前者，那么社会情感技能的训练就十分重要；如果是后者，那么营造学校整体良好的人际氛围就应当成为学校工作的重点。

第四，在师生关系方面，仍有进步的空间。从得分差异看，教师会积极回应学生的问好，即被动的回应是积极的；在教师主动、平等、尊重地对待学生方面，虽然教师也得到了学生的认可，但分数略低。教师应进一步提升以学生为中心的教育理念和教学行为。

学校氛围越好，学生的社会情感能力发展得就越好。表 3-12 的相关数据表明，学校氛围与学生社会情感能力之间具有显著正相关，同伴关系对学生社会情感能力的发展最为重要（虽然同伴关系维度的分数并不是最高的），然后是师生关系、家庭环境，而家校合作和物理环境对学生社会情感能力的促进作用相对较小。其中，同伴关系与他人管理、集体管理之间的相关系数大于 0.50，即为中度相关水平。集体管理与师生关系也有中度相关。相比较而言，自我认知与学校氛围各维度之间的相关系数略小，处于低度相关水平。

表 3-12　学校氛围的描述统计及其与学生社会情感能力的相关系数

维度	描述统计		与学生社会情感能力的相关系数						
	均值	标准差	自我认知	自我管理	他人认知	他人管理	集体认知	集体管理	社会情感能力总分
物理环境	3.84	0.97	0.27***	0.36***	0.38***	0.41***	0.40***	0.44***	0.49***
家庭环境	3.87	0.99	0.29***	0.39***	0.38***	0.42***	0.38***	0.44***	0.50***
师生关系	4.25	0.78	0.38***	0.47***	0.43***	0.48***	0.51***	0.51***	0.59***
同伴关系	3.98	0.88	0.34***	0.46***	0.49***	0.53***	0.48***	0.54***	0.61***
家校合作	3.50	1.01	0.26***	0.35***	0.42***	0.42***	0.39***	0.46***	0.50***
学校氛围总分	3.89	0.72	0.39***	0.52***	0.54***	0.58***	0.55***	0.61***	0.69***

注：*** 表示 $p < 0.001$。

学校氛围中最重要的影响因素是同伴关系，相关分析和回归分析显示：同伴关系越好，学生的社会情感能力越强。同伴关系在学生对学校氛围的评分中排在第二位，低于师生关系的评分，但其与社会情感能力的关系强于师生关系。由于此次调查是横断面调查，数据仅能显示相关关系，因此不能排除"因为学生社会情感能力较强，所以其同伴关系较好"这一可能的解释。但可以肯定的是两者之间关系密切。从理论角度讲，一方面，学生社会情感能力较强，意味着学生能够较好地管理自己的负面情绪，对他人的情绪和行为有较好的认知，也能较好地管理与他人的关系（这一点也得到了数据的支持），所以能较好地处理与同伴的冲突，从而形成和谐的同伴关系；另一方面，一个同伴关系良好的学生，可获得较为充足的社会支持、有较好人际关系的学习环境，从而更有可能提升自身的社会情感能力。

学校氛围中的师生关系对学生社会情感能力的影响排在第二位，第三位是家庭环境和家校合作，这验证了"对于学生身心发展有重要作用的他人为教师和家长"的观点。对于学生的发展，教师和家长责无旁贷。因此，为了提升学生的社会情感能力，教师和家长应当首先提升自己的社会情感能力，从而建立起良好的师生关系和家庭氛围。

二、学校的社会情感学习过程和学生社会情感能力的关系

学生对教师引导工作的评分最高，而对教师监测反馈工作的评分最低。图 3-6 表明，学生对学校已有的社会情感学习过程的认同程度评分范围为 3.63～4.43，相对来说差异比较大。学生对教师的工作给予了肯定，认为教师对他们进行了社会情感能力方面的引导；学校在安全方面做出的努力也得到了学生的肯定，学生认同学校中的暴力行为减少，安全感提升。但是，在采纳学生意见及采取行为进行情绪调节的教学方面，学校做得还较少。另外，学生较少感受到教师的监测反馈工作，学生认为教师对学生情绪状态的体察及反馈还不够。

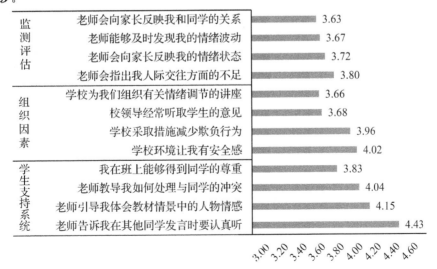

图 3-6　学生评价的学校社会情感学习过程

学校的社会情感学习过程做得越好，学生的社会情感能力发展得越好。表 3-13 的相关数据表明，学校的社会情感学习过程与学生社会情感能力之间具有显著正相关，相关系数在低度水平与中度水平之间。其中，学生支持系统与社会情感能力的 6 个维度的相关系数都在 0.40 以上，显示出学生感受到的支持越大，学生的社会情感能力越强。同样，学校的组织因素与监测评估工作做得越到位，学生的社会情感能力也越强，但其作用略弱于学生支持系统。

表 3-13　学校的社会情感学习过程描述统计及其与学生社会情感能力的相关系数

维度	描述统计		与学生社会情感能力的相关系数						
	均值	标准差	自我认知	自我管理	他人认知	他人管理	集体认知	集体管理	社会情感能力总分
学生支持系统	4.10	0.79	0.43***	0.48***	0.48***	0.49***	0.48***	0.51***	0.61***
组织因素	3.83	0.92	0.32***	0.40***	0.44***	0.45***	0.42***	0.47***	0.54***
监测评估	3.69	1.01	0.26***	0.34***	0.39***	0.39***	0.36***	0.41***	0.47***
社会情感学习过程总分	3.88	0.76	0.39***	0.48***	0.52***	0.52***	0.50***	0.54***	0.63***

注：*** 表示 $p < 0.001$。

为了进一步探讨学校氛围和学校的社会情感学习过程对学生社会情感能力的独立预测作用，调查进行偏相关分析（partial correlation analysis），其结果见表 3-14。从表 3-14 可以看出，在控制了另一个变量后，学校氛围及学校的社会情感学习过程与学生的社会情感能力的偏相关系数明显降低。学校的社会情感学习过程中的组织因素和监测评估与社会情感能力之间的相关系数分别下降到 0.15 和 0.06（虽然相关性仍显著），即在控制了学校氛围的 5 个维度之后，可以认为组织因素和监测评估与社会情感能力之间相关较弱。学生支持系统则仍与社会情感能力的 6 个维度相关，再次凸显教师与同伴支持对学生社会情感能力发展的作用。

在控制了学校的社会情感学习过程的 3 个维度后，学校氛围与社会情感能力的相关性减弱，但仍有一些相关系数在 0.20 以上，主要体现在以下方面：自我认知与学校氛围的关系较弱，他人认知与同伴关系比较相关，集体认知与同伴关系和师生关系都有相关关系，自我管理、他人管理都与同伴关系、师生关系及家庭环境相关，集体管理则与学校氛围的 5 个维度都有关系。可见，学校

表 3-14 学校氛围及学校的社会情感学习过程各维度

与学生的社会情感能力的偏相关系数

维度		与学生的社会情感能力的偏相关系数						
		自我认知	自我管理	他人认知	他人管理	集体认知	集体管理	社会情感能力总分
学校氛围（控制学校的社会情感学习过程的 3 个维度）	物理环境	0.07***	0.13***	0.13***	0.16***	0.16***	0.20***	0.22***
	家庭环境	0.12***	0.20***	0.16***	0.21***	0.17***	0.24***	0.29***
	师生关系	0.16***	0.23***	0.15***	0.21***	0.28***	0.24***	0.31***
	同伴关系	0.11***	0.23***	0.25***	0.31***	0.25***	0.31***	0.37***
	家校合作	0.05***	0.10***	0.17***	0.16***	0.14***	0.21***	0.22***
学校的社会情感学习过程（控制学校氛围的 5 个维度）	学生支持系统	0.24***	0.21***	0.22***	0.20***	0.18***	0.21***	0.31***
	组织因素	0.09***	0.10***	0.12***	0.11***	0.09***	0.10***	0.15***
	监测评估	0.02	0.04***	0.07***	0.05***	0.04*	0.02	0.06***

注：* 表示 $p < 0.05$，*** 表示 $p < 0.001$。

氛围越好，越能促进学生的社会情感能力的发展，且同伴关系对学生的社会情感能力的发展最为重要（虽然学生对同伴关系的评分并不是最高的），然后是师生关系、家庭环境，而家校合作和物理环境对学生社会情感能力的促进作用相对较小。

以各维度平均分为变量进行分析时，可发现在控制学校氛围的平均分后，学校的社会情感学习过程与社会情感能力的相关系数为 0.23（$p < 0.01$）；而在控制学校的社会情感学习过程后，学校氛围与社会情感能力的相关系数为 0.41（$p < 0.01$）。可见，相对来说，学校氛围对社会情感能力的促进作用更大。

接下来，以社会情感能力总体得分为结果变量，并控制性别和是否担任过班干部这两个变量，考察两个量表中的各维度对社会情感能力总体的预测作用。结果发现，除学校的社会情感学习过程中的监测评估外，其余所有维度都进入了最终模型。这表示学校氛围的 5 个维度及学校的社会情感学习过程中的学生支持系统和组织因素都对学生的社会情感能力有独立的预测作用，即使控制别的维度，这些维度对学生的社会情感能力总体都有正向独立的预测作用，即会产生影响。总体来说，就学生社会情感能力总分而言，学校管理是非常重要的影响因素，总体解释率达 54%。同伴关系和学生支持系统是最重要的影响因素，单变量解释率在 10%以上。具体数据见表 3-15。

表 3-15　学校氛围及学校的社会情感学习过程各维度对学生的社会情感能力的预测作用

进入方式	变量	最终模型的标准化 β 值	独立纳入时的 ΔR^2	总 R^2
Enter	性别	0.04^{***}	0.03^{***}	
	是否担任过班干部	-0.04^{***}		
Stepwise	同伴关系	0.22^{***}	0.35^{***}	0.54^{***}
	学生支持系统	0.26^{***}	0.10^{***}	
	师生关系	0.15^{***}	0.03^{***}	
	家庭环境	0.12^{***}	0.02^{***}	
	家校合作	0.07^{***}	0.007^{***}	
	物理环境	0.07^{***}	0.004^{***}	
	组织因素	0.06^{***}	0.002^{***}	

注：*** 表示 $p < 0.001$。

此外，对比表 3-14 和表 3-15，可以看到结果是一致的：偏相关结果小于 0.10 的监测评估维度没能进入回归方程，即独立预测作用较弱。两种分析方法实际上反映了同一结果：在预测学生的社会情感能力时，有些变量的作用较大，有些变量的作用较小。由此，再次审视表 3-14 的结果可以发现：就自我认知而言，学生支持系统是最重要的维度；就自我管理而言，同伴关系和师生关系更重要；就他人认知、他人管理和集体管理而言，同伴关系最重要；就集体认知而言，师生关系更加重要。由此可见，在将来的社会情感学习过程建设和学校氛围建设中，学校应该更加注重同伴关系、师生关系和学生支持系统的建设。

学生支持系统是学生感受到的来自教师、同伴的支持，尤其是教师在学生社会情感能力方面的引导。调查结果显示，教师对学生的引导的作用是比较显著的，学生得到的支持和引导越多，学生的社会情感能力就越强。调查结果肯定了教师引导的作用。

监测评估没能进入对学生社会情感能力总分的回归方程，结合皮尔逊积差相关分析结果可以看出，监测评估本身与社会情感能力有显著的低到中等水平的相关关系；但偏相关分析结果显示，在控制了学校氛围的 5 个维度后，该相关系数降低至 0.10 以下，甚至不显著。这可能有两种原因：一种原因是所测内容与学校氛围的题目略有重合；另一种原因是学校氛围在监测评估与社会情感能力之间起中介作用。

三、校长的领导力和学生社会情感能力的关系

校长领导力主要从变革型领导、交易型领导和放任型领导 3 个维度来进行探讨。从表 3-16 中的平均数可以看出，校长最认同的领导风格是变革型领导风格，然后是交易型领导风格，最不认同的是放任型领导风格。校长的变革型领导力与学生社会情感能力发展水平显著相关，校长越认同变革型领导力，学生的社会情感能力发展得越好。根据校长报告的领导力情况，校长的变革型领导力倾向与学生的社会情感能力总体及 6 个维度均具有显著的正向相关关系，且达到了中度到高度相关水平。校长对交易型领导风格的认同程度也在一定程度上影响学生处理与自我、与集体的关系的能力，相关性的大小为中等程度。可见，校长在实施学校改革、提升自身领导力的同时，可能对其学校学生的社会情感能力发展带来正向影响。

表 3-16　校长领导力各维度得分及其与学生的社会情感能力的相关系数

维度	描述统计		与学生社会情感能力的相关系数						
	平均数	标准差	自我认知	自我管理	他人认知	他人管理	集体认知	集体管理	社会情感能力总分
变革型领导	4.54	0.49	0.78***	0.55***	0.49**	0.58***	0.74***	0.70***	0.74***
交易型领导	4.31	0.61	0.63***	0.43**	0.28	0.30	0.41*	0.44**	0.47**
放任型领导	3.05	1.16	0.21	0.20	0.06	—0.05	0.02	0.09	0.09

注：* 表示 $p < 0.05$，** 表示 $p < 0.01$，*** 表示 $p < 0.001$。

1. 变革型领导风格

变革型领导风格可以使部属产生更大的归属感，满足部属高层次的需求，实现高生产率和低离职率。变革型领导风格的前提是领导者必须明确组织的发展前景和目标，部属必须信任领导。虽然对变革型领导风格的研究开始得相对较晚，但已有许多研究注意到该理论的结构效度。

一所学校的校长如果具有变革型领导风格，那么学校的教师就会对学校更加认同，从而激发出努力工作的动力；教师的努力会被看到并得到鼓励，因而教师的积极行为有机会保持并扩大，教师的潜能会被最大限度地开发；教师对领导有敬佩之情，因而学校的各项制度能够更加容易且高效地推行；教师明确学校的发展目标并愿意为之努力；另外，被领导关怀的教师更有可能将这样的感动传递给其他人，即同事和学生，因此在这样的学校中教师之间的关系更加和谐，师生之间的关系也更加融洽。以上种种因素都会成为教师引导学生更好成长的基础，尤其是学生的社会情感能力。这样的学校氛围会给学生提供支持性氛围和学习榜样，促进学生的社会情感能力积极发展。

2. 交易型领导风格

交易型领导风格建立在交换过程的基础上，主要包括权变性与非权变性两种奖励行为，以及权变性与非权变性两种惩罚行为。实施不同的奖励和惩罚会导致不同的结果。交易型领导理论已得到广泛的验证，这些理论都强调环境因素对领导行为产生缓冲效应的重要性，也注意到领导与部属之间的关系，并认为应运用综合性指标对其进行测量，从而预测领导行为对个体的作用。大量研究表明，变革型领导能增强交易型领导的有效性，但这并不意味着变革型领导能取代交易型领导。一个领导者可以同时具备变革型领导和交易型领导的特点，不同的情境下可以选择使用不同的领导方式。

调查数据显示，交易型领导风格与自我认知的相关系数达到中等水平以上，而与自我管理、集体认知和集体管理的相关系数为中等偏下水平，与他人认知和他人管理的相关性不显著。这可能与交易型领导的本质有关，因为交易型领导更加看重的是部属的绩效，对于学校而言，校长可能会更加在意教师是否达到了某些要求和标准。如果达到了这些要求和标准，就给予奖励，否则给予惩罚。因此，教师更加关注自己的绩效及自己的绩效与学校之间的关系（自我和集体），但并不关注他人如何。在这样的学校里，校长本身可能并不太关注他人如何，同时教师之间的关系不会像变革型领导风格的学校那样和谐，教师之间可能相互竞争，或者漠不关心。在这样的人际氛围下，学生在他人认知和他人管理上的发展也会受到影响，并进而影响学生在自我维度和集体维度的社会情感能力的发展。

3. 放任型领导风格

放任型领导风格的特点有：工作事先无布置，事后无检查；权力完全给予个人，个人自由度大；组织无规章制度，完全凭借个人的自觉性；没有整体计划。放任型领导的指挥性行为较少，支持性行为也较少；这种领导风格支持少、指导少，决策的过程被委托给部属完成，领导明确地告诉部属，希望他们自己去发现问题，自己去纠正工作中的错误。放任型领导会允许部属进行变革，但既不给部属太多的激励，也不给他们太多的指挥，基本放任自流，偶尔实在看不下去时指挥一下，或在部属实在完成不了必须完成的任务时给予一点支持。放任型领导所领导的群体绩效低下，内部混乱，不良的亚文化盛行。这种领导往往不是自愿放任，而是既无能力或权力指挥，又无资源支持；他们要么水平低下，要么权力受限，即使有很多想法，由于条件不具备，也无法落实。

四、教师教学风格和学生社会情感能力的关系

教师教学风格主要从严格严谨、教师中心、情感陶冶和学生中心 4 个维度分析。从表 3-17 的平均数可以看出，教师比较认同的教学风格是情感陶冶和学生中心，不太认同严格严谨和教师中心的教学风格。教师对情感陶冶和学生中心的教学风格越认同，学生的社会情感能力发展得越好。教师对情感陶冶和学生中心的教学风格越认同，其对学生的社会情感能力的评分越高，相关系数达到低度到中度水平。严格严谨和教师中心的教学风格与学生的社会情感能力水平无关。

表 3-17　教师教学风格各维度得分及其与学生的社会情感能力的相关系数

维度	描述统计		与学生社会情感能力的相关系数						
	平均数	标准差	自我认知	自我管理	他人认知	他人管理	集体认知	集体管理	平均分
严格严谨	2.93	0.69	0.07	0.01	−0.12	−0.06	−0.05	−0.09	−0.07
教师中心	2.98	0.91	0.00	−0.06	−0.13	−0.03	−0.11	−0.05	−0.09
情感陶冶	4.35	0.55	0.40***	0.40***	0.50***	0.51***	0.43***	0.60***	0.62***
学生中心	4.36	0.53	0.48***	0.35***	0.43***	0.46***	0.37***	0.52***	0.56***

注：*** 表示 $p < 0.001$。

严格严谨的教学风格反映了教师对学生的严格要求和严厉管教的程度，过于认同该风格的教师通常对学生严厉有余而亲切不足，学生对于这样的教师敬畏有余而喜爱不足。当学生不能理解教师这种严厉要求下的爱护之心，则更容易对教师所说所教产生逆反心理，可能在教师面前仅从行为表现上符合教师的期望，但难以形成长久的发自内心的改变。同时，严格严谨的教学风格难以形成亲和的师生关系。学生在遇到困难时，由于害怕被教师责骂，很难主动寻求教师的帮助。对学生的访谈也显示，学生在遇到困难或心情难受时，最经常使用的解决办法是向同伴倾诉，而不是寻求教师的帮助。可见，严格严谨的教学风格让学生原本活跃的思维受到了压抑，课堂虽然看上去有条不紊，但实际上沉闷，缺乏生机和活力；在拉远了师生距离的同时，也让学生离社会情感能力的提升远了一步。

教师中心的教学风格与课堂教学中以教师为主的课堂组织、讲授式教学及教师对课堂的控制程度有关。教师中心风格的教师通常倾向于使用讲授式教学方式，而较少使用学生参与式教学方式；同时，对于课堂氛围，教师完全控制在自己手上，难以应对突发事件和学生意料之外的反应。因此，学生的主动性和积极情绪都难以被调动起来，学生的想法不被允许表达；长期在这样的教学风格下，学生成为课堂中的旁观者而不是参与者，更容易形成被动和等待的接受式学习风格。另外，由于学生在课堂上更多地被要求像木偶一样坐着听讲，师生间和学生间的有效互动难以形成。在这样的课堂中，学生没有锻炼其社会情感能力的环境。而且教师的控制性行为本身会被学生习得，不利于学生关注他人的内心世界，学生不能关注他人的真实需要，而更多地从自身需要出发，难以形成良好的他人认知和他人管理能力。总之，教师中心的教学风格不利于学生社会情感能力的发展。

从调查结果来看，虽然严格严谨和教师中心确实表现出负性影响学生社会情感能力的倾向，但相关性并不显著，即没有造成对学生社会情感能力发展的严重危害。

情感陶冶的教学风格更加注重以情传情、以情育情，即在教学过程中融入情绪情感元素，营造轻松愉快的课堂氛围。在这样的课堂氛围中，学生的社会情感能力有机会得到提升，因为学生更容易快乐学习；学生有更多的机会去体验和表达自己的情绪情感，从而促进自我认知和自我管理能力的发展；学生有更多的机会去倾听他人的情绪情感，从而促进他人认知和他人管理能力的发展；学生有机会从教师身上学会如何处理情绪情感及与他人之间的关系，从而促进自我和他人维度能力的发展；学生与教师的关系更亲近，学生有更多机会寻求教师的帮助；另外，在这样的课堂氛围中，整个班级的氛围得到提升，学生更有可能对整个班级产生热爱，从而增强班级责任感，促进学生集体认知和集体管理能力的发展。总体而言，情感陶冶的教学风格有助于学生社会情感能力的发展。

学生中心的教学风格下，教师对整个教学过程的控制程度低，鼓励学生参与课堂教学，从而发挥学生的自主性和主动性，学生的想法得以表达，学生的能力得以锻炼，同时，学生获得更多与同伴进行合作的机会。在此教学风格下，学生有进行社会情感能力锻炼的场景和机会，并且有机会获得能力成长后的成就感。因此，学生的社会情感能力得到相应的提高和发展。

从数据结果看，除自我认知外，情感陶冶的作用略强于学生中心，一个可能原因是在情感陶冶教学风格下教师的引导作用更强，也可能是因为学生体验情感的机会更多，对情感的重视程度更高。相对来说，在学生中心的教学风格下，学生可能有更多机会获得对自身能力的评价和反思，因此学生中心教学风格与学生的自我认知之间的相关性更强。

五、家庭环境和学生社会情感能力的关系

母亲从未外出打工的学生的社会情感能力发展好于母亲外出打工的学生，而父亲是否外出打工对学生社会情感能力发展几乎没有影响。以学生自评的社会情感能力的 6 个维度为结果变量，以父亲是否在外打工和母亲是否在外打工这两个因素为自变量，进行多元方差分析，结果发现整体方程中的交互作用不显著，父亲是否在外打工的作用也不显著，但母亲是否在外打工的作用显著。进一步进行方差分析，结果显示：如果母亲从来没有外出打工，即一直陪伴在孩子身边，这样的学生自评的社会情感能力显著高于母亲一直在外打工的学生和母亲曾经在外打工的学生（见图 3-7、表 3-18）。

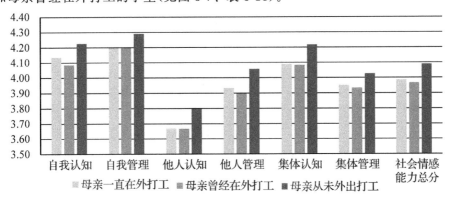

图 3-7　母亲是否在外打工对子女社会情感能力的影响

表 3-18 母亲在外打工情况对子女情感社会能力的影响

维度	自我认知	自我管理	他人认知	他人管理	集体认知	集体管理	社会情感能力总分
母亲一直在外打工	4.14	4.20	3.67	3.93	4.09	3.95	3.99
母亲曾经在外打工	4.09	4.20	3.67	3.90	4.08	3.93	3.97
母亲从未外出打工	4.23	4.29	3.80	4.06	4.22	4.03	4.09

首先，这一调查结果肯定了母亲陪伴的重要性。作为孩子出生后最为重要的依恋对象，母亲对孩子的成长有着不可替代的作用。其次，出现了一个较为意外的结果：母亲曾经外出打工而现在在家似乎并没有使孩子的社会情感能力有所提升，与母亲一直在外打工的孩子相比，其社会情感能力在数值上反而显示出更低的趋势，但只在自我认知维度上有显著差异。这可以给研究者启示：过去留守儿童研究中的关注重点多是父母都不在身边的儿童，但实际上在重要成长过程中母亲有过长时间缺席的儿童可能也需要重点关注。可能的原因有两个。第一，母亲在孩子较小时外出打工，可能错过孩子依恋关系形成的最重要时期——童年早期。一方面，孩子不能与母亲形成良好的母子/母女关系，甚至因为在其最弱小、最需要他人保护和帮助的阶段母亲总不在，孩子可能对母亲怀有怨恨；另一方面，母亲由于没有陪伴孩子成长，没有参与孩子的过去，同时可能缺乏一定的方式方法，便不能有效地消除与孩子之间的交流困难。第二，母亲可能因为没有参与孩子的童年而对孩子产生一些情绪，而处理这些情绪的一些不适当行为——如心怀愧疚，想要补偿，对孩子的不良行为过于宽容放纵——则可能让孩子无法健康成长，甚至可能让孩子产生更多的不良行为。

家长越认同关怀的教养方式，其孩子的社会情感能力得分越高。调查结果显示，家长比较认同关怀的教养方式，不太认同拒绝和自主性的教养方式，最不认同过度保护的方式，可见家长对于如何养育孩子有最基本的认识，即应该关怀孩子，不应该过度保护，但对培养孩子的自主性这一点没有足够的认识。相关分析结果表明，家长越认同关怀的教养方式，对其孩子的社会情感能力评分就越高，相关系数达到低度相关水平。自主性的教养方式与孩子的社会情感能力具有较低但显著的相关。拒绝和过度保护与孩子的社会情感能力的相关性较小或无关，具体结果见表 3-19。

表 3-19　家庭教养方式及其与学生社会情感能力的相关系数

维度	描述统计		与家长评价的学生社会情感能力的相关系数						
	均值	标准差	自我认知	自我管理	他人认知	他人管理	集体认知	集体管理	社会情感能力总分
关怀	3.22	0.44	0.28***	0.33***	0.33***	0.29***	0.31***	0.35***	0.40***
拒绝	2.56	0.44	0.14***	0.06	0.10**	0.09**	0.04	0.03	0.09**
过度保护	2.00	0.65	−0.03	−0.05	−0.02	−0.05	−0.12**	−0.06*	−0.07*
自主性	2.76	0.60	0.23***	0.12***	0.19***	0.11***	0.17***	0.14***	0.20***

注：* 表示 $p<0.05$，** 表示 $p<0.01$，*** 表示 $p<0.001$。

在四种教养方式中，关怀和拒绝主要关注的是父母是否对孩子投入正向的情感。关怀型父母会与孩子进行友好交流，关注孩子的情绪并加以帮助；与之不同的是，拒绝型父母会忽略孩子的成长，不夸奖孩子，不与孩子进行积极交流。前者会让孩子感到被关注、被爱，后者则会让孩子无所适从，没有被父母爱的感觉。感到父母是爱自己的这一点是孩子心理健康的重要基础，感到自己被爱是孩子建立自我价值的一个重要参照点。如果孩子感受不到父母对自己的爱，那么孩子就会怀疑自己存在的价值，进而不能形成高自尊。一直怀疑自己存在的价值的孩子无法具有较好的自我认知和自我管理能力。另外，与父母互动是孩子学习与人交往的重要途径之一，如果父母冷漠地对待孩子，则不能让孩子学到合适的人际交往方式，甚至让孩子无法形成良好的依恋关系，影响孩子将来与人的交往方式，进而影响孩子的他人认知和他人管理能力。父母不以身作则，不承担照顾孩子的责任，那么孩子以后可能就不会对他人、对集体、对社会负责任，无法获得良好的集体认知和集体管理能力。总之，为了提升孩子的社会情感能力，家长应当承担责任，从自己与孩子的交往行为开始，让孩子感受到来自父母的爱。

过度保护和自主性这两种教养方式在对孩子有自主空间的允许上有较大差异。过度保护的教养方式是一直假设孩子没有自主能力，要把孩子紧紧地约束在自己的控制之下。而自主性的教养方式则恰恰相反，采用这种教养方式的父母相信孩子本身是有能力、有思想的，是平等的人，而不是下位的、没有独立能力和思想的。因此，这些父母会尊重孩子本身的意愿，会鼓励孩子表达自己的意见，给予孩子尝试的机会。这样一来，孩子会有更多的体验机会，更有可能锻炼自己的社会情感能力；另外，孩子也更可能从这样的父母身上学到与他人打交道的能力，进而提升自己的他人认知和他人管理能力。而在过度保护的教养方式下，孩子的自主性和创造性被束缚，与持严格严谨教学风格的教师相似，父母对孩子的强控制行为会让孩子失掉对自我、他人和整个世界的探索兴趣，不仅不能让孩子的社会情感能力得以发展，而且可能产生负向作用，即社会情感能力降低。此次调查结果显示，家长的过度保护教养方式与他们对自己孩子的社会情感能力的评价有负相关关系，尤其在集体认知和集体管理这两个维度上。

第四节　现状调查的启示与建议

学生社会情感能力的发展受到多方面因素的影响，学生作为学校这个系统中的一员，其发展受到这个系统内所有其他因素的影响，包括学校管理、校长、教师和家长的共同影响，也包括学生自身的固有属性、过去经验的影响。每一个环节都是重要的，都有着不可替代的作用，因此，要提升社会情感能力，就需要提升整个学校系统的建设。基于前文的调查结果分析和讨论，针对促进学生社会情感能力发展的学校管理改进工作，可以提出以下建议。

一、为使学生全面发展，需要关注学生社会情感能力的建设

身体、心智和情感是一个人的三个重要方面。对于学生来说，身体发展在学校的体育课程、营养午餐和其他相关活动中得到促进，心智的发展则有学科教学作为支撑。但是，在现在的学校里，情感的发展还没有得到足够的重视，没有相应的支撑。在没有支撑的自然发展下，此次调查发现我国学生的社会情感能力发展需要得到重视，尤其是他人认知方面的能力。

学生的发展不应该成为"单脚跳"。从当前的教育状况来看，我国学生正面临着情感教育缺失带来的问题。因此，学校必须重视学生的情感教育，给予情感教育充分的教学时间和空间，让情感课程得以开展。学校需要开设专门的社会情感学习校本课程，让所有学生都有机会从学校课堂中保质保量地学到社会情感学习的理论和技能，从而获得全面发展的机会。

二、把学校看作一个系统，加强学校整体建设

学校作为一个整体、一个由多主体共同构成的有机系统，应通过提升系统中的各个环节来促进学生社会情感能力的提升。具体来说包括以下几方面。

1. 重视学校管理的改进，促进支持性学校氛围的建设

学校管理的改进对学生的社会情感能力的提升有明显作用。此次调查测量了学校管理的两个方面：学校氛围和学校的社会情感学习过程。它们都表现出对学生社会情感能力的重要作用。学校需要继续重视学校管理的改进，工作重点至少应包括两个方面：首先，学校管理改进的方向应当是提升学校氛围，以前做得好的部分，如师生关系和学生间的同伴关系，应当继续保持并进一步提升，而以前略有不足的部分，如家庭氛围、物理环境和家校合作等，加强工作应当被提上日程，成为下一步工作的重点；其次，学校管理的改进应该围绕社会情感学习展开，以社会情感学习视角下的学生支持系统和组织因素为基础，以监测评估为手段，促进学生的社会情感能力提升。

2. 重视校长的专业成长，促进校长领导能力的转变

校长在学校系统中具有极重要的地位，要提升学生的社会情感能力，校长的工作必须有所改进。首先，校长领导力转变是一个重要方面。此次调查确认了校长领导力与学生社会情感能力发展之间的关系，因此需要通过培训、讨论、学校间交流等多种方法使校长领导力得到提升，使校长采用变革型领导风格进行学校管理，尽量减少交易型和放任型的领导行为。其次，应当围绕校长的专业成长与学校社会情感学习之间的关系展开进一步研究，如校长自身对社会情感学习的认识、校长自身感受到的压力等。

3. 重视教师的专业发展，促进社会情感学习与学科教学的融合

作为学生心中的重要他人之一，教师与学生社会情感能力的发展息息相关。在教师层面，其专业发展应至少关注两个方面的能力。

一是教师将社会情感学习融入所教学科的能力。此次调查显示，教师在课堂教学中的教学风格与学生的社会情感能力密切相关。基于这一结果，教师有必要将社会情感能力提升与学科教学结合起来，突破口可以是教师教学风格的调整。可以通过教师培训、集体备课、专家引领等多种方式促进教师教学行为的改变，从严格严谨、教师中心转变为陶冶情感和学生中心。

二是教师自身社会情感能力的提升。为了将社会情感学习融入教学，教师自己必须正确深入理解社会情感能力的含义及促进社会情感能力发展的方法，从而有意识地将社会情感学习融入学科教学。

4. 重视家校合作，促进家庭和学校双赢

家校合作是社会情感学习与学校管理改进的重要一环。调查结果显示，家

庭环境和家校合作对学生社会情感能力有正向预测作用；同时，家庭的一些基本情况，如父母对孩子的陪伴情况、父母的教养态度，也会影响孩子的社会情感能力的发展。家校合作的内容可以包括三个方面。一是教育观念的统一。在这一方面，学校作为教育功能的执行者和承载方，比家长更有机会接触先进的教育理念，因此学校有责任进行先进理念和技术的传递，如将社会情感能力发展的重要性传递给家长，让家长了解促进学生社会情感能力发展的方法，使家长学会营造支持性家庭氛围。二是作为一个集中的机构，学校比家长更有能力促进学校和家庭的沟通，并且可以给予家长相关资源。例如，学校主动与家长就学生的情况进行沟通，主动帮助家长，建立家长互助平台，让家长的教育资源扩大，介绍给家长一些自我成长的材料或资源等。三是学校要打开大门，让家长参加进来，让家长成为学校教学的支持者和学习者、学校活动的自愿参与者及学校决策的参与者。

5. 重视对学生的教育，关注所有学生的发展

此次调查主要关注了学生的成绩与其社会情感能力之间的关系，发现两者之间仅有较低的相关性。根据这一结果，教育者应当摒弃"成绩好就什么都好"的观点，警惕马太效应带来的两个误区，原因有二：一是持有这样观点的人可能会对成绩不好的学生有刻板印象，看不到成绩不好的学生身上的各种优点，错失引导学生发展的机会；二是持有该观点的人可能忽略对成绩好的学生的社会情感能力的引导，成绩好可能是因为学生的认知能力强、学习态度好或具有一定的意志品质，但这些能力与社会情感能力之间并不具有直接关系。社会情感能力所需的能力基础与认知能力不一样，其技能训练方式也并不是知识性传递，其只有在生命体验中才能获得。因此，如果忽略对成绩好的学生的社会情感能力培养，则有较大可能培养出分数高但不能适应社会的人，并不能真正完成教育的基本使命，即让学生成为一名合格的社会成员。

三、把全员参与作为干预的重要策略

首先，学校和教师应当搭建合适的平台，创设学习的空间，让学生参与进来——让学生参与课堂教学，让学生参与班级环境建设和制度建设，让学生参与班级和学校管理，让学生参与家校合作，让学生参与社区建设。其次，学校应当为教师参与搭建平台、提供机会，让教师通过提升自身对学校的认同感及主动性，提升自己的社会情感能力，成为学生的模范。再次，学校应当让家长、

社区参与进来,让学校成为社区和家庭的教育基地,让社区和家庭成为学校的外部支持。最后,学校还应该让校长参与进来,这里并不是指校长的被动参与,不是作为一名校长不得不背负的责任,而是校长将个人发展的目标与学校发展的整体目标结合在一起后的主动参与。

第四章　社会情感学习与学校管理改进的国际经验

　　国际上，在学校教育中发展学生社会情感能力的策略经历了从课程模式、项目模式到综合变革模式的变迁。课程模式以情绪智力理论为依据，实现了对学生发展的直接干预，但导致碎片化和边缘化倾向，同时也受限于授课教师的能力特征。项目模式力图使学生在民主、参与、合作的氛围中达成对彼此的理解，进而发展社会情感能力，然而，氛围并不能保证被接受，而且项目模式在面对项目干预措施与学校工作的契合度时表现出的无奈，使其有可能成为一种乌托邦式的干预策略。社会情感能力发展策略的综合变革模式使社会情感能力的干预主体从外部转向学校内部，从"要我做"转变为"我被支持做"，从而确保学校在变革中的主体性，校长的领导力提升和教师的专业发展为实施变革质量提供重要保障。借鉴国际上已开展的相关研究与实践，回顾社会情感能力发展策略的模式变迁过程，可以为我国在基础教育实践中实现关键能力落地探索出新思路和可行路径。

第一节　学生社会情感能力发展的课程模式

一、课程模式介绍

　　早期关于社会情感能力的发展策略是以情绪智力理论为依据的，认为社会情感能力的发展是人们通过学习掌握相应的技能，并将这些技能应用到具体情境中的过程。1997 年，学术、社会和情感学习合作体出版了第一本关于在学校教育中促进学生社会情感能力发展的教育者指导手册，并用"社会情感学习"这一术语描述学生社会情感能力发展的过程。① 这里的"学习"一词是具有强烈倾向性的术语，意味着社会情感能力是可以被所有儿童获得、实践、加强、促进和培养的。手册进一步指出，"采用多样化的社会情感能力显性课程并在常规教学中渗透社会情感能力，是促进学生社会情感能力发展的主要干预措施"②，这便开启了以课程为中心的社会情感能力发展策略。

促进学生社会情感能力发展的课程主要有两类：一是社会情感能力显性课程，是由学校或外部机构开发的专门课程；二是社会情感能力渗透课程，即在学科课程中融入社会情感能力内容并采用有助于社会情感能力发展的策略。

1. 社会情感能力显性课程

社会情感能力显性课程大致有两种方式。一是面向特殊群体的防范性课程，在20世纪90年代比较普遍，目的是防范校园暴力或减少问题行为，主要以高风险群体或问题行为儿童为授课对象，授课方式以课程教学为主，有时也会辅以心理干预。二是面向全体学生的促进性课程，在21世纪初获得学者和机构的认可，课程的目的是让学生掌握基本的社会情感能力，以全体学生为授课对象，授课方式以多种形式的技能练习为主。以美国为例，在中小学校开设的社会情感能力显性课程大致有技能聚焦课程和主题聚焦课程两种。

第一，技能聚焦课程。目的是让学生像掌握阅读技能一样学会倾听、同理心、人际交往等技能。如由格林伯格等人开发的促进选择性思维策略（PATHS）课程，这一课程基于情感—行为—认知—动力（affective-behavioral-cognitive-dynamic，ABCD）发展模型理论，围绕自我控制、理解情绪、自尊、人际关系及问题解决等主题，采用对话、角色扮演、讲故事、同伴支持、社会强化、自我反思等不同方式授课。③ 他们针对不同年龄段儿童开发了一系列课程，课程图文并茂，由教师教授，每周2~3次，每次20~30分钟。伴随课程的是一套详细的课程实施指南，供教师参考。例如，在课程中，教师教给学生在面对人际冲突时的解决策略——深呼吸，冷静下来。教师告诉学生，当一个同学不经过你的同意拿走了你的课本，还把它弄脏了，你也许会感到非常气愤，恨不得将

①② Elias, M. J., Zins, J. E., Weissberg, R. P., et al., "Promoting Social and Emotional Learning: Guidelines for Educators," https://www.pausd.org/sites/default/files/pdf-faqs/attachments/promoting social and emotional learning. pdf, 2019-04-07.

③ Greenberg, M. T., Kusche, C. A., Cook, E. T., et al., "Promoting Emotional Competence in School Aged Children: The Effects of the PATHS Curriculum," *Development and Psychopathology*, 1995, 7(1): pp. 117-136.

这个同学痛骂一顿，甚至冲过去把他的课本弄脏、扔掉或撕毁，但是，不要忘了三思而后行。假如你真的任由自己的冲动和愤怒"作案"，那么可以想象，结果只会是两败俱伤，你的课本恢复不了原来的样子，而他的课本也被你毁了，更重要的是，你们之间的友谊也受到了严重打击。但是，如果你学会了人际关系的知识和技能，学会在发火或出手之前进行三次深呼吸，使自己冷静下来，恢复清醒的头脑，然后告诉对方自己对课本的遭遇感到很难过，希望对方以后不要再这样破坏别人的东西，那么就不仅不伤和气，还在一定程度上提升了对方的社会情感能力。该课程至今已扩展到爱尔兰、瑞士、英国等国家，我国也有部分地区的部分学校在试用。① 课程实施效果研究发现，在课程结束两年后，接受该课程的学生的问题行为更少，抑郁水平更低。② 又如，美国国际狮子会基金会(Lions Clubs International Foundation)开发了面向全体学生的"狮子探索"主题课程，内容包括人际沟通、个人管理、社会责任感、应对欺凌等，课时为每周20～30分钟，授课过程有探索发现、建立联系、技能练习、技能应用四个环节。③

第二，主题聚焦课程。目的是解决校园欺凌等专项问题。例如，在美国中小学校广泛开设的"第二步"课程，它主要是培养学生的同理心、情绪管理、建立友谊和问题解决等技能，并指导学生使用这些技能，减少冲动和攻击行为，有效应对校园欺凌。每个学年22～28课时，教学方式有头脑构建活动、每周主题活动、强化练习活动及家庭作业练习等。每周主题活动进一步细分为主题授课、讲故事和讨论、小组分享、阅读和总结四个环节，并有针对性地与语言、艺术和戏剧等学科课程内容结合。学生在课程中会学会解决冲突的五个步骤(确定问题—头脑风暴，想出可能的解决办法—试着评估每种办法可能的结果—选出最佳方法解决问题—评估结果)，管理情绪的四个步骤(寻找身体线索，理解情绪—采用适当策略冷静下来—思考问题解决方法—再次思考，评估各种方法

① Kam, C. M., Wong, L. W., Fung, K., "Promoting Social-emotional Learning in Chinese Schools: A Feasibility Study of PATHS Implementation in Hong Kong," *International Journal of Emotional Education*, 2011, 3(1), pp. 30-47.

② Riggs, N. R., Greenberg, M. T., Kusche, C. A., et al., "The Mediational Role of Neuro-cognition in the Behavior Outcomes of a Social-emotional Prevention Program in Elementary School Students: Effects of the PATHS Curriculum," *Prevention Science*, 2006, 7(1), pp. 91-102.

③ Lions Quest, "Grade 1 Unit 2 Lesson 2 Facilitator Resource Guide," https://www.lions-quest.org/wp-content/uploads/2015/11/Grade-1-Unit-2-Lesson-2-Facilitator-Resource-Guide.pdf, 2019-05-05.

及其结果），以及其他非常具有操作性的技能。①

2. 社会情感能力渗透课程

社会情感能力渗透课程本质上是学科课程，但增加了社会情感能力训练，并采用有助于学生社会情感能力发展的教学策略。在教学内容方面，以语文学科为例，除让学生掌握语言知识和反思技能等学科内容外，还根据课文内容渗透控制冲动、建立友谊、关心他人等社会情感能力目标。② 在教学策略方面，美国的研究机构分析了在美国开展的社会情感能力学科渗透课程的教学策略及课堂观察工具，归纳出促进学生社会情感能力发展的十项教学策略，分别是：坚持以学生为中心；精炼教师的教学用语；鼓励学生做出负责任的决定；创造温暖和支持性的学习环境；开展合作学习；组织课堂讨论；组织学生进行自我反思与自我评价；采用多种方式相结合的教学活动设计；为学生提供适当的学习挑战和学习期望；通过示范、实践、反馈、指导来培养学生的社会情感能力。③ 美国"积极回应的课堂"项目也提出要让教师掌握每日晨会、建立规则、互动示范、积极教学用语、有逻辑的结果、指导学业发现、指导学业选择、课堂组织、合作问题解决及家校合作这十项教学改进策略。④ 其中，每日晨会、积极教学用语和课堂组织是有助于教师教学管理的主要干预措施。⑤ 研究结果表明，这些干预措施能提高学生对学习和教师的积极感受，增强学生与学校的连接感，改善师生关系，增加学生的亲社会行为；⑥ 同时，能够提高学生的阅

---

① Second Step, "Social-Emotional Learning Program: Create a Strong Foundation for Lifelong Learning,"http://www.secondstep.org/second-step-social-emotional-learning, 2019-05-05.

② Cohen, J., "Social, Emotional, Ethical, and Academic Education: Creating a Climate for Learning, Participation in Democracy, and Well-Being," *Harvard Educational Review*, 2006, 76(2), pp.201-237.

③ Yoder, N., "Teaching the Whole Child: Instructional Practices that Support Social and Emotional Learning in Three Teacher Evaluation Frameworks," https://gtlcenter.org/sites/default/files/TeachingtheWholeChild.pdf, 2019-05-05.

④ Rimm-Kaufman, S.E., Fan, X., Chiu, Y.J., You, W., "The Contribution of the Responsive Classroom Approach on Children's Academic Achievement: Results from a Three Year Longitudinal Study," *Journal of School Psychology*, 2007, 45(4), pp.401-421.

⑤ Rimm-Kaufman, S.E., Larsen, R.A., Baroody, A.E., et al., "Efficacy of the Responsive Classroom Approach Results from a 3-year, Longitudinal Randomized Controlled Trial," *American Educational Research Journal*, 2014, 52(3), pp.567-603.

⑥ Brock, L.L., Nishida, T.K., Chiong, C., et al., "Children's Perceptions of the Classroom Environment and Social and Academic Performance: A Longitudinal Analysis of the Contribution of the Responsive Classroom Approach," *Journal of School Psychology*, 2008, 46(2), pp.129-149.

读和数学成绩。①

二、课程模式的现实困境

课程模式具有针对性强、直接指向学生社会情感能力发展的特点，在教育实践中容易被学校校长和教师接受，也往往被看作培养学生社会情感能力的主要方式。然而，课程模式在具体操作中会遇到内容碎片化、方式边缘化和效果依赖性等现实困境。

第一，干预内容的碎片化。以显性课程为例，若仅依靠每周或每月实施半小时的单一干预课程，学生就很难获得持续一贯的支持，且具体的课程策略很容易在学校繁杂的教育教学工作中被碎片化。

第二，干预方式的边缘化。尽管课程模式既包括显性课程也包括渗透课程，但每周或每月为数不多的显性课程时间很容易被学校工作中的主要学科挤占。尽管强调在学科教学中渗透社会情感能力，但渗透多少、如何渗透等都很难被直接衡量，在实际操作中难免被边缘化。

第三，干预效果的依赖性。课程模式的最终效果很大程度上依赖于授课教师自身对课程内容的理解及其对课堂教学的驾驭能力。另外，由于会增加教师个人的工作负担和压力，教师个人容易不情愿。

第二节　学生社会情感能力发展的项目模式

一、项目模式介绍

随着教育研究和实践对社会情感能力的重视，以及以布朗芬布伦纳的发展生态系统理论为代表的相关理论的发展，有学者总结提出：学生社会情感能力的发展既受到儿童个人因素的影响，也受到儿童所处的环境（班级因素、学校因素、家庭因素等）的影响；② 学校的操场、食堂、走廊等空间都可以是社会情感

---

① Rimm-Kaufman, S. E., Larsen, R. A., Baroody, A. E., et al., "Efficacy of the Responsive Classroom Approach Results from a 3-year, Longitudinal Randomized Controlled Trial," *American Educational Research Journal*, 2014, 52(3), pp. 567-603.

② Domitrovich, C. E., Bradshaw, C. P., Poduska, J. M., et al., "Maximizing the Implementation Quality of Evidence-based Preventive Interventions in Schools: A Conceptual Framework," *Advances in School Mental Health Promotion*, 2008, 1(3), pp. 6-28.

学习发生的场所。[①] 2003 年，美国学术、社会和情感学习合作体出版了另一本指导手册——《安全与健康：基于实证的社会情感学习项目的教育领导者指导手册》，这一手册的出版也标志着对社会情感能力的干预从单一的课程发展为整校推进，其逻辑见图 4-1。在这本手册中，美国学术、社会和情感学习合作体提出了明确的干预模型，包括三个方面的内容：第一，营造安全的、关爱的、参与性的、组织良好的学习氛围，开设以促进学生社会情感能力发展为目标的学校课程（含显性课程与渗透课程）；第二，学生的社会情感能力可以直接或间接地影响学生的学业成就与成功表现；第三，支持性学习氛围通过多种方式影响学生的学业成就及成功表现。[②]

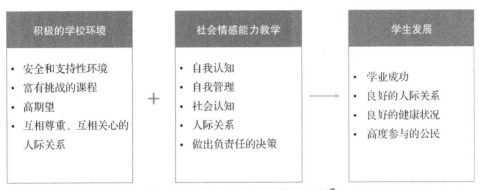

图 4-1　社会情感学习整校推进逻辑[③]

在学术、社会和情感学习合作体的组织和协调下，美国各个州的中小学校开始执行各种各样的旨在促进学生的社会情感能力发展的项目。尽管这些社会情感学习干预措施均是立足于整校推进的，但大体上可以分为两类：关注能力和关注环境。关注能力的干预措施是在学校课程中定期开设社会情感能力课程，课程以教授和应用社会情感能力为主，采用角色扮演、示范和完成个人任务的方法；关注环境的干预措施强调学校和课堂氛围的创设、教学和课堂管理策略的改进及学校层面为支持学生社会情感能力发展而开展的专门活动。事实上，大多数社会情感学习项目采取的是关注能力与关注环境的干预措施相结合的方式。

---

① Jones，S. M.，Bouffard，S.，"Social and Emotional Learning in Schools：From Programs to Strategies"，*Social Policy Report*，2012，23（4），pp. 1-33.

②③ CASEL. "Safe and Sound：An Educational Leader's Guide to Evidence-Based Social and Emotional Learning（SEL）Programs，"https：//files. eric. ed. gov/fulltext/ED505373. pdf/，2019-05-05.

二、美国的社会情感学习项目模式

2002 年 1 月，时任美国总统布什签署了《不让一个孩子掉队法案》，要求三至八年级的全部学生每年都参加阅读和数学标准化成就测试。这一以"应试"为导向的法案促使中小学校积极探索提高学业成绩的有效手段。已有研究发现，社会情感学习项目不仅能够提高学生的学业表现，还可弥补学校教育过于重视认知发展的缺憾。[1][2] 这便极大地激发了中小学校开展社会情感学习项目的积极性及专业机构研发项目的热情。[3]

美国学术、社会和情感学习合作体作为社会情感学习项目的发起者，其对社会情感能力内涵的界定受到广泛的认可，其提出的社会情感学习在学校的推进形式也得到了美国诸多学校的响应。

1. 社会情感学习的支持体系和三级干预模型

社会情感学习是在关爱、安全、管理规范、具有参与式的课堂教学与学校管理的良好学习环境中提供给学生的。对于在社会情感学习课程中学到的技能技巧，学生可在学校、家庭和社区生活中进一步强化与巩固。所有学生都会从社会情感学习中获益，不仅包括那些未出现行为问题的学生，还包括那些有个别消极行为和存在较严重的行为问题的学生。

学生的社会情感发展不能仅依靠学校的教学，学生在日常生活中遇到的人、事、物等都会对他们的健康成长产生重要影响。因此，社会情感学习的支持体系除了包括学校，还包括家庭和社区。此外，社会情感学习项目实施的对象并不局限于有问题行为的学生，尽管它的出现是为了解决学生中存在的日益严重的社会情感问题，但在"治疗"的目的之外，更重要的是它的"预防"作用。因此，其关注的群体涵盖所有学生，并对处于不同发展水平的学生采用不同水平的支持和干预。由此便可得出社会情感学习的三级干预模型（见图 4-2）。图 4-2 中不同大小的椭圆代表各级别的服务对象范围，底部的长方体则说明促进每一个学生发展的基础是学校、家庭、社区三方的协作。

---

① Solomon, D., Battistich, V., Watson, M., Schaps, E., & Lewis, C.. "A Six-district Study of Educational Change: Direct and Mediated Effects of the Child Development Project". *Social Psychology of Education*, 2000, 4(1), pp. 3-51.

② Zins J. E., Weissberg R. P., Wang, M. C. & Walberg H. J. (Eds.), *Building Academic Success on Social and Emotional Learning: What does the Research Say*, New York, Teachers College Press, 2004, pp. 189-208.

③ Diane M. Hoffman. "Reflecting on Social Emotional Learning: A Critical Perspective on Trends in the United States". *Review of Educational Research*, 2009, 79(2), pp. 533-556.

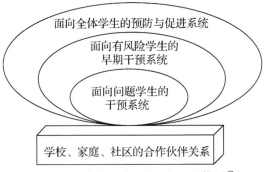

图 4-2　社会情感学习的三级干预模型①

图 4-3 可以更加清晰地展现预防学生情感和行为问题的三级干预模型。

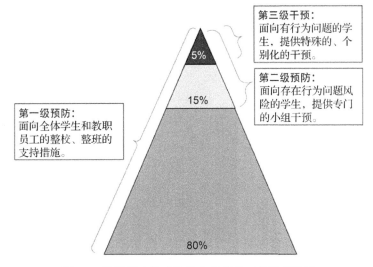

图 4-3　预防学生情感和行为问题的三级干预模型

在第一级预防层面（相当于图 4-2 中最大的椭圆），社会情感学习项目面向全体学生，通过创建良好的学校氛围和学习环境，促进所有学生的社会、情感和行为发展。根据以往的统计数据，大约有 80% 的学生只属于第一级预防的对象（即图 4-3 中最底层的部分），他们在学业、行为和情感发展上存在较低程度的问题，处于"低危险"的水平，不需要额外的帮助。大约 15% 的学生既属于第

---

① Joseph E. Zins, Maurice J. Elias, "Social and Emotional Learning," https: //www. thomstecher. com/Content/Frontend/docs/CASEL％20SEL％20and％20Academics. pdf, 2019-05-05.

一级预防也属于第二级预防的对象（即图 4-3 的中间层部分），他们在学业、行为和情感发展上存在较大程度的问题，处于"处境危险"的水平，需要特别的帮助，如同伴辅导。大约 5％的学生在属于第一、第二级预防对象的同时也属于第三级预防对象（即图 4-3 中最顶层的部分），他们在学业、行为和情感发展上存在严重问题，处于"高危险"的水平，需要更为及时和特别的帮助，如个性化的社会技能训练。①

2. 社会情感学习的实施步骤和影响因素

美国的学术、社会和情感学习合作体对众多社会情感学习项目的实施情况进行了考察和研究，且其成员与中小学开展了长期合作，总结出了宝贵的经验。他们提出了构成社会情感学习项目整个执行周期的十个步骤，以及影响社会情感学习项目质量和发展的六个重要影响因素（见图 4-4）。

图 4-4 社会情感学习项目实施的步骤及其影响因素

---

① Sugai, G., Horner, R. H., "Introduction to the Special Series on Positive Behavior Support in Schools," *Journal of Emotional & Behavioral Disorders*, 2002(10), pp. 1063-1066.

　　社会情感学习项目执行周期的十个步骤分为三个阶段：准备阶段——第一步和第二步；规划阶段——第三步至第六步；执行阶段——第七步至第十步。这十个步骤的具体内容如下。

　　第一步：校长承诺开展社会情感学习。校长的领导力是影响学校管理改进成效的关键因素，而社会情感学习项目的开展是学校改进的有效措施。作为学校改进的框架，社会情感学习的价值需要获得校长的理解和接受，并承诺为社会情感学习项目的成功执行及其在全校范围内的推广全力以赴。校长的承诺是社会情感学习在学校中得以真正实施的有力保障。

　　第二步：组建由利益相关者群体参与的指导委员会。校长将社会情感学习的相关信息和知识与教师、家长、社区成员等重要利益相关者分享，并成立包含各方代表的、具有最高决策权的社会情感学习项目指导委员会。指导委员会要确保社会情感学习行动过程中的权力共享。

　　第三步：达成并传递共同的愿景。指导委员会（包括校长）为学生在社交、情感和学业方面的发展制定一个愿景，并使这一愿景在学校全体成员中成为共识。这一愿景能够为项目的实施提供源源不断的能量，并吸引相关人员对项目进行积极、持续的关注。

　　第四步：开展需求调查及资源评估。指导委员会（包括校长）针对社会情感学习项目开展以下活动：全校范围内需求调查，可利用资源评估，当地和全州政策背景分析，学生和教职人员的需求调查，校园氛围调查，全校范围项目实施的先后顺序制定，实施中可能遇到的障碍预测，等等。需求评估能够增强对学校优势和劣势的了解，可促进社会情感学习项目的有效实施。

　　第五步：开发行动方案。指导委员会（包括校长）基于需求调查与可利用资源评估的结果，开发具体的社会情感学习项目行动方案。行动方案的内容包括项目实施的目标、基准、时间表，以及针对六个项目实施影响因素而制订的应对计划。行动方案有利于激发学校更加系统全面和持续不断的改进动力。

　　第六步：回顾并筛选有效实施策略。指导委员会（包括校长）和其他重要利益相关者对符合社会情感学习目标的、有实证证据支持的项目实施策略进行回顾、筛选与整理。符合程序规范的、有证据支持的课堂教学是有效社会情感学习的核心。

第七步：开展早期专业发展活动。基于已有的社会情感学习项目实证研究，学校提供项目实施相关人员的专业发展培训。经过以实证证据为支撑的初期培训，项目的执行人员能正确理解和运用项目的理论、原则和策略来开展项目的实施工作，这对于项目的顺利进行和项目的有效性来说是重要保障。

第八步：开展社会情感学习课程教学。在课堂教学中，教师开始实施筛选后的基于实证的社会情感学习项目，并对教学和实施过程进行反思。项目初期的开展为全体教职人员提供了解项目的机会，而反思则为项目在全校范围内的推广做好准备。

第九步：在全校范围内推广社会情感学习的课堂教学。在对项目初期实施效果进行反思并做出相应调整后，全体教师开始在课堂教学中开展社会情感学习项目，并且社会情感学习的实践活动逐渐被整合到学校其他活动中。经过整合与扩展，社会情感学习项目能够为学生的社会情感发展营造一个良好的校园环境和氛围。

第十步：回顾已开展的活动并做必要调整。为促进项目的改进和发展，使项目不断改进与提高，项目指导委员会（包括校长）定期对社会情感学习项目的所有规划和执行活动进行回顾总结，以明确是否需要改变和调整现行的措施和办法。定期对各项活动与计划进行总结检查是核查项目进展和保证适时调整的重要途径。

学术、社会和情感学习合作体总结出社会情感学习项目有效实施的六个重要影响因素，分别如下。

因素一：提供持续不断的专业发展。校长要承诺为持续的专业发展提供支持，并为学校全体教职人员提供反思和反馈的机会。持续不断的专业发展和反思使教职人员对社会情感学习的教学和活动保持新奇感，并能够促进项目不断改进。

因素二：评估项目的实践和结果以使其改进。项目指导委员会（包括校长）要不断地检查学校社会情感学习项目的活动和结果，以做出适当的调整与改进。对项目实践和结果进行定期和不间断的评估，有助于学校既定目标的实现和计划的如期执行。

因素三：完善基础设施和体制以促进实施。学校领导者应大力完善相关制度，如学校政策、经费支持、期限和人事制度等，以促进社会情感学习项目的实施。此外，学校还应为社会情感学习项目的实施完善基础设施，确保社会情感学习项目在学校事务中占有优先地位，使项目更可能得到持续发展。

因素四：在全校范围内整合框架和实践活动。项目指导委员会（包括校长）与全体教职人员一起回顾学校的所有活动，从而最大限度地将社会情感学习整合到学校工作中。将社会情感学习整合到学校各种活动中，为学生实践和巩固在课堂中学到的社会情感学习知识和技能提供了机会。

因素五：建立学校与家庭、社区的伙伴关系。学校领导者和指导委员会应努力建立家庭、学校和社区之间的伙伴关系，以有效支持和协调学生在学业和社会情感方面的发展。与家庭和社区的伙伴关系不仅能够为社会情感学习项目提供资源和持续发展的外部期望，还能为巩固学生在学校学习的社会情感技能提供额外的帮助。

因素六：与利益相关群体充分沟通与交流。项目指导委员会（包括校长）定期与教职员工、家长、学生及社区成员分享关于学校社会情感学习项目实施情况的信息。通过各种途径保持相关人员之间的有效和及时沟通，这有助于学校获得支持，使相关人员对项目保持热情。

3. 有效社会情感学习项目的特征

学术、社会和情感学习合作体认为，有效的社会情感学习项目应该具备以下十个特征。

特征一：以理论和科学研究为基础。社会情感学习项目的有效开展需要以儿童发展等相关理论作为基础，此外，还要结合已开展的、对学生态度和行为产生积极影响的项目的科学研究。只有基于扎实的理论基础和丰富的实践经验，才能保证项目实施的有效性。

特征二：教导学生在日常生活中应用社会情感学习技巧及其道德准则。通过系统的教学和在日常生活中的应用，社会情感学习可促进学生社交、情感和道德行为的发展。学生学会识别和管理自己的情绪，倾听和赏识他人的观点，设置积极的目标，做出负责任的决定，有效地处理人际交往的各种情况。同时，他们也对自己、他人、职业和公民身份形成负责任和尊敬的态度及价值观。

特征三：通过关爱、参与式的课堂教学和学校实践活动增强学校的内外联系。有效的社会情感学习项目采用各种教学方法，使学生积极参与，创建相互关爱、负责任和乐于学习的课堂氛围。社会情感学习培养学生情绪上的安全感，并增强学生、教师、学校其他工作者和家长之间的联系。

特征四：提供与学生发展阶段和文化背景相适应的教学。有效的社会情感学习项目为幼儿园至高中各个年级的学生提供与其发展水平相适应的社会情感学习内容，并设置清晰明确的学习目标。同时，有效的社会情感学习也强调文化敏感性和尊重多元性。

特征五：帮助学校协调并整合原本相互独立的项目。有效的社会情感学习项目可为学校教育提供一个清晰的、统一的框架，以促进每一个学生学业和社会情感方面的发展。社会情感学习项目可协调和整合相对独立的促进青少年积极发展、问题预防、健康、品质、服务学习和公民意识等学校改进项目，使其成为一个系统的、全面的学校改进项目。

特征六：通过强调学业中的情感和社交维度，促进学生的学业成就。有效的社会情感学习项目鼓励学生在课堂上积极参与，与教师积极互动，并培养良好的学习习惯。社会情感学习项目介绍参与式授课和学习方法，如问题解决方法和合作学习等，以激发学生的学习兴趣和动力，促使他们获得学业成功。

特征七：让家庭和社区作为合作者积极参与进来。社会情感学习项目让学校教职员工、家长和其他社区成员共同参与学校的项目工作，使学生将在学校学到的社会情感相关知识延伸到校外生活，家庭和社区应为学生社会情感技能的应用和发展共同努力。

特征八：建立组织支持和鼓励成功的规章制度。社会情感学习项目重视影响学校改革项目成效的因素，确保项目实施的质量。这些影响因素包括：领导力，所有人对项目规划的积极参与，充裕的时间和资源，以及学校、学区和州教育政策的协调和一致性。

特征九：提供高质量的员工发展支持。社会情感学习项目为每一个项目学校的教职员工提供有计划的专业发展培训，主要包括基础的理论知识、有效教学方法的实践范例、经常性的指导及来自同行的建设性意见。

特征十：项目实施过程中进行持续性的评价和改进。有效的社会情感学习项目始于将学校需求和项目目标很好地结合起来的需求评估，并在项目实施过程中不断收集数据进行评估和分析，从而确保项目的可解释性，不断调整，促进项目的改进和提高。

4. 社会情感学习实践的推广方法

方法一：注重推出相关政策，包括全国、州及地方性政策。标准和政策为学校开展社会情感学习项目提供重要支持。例如，将学生的社会情感能力以学习标准的形式（可参考伊利诺伊州颁布的社会情感学习标准，即三个学习目标）描述出来，有利于增强关注社会情感学习的正当性和合法性。社会情感学习标准还有助于确保所有学生都有机会发展核心社会情感能力。这些标准提供了一个框架，为每个学生设立统一的目标，同时允许学校为达成这些目标而采用灵活多样、因地制宜、因材施教的方式和策略。

方法二：提供培训和技术支持。学术、社会和情感学习合作体发起了一系列培训活动和技术支持，以帮助社会情感学习实践的推广。例如，学术、社会和情感学习合作体作为美国卫生和公共服务部的合作伙伴，为安全学校/健康学生项目的参与者提供有关社会情感学习项目实施和评估方面的知识、技术和专家意见。在伊利诺伊州政府的资金支持下，学术、社会和情感学习合作体与九个合作机构共同努力，为全校性社会情感学习项目的实施提供支持。伊利诺伊州教育部提供的资金也支持了学术、社会和情感学习合作体对84所学校进行的培训和技术指导。在州层面上，学术、社会和情感学习合作体提供了两种培训和技术支持的途径：一是在州政府制定社会情感学习标准和政策后，与州政府签订合约，提供培训试点；二是直接向个别学校和学区提供有偿的培训服务。

方法三：有策略地交流。学术、社会和情感学习合作体在国际上享有盛名，拥有丰富的社会情感学习科学理论、实践及政策资源。该机构通过制订计划、宣传倡导和沟通策略提高公众对社会情感学习的认识，使教育学者和实践者产生对社会情感学习的兴趣、研究动力和信念，并与公众分享科学进展和成功的实践等信息。他们的交流平台包括学术、社会和情感学习合作体网站、电子期刊、新闻报道、研究报告、白皮书、视频影像、讲座报告、会议及合作伙伴等。

5. 典型实践案例

2013年，学术、社会和情感学习合作体发布了最新版本的社会情感学习项目指南，在其中列出了23个经过科学研究检验的循证式社会情感学习项目。这些项目大多围绕着某一项或某几项社会情感能力进行设计，研究采用随机对照组实验的方式发现这些项目有显著效果。当前国际上关于社会情感学习的研究大多是围绕这些项目的干预过程、在不同人群中产生的效果、影响因素等展开的，其中比较有代表性的项目有 RULER、4Rs、积极回应的教室、关心型共同体等。

（1）RULER 项目

RULER 项目是由耶鲁大学情绪智力中心推出的社会情感学习项目。RULER 这一名称是五种情绪智力能力的缩写，即识别情绪（recognizing）、理解情绪（understanding）、表征情绪（labeling）、表达情绪（expressing）和调适情绪（regulating）。该项目基于情绪智力理论和系统理论提出了循证研究方法。该项目认为，这五种重要的情绪智力能力既需要教给成年人，也需要教给儿童。情绪智力对于有效的教学、学习、家庭教育和领导工作来说都是至关重要的。RULER 项目主要包括情绪智力锚定系统和情感词汇课程两种工具。① 具体而言，RULER 项目在学校内的实施包括七个步骤。

①实施的说明会。说明会以促使学区或学校负责人对 RULER 项目实施的理解和信任为目的，主要向他们传递以下信息：展示实施有效的实证依据；清楚地阐述实施的原则及如何与学校自身的管理理念、政策和现有制度相结合；解释实施如何帮助学校强化教师和学生的社会情感与学业发展。

②学校管理层的培训。通过使用情绪智力锚定系统工具开展学校管理层培训，使其理解情感如何影响人际关系和组织氛围，学习使用社会情感技能提高管理效率，学习创建理想的学习环境的方法，制订长期推进可持续实施的计划。

③组建学区（学校）级指导（实施）小组。在学区建立指导小组，在学校成立实施小组，保证每所学校有专门的联络人与项目专家沟通，确保项目的有效沟通和积极推进。

④培养学区内/校内 RULER 项目实施的指导教师。为了建立 RULER 项目在学区、学校内部的自我持续机制，项目专家为每个学区培养通过 RULER 项目认证的指导教师。指导教师指导不同年级的教师，并参与项目的实施。指导教师一般从指导或实施小组成员中选取。

⑤培训教师、管理者和支持人员。培训教师等相关群体的社会情感技能，使其掌握 RULER 项目提供的教学和管理工具，学会建立友好的课堂环境，培

---

① 曹慧、毛亚庆：《美国"RULER 社会情感学习实践"的实施及其启示》，载《比较教育研究》，2016（12）。

养学生的社会情感能力。

⑥培训学生及家长。为了促进在家庭中使用 RULER 项目提供的工具，需要对学生和家长开展相关培训，帮助学生和家长一起改善家庭氛围，建立亲密关系。

⑦将 RULER 项目融入教学管理和学校课程。在项目实施后期，随着学校社会情感氛围的改进，以及学校的教学和管理方式的变化，需要对 RULER 项目指导教师做进一步培训，以支持学校的整体变革。

在项目实施过程中，项目为接受培训的成年人和学生提供大量练习前述五种情绪智力技能的机会，让社会情感能力成为学校管理、教学和学习等各方面工作的中心。已有研究结果表明，RULER 项目的实施取得了显著效果，师生社会情感能力得到提升，学校和班级形成了具有情感支持和良好沟通的氛围。学生在尊重同学、遵守纪律及得体交流等方面的日常表现都有所改善，处理冲突的能力明显提升，情感觉察、情感表达和情感调节能力均得到加强。RULER项目在学校的实施框架见图 4-5。

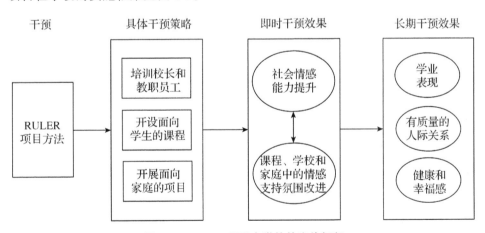

图 4-5　RULER 项目在学校的实施框架

围绕着 RULER 项目的实施效果，诸多研究采用了随机对照组实验的方法，发现 RULER 项目的实施促进了学生的社会情感能力发展，学生尊重同学、遵守纪律、处理冲突等方面的能力有明显提升，此外，项目也提高了教师的社会情感能力和自我效能感。① 该项目的重要经验之一是在正式实施社会情感学习课程教学之前，针对学校校长的能力建设至关重要，而 RULER 项目所提出的工具和策略，可以帮助学校创设社会情感学习支持氛围，发展共同的语言，以及促进学校内所有人群的社会情感能力发展。②

(2)4Rs 项目

4Rs 项目（阅读、写作、尊重、解决）是由基于课堂的技能培训与教师培训构成的。项目设计的社会情感学习课程面向学前班至八年级。该项目不仅关注对某一专门的社会情感能力的培养，还关注在教室中创设氛围。教练技术是4Rs 项目的核心干预方式之一，通过建立面向教师的专业发展和支持系统，提高教师的教学效果，其收效很显著。随机对照组实验结果表明，4Rs 项目对三年级教师的师生互动产生了积极影响，而且能够促进教师的社会情感能力发展。③

(3)积极回应的教室项目

积极回应的教室项目（Responsive Classroom，RC）是由美国的一个非营利组织——东北儿童基金会（Northeast Foundation for Children）组织实施的，旨在强调学生的学业发展和社会情感能力发展并不矛盾，有效的课堂管理既可以在学业上给予学生挑战，又有助于学生社会情感能力的发展。④ 项目平均每年培训来自美国、加拿大、英国、印度等国家的 1 万余名教师。该项目强调的是在学科教学中融合社会情感能力发展，让教师掌握 10 项教学改进策略，分别是：每日晨会、建立规则、互动示范、积极教学用语、有逻辑的结果、指导学业发现、指导学业选择、课堂组织、合作问题解决及家校合作。前 9 项教学策略主要发生在课堂教学中，最后的策略要求教师定期与学生家长联系，分享学

① Brackett, M. A., Rivers, S. E., Reyes, M. R., et al., "Enhancing Academic Performance and Social Emotional Competencies with RULER Feeling Words Curriculum," *Learning and Individual Differences*, 2012, 22(2), pp. 218-224.

② Rivers, S. E., Brackett, M. A., Reyes, M. R., Elbertson, N. A., Salovey, P., "Improving the Social and Emotional Climate of Classrooms: A Clustered Randomized Controlled Trial Testing the RULER Approach," *Prevention Science*, 2013(14), pp. 77-87.

③ Jones, S. M., Brown, J. L., Aber, J. L., "The Longitudinal Impact of a Universal School-based Social-emotional and Literacy Intervention: An Experiment in Translational Developmental Research," *Child Development*, 2011(82), pp. 533-554.

④ Rimm-Kaufman, S. E., Fan, X., Chiu, Y. J., You, W., "The Contribution of the Responsive Classroom Approach on Children's Academic Achievement: Results from a Three Year Longitudinal Study," *Journal of School Psychology*, 2007, 45(4), pp. 401-421.

生在学业上和行为表现上的进步，或共同解决遇到的问题。项目还为教师在课堂纪律管教、学习内容选择、课堂活动组织、师生沟通用语、家庭参与等方面提供详细的培训。其中，每日晨会、积极教师用语和课堂组织是最主要的改进策略，旨在帮助教师提高课堂管理能力。[①]

实证研究结果表明，积极回应的教室项目能够在课堂上创设支持性社会情感学习氛围，而且能够有效提高学生对学习和教师的积极感受，增强学生与学校的连接感，改善师生关系，增加学生的亲社会行为。[②] 2014 年，一些研究者开展的随机对照实验结果表明，积极回应的教室项目能够促进处境不利学生的社会情感能力发展，提高其阅读和数学成绩。[③]

（4）关心型共同体项目

关心型共同体项目（Caring Community）是美国发展研究中心（Developmental Studies Center）在 20 世纪 80 年代初开展的儿童发展项目（Child Development Project，CDP）的延续，以构建关心型共同体为目标，面向幼儿园至小学六年级的学生。项目包括以下几项主要内容：一是班级会议（每学年召开 30～35 次），学生共同讨论班级事务日程，参与班级事务管理；二是跨年龄伙伴项目，通过不同年龄的学生之间结对帮助，构建跨越年龄的关怀伙伴关系；三是家庭活动，每月实施 1～2 次，首先在学校中确定活动内容，然后由儿童和家长在家庭中共同完成，为学校、家长和学生创设分享机会，让家长能够理解关心是学校的核心价值，使学生在学校和家庭中都能够接受良好的教育；四是学校共同体构建活动，主要内容有建立人际关系、知识分享及提供学校服务等。学生在民主、合作、参与中促进对彼此的了解和熟悉，共同决定班级或学校事务，在行动中体验关心他人。[④]

三、英国的社会和情感方面的学习项目

在英国，对社会情感学习的兴趣和关注也呈现迅速增长的趋势，包括英格

①③　Rimm-Kaufman, S. E., Larsen, R. A., et al., "Efficacy of the Responsive Classroom Approach Results from a 3-year, Longitudinal Randomized Controlled Trial," *American Educational Research Journal*, 2014, 52(3): pp. 567-603.

②　Brock, L. L., Nishida, T. K., Chiong, C., et al., "Children's Perceptions of the Classroom Environment and Social and Academic Performance: A Longitudinal Analysis of the Contribution of the Responsive Classroom Approach," *Journal of School Psychology*, 2008, 46(2), pp. 129-149.

④　CASEL, "2013 CASEL Guide: Effective Social and Emotional Learning Programmes (Pre-school and Elementary Edition)," https://casel.org/preschool-and-elementary-edition-casel-guide, 2019-04-07.

兰、威尔士和苏格兰地区。这些地区在一些志愿机构和大学的支持下，以不同的名称开展了旨在促进学生社会和情感技能发展的工作，这些名称包括情绪智力、情感素养、情感健康与福祉、个人和社会发展及心理健康。当地的一些机构和学校在美国已有项目的经验基础上开展工作，有一些则使用英国开发的材料和方法，还有一些则进行校本开发。

2003 年，英国政府颁布了《每个儿童都重要》绿皮书，提出了儿童发展的五项目标：健康，安全，享受生活并取得进步，做出积极贡献，经济福祉。① 该绿皮书要求，自 2005 年起，教育机构需要提出具体的落实行动。受此影响，为了整合在社会情感发展领域的众多工作和努力，给全体学生提供一个统一的、更为清晰的框架，英国教育和技能部组织专家团队开展广泛研究，借鉴美国社会情感学习项目的经验，于 2005 年正式启动了面向全国小学的社会和情感方面的学习项目，中学项目于 2007 年启动，至 2010 年共覆盖全英约 90％的小学和70％的中学。② 政府向学校免费提供相关的项目资源。评估结果表明，社会和情感方面的学习项目在小学的开展获得了鼓舞人心的结果，包括小学生在行为表现上的显著改善和学习成绩的提高。

英国的社会和情感方面的学习项目鼓励学校采用全校性的方法，创建有情感文化修养的学校环境、道德风貌及人际关系氛围，以促进学生、教职人员及家长的社会情感学习。在这个整体框架内，那些用以鼓励学生和教师及课堂内外的学习材料的开发可获得合理的支持。不同于美国学校自主选择项目的推进方式，英国将社会情感学习的整校推进变革作为国家项目在全英实施。英国政府每年提供资金实施社会和情感方面的学习项目，以在学校中培养学生的幸福感、心理健康和积极行为技能。对于学校而言，项目是免费的，所有的支持均来自地方教育行政部门组织的培训及发放的资源等。全英社会和情感方面的学习项目构建出了自己的实施框架，具体包括四项内容：①在学校规划中积极倡

① UK Government, "Every Child Matters," https://www.gov.uk/government/publications/every-child-matters, 2019-05-05.

② Humphrey N., Lendrum A., Wigelsworth M., "Social and Emotional Aspects of Learning (SEAL) Programmes in Secondary Schools: National Evaluation," https://assets.publishing.service.gov.uk/government/uploads/system/uploads/attachment_data/file/181718/DFE-RR049.pdf, 2019-05-05.

导和宣传；②为教师提供及时激励和专业发展的机会；③营造支持性的物理环境、学习环境、情感环境、社交环境和社区环境等；④实施社会情感能力课程与教学，由"新开始""争吵与和好""喜欢我自己"等七个专题组成，既有由集会活动、圆圈游戏、专门课时构成的显性课程，又有将这些主题内容渗透到健康教育、公民教育课程中的渗透课程。① 这一干预模式既强调学校中的课程与教学，又关注环境和氛围的创设，是比较全面的促进学生社会情感能力发展的模型。

英国教育和技能部在网站上列出了社会情感学习的相关资源，供学校教师、家长和社区人员等下载使用。这些资源包括三方面。

①社会情感学习课程资源（初等和中等）：提供在小学和中学里促进社会情感和行为技能发展的课程框架，包含一系列的活动、幻灯片、指导手册。

②家庭中的社会情感学习活动：父母或监护人与孩子共同进行的活动，旨在让父母为孩子的社会情感和学习技能发展及在校任务的完成提供支持和帮助。

③社区凝聚力标准：在对话、相互尊重和接受差异的基础上建立共同的公民价值观，减少参与和获取成就的障碍。

在干预过程上，英国社会和情感方面的学习项目采用三波干预模式（见图4-6）。第一波干预为全校范围的项目执行（图4-6的最顶层），干预内容包括面向全体学生开设有质量的社会情感能力显性课程，以及建立学校层面的社会情感学习管理制度和项目执行框架。第二波干预为针对部分学生和家长的干预（图4-6的中间层），干预对象是甄别诊断所发现的在社会情感能力发展方面需要额外帮助和指导的学生群体，干预内容包括小范围授课、家校合作共育。第三波干预是直接针对特殊儿童的个别化辅导（图4-6的最底层），必要的时候配合以专业的咨询和指导。这一干预模式是典型的关注能力和关注环境相结合的整校推进项目模式。

---

① Humphrey N., Lendrum A., Wigelsworth M., "Social and Emotional Aspects of Learning (SEAL) Programmes in Secondary Schools: National Evaluation," https://assets.publishing.service.gov.uk/government/uploads/system/uploads/attachment_data/file/181718/DFE-RR049.pdf, 2019-05-05.

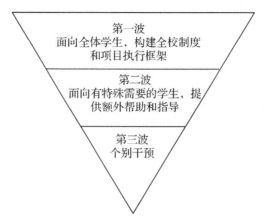

图 4-6　英国社会和情感方面的学习项目的三波干预模式

1. 社会情感学习主题课程

在两年的时间里，英国的社会和情感方面的学习项目开发了一套全面的、系统的课程材料，帮助儿童发展理解他人观点、在小组中工作、遇到困难时坚持不放弃、解决冲突、调控焦虑等技能。它以在多所小学开展的圆圈游戏，同伴方案，个人、社会及健康教育，以及公民意识课程等社会情感教学实践为依据。

课程材料分为七个主题：新开始，争吵与和好，向欺凌说"不"，向目标迈进，喜欢我自己，人际关系，改变。每个主题都是面向全校开展的，并且包含全校性的集会活动及后续活动的建议。这套材料包含七个系列，以不同的颜色来区分。其中，根据学生的年龄段分为四个不同的水平阶段：红色系列——基础阶段；蓝色系列——一年级和二年级；黄色系列——三年级和四年级；绿色系列——五年级和六年级。紫色系列是针对教职人员开展的活动。金色系列是针对家庭开展的活动。银色系列则是针对学生开展的小组活动。

社会和情感方面的学习项目的最终目的是促进学生的社会情感发展，从而帮助他们在学习、生活和工作中获得成功。但这个项目并不局限于学生这一群体，它的干预对象还包括广大的与学生有接触和互动的群体，如教师、家长和其他成人。

学生是开展社会情感学习的最重要对象，因此，针对学生进行的干预是该项目的主体。下面介绍社会和情感方面的学习项目课程中的主要环节。

（1）热身活动

热身活动一般在正式上课之前进行，其设计目的是创设一种自由的氛围，并给学生发言、分享自己的感受和经验的机会。热身活动的开展能够增强小组凝聚力，并锻炼学生的倾听、等待、轮流发言技能。

热身活动中比较常见的一种形式是圆圈游戏。在游戏开始前，每个学生坐在一把椅子上，围成一个圈。在教师或助教的右边留出一把空椅子，然后教师或助教发言："在我的右边有一把椅子，我想让×××过来坐在这里。"被点到名字的学生起身离开他的椅子，在这把空椅子上坐下，这时圆圈里便出现了另一把空椅子。坐在这把新出现的空椅子左边的学生就接着说："在我的右边有一把空椅子，我想让×××过来坐在这里。"如此往下进行游戏。在游戏的结尾，教师可以问那些被点到名字后坐到空椅子上的学生有什么感受。为了增加游戏的趣味性和难度，可以对这个游戏进行适当的改编：拿掉两把椅子（包括空椅子），所有人都在座位上坐下，这时会有一个人没有椅子，那么这个人就站在圆圈里面，说一句话，如"今天穿了蓝色外套的同学"，这时所有穿了蓝色外套的人都要站起来并找到另一个座位坐下。每一轮都会有一个人没有椅子坐，这个人就成为站在圆圈中间说话的人。

（2）全校性集会活动

全校性集会活动一般在每天早晨第一节课前举行，每周一次或多次。集会活动一般以讲故事为主。在讲故事的过程中，可以邀请一些学生来扮演故事的主人公；故事结束后，向学生提出一些问题，使其进行思考。这种讲故事的形式能够吸引学生的注意力，更好地帮助学生理解社会情感学习的主题内容。下面是一个集会活动中讲故事的例子。[①]

讲故事的教师告诉孩子们，他们将听到的故事是关于一个叫萨姆的男孩的，他想要完成一件非常困难的事情。教师告诉孩子们，自己需要他们的帮助和鼓励：当教师用手指白板上的句子时，孩子们一起把这个句子小声地念出来。教师让孩子们想象他们所处的大厅或房间前面有一座巨大的山，然后讲故事。

很久很久以前，在一座山下有一个小村落。村子里有一个叫萨姆的男孩，

---

① Department for Education and Skills, UK, "Excellence and Enjoyment: Social and Emotional Aspects of Learning. Going for Goals Theme Overview," 2005, DfES 1345－2005 G, pp. 7-10.

他和他的妈妈及年幼的妹妹住在一起，靠经营一个农场生活。在萨姆很小的时候，他的爸爸就被人带到山的另一边打仗去了。

萨姆的妈妈经常说起他的爸爸。"你爸爸是村子里最勇敢、最强壮、最勤劳的人。"妈妈说。

"我永远也不可能像爸爸那样。"萨姆对自己说。他觉得自己既不勇敢，也不强壮，而且他一点儿也不勤劳。

"你永远也不可能像你爸爸那样。"萨姆逃跑或捣蛋，而不在农场上帮忙的时候，他的妈妈就这样对他说。

萨姆的妈妈很辛勤地劳动，以支撑整个家庭。他们家最宝贝的东西便是那辆旧拖拉机。这辆拖拉机经常坏掉，但妈妈总能够把它修好。没有它，他们就不得不离开这座农场。

有一天，萨姆的妈妈坐上拖拉机，要去收割地里的庄稼。这时响起了一阵可怕的嘎吱嘎吱声。拖拉机剧烈地颤动着，妈妈被它从车座上抛了下来，摔在坚硬的土地上。她的一条腿扭曲着，被压在身体下。萨姆看得出来，妈妈一定感到很疼，但她仍然努力地站起来。她看着拖拉机，说："真糟糕。我没办法修好它。我们的拖拉机需要一个新的汽化器。我必须翻过山头，去山那边的村庄买一个新的回来。"

她开始沿着小路往山那边走，可是没走两步，她的腿就疼得不行了。她摔倒在地上，眼里盈满了泪水。"真糟糕！"她说，"我走不到路的尽头。我永远也不可能翻过这座山。我们就要错过收割的季节了，庄稼就要毁了。"

萨姆抬头看着矗立在眼前的大山。他的嘴里很干，心脏在扑通扑通剧烈地跳着。他的两条腿突然软了下来，身体里似乎有一个东西在重重地敲击着。"我去吧！"他说。他知道他必须帮忙，这可是全家人唯一的机会，没有那个新的汽化器，冬天他们就会没有粮食吃，他们就不得不离开农场，否则只能等死。

第二天，萨姆跟妈妈吻别后就出发了。他的妈妈虚弱地微笑着向他挥手。萨姆的腿还在颤抖，同时感到身体里有一个东西在重重地敲击着。那天他走啊，走啊，走啊，比他以前所走过的路都要远。道路变得越来越陡峭，太阳变得越来越火热。他在一棵小树下的阴凉处休息，吃了一些东西，喝了一些水。然后他抬起头看看眼前的大山，仍然有那么长的一段路要走。他叹了一口气，头低垂下来。"我走不动了。"他对自己说，"我做不到。我就是做不到。"

这时，奇怪的事情发生了。他听到一个微弱的声音，不知道是从哪里发出的。这个声音似乎是对他说的，它重复地说着（教师指着白板上的句子，所有孩子一起轻声念）："继续走，继续走，继续走……"

萨姆听到了这个声音，但他不知道它是从哪儿发出来的。是从他自己的身体里发出的吗？（教师再次指着白板上的句子）"继续走，继续走，继续走……"

不知怎么的，这些声音在他心里催生出了勇气，他也觉得腿上有劲儿了。他牢记着他们是多么需要那个新的汽化器，它比世界上任何东西都重要。"我会继续往前走。"他一边说着，一边向大山大步迈进。

天黑下来的时候，萨姆知道他将要在路上过夜了。他不喜欢黑夜，而且山上的黑夜比他想象的还要黑。他生了一堆火，明亮的火焰跳跃着，尽管如此，他还是忍不住发抖了。他不知道他发抖是因为天气太冷了，还是因为他感到害怕。他只知道他想立刻离开这座可怕的大山，飞快地跑回安全又暖和的家里。"我不能再走了。"他对自己说，"我做不到。我就是做不到。"

这时，不知从哪儿，又发出来那个微弱的声音。这声音似乎是对他说的，它重复地说着（教师指着白板上的句子，所有孩子一起轻声念）："你能做到，你能做到，你能做到……"

萨姆听到了这个声音，但他不知道它是从哪儿发出来的。是从他自己的身体里发出的吗？（教师再次指着白板上的句子）"你能做到，你能做到，你能做到……"

随着这些声音在耳朵里萦绕，不知怎么的，萨姆感觉没那么害怕了。"我能做到。"他轻声对自己说着，不知不觉便进入了梦乡。

萨姆醒来的时候太阳已经升起来了，他惊讶地看到自己已经快到达山顶了。他挣扎着爬呀爬，最后终于站在了山的顶峰。在他脚底下，他看到远处的他要去的那个小村庄，然而，那个小村庄距离山顶是那么远，远得让他再次感到垂头丧气。他一度忘记了家人，忘记了那辆拖拉机，忘记了所有事情。"真糟糕。"他说，"我就是做不到。"

这时不知从哪儿，又发出来那个微弱的声音。这声音似乎是对他说的，它重复地说着（教师指着白板上的句子，所有孩子一起轻声念）："你能做到，你能做到，你能做到……"

萨姆听到了这个声音，但他不知道它是从哪儿发出来的。是从他自己的身体里发出的吗？（教师再次指着白板上的句子）"你能做到，你能做到，你能做到……"

萨姆做了一个深呼吸。"我能做到！"他大声地说，"而且我一定会做到！"然后他朝着山底下的小村庄出发了。

最后，萨姆终于到达了山另一边的这个小村庄。他去商店里买了一个新的汽化器。

回去的路依旧很远很远，和来的路一样漫长。但是，每当萨姆感到疲惫、害怕或厌倦时，他就对自己说："我会继续走，我能做到，我一定会做到。"

离自己的村庄越近，离自己的家越近，他就走得越快。当他走到村口，村民们都出来迎接他。他一路飞奔到家里，找到妈妈。"我爬过了那座大山。"萨姆说着说着，不由得流下了眼泪，"我把汽化器买回来了！"

他的妈妈微笑着看着他。"我就知道你会做到的。"她说，"毕竟，萨姆，你就和你爸爸一样。"

针对不同年级段的学生，可以提出不同的问题让他们思考。例如，对于基础阶段的学生，可以问："你认为萨姆最想要的东西是什么？""你认为应该如何帮助萨姆？"对于一、二年级的学生，可以问："你觉得萨姆为什么想要放弃？""是什么帮助萨姆获得了他想要的东西？"对于三、四年级的学生，可以问："你觉得萨姆勇敢吗？为什么？为什么不？""在萨姆疲惫或害怕的时候，是什么帮助他继续往前走的？"对于五、六年级的学生，可以让他们想出一件可以让萨姆的任务变得不那么困难的事，并思考：萨姆经历了什么事情，使得他的妈妈说"你就和你爸爸一样"？

这个故事传递的主要信息是建立自信心和坚韧性，在遇到困难时坚持、不放弃。此外，通过对故事人物的理解，孩子们能够学会站在他人的立场上思考问题，能够学会共情、同情他人，并支持、鼓励和帮助他人。

（3）核心活动

核心活动是社会情感学习课程的主体部分。下面是一个核心活动的例子，在这个活动中，学生角度的预期学习成果（即学习目标）有两个：我能告诉你我擅长的一些事情；我能告诉你作为学习者我的一些强项。

活动开展的过程中需要用到的东西有：一个玩偶；教师事先列出的清单，

写有学生们能做的和愿意做的事情；为每个学生制作的卡片，卡片上写一件事情；一个"我能"罐子，罐子上有一个盖子，盖子上有一个狭长的口子，可以用画有眼睛的图画来装饰它；许多圆形的卡片或"我能"纸片(可以在这些卡片的一面贴上彩色标签)。

活动开始时，教师首先整理好玩偶的姿势，让它蜷缩起来，看上去很害羞的样子。教师向全班介绍它，并解释说，它其实真的非常想和大家见面，但今天它感到很悲伤，因为它认为自己不会做很多事情，而且它也不太擅长学习。教师向学生说明自己认为这个玩偶其实是一个很好的学习者，而且它在班里擅长很多事情，但今天它只想到了那些它不是很擅长的事。教师告诉学生们，如果他们把自己能做的一些事情告诉玩偶，就会对玩偶有帮助，让学生们轮流说以"我能"为开头的句子，在学生进行不下去时，教师帮助他们从列出的清单上找到一些点子。把学生能做的所有事情都写在"我能"纸片上，并交给学生，让他们塞进"我能"罐子里。打开"我能"罐子，学生轮流拿出一张纸片，并念出上面的字(必要的时候教师给予帮助)，请所有能做纸片上所写的事情的学生站起来。教师告诉学生："如果你认为玩偶也能做纸片上所写的事情，那么请让它站立起来。"

活动结束后，还有后续的工作：给学生发一盒硬纸卡片，当学生学会做一件事情后，就把他们的名字和这个成就写在卡片上，然后学生把卡片塞进"我能"罐子里。教师应确保在下一次集会时学生可以把"我能"罐子带来。

(4)相关课程

在相关学科课程里嵌入社会情感学习的内容，是社会情感学习课程的另一主体。表 4-1 列出了一些实例课程。

表 4-1　英国社会和情感方面的学习项目的实例课程

项目	具体内容
课题	森林里的散步
核心活动	让学生花一天时间游览当地的一个小树林或自然保护区。在去之前做好充分的准备，包括与大自然相关的讨论、书籍、影像资料及角色扮演活动。把学生分成 3~4 人的小组(每个小组配有 1 名或数名成人，以确保学生使用正确的语言和行为)，小组成员要相互合作来完成解决问题的任务。完成这些任务需要设置目标，例如，建造一个避身所，铺设一条小道，收集标本，等等。

项目	具体内容
个人、社会和情感发展	向学生介绍小树林或自然保护区的边缘地带，并告诉他们如何与小组保持联系，以保证人身安全，并对自己及他人尽责。给学生布置需要小组成员共同协作、设置目标并坚持不懈才能完成的任务（例如，为一只动物建造避身所）。
沟通、语言和读写能力	鼓励学生探索远距离沟通交流的不同方法，包括使用电话、鼓、信号和标志等。
数学能力	交给学生一些可以探究的关于形状、大小、位置和方向的任务和难题，例如，可以玩一个叫"你能找到我正在想的东西吗？"的游戏。不直接告诉学生你正在想的是什么，而是使用合适的语言向他们解释你所想的东西所处的位置，如："我正在想一个东西，它就在那棵树下，在两片灌木丛之间，你知道那个东西是什么吗？"在他们说出自己的答案之前，给他们与同伴讨论的机会。当学生对这个游戏有了一定的经验，他们就能自己编题目，描述他们正在想的东西了。
了解这个世界	让学生参与对植物、小动物的收集和物种的分辨活动，讨论生态系统中不同动植物之间的相互依赖关系；谈论不同物种是如何组织它们日常的活动以求生存的，如筑巢、觅食等；讨论不同物种如何生长和发展。 建造一个避身所的活动需要学生共同设计、计划，找到需要的资源并建造它。 鼓励学生通过肢体语言、文字或图片来展示大自然的美丽与神奇，以及那些尤其能引起他们兴趣和热情的东西。
身体的发展	鼓励学生身体力行，去探索小树林或森林的环境；锻炼平衡力、爬山能力，培养相互扶持的品质，鼓励他们应对身体（生理）上的挑战。
创造力的发展	学生可以使用一些树枝或植物废料来制作森林雕刻。

2. 面向学校教职人员的干预措施

英国社会和情感方面的学习项目资源材料中的紫色系列是针对学校教职人员（除了教师，还包括学校里的其他工作人员）而设计的活动，其宗旨是让他们在成人的水平上接触和了解相应主题的内容，对将来与不同阶段的学生共同进行活动有直接体验。

例如，在"向目标迈进"这一主题里，教职人员需要接受相关的干预培训，包括动机、了解自己的学习方式、问题解决、做出明智的选择等关键思想和概念。首先，教师要了解动机的类型，包括内部动机（我们做一件事情是因为这件事情本身是吸引人的、有趣的、令人愉快的，我们做一件事情是因为这件事情的结果本身有价值)和外部动机(我们做一件事情是为了获得一项奖励或是为了避免惩罚)。其次，教师需要学习一些激发学生学习内部动机的教学策略。他们可以通过填写表格来了解自己平时经常使用的教学策略(见表 4-2)。最后，教师要将有效激发学生内部动机的策略运用到实际教学中。教师可以两人一组，从表 4-2 的策略中选择 1～2 个，并制订一个切合实际的计划，使自己能够往表 4-2 中的"经常用"方向更进一步，也就是让自己能够使用更多的激发学生内部动机的策略。教师可以和搭档讨论将来应如何相互支持、相互鼓励和激励，从而将这些策略付诸实践。

表 4-2　教师教学策略自评表

策略	很少用									经常用
表现出个人的喜好、兴趣以及对于课程内容的喜爱。	1	2	3	4	5	6	7	8	9	10
把重点放在学生如何学上，而不是他们的绩效/表现上。	1	2	3	4	5	6	7	8	9	10
鼓励学生的自主性。	1	2	3	4	5	6	7	8	9	10
关注个人的提高及学会了什么，而不是做出判断或进行比较。	1	2	3	4	5	6	7	8	9	10
强调在一段时间内个人取得的进步，而不是他们的分数或排名。	1	2	3	4	5	6	7	8	9	10
提供信息反馈，帮助学生提高，并让他们感觉到要为自己的成功负责。	1	2	3	4	5	6	7	8	9	10
把失败归结为任务本身的性质、教学的质量或学生身上能够改变的方面。	1	2	3	4	5	6	7	8	9	10
明确说明错误是学习的重要部分。	1	2	3	4	5	6	7	8	9	10

3. 面向家庭和社区的干预措施

英国社会和情感方面的学习项目包含了一些针对家庭开展活动的建议，家长可以到学校和孩子一起学习、活动，也可以在家里开展相关活动来巩固和扩展孩子的社会情感学习。例如，邀请孩子的祖父母/外祖父母到班里给孩子们讲老一代的生活故事；邀请社区的消防人员来学校做火灾逃生练习和灭火器使用演示；邀请有文艺特长的家长来学校举办演唱会、文艺晚会；等等。此外，父母或其他监护人也可以和孩子在家里开展一些积极的活动。例如，家长可以和孩子共同举办一场派对。他们可以使用计划表（见表4-3），一起讨论想要达成的目标、需要做的事情、分工、时间安排等。

表 4-3 家庭中的社会情感学习活动计划表

我们的目标：		
需要做的事情：	打算由谁来执行：	打算什么时候开始执行：
步骤一：		
步骤二：		
如果取得成功，我们将奖励自己：		

4. 社会和情感方面的学习项目实施步骤和原则

英国社会和情感方面的学习项目的实施包括六个步骤。[1]

第一步：校长、副校长或学校里的个人、社会及健康教育课程协调员参加

---

[1] Department for Education and Skills，UK，"Social and Emotional Aspects of Learning—a Quick Guide to these Materials，"http：//education. exeter. ac. uk/primpsp/documents/pshe _ and _ citizenship/05 _ getting _ started. pdf，2019-05-05.

由当地政府组织的社会和情感方面的学习项目资源材料介绍会。

第二步：校长、副校长或课程协调员共同分享和交流各自的想法，并达成一致意见，做进一步的探索；考虑如何将材料与学校中正在开展的促进学生的社会情感和行为技能发展的工作结合起来，然后把材料纳入学校的计划课程。

第三步：与政府部门相关人员及学校教职人员召开会议，讨论该项目的实施需要哪些支持，考虑如何将项目的开展建立在学校已有的有效实践基础上，并选取该材料的部分内容进行试用；在制订计划时，让全体学生参与。

第四步：教师阅读和学习课程材料，尝试其中一些建议的活动和主题课程，这个阶段大约持续半个学期或更长时间；教职人员应提升自身的专业能力，如可以通过"新开始"这一主题中的紫色系列或其他相关的培训内容来学习圆圈游戏、戏剧表演等的技巧。

第五步：课程领导者和教师从材料中提取观点和想法，并将其加入中期课程计划；社会和情感方面的学习项目的领导团队组织并协调好教师可能会用到的各种资源，包括学校图书馆里的相关书籍、海报及可复印的其他资料，并且要确定接下来如何对促进学生社会情感和行为技能发展的工作进行监督和评估。

第六步：在全校范围内启动社会和情感方面的学习项目，过程为"开展一个主题集会活动—在所有班级里开展关于该主题的相关活动—开展后续集会来分享学生的学习和工作，并邀请家长或监护人参与—开展家长会议"。

在学校层面，实施社会和情感方面的学习项目需要遵循以下九条原则。[①]

原则一：项目的实施以清晰的、聚焦于提高行为标准和出勤的计划为支撑。

原则二：建设良好的学校道德风貌，提供一种促进社会和情感技能发展的氛围和环境。

原则三：向所有的学生提供计划好的机会，使其发展自身的社会和情感技能。

原则四：向成人提供机会来提高他们的社会和情感技能。

原则五：教职人员意识到社会和情感技能对有效学习和学生幸福发展的重要性。

---

① Department for Education and Skills，UK，"Social and Emotional Aspects of Learning—a Quick Guide to these Materials，"http：//education. exeter. ac. uk/primpsp/documents/pshe _ and _ citizenship/05 _ getting _ started. pdf，2019-05-05.

原则六：需要额外支持的学生能够参与小组活动。

原则七：尽最大努力，让学生参与学校生活的方方面面。

原则八：尽最大努力，积极地与家长或其他监护人进行合作。

原则九：学校与其他学校、当地社区、校外服务机构等建立良好的合作关系。

5. 英国社会和情感方面的学习项目学校案例①

位于英国柴郡的奥特林厄姆女子文法学校（Altrincham Grammar School for Girls，AGSG）将社会情感学习作为一种校风嵌入学校。学校建于 1910 年，2019 年在校生约 1200 名，其中包括 300 多名预科班学生。奥特林厄姆女子文法学校开展社会和情感方面的学习项目的关键动因在于，学校领导层对于该项目在其他小学已经取得的硕果备感羡慕、备受鼓舞。而对于本校开展的常规教育活动，教职人员希望能够增加一些有意义的内容，领导层也希望能够提高常规教育活动的质量，以更大地发挥其效用。此外，学校也看到了学生有自主解决某些问题的潜能，需要加以培养。因此，项目很快便启动了。

学校首先从地方政府那里获取了支持和资源，然后召开学校职工会议，介绍社会和情感方面的学习项目，并成立了教职人员工作小组。他们还与学校委员会进行商讨，以获取他们的认可和支持。之后，学校全面开展社会情感学习培训，培训对象覆盖所有人员，包括教师、行政管理人员和后勤人员。在全校集会上，学校不定期地邀请一些嘉宾来演讲。教职人员工作手册中已加入了社会情感学习的内容，在常规的课堂教学中教师要贯穿社会情感学习的内容。教室里列出了项目的相关词汇，校园里随处可见学生们社会情感技能的成果展示，如手工、绘画作品等。学校还带领师生到外校参观，学习他们开展社会和情感方面的学习项目的经验。学校也与大学建立了合作关系，曼彻斯特大学在每个学期末会对该项目实施的进展进行评估和反馈。学校的各个部门也将社会情感学习主题加入自己的工作展示。在每个学期结束时，学生的社会情感技能发展情况会得到评估，并反映在学生的个人档案里。在家校关系上，学校注重良好的家校合作。家长可通过每半个学期更新一次的学校公告栏来了解最新的社会情感学习主题。学校鼓励家长和自己的孩子讨论相应的主题。

① Cathy Atkinson，George Thomas，et al.，"Developing a Student-led School Mental Health Strategy," *Pastoral Care in Education*，2019(2)，pp. 3-25.

在这里，社会情感学习已经成为学校风气的重要组成部分。目前，学校在当地政府的支持下，开始针对预科班开展新的社会和情感方面的学习项目。自我意识、管理自身情绪、理解同情他人的重要性、充满动力地迎接每一个挑战、使用不同的社交技能等都已经成为全体教职人员和学生日常生活不可或缺的一部分。

奥特林厄姆女子文法学校并非通过固定的课程来教授这些社会情感能力，而是通过提供多种多样的课程和活动来开展学习。学校的教职人员在课程教学及其他活动时间里渗透社会情感学习各个维度的内容。午餐时间及课后活动同样被嵌入了社会情感技能的培养和练习。预科班的同伴辅导员各自带领一个年级组的学生，开展社会和情感方面的学习项目的活动。在奥特林厄姆女子文法学校开展社会和情感方面的学习项目的经验中，最突出的一点是强调首先营造一种全校性的校风和学校氛围，在这种民主的、安全的、有利于促进学生社会情感发展的氛围将学校笼罩后，再将社会情感学习的内容嵌入学校已有的课程和活动，此时项目的开展工作就水到渠成了。

奥特林厄姆女子文法学校在开展社会和情感方面的学习项目时提出了学校的五个目标：健康，安全，欢享和成就，积极奉献，经济和社会福祉。

针对每个目标，学校还列出了具体的实施细则。

健康：包括饮食健康，推出新的食品规章制度，创建新的餐厅环境，并颁发健康学校奖项；通过有效的个人、社会及健康教育来保持健康；与家长和监护人进行良好的沟通；培养高度的公民意识。

安全：包括规避伤害；规避欺凌和歧视；规避犯罪和反社会行为，与社区警察合作；发布学校帮助支持报告等相关材料。

欢享和成就：学校的目标是达到不低于97％的出勤率；学生首先要按时到校，并在学业上取得成功，进一步提高个人发展水平，最后能够享受创造的乐趣。

积极奉献：学生能够做出正确的决策，做出积极的行为，并由此建立自信心，然后将这些积极的行为带到集体和社区中，为其更好的发展做出积极贡献。

经济和社会福祉：为了实现经济和社会福祉，学校要为孩子们的将来做准备，教育她们、培养她们，教给她们有用的技能。

奥特林厄姆女子文法学校自开展社会和情感方面的学习项目以来，在许多方面取得了可喜的成果。在曼彻斯特大学最近的一次评估中，奥特林厄姆女子文法学校的学生在下列指标中的得分均超过平均水平：对教师的信任，喜欢学校，学校归属感，班级支持，学生自主性和影响力，英语、科学、公民意识、戏剧表演等科目的成绩，等等。家长和监护人对社会情感学习有了更深的了解，并将其运用到家庭活动中。现在社会情感学习已经成为学校的一个通识术语，教职人员的积极性和学生之间的同伴关系得到大大提高，学校的规章制度与社会情感学习的要求得到了很好的协调和结合。

在近期的反馈中，有人提出社会情感学习中的个别内容不适用于奥特林厄姆女子文法学校的学生，因此他们着手开发补充新的材料。学校提出了未来工作计划，包括：进一步提升家长和其他监护人的社会情感学习知识和技能水平，促进其在家庭教养中的运用；通过听取教职人员和学生对于社会情感学习情况的反馈，确保项目持续发展；评估现有的社会情感学习材料的有效性和适用性，在必要的时候做出调整和改变。

四、澳大利亚的学生社会情感健康项目

澳大利亚政府的健康与老龄化部门提供资金，支持开展关注社会情感学习和健康的全国性项目，包括 MindMatters 和 KidsMatter 等。[①]

1. MindMatters 项目[②]

MindMatters 是针对中学开展的，它介绍了一种全面的全校性方法来提高整个学校集体的心理健康和福祉。该项目主要有以下六个目标。

目标一：在澳大利亚的中学里嵌入促进心理健康与福祉的干预手段和早期干预活动。

目标二：提高和发展学校环境，使学生在其中感到安全和受重视，并积极参与。

目标三：发展学生应对生活中的挑战所需的社会情感能力。

目标四：帮助学校集体创建一种积极的心理健康和福祉的氛围。

目标五：开发策略，确保为那些在心理健康上需要额外帮助的学生提供可持续的支持。

---

① 对 MindMatters 和 KidsMatter 项目暂无权威翻译，故本书直接使用两个项目的英文名称。

② Johanna Wyn, Helen Cahill, et al. , "MindMatters, a Whole-School Approach Promoting Mental Health and Wellbeing," *Australian and New Zealand Journal of Psychiatry*, 2000, 34(4): 1440-1614.

目标六：确保学校与家庭和卫生部门建立更加积极的合作关系。

MindMatters 项目的系列资源包括一份适用于中学的资源包、一份包含许多活动的专业发展日历、一个专题网站及一些评估报告。在澳大利亚，83％的招收中学生的学校都派遣自己的教职人员去接受免费的 MindMatters 项目专业发展培训，已有超过 16 万参与者获得专业发展；98％的中学都知晓 MindMatters 项目；65％的接受调研的中学打算继续把 MindMatters 项目当作一种课程资源使用；38％的中学把开展 MindMatters 项目当作本校促进心理健康发展的关键。

MindMatters 项目提供课堂教学的资源，还提供一系列材料来帮助学校创建一种关怀性、支持性的环境和氛围，和社区建立良好的合作关系。多年的多方位评估结果证明，MindMatters 项目对于学校的改进来说是一支积极的催化剂。

MindMatters 项目的计划周期包括七个步骤，见图 4-7。

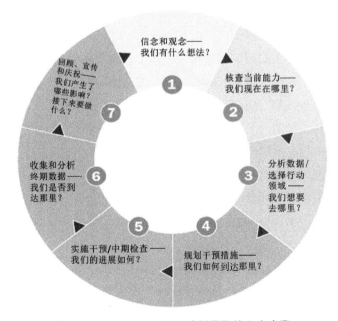

图 4-7 MindMatters 项目计划周期的七个步骤

第一步：信念和观念——我们有什么想法？
• 我们应如何以核心团队的形式进行工作？
• 我们对所选择的行动领域有怎样的信念？

- 学校集体里的其他人有什么想法？我们如何得知他们的想法？
- 我们可能得到的结果是什么？
- 我们如何理解这些显示学生在社会情感健康方面需要高度支持的数据？
- 我们需要评审核心团队的成员吗？
- 哪些可能是学校应该考虑的大事？

第二步：核查当前能力——我们现在在哪里？
- 我们拥有哪些相关的学校内部资料和数据？
- 这些数据是否包括在社会情感健康方面需要高度支持的学生的信息？
- 学校以往经历了什么？
- 在我们的数据里，我们还需要听取谁的意见？
- 我们如何找出我们不知道的信息？
- 我们如何让其他人参与数据收集的过程？
- 还有哪些举措与这个行动领域相关？
- 我们需要再次评审核心团队的成员吗？
- 在学校内部，我们拥有哪些相关的优势、流程和结构？
- 哪些举措已经顺利实施？我们如何庆祝这些成就？

第三步：分析数据/选择行动领域——我们想要去哪里？
- 我们如何将教职人员、学生和社区纳入数据分析？
- 我们如何找出我们不知道的信息？
- 根据数据，我们有哪些优势？
- 这些数据中有哪些是出乎意料的？
- 根据数据，哪三个行动领域最突出？
- 这三个行动领域之间有联系吗？
- 针对在社会情感健康方面需要高度支持的学生，有哪些事件？
- 哪些数据证实了我们所知道的事情？
- 根据我们的数据，现在我们想要获得哪些成果？

第四步：规划干预措施——我们如何到达那里？
- 基于我们的数据，我们目前的状况（起点）如何？
- 我们最终取得共识的成果是哪些？
- 这些成果如何体现对需要社会情感健康支持的学生的考虑？

- 哪些是我们最终的行动领域？
- 我们可能有哪些中期成果？
- 我们进行干预的行动是什么？谁来负责？
- 我们的策略如何实现我们的目标？
- 作为学校整体和一个核心团队，我们需要哪些技能？
- 我们需要哪些资源来支持这个战略？
- 我们的时间表是怎样的？
- 我们什么时候、如何收集最终数据？
- 我们如何告诉学校集体我们的计划并让其参与进来？
- 我们如何连接我们的学校计划？
- 我们可能会遇到哪些阻碍？

第五步：实施干预/中期检查——我们的进展如何？
- 到目前为止，项目的进展提供了哪些信息？
- 教职人员、学生全体、家长和社区如何参与进来并进行商讨？
- 我们如何交流和沟通项目的进展？
- 我们如何处理工作人员和领导团队的变动？
- 哪些系统和部门的要求发生了改变？
- 我们如何发展所需技能？
- 我们如何保持兴趣和参与热情？
- 我们的核心团队效率如何？我们是否应该评审成员资格？

第六步：收集和分析终期数据——我们是否到达那里？
- 我们计划好的数据收集和分析流程还适用吗？
- 我们在计划的时间期限内取得成果了吗？
- 我们还发现了什么？
- 我们为那些需要社会情感健康支持的学生做了哪些改善工作？
- 我们如何使用这些数据来指引未来的方向？

第七步：回顾、宣传和庆祝——我们产生了哪些影响？接下来要做什么？
- 我们学到了什么？
- 我们能与谁分享我们的经验？
- 我们如何共享我们的成功？

· 我们下一步的行动是什么？

· 谁是采取这个行动的最佳人选？

· 我们打算做什么来庆祝这些成果？

2. MindMatters 项目学校案例一：斯昆公立小学

斯昆公立小学位于澳大利亚新南威尔士州，建于 1863 年，是当地规模最大的小学，与斯昆中学有紧密的联系。在当地社区，该学校在丰富学生的生活方面建立了良好声誉。它因对学生幸福的关注及充满关怀的环境氛围而著名。2009 年，该校因其开展的全校性项目极大地提高了学生福祉而获得了卓越项目学校成就奖。学校所在社区的所有成员对学校的价值拥有共同的理解，并为之努力。

2007 年，MindMatters 项目被选为当地的核心项目。当地成立了一个核心团队来促进该项目的推行。这个核心团队负责加强人们对心理健康的认识，并与每所项目学校合作开展调研，以确定实施干预的优先和重点领域。斯昆公立小学的校长成为核心团队的一员，全程参与这个项目的工作。自此，该学校开启了推行 MindMatters 项目的进程。

MindMatters 项目被整合到了斯昆公立小学的学校管理和文化建设中。学校首先参考 MindMatters 项目实施模型来制订实施计划。学校注重数据资料的收集，于 2007 年和 2010 年收集全校数据，于 2009 年和 2010 年收集教职人员健康数据，于 2009 年收集学生健康数据。他们成立了一个 MindMatters 项目核心小组，小组的三名成员定期会面，并带领三个健康行动团队，即学生授权活动团队、教职人员事宜团队和参与式学习团队。学生授权活动开展后，课堂教学由教师主导转变为学生主导，学生的心声得到了表达，他们积极地提出了许多建设性的意见。学校还成立各种专门小组，如回复力建设、男生社团、反欺凌小组及同伴支持方案等，正确价值观的教育在学校得以全面开展。MindMatters 项目还被用于教师培训和团队领导力建设。学校集体将心理健康的发展放在了重要位置。

MindMatters 项目的开展对学生、教师、家长和社区都产生了积极的影响。学校和当地社区的所有人员对心理健康的认识上升至新的高度；学生参与学校各个层次活动的能力得到了提高；学校内各个群体之间的关系、学校与校外机构和组织的合作关系都变得更加紧密（如资金赞助等）；与其他小学和中学之间的联系也得到了增强。学校还引进了一个学生领导力开发项目。反欺凌和骚扰的相关政策和程序得到了修改和完善，欺凌现象大大减少。在学校各级人员的通力合作下，学生的参与度得到了提升。教职人员拥有更多的机会来促进自身领导力的发展。此外，学校还创建了一个关于心理健康的社区论坛。

斯昆公立小学根据自己的实践，总结出了学校开展 MindMatters 项目的三点经验。

一是领导层对此项目的认可和支持至关重要，而且一个长期的计划必不可少。

二是 MindMatters 项目材料里的计划和调研工具非常有用，应该常常参考实施模型来监督项目的进展情况，适时做出调整。

三是要明智地选出一个核心团队，然后将其他关键人员纳入行动团队。很重要的一点是，应该尽可能多地让其他教职人员参与进来。斯昆公立小学在第一阶段的时候便对所有人员（不仅是教师）进行了培训。

3. MindMatters 项目学校案例二：库姆巴巴州立中学

位于昆士兰州的库姆巴巴州立中学建立于 1986 年，是黄金海岸北郊的一所社区中学。学生来自有不同社会和经济背景的家庭，并且该社区人口流动较大，这给教师带来了很多挑战。每年新转入的学生至少占到总数的 30%，因此教师需要给学生提供更具有挑战性的、有意义的学习机会。学校开设了许多职业教育课程，让学生有机会获得各个行业的从业资格证书，包括酒店、商业、儿童看护、多媒体、医疗卫生及社区服务等证书。此外，学生也可以从一系列学术课程里选择自己喜欢的课程。

这所学校一直保持优良的校风，全校教职人员时刻做好准备，为促进教育发展及学生的个人成长共同努力。同时，他们非常明白本校教职人员的优势和强项，并能够充分利用。学校在开展 MindMatters 项目过程中所获得的主要成功之一是对处境不利的八年级学生进行鉴定。这个行动吸纳了所有八年级教师与学生支持团队以及中等学校教育系主任和校外人员（包括一位心理健康专家）的力量。首先由教师在班级里初步判断哪些学生可能在技能、社会能力发展等方面存在困难，然后对这些学生进行访谈，并针对个人情况开展帮助和支持行动。这个行动方案已经在全澳大利亚范围内得到认同，而且被添加到 MindMatters 项目材料和视频资料中。

学校还成立了一个核心团队，团队成员定期会面，以确保 MindMatters 项目的原则贯彻执行。核心团队的成员分别负责不同的任务，包括数据资料的收集、关联和分析，团队信息，专业发展日历，员工福利，以及制订各个领域课程的实施计划。此外，学校还派遣了 140 多名教职人员参加不同的 MindMatters 项目研讨会。总之，学校正在 MindMatters 项目的航线上扬帆前行，并致力于帮助教职人员和学生获得更多的积极成果。

MindMatters 项目以多种多样的形式在学校开展。有些采用融入学科课程的方式，有些则由教职人员和学生通过不同渠道参与。例如，教师在校训的指引下，推动"生产途径和伙伴关系"，鼓励学生参与各种社区活动。其中的一项主要举措是让一些学生到当地小学，带领小学生完成阅读任务，提高阅读能力。学校还跟当地教堂及其他致力于帮助学生获得成功的组织机构建立了合作关系。

自采用 MindMatters 项目后，该校的学生在课堂上感觉自己更受重视了。他们为自己取得的成功感到高兴，能够在积极的课堂氛围里学习，他们的个性特征不会被忽视或埋没。而教职员工最大的改变便是他们的幸福感提升了。学校提供了许多机会来提升教职人员的士气，他们能够参与社会活动，他们的成就得到认同和表扬，他们还接受了一系列专业发展培训来提高自己的技能。家长能够通过阅读学校的时事通讯、参加家长会等方式了解学校的信息。社区对学校的看法也产生了改变，社区现在把这所学校看作一个能够为学生提供大量机会的主体，学校与社区的联系程度更深、范围更广，包括工作安排、育儿中心、大学联盟、体育企业等。此外，学校还与当地对接的小学开展了合作课程项目。当地的国会议员也积极帮助学校建立更多的社区联系。

库姆巴巴州立中学实施 MindMatters 项目的三条成功经验为：①教职人员的意识——保持教职人员对最新信息的跟进，倾听他们的观点和想法，并将所有领域纳入项目；②政府的支持——包括预算的考虑和教师时间的支持；③一支高效率的核心团队——有清晰且明确的方向，充满热情地向前迈进。

4. KidsMatter 项目①

KidsMatter 项目是针对小学生开展的心理健康提升、问题干预和早期干预活动。目前，澳大利亚有将近 800 所小学采用了这个项目。

KidsMatter 的主要目标有以下三个。

---

① "KidsMatter," http: // www. kidsmatter. edu. au，2019-05-05.

目标一：提高小学生的心理健康和福祉。

目标二：减少小学生的心理健康问题。

目标三：为存在心理健康问题的小学生及其家长争取更多的支持和帮助。

弗林德斯大学对此项目进行了一个全面的综合评估，发现该项目取得了如下效果：提高了学生的心理健康和福祉，包括乐观的心态和应对问题的技能；减少了心理健康问题，如情绪症状、多动、行为和同伴交往问题；学生的学业成绩得到了提高；教师诊断学生遇到的心理健康问题的能力提高；教师促进学生社会情感能力发展的知识增加；父母帮助孩子解决社会情感问题的能力得到了提高；有助于将心理健康纳入学校日程；为学校提供了共同语言来解决心理健康问题。该项目的框架见图 4-8。

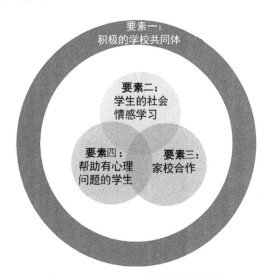

图 4-8　KidsMatter 项目的实施框架

这个框架包含四个要素，帮助学校集中精力发展儿童的社会情感健康。

要素一：积极的学校共同体。

集体感的建立能够增强所有儿童、家长和教职人员的归属感和凝聚力，并且对儿童的心理健康发展有积极的促进作用。这个要素强调全纳和紧密合作关系的重要性。将所有利益相关群体考虑在内，让他们参与项目，这对学校和社区的良好发展极为重要。

要素二：学生的社会情感学习。

儿童的社会情感发展需要在一个温暖的、充满责任心的关系环境里孕育。研究表明，社会情感能力的发展对于心理健康非常重要，同时也会促进学业学习、价值观形成、成就意愿建立和合作能力发展。这个要素强调教授和示范这些技能的重要性。

要素三：家校合作。

家庭和家长也是儿童心理健康发展的关键。研究者发现了一系列对学生心理健康造成影响的因素，包括与家庭相关的危机和保护因素。儿童的心理健康会受到其接触的信息、所处的支持网络及在需要时获得的专业帮助的影响。这个要素强调与家长和监护人合作，以一个整体的方式来增强儿童的心理健康。

要素四：帮助有心理问题的学生。

正在承受心理健康问题的儿童需要得到及时的诊断和帮助。心理健康问题会阻碍儿童的学习和人际交往能力，同时影响他们在未来的人生转折期获得成功、取得进步的可能性。这个要素强调早期干预、建立有效制度、采取有效措施帮助家庭获取健康和社区服务的重要性。

五、项目模式的反思

社会情感学习项目设计和实施的科学性及由大量研究证实的积极效果使项目模式被普遍认为是促进社会情感能力发展的有效策略。然而，社会情感学习项目的实施并不能保证被学校接受，项目模式的实施质量也会受到诸多要素的影响。针对美国的"学校自选"和英国的"全国推进"两种模式，可分别分析项目模式的现实困境。

在"学校自选"模式下，项目质量是影响项目效果的主要因素。美国学者杜拉克（Durlak）等人运用元分析的方法对 213 个关于社会情感学习项目的实证研究进行了分析，归纳出有质量的项目实施需要满足的"SAFE 原则"，即按照顺序（sequenced）、积极主动（active）、聚焦（focused）和精准（explicit）。[①] 欧舍（Osher）等人进一步提出有效的社会情感学习项目需要符合六个特征：发展适宜性、

---

① Durlak，J. A.，Weissberg，R. P.，Dymnicki，A. B.，et al.，"The Impact of Enhancing Students' Social and Emotional Learning：A Meta-analysis of School-based Universal Interventions," *Child Development*，2011，82(1)，pp. 405-432.

文化适切性、全面的系统化、基于证据、独立评估、前瞻性。① 考虑到社会情感学习项目是由外部机构基于研究提出的，如何与学校日常实践相结合、外部项目干预能否被纳入学校的课程体系且关注到学校的特殊需要和面临的问题等，都是有质量的项目需要考虑的问题，也是现阶段项目模式面临的现实困境。②

在"全国推进"模式下，由于项目质量得到行政力量和专业力量的保障，项目执行便成了影响项目效果的主要因素。2010 年，英国教育和技能部组织评估全英国中学阶段社会和情感方面的学习项目的效果，发现社会和情感方面的学习项目并没能如预期的那样对学生发展产生显著影响。③ 进一步分析发现，阻碍社会和情感方面的学习项目取得预期效果的因素主要有两个：一是学校教职人员的意愿和能力，如果学校的校长和教师不情愿实施这一外部要求的项目，而且缺少必要的培训，就会导致校长和教师在具体操作时力有不逮；二是项目实施所需的资源和时间受限制。⑤ 这样的结果也得到了澳大利亚的相关研究的证实。澳大利亚墨尔本大学的弗里曼（Freeman）等人以在澳大利亚国内实施的社会情感学习项目为研究对象，通过对教师的深度访谈发现，学校执行团队是否动机明确、是否清楚了解项目意图、是否分工明确、是否接受了足够的培训和指导等，都是促进或阻碍社会情感学习项目取得预期效果的因素。⑥

项目内容的适切性及与学校的契合度，项目执行人员的观念和执行能力，项目执行人员接受培训和指导的程度，以及项目学校自身的氛围、开放程度、愿景、决策、沟通和执行流程等，共同决定了社会情感学习项目的实施质量。⑦ 若其中一个或几个要素无法得到保障，社会情感能力发展的项目模式就有可能变为一种乌托邦式的干预策略。

---

① Osher D. M., Kidron Y., Dymnicki A., et al., "Advancing the Science and Practice of Social and Emotional Learning: Looking Back and Moving Forward," *Review of Research in Education*, 2016, 40 (1), pp. 644-681.

② Jones, S. M., Bouffard, S., "Social and Emotional Learning in Schools: From Programs to Ttrategies," *Social Policy Report*, 2012, 23(4), pp. 1-33.

③⑤ Humphrey N., Lendrum A., Wigelsworth M., "Social and Emotional Aspects of Learning (SEAL) Programmes in Secondary Schools: National Evaluation," Department of Education, Research Report DFE—RR049, pp. 91, 94-95.

⑥ Freeman, E. M., "Teacher Perspectives on Factors Facilitating Implementation of Whole School Approaches for Resolving Conflict," *British Educational Research Journal*, 2014, 40(5), pp. 847-868.

⑦ Durlak, J. A., "Programme Implementation in Social and Emotional Learning: Basic Issues and Research Findings," *Cambridge Journal of Education*, 2016, 46(3), pp. 333-345.

第三节 学生社会情感能力发展的综合变革模式

一、综合变革模式介绍

1995 年，哈佛大学的克里森斯坦教授提出了颠覆性创新理论，旨在描述新的变革对公司产生的影响。[①] 在企业中，传统意义的创新是通过向更好的顾客销售更好的产品来帮助企业获取更高额的利润，这样的创新是维持性创新。与维持性创新相比，颠覆性创新所针对的目标顾客往往对企业而言毫无吸引力。在初始形成阶段，颠覆性创新技术所具备的典型特征是简单、方便、便宜，它是市场上现有产品的更为便宜、方便的替代品，它直接锁定低层消费者，或者催生出全然一新的消费群体。尽管颠覆性创新往往只是对已有技术的简单改进和调整，但常常能取得成功。颠覆性创新并不是要替代原有的选项，而是使最核心的内容覆盖最大范围的受众，特别是那些传统意义上未被关注到的受众。[②]

受这一思路的启发，哈佛大学的琼斯（Jone）等人将这一理论迁移至学生的社会情感能力发展研究，提出若要促进学生的社会情感能力发展，就需要跳出以往的针对特殊需要群体的、经过精密设计和完美呈现的课程模式或项目模式，将学生社会情感能力发展策略视为一项颠覆性创新，以更简单、方便的形式融入学校的日常管理，关注以往未能关注的领域和未采用的方法。[③]

在颠覆性创新思维的引领下，越来越多的学者意识到学生社会情感能力的发展不是单一的、零碎的外部改革，单纯依靠在校内新设课程、由校外机构组织项目是不够的，学校自身应作为变革的主体，所有管理人员、教师、家长与学生需要共同努力以实现学校变革。这样的变革不需庞大、复杂，但需要发端于学校内部，需要全员参与、统筹规划和实施，变革内容以简单、方便的形式融入学校的日常管理。学生社会情感能力发展的综合变革模式由此提出。

社会情感学习综合变革模式的核心思想，一是变革的内容由庞大复杂的多项干预转变为与学校日常教学管理工作的有机融合，从维持性创新转变为颠覆

① ［美］克莱顿·克里斯坦森：《创新者的窘境》，引言 V，北京，中信出版社，2010。

② Rotheram-Borus, M. J., Swendeman, D., Chorpita, B. F., "Disruptive Innovations for Designing and Diffusing Evidence-based Interventions," *American Psychologist*, 2012, 67(6), pp. 463-476.

③ Jones, S. M., Bouffard, S., "Social and Emotional Learning in Schools: From Programs to Strategies," *Social Policy Report*, 2012, 23(4), pp. 1-33.

性创新；二是变革的主体由外部的专业机构转变为学校内部。当然，尽管变革以学校为主，但变革的有效实施和可持续发展仍需要得到学校外部的家庭、社区和教育行政部门的支持。学生的社会情感能力发展可以而且应该渗透到学生校内外生活的各个方面。

二、综合变革模式举例

1. 基于关系的学校综合变革模型

哈佛大学的琼斯等人提出，儿童的社会情感能力包括情绪管理、社交和人际技能、认知调节三个方面。[①] 社会情感能力的发展并不是并行的，而是按照发展顺序依次进行的，早期发展的能力可以为后期发展的能力奠定基础，且社会情感能力发展与认知能力发展相互交织。根据对社会情感能力的这一认识，琼斯等人提出了基于关系的学校综合变革模型（见图 4-9），认为学生社会情感能力的发展是一个持续的、具有一致性的过程，人与人之间的关系是社会情感能力得以发展的土壤，学校和班级是社会情感能力得以发展的环境，而家庭、社区环境及各级政府的教育政策则提供了重要保障。具体而言，在学校中培养学

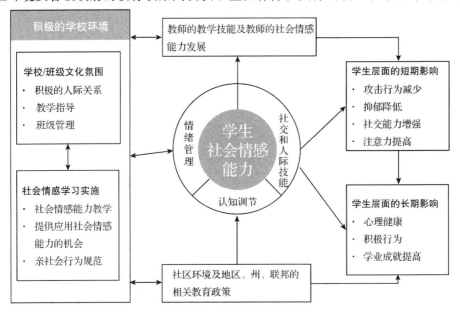

图 4-9　基于关系的学校综合变革模型

①②　Jones，S. M.，Bouffard，S.，"Social and Emotional Learning in Schools：From Programs to Strategies"，*Social Policy Report*，2012，23(4)，pp. 1-33.

生的社会情感能力需要遵循以下四条原则。②

首先，在发展内容方面，社会情感能力和认知能力的发展是相辅相成的。在学校教育中促进社会情感能力的发展有时会收到多重效果，从而减少由额外项目干预给学校工作带来的压力。

其次，在发展过程方面，人与人之间的关系是社会情感能力发展的基础。社会情感能力需要在社会交往的过程中得以发展，师生关系、同伴关系构成了学生社会情感能力发展的最初平台。只有在学校层面构建积极的人际关系，才能保证学生社会情感能力在学校的所有社会交往过程中都能得到发展。

再次，在发展环境方面，学校中的教室、操场、图书馆等环境需要与学校的整体环境一致，可以随时随地培养学生的社会情感能力。教室和学校是互相连接的系统，综合变革能够重塑学校文化，创建支持性氛围，进而形成学校促进学生社会情感能力发展的共享愿景。

最后，在发展时间方面，因为早期的社会情感能力发展为后期的发展奠定重要的基础，所以社会情感能力的培养必须是一个持续的、贯穿儿童发展始终的过程。

2. 学校内外联合变革模型

美国学术、社会和情感学习合作体一直是社会情感学习项目模式的积极倡导者。近年来，随着相关研究的不断深入，该组织率先打破了以往的项目干预模式，提出学生社会情感能力的发展需要超越学校范围，学校需要与其外部环境（社区、学区、州和联邦政府）共同发力，实现社会情感学习的学校内外联合变革。① 变革框架见图 4-10。

第一，学生社会情感能力的发展是各项干预措施的核心，它会为学生带来短期效果，如社会情感能力提升、对自己和他人的态度更加积极、做出更多的亲社会行为、人际关系改善、学业成绩提高等，且在今后的学习与社会生活中获得长期的成功效果。

第二，学生所处的各级生态系统（班级，学校，家、校、社区伙伴关系，以及区、州、联邦层面的政策），层层递进、逐渐深入地对学生社会情感能力发展

---

① Durlak, J. A., Domitrovich, C. E., Weissberg, R. P. et al., *Handbook of Social and Emotional Learning: Research and Practice*, New York, London, The Guilford Press, 2015, p. 7.

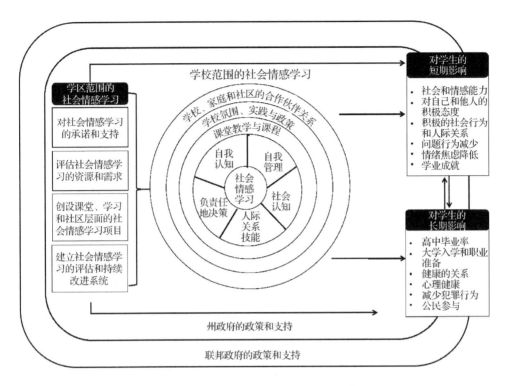

图 4-10　学校内外联合变革模型框架①

产生促进作用。② 在学校层面，课堂教学与课程、学校氛围、教育实践与政策以及学校、家庭和社区的合作伙伴关系是学生社会情感能力发展的重要影响因素。在学区层面，地区政府对社会情感学习的承诺和支持，评估社会情感学习的资源和需求，创设课堂、学校和社区层面的社会情感学习项目，建立社会情感学习的评估和持续改进系统是社会情感学习综合变革的一部分。此外，州政府和联邦政府的政策和支持也是发展学生社会情感能力的重要变革因素。

3. 经济合作与发展组织的社会情感能力综合变革模型

2015 年，经济合作与发展组织发布了报告——《促进社会进步的技能：社

---

① Durlak J. A. , Domitrovich C. E. , Weissberg R. P. , et al. , *Handbook of Social and Emotional Learning：Research and Practice*, New York, London, The Guilford Press, 2015, p. 7.

② Oberle E. , Domitrovich C. E. , Meyers D. C. , "Establishing Systemic Social and Emotional Learning Approaches in Schools：A Framework for School-wide Implementation," *Cambridge Journal of Education*, 2016, 46(3), pp. 277-297.

会情感能力的力量》。在该报告中，经济合作与发展组织指出，家庭、学校、社区及工作场所均能够为社会情感能力的发展提供必需的学习环境。具体而言，家庭中的影响因素主要包括家庭社会经济状况、亲子互动、父母教养方式等；社区中的影响因素主要包括社区文化活动、社会网络、公共服务与公共安全等；工作场所中的因素主要包括管理风格、培训机会、工作类型等；学校中的主要因素包括课堂教学、课外活动、同伴关系、支持性学校氛围等。[①] 对比经济合作与发展组织与其他研究可以发现，经济合作与发展组织在关注课堂教学（显性课程与渗透课程）、课外活动、支持性学校氛围、校内外主体之间（尤其是家庭与学校之间）的伙伴关系等因素对个体社会情感能力发展的影响之外，将工作场所与社区置于与学校、家庭同等重要的位置，强调了各种学习环境在促进个体社会情感能力的终身发展方面的同等重要地位。具体框架见图 4-11。

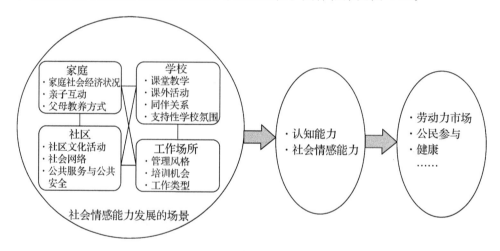

图 4-11　经济合作与发展组织的社会情感能力综合变革模型框架[②]

三、综合变革模式的影响因素

社会情感能力发展策略的综合变革转向使社会情感能力的干预主体从外部转向学校内部，从"要我做"转变为"我被支持做"，从而确保学校在变革中的主体性，校长的领导力提升和教师的专业发展被看作保障在学校中开展社会情感学习综合变革质量的重要因素。

---

①② 　OECD, "Skills for Social Progress: The Power of Social and Emotional Skills," http://www.oecd-ilibrary.org/education/skills-for-social-progress_9789264226159-en，2019-06-01。

1. 校长的领导力提升

社会情感学习综合变革是一个系统工程，它是一项持续性变革，意味着变革要成为学校日常活动的一部分，成为学校工作和管理进程中的核心特征，而不是明亮耀眼的短期现象。在实施过程中，由于创造性张力（认同变革的意义、愿意尝试改变）和情感张力（由于远离舒适区而担心失败）的冲突，学校变革不可避免地会受到情感阻力、认知阻力和行为阻力的影响。① 若要克服变革中的阻力，则需要校长掌握平衡领导力，在变革管理中采取一致性培育策略，实现变革过程中的行为主体、理念与行为、认知与情感、决策与目标、目标与结果等的一致性。② 具体而言，学校校长可以采取的做法有四方面。

第一，聚焦结果，实现变革理念的一致性。校长可以将社会情感学习融入学校的愿景和使命，在发展规划中体现对学生社会情感能力发展的重视和具体措施，跟进规划落实的情况，及时应对遇到的问题和挑战。③

第二，激励教师，实现变革动力的一致性。为了促进学生的社会情感能力发展，校长通过激发教师主动性的方式，让教师更愿意接受并采纳项目的干预措施。校长还可以通过有效沟通的方式激励教师，这里的沟通包括为教师提供说出他们关于项目干预措施的疑惑和问题的机会，并且校长与教师一同讨论如何解决遇到的问题。④

第三，能力建设，实现变革主体能力的一致性。在社会情感学习项目实施过程中，校长可以规划和设计教师的专业发展，决定教师是否需要更多和更新的培训，以及教师是否需要接受一对一的辅导，并为教师的自我反思和反思性实践提供机会。⑤

第四，创设信任氛围，实现变革情感的一致性。校长可以在学校内部建立信任关系，包括教师之间的信任、师生之间的信任、家长和学生对教师的信任

①② 张东娇：《学校变革压力、机制与能力建设策略》，载《教育研究》，2015(10)。

③⑤ Wandersman, A., Chien, V., Katz, J., "Toward an Evidence-based System for Innovation Support for Implementing Innovations with Quality: Tools, Training, Technical Assistance, and Quality Assurance/Quality Improvement", *American Journal of Community Psychology*, 2012, 50 (3-4), pp. 445-459.

④ Freeman, E. M., "Teacher Perspectives on Factors Facilitating Implementation of Whole School Approaches for Resolving Conflict," *British Educational Research Journal*, 2014, 40(5), pp. 847-868.

及校长对教师的信任。[1]

2. 教师的专业发展

已有大量研究证实，社会情感学习变革在学校能否取得预期的效果，教师的教学能力和社会情感能力的强弱是关键的影响因素。RULER 项目的研究结果也表明，如果教师接受更多的相关培训和指导，那么项目学校的学生就会表现出更多的积极行为及更高的情商。[2]

在教师的教学能力方面，教练技术是在当前研究中广受关注的有助于提升教师教学能力的培训方式。典型的方式为教师上传教学录像，接受项目顾问的指导，教师和项目顾问运用成熟的工具（如课堂教学评分系统）观察课堂教学录像，并接受评估和教学反馈。

在教师的社会情感能力方面，已有研究发现，社会情感能力较好的教师与学生的关系更为积极，更有可能在课堂管理中富有成效，进而更有效地实施社会情感学习课程的教学。[3] 聚焦于教师社会情感能力提升的实践项目主要有：培养教育中的觉察力和反弹力项目（Cultivating Awareness and Resilience in Education，CARE）、压力管理和反弹力培训项目（Stress Management and Resiliency Training，SMART）。[4] 实证研究发现，接受培训的教师对其职业和学生的感受更加积极，更乐于奉献，而且在情绪调节方面的自我效能感更强。[5]

四、综合变革模式对我国实践的启示[6]

为回应我国当前以立德树人为根本任务、全面深化教育改革的现实要求，在学校教育中促进学生社会情感能力的发展是当前乃至未来相当长的一段时期内学校工作的重点和难点。回顾国际上过去二十几年在学校教育中促进社会情

---

[1] Tschannen-Moran, M., Gareis, C. R., "Principals, Trust, and Cultivating Vibrant Schools," *Societies*, 2015, 5(2), pp. 256-276.

[2] Reyes, M. R., Brackett, M. A., Rivers, S. E., et al., "The Interaction Effects of Program Training, Dosage, and Implementation Quality on Targeted Student Outcomes for the RULER Approach to Social and Emotional Learning," *School Psychology Review*, 2012, 41(1), pp. 82-99.

[3][4] Jennings, P. A., Greenberg, M. T., "The Prosocial Classroom: Teacher Social and Emotional Competence in Relation to Student and Classroom Outcomes," *Review of Educational Research*, 2009, 79(1), pp. 491-525.

[5] Benn, R., Akiva, T., Arel, S., et al., R. W., "Mindfulness Training Effects for Parents and Educators of Children with Special Needs," *Developmental Psychology*, 2012, 48(5), pp. 1476-1487.

[6] 杜媛、毛亚庆：《从专门课程到综合变革：学生社会情感能力发展策略的模式变迁》，载《全球教育展望》，2019(5)。

感能力发展策略的模式变迁，理解不同模式提出的理论背景、典型的实施方式及面临的现实困境，可以让我国教育工作者在开展相关工作时及时避开误区，少走弯路，从而为探索更加适合我国学校现实发展需要的策略模式奠定基础。我国应特别关注以下几个问题。

第一，立足学生发展，明确开展社会情感学习综合变革的意义和使命感。意义的生成为学校变革提供积极和内在的可能性。意义意味着动机，学校的职责是为所有学生服务，促进每一个学生的全面发展，因此，学校开展社会情感学习综合变革的意义和使命感体现在学生发展的成就感、现实问题的解决及过程中全体成员的归属感这三个方面。学生发展的成就感意味着学校成员要能够理解社会情感能力发展对学生短期及长远发展的重要影响，要立足于长远。现实问题的解决是指学校社会情感能力的变革在立足于长远的同时，还要落实于脚下，着眼于学校、学生发展中的现实问题，在问题解决的过程中获得意义和成就感。过程中全体成员的归属感是学校开展变革的重要保障，也就是说综合变革不是校长或几名骨干教师的事情，而是全校所有人共同的事务，并在集体努力中共同收获。

第二，加强能力建设，明确开展社会情感学习综合变革的阻力。在现实生活中，学校教育促进学生社会情感能力发展的阻力主要有三种：一是认为可做可不做，二是想做不会做，三是口头支持而实际不做。它们分别带来了变革实施的情感阻力、认知阻力和行为阻力。针对情感阻力，可以参照已有项目的做法，帮助学校进一步明确变革的意义和使命感，特别要认识到社会情感能力发展变革具有多维属性，某一方面、某几个人的变革干预并不能实现真正意义上的综合变革。针对认知阻力，需要加强对校长和教师的能力建设。针对行为阻力——这实际上也是变革容易碰到的最大阻力——可以采用正式对话或非正式交谈的方式进行变革会谈，在学校内部充分沟通，缩小变革分歧，建立相互理解和信任的和谐关系。会谈的形式可以是专门召开的会议、同事对话、小组协商、在线讨论等，会谈的内容包括沟通和讨论学校开展社会情感学习变革的方向、原因、计划和预期结果。

第三，倡导综合变革，理解开展社会情感学习综合变革的多维特点。随着对社会情感能力发展策略的研究和实践的不断深入，通过综合变革促进学生社会情感能力发展已是当前的趋势。在实践中开展综合变革，就需要理解综合变革的多维特点，主要表现为变革利益相关群体的多元性、变革内容的多样性及变革过程的非线性。变革利益相关群体的多元性指学校开展社会情感学习变革会涉及广泛的利益相关者：学生、教师、学校管理者、家长、社区代表及各级教育行政部门等。其中，学校管理者是学校变革的主要领导群体，学生和教师是学校内部的重要参与力量，家长、社区和各级教育行政部门均是学校外部不可忽视的主要资源。变革内容的多样性指围绕学生社会情感能力发展这一主题，学校中需要开展的变革内容是多样的，不能仅抓其中的某一方面（如课程、课堂教学），也不能将变革变为少数人实施的面向特定群体的变革。变革过程的非线性指在学校中开展社会情感学习变革可能会遇到许多不确定的问题，某一活动可能会产生意外的结果，各项措施也很难按照线性计划按部就班地实施。

经过 20 多年的研究和发展，目前仍有很多理论和现实问题困扰着研究者和广大教育实践工作者，例如，学生社会情感能力的内涵是如何动态变化的，哪些发展策略对学生社会情感能力的发展更加有利，等等。针对这些问题，未来关于学生社会情感能力发展策略的研究可以从两个方面继续努力。一是聚焦变革结果，加强学生社会情感能力发展策略的纵向追踪研究。当前关于学生社会情感能力发展策略的研究多为横断研究。哈佛大学的琼斯等人的研究发现，儿童社会情感能力的发展是按照发展顺序依次进行的，可能随着儿童年龄的增长发生动态变化。[①] 但是，这种动态变化的轨迹是什么，不同的社会情感能力发展策略与学生社会情感能力发展之间的关系是否也会随着学生年龄的增长发生变化，它们之间的动态交互作用如何，对这些重要理论问题横断研究都无法给予回答，只能依靠纵向追踪研究。二是回应现实需要，开展学生社会情感能力发展策略中国化的研究。有质量的社会情感能力发展策略的重要特征之一就是具备文化适宜性。[②] 以西方学校教育为背景得出的研究结论可能并不能简单地在中国文化背景下使用。因此，开展学生社会情感能力发展策略的中国化研究，探索我国学校教育发展学生社会情感能力的有效策略和途径，对指导我国基础教育全面实施综合改革具有重要的意义。

[①] Jones, S. M., Bouffard, S., "Social and Emotional Learning in Schools: From Programs to Strategies," *Social Policy Report*, 2012, 23(4), pp. 1-33.

[②] Osher D. M., Kidron Y., Dymnicki A., et al., "Advancing the Science and Practice of Social and Emotional Learning: Looking Back and Moving Forward," *Review of Research in Education*, 2016, 40(1), pp. 644-681.

第五章 社会情感学习与学校管理改进模式的中国构建

学生社会情感能力的发展过程，实质上就是关系构建的共同行动过程，需要按照整体的、系统的、协同的思维方式，由学校管理人员、教师、家长与学生的彼此协调和互动所形成的合力共同推进。本章借鉴美国、英国、澳大利亚等国家已有社会情感学习项目的做法，结合中国本土教育发展特点和教育实践需要，努力探索促进学生社会情感能力发展的学校社会情感学习综合变革路径和实践要素，以推动学校在管理制度、课程体系、教师专业发展、学校氛围建设等方面实现创新。

第一节 社会情感学习与学校管理改进的模式构建

以促进学生的社会情感能力发展为目的，以变革阶段理论和生态系统理论为基础，这里构建出促进学生社会情感能力发展的"三阶—四环"学校社会情感学习变革支持模型(见图 5-1)。

一、"三阶—四环"学校社会情感学习变革支持模型的"三阶"

学校变革过程的复杂性在于它不是一个简单地遵循线性因果规律发展的过程。参考勒温的变革阶段及过程模型，变革过程可以分为三个阶段：解冻(明确变革的必要性)，变革(认知的重建转变为新行为)，重新冻结(产生效果，将新行为与组织和社会关系进行整合)。遵循这一思路，这里所关注的学校变革同样包含三个阶段。

1. 阶段一：学校变革准备

对一项变革成功的可能性实际上在变革开始前就能有所预测，其中一个关键要素就是变革准备。参考勒温等人提出的变革理论，学校管理变革的变革准备是为了明确变革的必要性和可行性，主要关注变革主体是否具备变革所需的

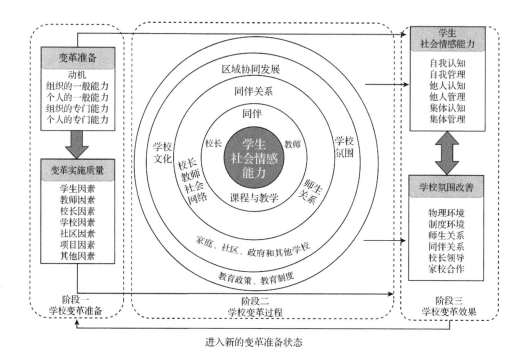

图 5-1 "三阶—四环"学校社会情感学习变革支持模型

动机(M)和能力(C），可以按照"R（变革准备）＝M（动机）$\times C^2$（一般能力$\times$专门能力）"公式进行计算。

除关注学校变革准备外，在变革真正开始之前，还需要考虑有哪些因素可能会促进或阻碍变革的效果，即执行质量。由于变革是一个动态的过程，对变革执行质量的考虑不仅要在变革之前进行，还需要将之贯穿于研究的全过程。基于生态系统理论，影响变革的因素可以表述为学生因素、教师因素、校长因素、学校因素、社区因素、项目因素以及诸如教育政策、社会规范等其他因素。

2. 阶段二：学校变革过程

根据生态系统理论，学校可以被看作影响学生发展的生态系统。要理解学校变革，就需要读懂学校的生态环境。学校变革可以说是学校与其生态环境的协同共变，它是以学校内部各个因子及其相互关系为变革对象、以适应或引导学校的育人任务为目的的系统活动。这里关注的促进学生社会情感能力发展的学校变革首先要求在学校系统中增加新的因子，如增加专门的课程。围绕着这一因子的引入，整个学校生态系统的相关因子及其关系都需要做出相应的改变。

例如，学校管理者要提升自己的领导力，教师要提升自己的教学能力和社会情感能力，学生要适应新的课程，家长和社区要为学校变革提供相应的资源和帮助。更重要的是，学校生态因子不仅要改变自身的数量和性质，还要改变彼此之间的关系。比如，教师和学生关系的改变，校长和教师关系的改变，学校和家庭、社区合作关系的改变，等等。可见，要把学生社会情感能力发展这一目标引入学校生态且使其真正实现，就需要改变很多学校生态因子的数量、性质和关系，打破不同学校生态周期之间的学校生态格局。后文将分别关注各个生态因子的变化及其之间关系的改变，具体的学校变革机制在"'三阶—四环'学校社会情感学习变革支持模型的'四环'"部分介绍。

3. 阶段三：学校变革效果

基于生态系统理论，学生的社会情感能力的发展与所处的环境之间是相互作用的。对学校管理变革效果的分析，既要关注变革对学生社会情感能力发展的影响，还要关注对学校的影响，二者互相支持。对效果的评估离不开科学有效的测评工具，既包括针对学生社会情感能力的测评工具，也包括针对学校社会情感学习支持性氛围的测评工具。从变革的角度来说，能否产生预期的效果是变革成功与否的重要依据。同时，学校生态系统从一个旧的生态格局进入新的生态格局，可以说是进入新的变革准备状态，由此形成动态循环。

二、'三阶—四环'学校社会情感学习变革支持模型的"四环"

学校是影响学生发展的重要生态系统之一。要理解学校变革，就需要读懂学校生态环境。学校生态环境是影响学校内部组织成员思想观念与行为方式的多维复合环境，而从生态系统的视角研究学校变革，就是研究学校生态系统内部的各个生态因子（不同成员）及其相互关系。根据对学生发展的支持和作用方式，参考布朗芬布伦纳的生态系统理论，学校生态系统可以被分为相互嵌套的四个层次，组成学生社会情感能力发展的四环支持系统。

微观支持系统（第一环）是与学生直接发生作用的人和资源。在学校中，构成学校生态主体的人包括同伴、教师和校长。促进学生的社会情感能力发展离不开构成学校生态主体的人的发展，如教师的专业发展、校长的领导力提升。与学生直接发生作用的资源就是学校中的课程，相应的，促进学生社会情感能力的发展体现在社会情感学习课程的实施及在学科教学中融入社会情感学习的内容和形式。

中观支持系统(第二环)是各个生态主体之间的关系。生态的视角本身就是强调关系和互动的视角,并将个体的互动视为变革和发展的机制。对应于微观支持系统中的各个生态主体(同伴、教师、校长),学校变革的中观支持系统就着眼于这些主体之间的关系与互动,具体包括同伴关系、师生关系、校长教师社会网络。

外层支持系统(第三环)是存在于学校生态系统中但与学生间接发生关系的要素,突出体现为学校文化和师生感知到的学校氛围。此外,学校作为一个开放的系统,与家庭、社区、政府及其他学校都会发生密切联系,这些也构成了学校变革中的外层支持系统。

宏观支持系统(第四环)是学校所处的大背景,既体现为各级各类教育制度和教育政策,也体现为社会的价值观、文化、信念、经济基础等。宏观支持系统可以说是在学校范围之外的生态要素,在这里,宏观支持系统既作为研究的背景,也作为研究进一步深入的建议和方向,但不做详细干预和关注。

此四个层次从生态系统的视角研究学校变革,提供了影响个体发展的相互关联的社会结构和过程模型。

第二节　社会情感学习与学校管理改进的实施路径构建

一、实施步骤

按照国际上通用的"评估—分析—行动"(Assessment-Analysis-Action,3A)循环问题解决模式,社会情感学习项目实施主要经历四个阶段(见图 5-2)。

1. 阶段一(评估):以事实为依据,全方位诊断

依据社会情感学习的核心理念,通过实证研究手段,对所有参与项目的学校的学生社会情感能力发展现状和学校支持性环境(校长领导力、学校管理制度、学校氛围、教师教学的有效性和自主性、教学质量、教师和校长的工作成就感和满意度、家校合作)进行全方位诊断。可以采用多种数据收集形式(问卷、量表、访谈、观察),利用多种观察视角(自评、他评、互评)的"三角互证"方法,既明确需要解决的问题,又确定实验干预的基线。

2. 阶段二(分析):以理论为支撑,确定愿景和规划

学校管理改进是一个持续不断的过程,需要改变过去发现问题、针对问题

- 全方位诊断学生社会情感能力发展现状和学校支持性环境
- 明确问题，确定基线

- 确定学校内在质量提升的目标和发展蓝图
- 制定学校内在质量提升规划

- 落实社会情感学习校本课程
- 构建区域内在质量提升联动机制

- 强化和完善学生参与学校管理制度
- 实施学校全方位综合变革策略

评估 Assessment

分析 Analysis

行动二 Action

行动一 Action

问题解决的过程

图 5-2　"评估—分析—行动"循环问题解决模式

进行局部修补以维持学校正常运行的思路，转向寻找突破点、以共同愿景指导学校变革的做法。针对全方位诊断发现的问题，学校可以依据积极组织理论，在客观现实的基础上，由校长带领师生一起发现学校提升内在质量的积极变革因素，组织学校成员共同讨论他们所憧憬和期待的学校内在质量提升的目标和发展蓝图，集思广益，形成学校内在质量提升的共同愿景。之后，依据学校发展规划理论，借鉴国际上社会情感学习项目、学校积极变革等领域的经验，制定学校内在质量提升规划，将学校成员协商一致的实施步骤反映到规划中，详细说明学校发展的目标、任务、措施及具体实施方案。

3. 阶段三（行动一）：以制度为前导，实施学校全方位综合改进

开展社会情感学习项目的学校的愿景是：通过社会情感学习的理念推广与项目实施，构建学校整体的支持性环境，在学校层面创建以学生发展为中心、以社会情感学习为途径、以实现公平有质量的教育为根本的学校发展模式。

社会情感学习能够让全体师生和家长相互尊重、理解和支持；能够让全体师生具有自信、乐观、积极向上的精神品质；能够为学生提供安全、健康、有保障的学习环境；能够将学生培养为健康活泼、自立自信、有领导气质与创新能力、有亲社会集体意识与能力的公民；能够使学校成为环境优美、人际关系和谐、师生健康快乐的学习社区。

针对诊断所揭示的学生现状，学校可以对照自身发展规划，重新梳理管理

制度，特别要强化和完善学生参与学校安全管理制度、班级管理制度及教学管理制度。例如，以学生绘制校园安全地图的形式排查学校的安全隐患，找到学校安全管理的新切入点。

回应以往学校以局部改革和碎片化修补为主的变革类型，学校需要改变以往的依赖型实施路径，充分发挥自身作为变革主体的作用，要对学校成员的认知、行为及所处的支持性环境进行重新构建。这样的变革是转型性变革，而非修补式变革，最终引发的是学校成员的行为重塑和环境重建。学校实施内在质量提升的综合变革，需要从校长领导力提升、有效教学、社会情感学习校本课程、教师专业发展、学校氛围和家校合作六个方面同时发力。在借鉴国外成功经验的基础上，这里将在学校内部实施社会情感学习项目的过程分为准备阶段、规划阶段与执行阶段，表 5-1 明确说明了每一阶段的具体工作内容和指标。

表 5-1　社会情感学习项目实施过程的三阶段

阶段	具体工作内容	指标
准备阶段	学校负责人倡导在全校范围实施社会情感学习项目并做出承诺，确保社会情感学习项目顺利进行。	制度建设
	形成广泛、全面的指导委员会。	建立指导委员会
规划阶段	制定共同目标。	学校愿景
	评估全校师生的需求和已有教学资源。	需求调查、资源评估
	制订一个具体的社会情感学习行动计划。	行动方案
	选择有效的执行程序。	措施、方法与手段
执行阶段	对授课教师进行培训。	教师培训与指导
	在班级中开展社会情感学习教学。	教学实施
	将社会情感学习内容渗透于课外活动，形成广泛的有利于社会情感发展的学习氛围。	活动渗透
	开发社会情感学习校本课程。	课程开发
	在全校、家庭和社区分享社会情感学习的实践成果并加强交流，从而获得支持，并维持社会情感学习活动的热情。	建立与家庭和社区合作的机制

续表

阶段	具体工作内容	指标
执行阶段	根据实践经验和研究，不断修订和调整社会情感学习计划： ①为教师和管理者提供持续的专业化发展、反馈与反思，使社会情感学习计划保持动力； ②评价社会情感学习实践结果，并进行改进； ③提供支持社会情感学习计划的基础条件（如政策、资金、时间、人员等）。	修订并调整社会情感学习计划

4. 阶段四（行动二）：以课程为抓手，构建三位一体的区域内在质量提升联动机制

学校变革必须从课堂行为开始，着眼于人的情意潜能开发，培养学生的社会性情感品质，发展他们的自我情感调控能力，促使他们建立与自身、他人和社会的适当关系，并在其中获得积极的情感体验。为了促进社会情感学习校本课程能够真正有效地在学校中落实，实现教师行为和学生行为的变化，这里提出"行政和专家指导—集体教研—教学实施"三位一体的区域内在质量提升联动机制，具体包括八个步骤。

第一步：树立紧迫感。借助专家力量，明确内在质量提升的意义和内涵，就在学校实施专门的校本课程的必要性和紧迫性达成共识。

第二步：组建领导团队。在区域教育行政部门、教研机构和学校层面组建领导团队，明确各方的责权利。

第三步：设计愿景与战略。专家团队和领导团队合作，依据前期诊断数据，共同规划区域内在质量提升的愿景和需求，明确项目实施内容。

第四步：沟通变革愿景。组织区域教研机构和学校校长召开专题行政会议，就课程实施的价值和意义达成共识，并明确课程实施的具体方案。组织面向学校教研负责人和授课教师的专门培训，研读课程教学材料，理解核心知识点，体验教学方式。

第五步：善于授权赋能。发挥授课教师的自主性，结合学校学生的特点，有创造性地运用教学材料。

第六步：积累短期胜利。组织各校推举典型课例，在区域范围内组织专题集体教研活动，积累成功经验和好的做法。

第七步：促进变革深入。组织各校将社会情感学习校本课程的内容和教学方式融入学科教学。

第八步：成果融入文化。将社会情感学习课程的理念、内容、形式纳入学校核心价值体系，丰富并重构学校原有文化。

二、实践策略

社会情感学习项目在实施过程中，按照整体的、系统的、协同的思维方式，由学校管理人员、教师、家长与学生的彼此协调和互动形成的合力共同推进，通过在课堂教学中教授社会情感技能，解决"会不会"的问题；通过师生关系和同伴关系的改进，为学生社会情感能力的发展提供土壤，解决"愿不愿"的问题；通过学校管理制度更新和家、校、社区合作伙伴关系的建立，支持学生社会情感能力发展的顺利进行，解决"能不能"的问题；全面实施校长和教师能力建设，保障前述各项策略措施顺利实施。四项策略措施共同组成了学生社会情感能力发展的"四位一体"推进模式。[①]

1. 在课堂教学中教授社会情感技能

社会情感技能可以在课堂教学中有效教授。采取多种形式开设社会情感能力专门课程，并在常规教学中渗透社会情感能力内容，是促进学生社会情感能力发展的主要干预措施。

首先，开设专门的社会情感能力课程，直接进行社会情感技能训练。在课程目标上，把培养学生的社会情感能力作为明确的教学目标；在课程结构上，需要遵循学生身心发展的规律，按照螺旋式结构开发社会情感学习显性课程；在课程教学中，通过热身活动创设问题情境，激发学生兴趣，通过同伴合作共同探究和体验多种问题解决方案，最终在总结和反思中感悟过程，实现社会情感能力的发展。

其次，在各学科的教学内容中融入社会情感能力发展的相关内容。将社会情感能力渗透于学科教学，可以使在教学中发展学生的社会情感能力更加具体，也更易于被学校管理者和教师接受，更具现实的可行性。在学科课程内容的呈现上，教师可以有意识地渗透和融入促进学生社会情感能力发展的素材，真正凸显三维目标中的情感态度价值观目标，将传统课程转变为纳入社会情感能力的融合课程。

---

① 杜媛、毛亚庆：《基于关系视角的学生社会情感能力构建及发展研究》，载《教育研究》，2018（8）。

社会情感能力的学科融合并不是把学习知识与培养社会情感能力对立起来，已有研究证实，社会情感能力与认知能力的发展是相互促进、相得益彰的。

再次，运用合作学习等有效教学策略，让学生直接体验和实践社会情感能力。在合作学习活动设计上，教师需要激励所有学生积极参与，让学生在群体中扮演不同角色并能够迅速适应不同角色，防止少数学生垄断学习任务和成果表达。教师需要充分相信学生的能力，不急着更正学生。合作的目的并不是获得唯一的真理，而是扩展学生对内容的理解，体验与他人的积极互动，并体验如何有效地化解冲突。

最后，营造安全、积极的课堂氛围。在课堂中营造积极参与的氛围，具体可以采取四种策略：一是在教室中张贴班级寄语、行为规范等，提醒学生冷静下来，有效解决冲突；二是通过民主协商的方式制定班级学习行为规范，并共同遵守；三是在班级布局上给学生提供表达情绪的空间，让学生能够自由地表达自己的情绪，教师能够给予及时的反馈和回应；四是教师提供社会情感能力的示范、反馈和指导，如在与学生交谈时保持目光注视，与学生亲切友好地交谈，运用准确的社会情感学习用语，等等。

2. 在人际交往中实践社会情感能力

和谐人际关系的建立既是学生社会情感能力发展的基础，又是学生社会情感能力发展的结果，可以从以下两个方面入手。

首先，建立相互尊重和关心的师生关系。教师要有构建与学生相互尊重和关心的关系的能力。第一，教师需要极具敏感性，能够用心体察并回应学生的真实需求，教会学生回应并积极反馈教师的关心。第二，教师需要具有接纳性，与学生进行积极交流，用关爱的、发展的和欣赏的眼光看待学生、关心学生，并无条件地接纳学生。第三，教师需要具有示范性，让师生交往成为同学之间交往的榜样。

其次，倡导彼此支持的生生关系。建立支持性生生关系需要从三个方面入手：第一，具有支持性，学生之间需要建立一种无论什么时候学生都能向同伴求助并获得支持的人际关系；第二，具有共享性，分享可以促使个体发展的人格特点，帮助学生掌握社会交往的方式，丰富学生未来的关系；第三，具有非正式性，在学生中可能形成各类小圈子或非正式群体，它们可以培养深厚的友谊关系，教师要及时了解班级的社会群体动态。

3. 在外部环境中发展社会情感能力

学校作为一个开放的系统，与家庭、社区、政府及其他学校都会发生密切联系。良好的、开放的学校环境首先是一种接纳性环境，让校内外相关群体能够感受到被他人、被环境接纳的安心与喜悦；其次是一种支持性环境，让校内外的相关群体都相信在遇到困难或烦恼时可以及时获得所需要的帮助或安慰，进而使促进学生社会情感能力的相关活动能够在学校有效开展。

第一，营造接纳、友善、支持性的学校环境。在物理环境上，学校需要保证所有人的安全，有标志和标语支持学生社会情感能力的发展，学生有足够的场地从事游戏活动及安静活动，有合适的资源和空间展示学生的社会情感能力发展相关作品。在制度和管理机制上，学校要有激励，要有师生参与学校制度建设的机制。在心理环境上，学校要建立师生彼此理解、尊重的氛围，师生在心理上是安全的，对欺凌行为等有处理规定。另外，学校师生在校内外取得的成就应得到肯定与鼓励，并且师生能够表达他们得到信任和欣赏的感受。

第二，构建家校协同共育的合作伙伴关系。建立家校合作伙伴关系需要从三方面入手。首先，加强对家长的培训，让家长懂得爱护、理解、尊重子女，平等、宽容地对待子女，掌握实用易行的沟通技巧和奖惩子女的方法，了解如何管理情绪、如何与学校合作等，提升家长自身的社会情感能力。其次，发放宣传材料，说明社会情感能力对学生个人发展的重要性，动员家长积极关心子女发展和学校发展，配合学校共同做好子女的教育工作。最后，开展家校合作特色活动，让家长观察并学习学校课堂教学中及家庭中促进社会情感能力发展的好的经验，支持家长社会情感能力的发展。

第三，加强学校和社区的合作伙伴关系。学校与社区合作是发展学生社会情感能力的重要途径。一方面，学校可以将社区的资源带入校园，在校园中设置反映学校及其所在社区文化的标志，积极邀请和鼓励社区人员及社会组织参与学校事务。另一方面，要求学生定期参与社区活动，理解社区的需求，并通过从事社工工作、在养老机构做志愿者等方式培养学生的同理心，提高学生的社会交往技能和自我认知水平。

4. 在能力建设中实现社会情感能力的发展

学生社会情感能力的发展也受到校长和教师能力建设的影响。

作为学校领导者，校长本人需要理解社会情感能力的重要作用，努力提升自身的社会情感能力，做出积极正面的示范与表率，对学校促进学生社会情感能力发展的综合变革进行整体谋划，并制定促进社会情感学习的学校发展规划，构建积极的、支持性的学校氛围，强化学校社会情感学习课程与教学建设，引领教师的社会情感能力提升、专业成长和发展，建立保障学生社会情感能力发展的家校合作伙伴关系，重视并实施学校社会情感学习综合变革的监测评估机制。

教师自身社会情感能力的发展有助于提升教师自身的幸福感、心理健康、教学能力和工作表现。社会情感能力更强的教师与学生的关系更为积极，更有可能在课堂管理中富有成效，从而更有效地实施社会情感学习课程教学，进而实现学生社会情感能力的可持续发展。教师在日常工作和与同事的交往中也需要正确认识自己的优势和不足，遇到问题时能够主动向他人请教，向同事、领导或家人倾诉，洞察他人的感受与体验，设身处地地考虑他人的感受，在与同事和家长沟通的过程中善于倾听，遇到矛盾和冲突所带来的负面情绪时，教师可以将自身和对方联系起来，将心比心，以实现宽容和理解，降低负面情绪产生的概率。在此基础上，教师才能做到理解他人、关爱他人和帮助他人。

三、实践任务

社会情感学习项目围绕校长和教师能力提升、教学改进与校本课程实施、学校氛围创设、家校合作等方面开发项目资源，开展逐级培训，推动学校实施全面综合变革。整校推进策略见图 5-3。

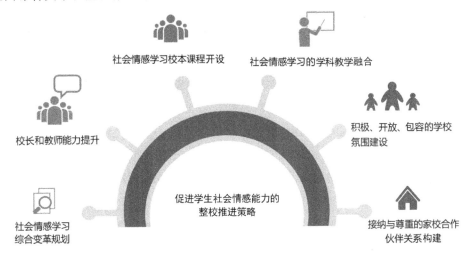

图 5-3　促进学生社会情感能力发展的整校推进策略

第一，社会情感学习综合变革规划。确立学校的社会情感学习愿景，分析学校实施社会情感学习的现实状况，找到现实状况与愿景之间的差距，制定学校社会情感学习综合变革规划，执行各项实践要素，并在过程中不断评估和反馈。

第二，校长和教师能力提升。校长提升个人的社会情感能力，转变思维方式，学会关心、积极关注他人，营造相互信任、合作的参与机制，建设积极组织。教师提升自身的社会情感能力、幸福感、心理健康水平和职业满意度，有效规划个人专业发展，并组建教师专业共同体。

第三，社会情感学习校本课程开设。借鉴国际先进经验，在学校实施由"喜欢我自己""成长新起点新开始""向目标迈进"等七个专题组成的社会情感学习校本课程，提供全面系统的课程教学材料和资源，组织专业培训和集体教学研讨活动。

第四，社会情感学习的学科教学融合。教师在课堂中营造积极参与的氛围，将学生社会情感能力发展等相关内容融入学科教学，有意识地创设安全、温馨、友好、民主的学习环境，保证温暖、尊重、令人愉快的交流和交往，激励学生自主学习和主动参与。在教学方式上，教师引导学生体验，感受积极情感的魅力；引导学生思考，设置情景制造认知冲突，在冲突中发展学生的社会情感能力，激发学生主动完善和优化认知结构；引导学生联系实际，举出相关事例，解决生活中与自己、与他人、与集体的问题。此外，教师自身社会情感能力的发展有助于提升教师自身的幸福感、心理健康、教学能力和工作表现。同时，作为学生的模范和表率，教师需要掌握专业知识和技能，实施积极的班级管理和学生管理，建立民主的班级管理制度，营造安全、温馨、友好、民主的班级氛围，让学生感到平等、被重视、轻松、安全，使学生愿意自由地表达情绪，遇到困难时乐于向他人寻求帮助。

第五，积极、开放、包容的学校氛围建设。积极的学校氛围包括安全、有归属感的物质环境，激励参与的学习环境，信任和谐的人际环境，自信尊重的情感环境，合作交流的校外环境，等等。通过这种学校氛围的建设，为学生提供表达自己和与他人交流、合作的机会，使学生感到温馨、安全和舒适，使学生在潜移默化中乐于表达自己并主动与别人交流，积极与别人合作，形成良好的人际关系，促进自身的全面发展。

第六，接纳与尊重的家校合作伙伴关系构建。学校为家校合作创造平台，成立家长委员会，在制定、实施学校发展规划和程序时，听取社区成员和家长的意见和建议。通过组织家长专题讲座、邀请家长到校参加社会情感学习专题课程和集会活动、主动与家长建立联系、沟通和分享学生在学校中的社会情感能力发展状况、主动向家长了解学生在家庭中的表现等方式，让家长感到被接纳和尊重，促进家长参与子女的教育，共同努力实现学生的全面发展。

第三节　社会情感学习与学校管理改进的实践要素

一、社会情感学习中的校长领导力提升[①]

社会情感视角下的校长领导力指校长通过提高自身的社会情感能力，结合本职工作，制定基于促进学生社会情感能力提升的学校发展规划，在师生中充分发挥积极引领和示范作用，进而全面推进社会情感学习在学校层面的执行。具体体现在以下几个方面。

第一，引领教师社会情感能力的发展。校长的社会情感能力主要体现在管理学校的理性思维、对自己情绪行为的调控、沟通协调的组织策略和团结师生的精神品质等方面。在实施社会情感学习项目时，校长应自觉提升自身社会情感素养，在示范引领、决策实施、全面执行等方面不断强化自身领导力，积极探索学校管理方式变革，促进教师社会情感能力的发展。例如，一所学校的校长为转变教师慵懒、各自为政的状况，尝试通过提供爱心早餐温暖教师之心，通过生日礼物、励志赠言激发教师参与学校管理之热情，通过建设师生学习共同体引领教师的专业成长，增强教师的集体归属感、价值感及发自内心的自尊和自信。三年内，该校教师的教育教学行为发生了显著变化，他们团结合作、积极奋进，坚定地迈向目标。

第二，引领学校社会情感学习的发展。公平且有质量的教育是新时代教育的价值需求，校长应制定和实施基于社会情感学习的学校发展规划。例如，一所学校的校长采用"社会情感学习学校发展现状诊断表"，从学校发展战略与政策制定实施、学生课堂学习、教师保障制度、教师有效教学及学生幸福保障五个纵向维度，以及社会情感学习的交流情况、激励实施、氛围营造、教学组织

---

① 　左萍、陈恬：《社会情感视角下的校长领导力发展》，载《中国教育报》，2018-11-14。

四个横向维度，对学校现实状况进行分析诊断。在此基础上，通过势态分析、绘制社区图、校内外多方参与、组织师生献计献策等方式，校长与师生共同制定基于社会情感学习的学校发展规划，共同建构学校发展的目标愿景，从而达成学校内部的价值共识及具体的行动落实计划，由此促发师生的使命感、价值感。

第三，引领学生社会情感能力的发展。校长应营造支持社会情感学习的校园氛围，激活师生的内在动力。例如，一所学校的校长长期坚持情境育人、全方位育人的理念。他借助学校的宣传栏、红领巾广播站、我的心愿箱、暖心宿舍等方式营造表达情绪情感的、激励参与的学习环境；通过每日问好、互致微笑、同伴支持、情绪管控等营造相互信任、和谐互助的师生关系、同伴关系；定期开展面向师生的社会情感学习专题教育及相关体验活动；及时表扬和肯定教师的工作成绩，让教师感到被尊重、信任、欣赏。在这样的氛围里，塑造学生自信、健康、乐观、向上的情感品格，激活师生的内在发展动力，推动学校内涵式发展。

第四，引领师生有效地教与学。校长的课程领导力是促使社会情感学习课程教学落地生根的最有力推手。校长应把社会情感能力和核心素养作为课程育人的抓手，以课堂实践为主要途径，带领骨干教师制定社会情感学习校本教研制度，把建设合作型教学团队、优化课程计划、聚焦于情感态度的教学设计、有效的校本教研纳入，以制度寓文化，以制度促变革，不仅使社会情感学习课程教学有情意，而且将社会情感学习理念和教学方法渗透于各学科课堂教学，使教师在教授中展现情感，让学生在学习时体验尊重、友爱、快乐和满足，课堂联结师生的社会情感，学校育人回归以学生为中心、以发展为根本。

第五，引领校内外支持性环境的建设。教师和家长作为学生发展过程中的重要他人，对学生社会情感能力的发展有重要的、直接的影响。例如，一名小学校长非常重视依靠重要他人的力量，为留守儿童60％以上的学生搭建多条家校联系路径：一是通过家长会、家长开放日、校长接待日、家访、家校亲子活动等直接与家长面对面地沟通交流，做好家长社会情感学习专题培训，提高家长的家庭教育能力；二是通过电话、短信、社交软件等多种形式向家长通报学生在学校学习进步、积极向上的好消息，展示学生社会情感学习的小成果，从而获得家长的支持与配合。在有良好互动的家校联系合作过程中，学生身在学校，情系家长，学习有依靠，情感有寄托，这有力促进了学生的学业发展、能力提升和核心素养的形成。

二、社会情感学习中的教师能力提升①

在社会情感学习项目实施过程中，教师必须扮演好三个角色。一是学生社会情感能力发展的引领者。大量研究表明，教师积极的情感、良好的人际关系和健康的人格是教师发挥育人职能最为核心的素养，只有获得了这些素养，教师才能有效促进学生的全面发展。二是学生社会情感能力形成的助推者。学生是处于发展中的人，需要教师作为榜样发挥感召作用。在教学中，教师是社会情感知识和技能的传递者，也是示范者；在校园氛围的创设中，教师通过营造和谐、温馨的氛围，通过与学生进行积极的情感互动，让学生对学校和班级产生安全感与信任感，为学生的成长提供情感力量支持；在家、校、社区合作中，教师是学校、家庭和社区之间的情感维系者，推动家、校、社区关系发展，最终促进学生社会情感能力发展。三是学生社会情感能力培养的践行者。在实践中，教师想要培育与发展学生的社会情感能力，首先自己必须是一名践行者。教师应提升自身的社会情感能力，成为学生的榜样。教师应全面看待自身的优点与缺点，悦纳自我；尊重他人，尊重差异，平等对待学生；信任学生，主动了解学生的发展需求；富有爱心、耐心和责任心，理解和包容学生；发现和赏识学生身上的优点；善于倾听，与学生进行有效沟通；认知与接纳自己所在的集体，遵守集体规范，积极维护集体荣誉；与家长进行有效沟通，与社区建立合作互助的良好关系。

在实践中，教师应结合自己的本职工作，在班级管理、师生关系、教学活动及家校协同育人等方面发挥自身作用。

一是优化班级管理。在班级管理中，首先，教师应以学生为中心，充分发挥学生积极主动性，建立民主的班级管理制度；其次，为学生营造温馨、友好、民主的班级氛围，让学生感受到民主、平等、安全、被重视，并信任教师，使学生愿意自由表达情绪，遇到困难时乐于向他人寻求帮助。这样一来，教室里少了刻板的学生守则，多了教师与学生共同商议确定的班级章程；教室的墙面上张贴令人感到亲切的学生作品与实时反映学生情绪变化的心情树，班级氛围变得更加有凝聚力。

---

① 李福灼、吴际：《教师发展，引领学生社会情感学习》，载《中国教育报》，2018-11-21。

　　二是建立积极的师生关系。教师逐渐认同并践行包括全纳、平等、尊重、理解等富有情感的行为，尝试接纳学生的喜悦、失落、犹豫等。这种教育姿态有助于建立良好的师生关系，进而引发学生愉快的情感体验，激励学生热爱学习。教师应敏锐觉察学生的情绪情感变化，扮演好学生情绪的疏导者、自尊的维护者、成功的欣赏者、富有激情的鼓舞者的角色。

　　三是有效开展教学活动。教师应为课堂注入情感力量，营造学生积极参与的氛围，欣赏与鼓励学生，提高学生的成就感；运用校本课程教材，对社会情感学习内容进行教学，使学生形成社会情感能力和态度，掌握相应的知识和技能。更为重要的是，教师应把社会情感的理念、知识、方法内化于学科教学中，有效促进学生社会情感能力的培养。

　　四是促进家校协同育人。教师要尝试创建新型家校合作模式，让家长充分融入学校的管理、与学校共同促进学生成长。例如，通过社会情感学习课堂，设计家长与学生共同参与的活动，可采用教育戏剧的形式，邀请家长参与并分享剧目背后的故事，让家长在参与活动后畅谈心情和体会，进行总结反思，增进亲子交流，从而达到改善家校沟通的目的，使家校合作从家长简单参与变为家校协同育人的新模式。

三、社会情感学习中的校本课程实施

　　课堂是培养学生社会情感能力的主阵地。借鉴英国社会和情感方面的学习项目的教学材料，考虑我国的教育与文化背景，结合我国中小学的教学和管理工作特点，社会情感学习课程教学材料产生，在学校开设包含"成长新起点""争吵与和好""向欺凌说不""向目标迈进""喜欢我自己""我周围的人""迎接新变化"七个专题的社会情感学习校本课程。并在借鉴国际经验的基础上，构建社会情感学习校本课程实施的四环节教学模式。

　　第一个环节：热身活动。在每一个主题开始之前，通过游戏、故事、图片、舞蹈等多种形式，帮助学生进入主题教学情景，放松身心，觉察自身在参与热身活动中的情绪，为后面的学习做好准备。

　　第二个环节：主题导航。在热身活动后，教师向学生清楚地介绍预期学习成果，用学生能够接受的语言陈述他们将学到什么，并一起想出成功的标准，在学生的情绪体验与主题所要学习的社会情感能力内容之间建立联结。

　　第三个环节：探究体验。这是培养学生社会情感能力的重要环节，教师采

用对话、角色扮演、讲故事、同伴支持、自我反思等方式设计探究体验活动，让学生在参与中探究问题解决的方法，发展社会情感能力。

第四个环节：总结反思。教师结合学生的讨论结果做必要的引领和提升，在学生描述个人学习体会的基础上，教师总结主题的核心知识点，引导学生在课后应用主题的学习内容解决生活中的实际问题。[①]

四、社会情感学习中的学校氛围建设[②]

第一，建设安全、有归属感的物质环境。安全整洁是学校氛围的基本要求。比如，保证学校建筑物的结构状况良好、场地安全，关注学生有可能遭到欺凌的隐蔽场所，等等。温馨适宜是学校氛围的进一步要求，如在学校门口张贴"欢迎加入快乐家园""让我们开始美好的一天"等温馨标语，使环境展示出对所有人的欢迎；以儿童视角来布置校园设施，如在操场上设置供学生休息的长凳，设置绿地供学生休闲等。学校要为师生提供共同参与、团结协作的群体活动场所，也要提供满足个性活动需要的场地。例如，提供儿童跳皮筋、踢足球等群体游戏需要的公共场所，同时也在楼梯间、阅读室等场所贴心地设置一些安静的区域；提供教职人员开会、讨论、交流的场所，也不忘为教职人员提供个人办公区域。听取教师对学校物质环境建设的意见和建议，让学生参与学校环境的设计和布置，使学生对学校产生更强的归属感。

第二，建设激励参与的学习环境。利用校园广播、宣传栏、墙体标语、展览架、文化墙、文化角等，对激励参与的学习环境建设进行宣传，争取教师和家长的认可与支持；营造积极参与的氛围，加强学风、教风和校风建设；通过教师研讨会，教师之间分享学习感想和实践心得，总结学校实践经验，为学生的参与提供实践的平台。同时，要聚焦于社会情感学习的核心理念，建设和完善学校的理念识别系统，使项目理念成为师生共同的价值观念，弘扬有助于学生社会情感能力发展的学风、教风和校风。

第三，建设信任和谐的人际环境。在社会情感学习课程及相关活动中，教师教给学生友善互动的技能及人际关系冲突的处理技巧，并开展同伴支持计划，形成良好的同伴关系。在所有课程中用具体的活动来促进师生关系的和谐，如在上课前学会问好，课堂上共同遵守尊重、理解、聆听、欣赏等行为准则。教

---

① 毛亚庆：《社会情感学习教学用书》，前言页，北京，北京师范大学出版社，2019。
② 江净帆、苏敏：《创设促进社会情感学习的学校氛围》，载《中国教育报》，2018-10-31。

师应能叫出每个学生的名字，不把学习成绩作为评价学生的唯一标准，尊重学生的差异性，关注学生的社会和学习行为，并经常给予积极回馈。学校的教职人员友善地对待彼此，在人际关系和冲突处理方面表现出互相尊重、包容理解。学校管理者尊重、信任、团结和赏识每一位教师，经常和教师进行平等的沟通交流，具有发展、开放的心态，给予教师持续、系统的专业培训，关注每一位教师的发展。教职人员和学校管理者的行为表现应为学生做出良好表率。

第四，建设自信尊重的情感环境。结合课程学习开展主题讲座，以及主题绘画、征文、演讲、手抄报等各类文化体验活动，表达、传播社会情感学习的核心理念。学校应注重学生和教职人员对公平、尊重、受重视的心理需要，通过日常活动或文化建设教给学生接纳和重视每一个人的情感并及时肯定和鼓励他人的成就，反对偏见和刻板印象，给予每一个人体验成功的喜悦和分享自身情感的机会。学校要重视对学生负面情绪的疏导，张贴提倡自制、化解愤怒等情绪行为的提示语，采取可行方法引导学生与教职人员交流所遇到的问题。学校应重视欺凌现象，开设多种举报欺凌事件的渠道；在学生休息时间及课外活动等场所安排教职人员巡逻，及时干预欺凌行为。

第五，建设开放民主的制度环境。打破传统教育惯常的刚性管理模式，倡导柔性管理。以学生为中心，通过积极鼓励、制定契约等方式，唤醒学生的主体自觉，将外部的强制约束变为主体的内部自律。例如，用"为了您的静静学习，我会做到脚步轻轻"等积极鼓励式标语取代"楼道间不准大声喧哗"等命令式、强制性标语。学校要设置制度建设与实施过程的反馈渠道，如校长信箱、校长开放日、教学开放日等，形成多元参与的开放式、民主化制度氛围，鼓励教师、学生、家长为学校的制度建设献计献策。制度内容要关注学生和教师的需求，充分考虑学生的年龄特征和发展特点，实现人文性和可行性。

第六，建设合作交流的校外环境。搭建家校交流平台，利用儿童节、家长开放日等主题活动，利用网站、社交软件等，促进学校与父母及其他监护人沟通学生的学习生活情况，分享处理问题的技巧，共同应对相关问题。搭建校际交流平台，在学生转学、升学的过程中，保持学生的社会情感学习信息在学校间的连贯性，彼此共享。学校要多措并举，使家长和社区成员共同参与学校氛围的创设，形成育人合力。例如，将他们纳入学校社会情感学习指导委员会，将他们的思想纳入学校发展愿景，校训、校歌、校徽等的设计融入他们的理想表述，等等。

五、社会情感学习中的家校合作①

学校作为一个开放的系统，应与家庭、社区密切联系，建立关注学生情感发展的家庭、社区与学校共赢的互动环境，可从五个方面着手。

第一，共定目标，即设立社会情感学习家校合作愿景。以制定促进学生社会情感能力发展的规划为抓手，学校打破以往将家校合作视为单元活动的传统观念，将社会情感学习作为战略突破口，把社会情感学习纳入家校合作工作体系。在愿景层面，培养学生的社会情感能力是家校合作的重要目标。在操作层面，学校成立由校长、德育副校长、班主任教师、社区代表和家长委员会成员等组成的学校发展规划执行委员会，将培养学生社会情感能力的家校合作工作纳入学校整体工作计划，并在校历中统筹安排。在这样的目标定位下，社会情感学习不再是一项独立的活动，家校合作也不再是单纯的日常工作，而是聚焦于育人、学校整体变革的途径，学校和家长双方均会受益。

第二，共提能力，即提升教师和家长的社会情感能力。教师和家长社会情感能力的提高可以有效地为儿童提供示范。学校通过家长学校、专题讲座等形式让家长意识到社会情感能力是在关系中构建和发展的，好的关系胜过许多教育。家长通过学习可以觉察自身情绪，并用无害的方式表达情绪，积极运用社会情感学习的方式与家庭成员沟通。例如，在感到十分生气、要对孩子发脾气时，不妨停下来休息片刻，等待恢复平静，也可以向孩子分享自己的感受，为孩子树立情绪管理的榜样。家庭成员在彼此互动中做到认同和接纳对方的情绪，鼓励自己和对方恰当地表达情绪，共同思考解决问题的方案，孩子会从家长间的良好沟通和亲密关系中受益。

第三，共通内容，即开展家庭中的社会情感学习活动。配合学校中开设的社会情感学习课程，与"喜欢我自己""向欺凌说不"等 7 个课程专题对应的 52 个家庭亲子活动被设计出来，且伴有《家长指南》，指导家长在家庭中开展社会情感学习活动，以实现家庭和学校社会情感学习内容的贯通。家长可以按照觉察孩子情绪、把握机会、倾听与认可、帮助孩子表达情绪、寻找问题解决方案和解决问题这六个步骤，与子女就"如何解决家庭冲突""如何赶走烦恼"等话题进行沟通，并且可以采用主题圆圈活动、设计"理想中的家"、互相学习一项新技

---

① 杜媛、毛亚庆：《家校共育，培养学生社会情感能力》，载《中国教育报》，2018-10-24。

能等多种形式。在活动中，家长需要充分尊重孩子的情感，不能告诉孩子应该怎么想或不要怎么想，且要学会与孩子共情，将孩子的处境转化为成人的相似处境来理解，避免批评、嘲讽或贬低。

第四，共享信息，即加强亲师间的社会情感学习双向沟通。学校通过培训，让教师在与家长沟通的过程中持积极、尊重、支持和欣赏的态度。教师能够及时分享在学校和课堂中发生的社会情感学习活动，主动与家长分享学生在学校中与其他同学相处、处理消极情绪等社会情感能力发展状况，主动赞美学生的进步，并主动向家长了解学生在家庭中社会情感能力的发展状况，与家长探讨与分析学生在这一过程中面临的困难及原因，分析可能采取的方法。此外，教师还应收集家长教育孩子的心得体会，在家长会上或通过校刊等方式进行经验分享。

第五，共建氛围，即创设积极的社会情感学习支持性氛围。学校中设有明确的欢迎家长来校的标志，并布置温暖、开放的家长来访空间，充分利用家长开放日、课堂开放日等机会，邀请家长来校观摩学校开设的社会情感学习课程。同时，根据相应主题，邀请家长成为学校社会情感学习课程的学习志愿者。此外，可充分利用"互联网＋"的优势，开设"社会情感学习"线上专栏，定期发布如何帮助孩子应对压力、如何帮助孩子理解和表达自己的感受等主题的公益宣传文章，从而帮助家长丰富对社会情感学习的认识，营造重视社会情感能力的社会氛围。

第六章　社会情感学习与学校管理改进的实践探索

　　2011 年起，教育部教师工作司与联合国儿童基金会合作，在西部 5 个省（自治区、直辖市）——重庆市、贵州省、云南省、广西壮族自治区、新疆维吾尔自治区——试点实施"社会情感学习与学校管理改进"项目，又在 2016 年将项目实施理念和经验扩大至东、中、西部 11 个省（自治区、直辖市）的 11 个辐射县（市、区）——重庆市云阳县、新疆维吾尔自治区库车县、贵州省贵阳市白云区、广西壮族自治区南宁市邕宁区、云南省沧源县、甘肃省环县、内蒙古自治区凉城县、湖北省麻城市、山东省曲阜市、青海省互助县、宁夏回族自治区盐池县，总共覆盖了 500 多所中小学校、20 余万名学生，开展了一系列富有成效和创新意义的实践探索，得到了英国北安普顿大学、美国研究学会（AIR）等国际专业团队的技术支持。之后，"社会情感学习与学校管理改进"项目的实践经验扩展到北京市顺义区、天津市东丽区等地区，推动了项目学校在管理制度、课程体系、教师专业发展、学校氛围建设等方面的创新。

第一节　学校社会情感学习综合管理变革规划

　　制定学校社会情感学习发展规划是在学校中开展社会情感学习综合管理变革的首要工作，具体包括：确立学校的社会情感学习愿景，分析学校的社会情感学习现状，成立学校社会情感学习实施指导委员会，制定学校社会情感学习综合管理变革规划，完善学校社会情感学习支持性制度。

一、确立学校的社会情感学习愿景

　　学校愿景是学校全体师生发自内心想要实现的愿望或景象，概括学校的未来目标、使命及核心价值，是学校最终希望实现的蓝图。① 愿景不仅是学校的日常行动方式，还是学校在追求未来蓝图过程中价值观的体现。在学校确立愿景的过程中，价值观是帮助人们迈向愿景的行为指南。愿景是一种意愿的表达，一种真心渴望的目标，一个较长期的行动计划；它既是可以被描述的，又是具有挑战性的。愿景是一个历久不衰的承诺，不会年年改变，更不会朝令夕改。学校愿景是学校文化的核心和灵魂，具有凝心聚力的作用，它把目前的事实、希望、梦想和机会融合在一起，从而勇敢地创造未来。

支持社会情感学习的学校以学生发展为中心，以社会情感学习为途径，以实现公平有质量的教育为根本。在这样的学校里，全体学生、教职人员和家长都相互尊重、理解和支持；全体学生、教职人员具有自信、乐观、积极向上的精神品质；学生拥有安全、健康、有保障的学习环境；学生被培养为健康活泼、自立自信、有领导气质与创新能力、有亲社会的集体意识与能力的公民；学校成为环境优美、人际关系和谐、师生健康快乐的学习型社区。

学校的社会情感学习愿景主要包括以下三方面的内容。

第一，学校的未来发展目标是让学校全体学生、教职人员和家长都能够相互尊重、理解和支持，都具有自信、乐观、积极向上的精神品质，都能够为学校发展贡献力量，使学校成为环境优美、人际关系和谐、师生健康快乐的学习型社区。

第二，学校的办学使命是培养健康活泼、自立自信、有领导气质与创新能力、有亲社会的集体意识与能力的公民。

第三，学校的核心价值包括全纳、公平与和谐。全纳就是容纳所有学生，反对歧视与排斥，促进积极参与，注重集体合作，满足不同需求，是一种没有排斥、没有歧视、没有分类的教育。公平就是做到有教无类，学生的受教育权利平等、受教育机会均等。和谐就是学校中的环境氛围、人际关系等内部各要素之间相辅相成、互助合作、互利互惠、互促互补、共同发展。

---

① 毛亚庆：《社会情感学习培训手册》，73 页，北京，北京师范大学出版社，2019。

案例 6-1

学校的社会情感学习愿景案例（一）

学校的社会情感学习发展愿景是：平等和谐，尊重理解，乐学自信。通过三年的项目实施，学校将成为所有人放飞梦想的精神家园。学生在互相尊重、互相理解、互相支持的环境中学习；教师以平和的心态引导学生体验学习的乐趣，鼓励学生自信表达，大胆展示自我。师生在平等和谐的氛围中学习生活。

关于核心价值，学校追求人的社会价值实现与个性化成长的统一，要在社会情感学习理念的引导下，提升学生的自信心和责任意识，使学生能够建立积极的人际关系，形成良好的情感和道德品质，有效地应对成长过程中的挑战，促进学生身心全面协调发展。

学校希望在三年的时间里达成下述目标。

第一，三年后，学校氛围更为宽松和谐，初步体现为课堂上师生关系民主平等，校园中人际交往友善和谐，学习中学生互助合作。所有在校学生的自信心得到加强，能够在课堂上大胆质难问疑，乐于、善于主动与人交往，自我管理能力强。

第二，到 2019 年年底，学校全体教师能熟练运用社会情感学习主题课的四个环节实施社会情感学习校本课堂教学。

第三，社会情感学习理念与侗族文化元素相融相通的特色校园文化建设取得显著成果。到 2017 年年底，体现儿童自信自强与协作精神的《侗族儿童科幻画册》编辑成册；到 2019 年年底，参照社会情感学习校本课程教学理念与流程的《侗族儿童科幻画》校本教材完成开发和出版。

（案例来源：广西壮族自治区三江县古宜镇中心小学）

案例 6-2

学校的社会情感学习愿景案例（二）

菜花小学创办于 1950 年，位于弥勒市城南 1 千米的甸溪河畔，是一所城郊农村寄宿制完全小学。学生来自全市的不同乡镇，几乎都是农村孩子，学生自卑、胆怯的心理较为普遍。基于此，菜花小学确立了基于社会情感学习理念的学校发展愿景：菜花朵朵香，自信放光彩。旨在培养全体师生有爱心、负责任、善思考、能合作、有毅力、心态阳光等核心品质，决不放弃任何一个学生，使每个菜花人阳光、自信地生活、学习和工作，对未来充满信心。

（案例来源：云南省弥勒市弥阳镇菜花小学）

在学校中，愿景不是由领导直接提出的，也不是源自学校的正规计划的。单方面制定下达的愿景即使无比正确，也难以激发教师的热情、活力和奉献精神。愿景是通过分享、辩论、质疑逐渐明晰并深入人心的。愿景可以来自领导者，也可以来自一些普通个人，还可能在许多不同层面的人的相互交往中生长出来。领导者常常是愿景的发起者，领导者要学会把个人的愿景变成大多数人的共同愿景。在这个过程中，领导者不能损害个人的自由，不能强迫其部属顺从。领导者可以做的是通过自身的权力和资源来创造氛围、激发个人的愿景。最直接的办法就是有愿景的领导者不断地分享自己的个人愿景，并在分享自身愿景的同时鼓励大家分享各自的愿景，使愿景扩展，超越个人层面。

只有在大家深信自己能够塑造未来时，愿景才能成为一种生机勃勃的力量。愿景的传播是因为不断增加的清晰度、热情、沟通、承诺和投入，这种正反馈的过程依赖于组织中人与人的信任，这种信任有利于建立起一种开放的、宽容的组织氛围和人际关系，使人们可以在讨论共同愿景的过程中不断增加愿景的清晰度，从而激发个人对愿景的承诺与投入。

二、分析学校的社会情感学习现状

分析学校的社会情感学习发展现状的方法主要有态势分析法、问题排序法、问题树分析法等。

1. 态势分析法

态势分析法是对与学校发展密切相关的各种内部的优势、劣势以及外部的机会和威胁等进行态势分析。通过调查列举出影响学校发展的各个因素，并按照矩阵形式排列，然后用系统分析的思想，把各种因素相互匹配并加以分析，从中得出一系列的结论。这种方法可以对研究对象所处的情景进行全面、系统、准确的研究，有利于后续制定相应的发展战略、计划及对策。

在学校评估中，态势分析法可以帮助学校系统地分析所拥有的优势、劣势、机会和威胁，进而帮助学校在制定战略规划时准确地自我定位，最大限度地利用内部的优势和环境中的机会，避开威胁，降低风险。在社会情感学习学校建设中，还需要从社会情感学习的基本理念出发来评估学校。

案例 6-3

学校社会情感学习现状的态势分析案例

　　优势：学校一直秉承办学"三风"，即校风——守纪、礼貌、勤奋、和谐，教风——爱生、敬业、善导、合作，学风——认真、勤学、刻苦、拼搏；学校一直在努力践行教育理念，全体教师言传身教，尊重学生的基本权利，平等对待每一个学生，不抛弃、不放弃，特别是对有特殊需要儿童给予较大的关注和帮助，绝大多数学生喜欢自己的教师，大部分教师爱岗敬业、教书育人、立德树人；土桥村委会远离竹园镇中心，各种娱乐设施较少，对学生的影响不大；大部分家长教育意识较强，理解支持学校工作。

　　劣势：一是学校工作千头万绪、杂乱繁多，有时连正常的教学工作都难以保证(主要是学校校长)，为应付各种检查、上交各种材料而忙得不可开交，用于研读社会情感学习理论材料、践行社会情感学习的时间较少；二是一部分教师仍以分数为重，只忙于教学或其他事，对社会情感学习工作不主动，学校让做什么就做什么，应付式工作，使实施质量大打折扣；三是教师老龄化严重，部分教师对社会情感学习的实施有抵触情绪，发牢骚，应付了事，一知半解，等等；四是家长的社会情感能力培训难度大，家校合作教育效果不明显。

　　威胁：纵观我国现代教育，受一些不良风气的影响，部分教师在工作上出现了这样或那样的问题，从教思想模糊了，进取意识懈怠了，从教初衷淡漠了，给学校的持续发展带来不小的负面影响；部分家长亲社会能力差，不能成为孩子的榜样；留守儿童不断涌现，孩子从父母那里得到的爱与关心大量减少，极少部分学生的心理出现了问题；学校虽然成立了家长委员会，但其运作还缺乏经验，家、校、社区无法形成合力，产生不了动力；学校没有医务室及专兼职的医务人员，无法给予突发疾病或意外受伤的学生及时的治疗或处理；学校虽设立了专门的心理咨询室，但缺乏专职心理健康辅导教师；各班级各自为政，效果并不理想；学生会受社会各方面的影响，进入社会大熔炉，这会在一定程度上制约、消减学校好不容易在学生身上建立起来的社会情感能力；大的社会情感学习支持性环境还没有形成，教师及家长的社会情感能力参差不齐，这为"社会情感学习与学校管理改进"项目在学校的开展带来了严峻的考验和挑战。

机会：社会情感学习进校园是助推学校发展的一件大好事、大喜事，是功在当代、利在千秋的大事；学校的主要工作是立德树人，培养德智体美劳全面发展的社会主义事业建设者和接班人，社会情感学习在学校的开展就是践行这一教育核心理念的过程。

（案例来源：云南省弥勒市竹园镇土桥小学）

2. 问题排序法

学校在社会情感学习发展过程中会遇到不少问题，问题有轻重缓急，学校应从中确定一段时期内需要重点解决的核心问题。确定核心问题的一个简便可行的方法就是排序。问题排序法是把同类事物（如学校面临的问题）通过相互比较区分出先后次序的方法。这里介绍两种排序方法，一种是对比排序，另一种是优先排序。

对比排序：通过问题之间的两两对比，对其重要性或可行性做出合乎情理的判断，对比时可运用表 6-1。

表 6-1　对比排序问题分析表

项目	问题 1	问题 2	问题 3	问题 4	问题 5	问题 6	问题 7
问题 1							
问题 2							
问题 3							
问题 4							
问题 5							
问题 6							
问题 7							
打分							
排序							

优先排序：主要用于确定核心问题，如果问题数量不多（不多于 6 个），采用优先排序法则更易于处理访谈材料及数据。

3. 问题树分析法

问题树是一种基于参与式问题讨论的工具，是一种用图画的形式分析问题的方法，主要用来分析问题产生的原因及其导致的结果，并使人看到其中的联系。它可以形象地表明问题的因果关系，目的在于帮助人们通过探讨原因、结果和解决方法之间的关联来分析问题，并鼓励人们讨论更广泛的问题解决方法。它的基本操作程序是：从问题的现状分析入手，进而分析导致这一现状的原因，以及对今后长远发展所造成的制约和负面结果。用问题树分析法分析学校实施社会情感学习项目的问题主要体现在四个方面。

第一，用来分析问题，找出问题的原因和导致的后果，同时还可以发现更多的相关问题。

第二，帮助归纳和总结参与问题讨论的成员的观点和看法，有助于明确主要问题。

第三，找出问题和原因之间的逻辑联系，并看到问题的实质，进而讨论和归纳解决问题的种种可能的办法。

第四，看到如果问题不解决就会导致的严重后果，有助于加强对问题严重性的认识，并增强解决问题的紧迫感。

在学校实施社会情感学习项目时，问题树分析法一般和其他工具结合起来使用，如排序、归类等，通常是对排序后产生的需要优先解决的问题做问题树分析。问题树是这种方法的形象称呼，在这棵树中，问题是树干，产生的原因是树根，导致的结果是树冠。

三、成立学校社会情感学习实施指导委员会

社会情感学习来自对他人行为的观察和体验，学生社会情感能力的提升不仅需要学校教育的重视，还需要家长、社区及周围人群的共同努力。在我国近年来社会转型的过程中，农村儿童的社会情感能力发展问题值得全社会的关注。如何对家庭和社区做好社会情感教育、利用好家庭和社区教育资源是必须思考的问题。学校尽管责无旁贷但确实负担沉重，因此，学校需要考虑如何动员足够的社会力量来参与学生社会情感能力发展的教育。建立学校社会情感学习实施指导委员会既符合当前公共事务的治理理念，也是学校应力图扩大的学校功能。

社会情感学习实施指导委员会是保障学校社会情感学习顺利实施的管理机

构，起着引导与监督两方面的作用。① 委员会的成员不仅要关心学校社会情感学习事业，还要身体力行地做好社会情感学习在学校中的实施。一般而言，实施指导委员会的主要成员包括：校长、村委会负责人、学生代表（男女比例适当）、教师代表（要有班主任、大队辅导员）、家长代表（男女比例适当）。

社会情感学习实施指导委员会的主要工作应关注以下几个方面：①对社区进行广泛调查，了解学生在社区与家庭生活中遇到的问题与行为表现，特别要关注处境不利儿童的身心发展，如留守儿童、身体残障儿童及有孤独症等心理疾病的学生；②了解学生的发展需求，广泛调查了解学生的行为表现，将学生的表现与需求汇总；③寻找解决问题的方法与途径，特别是如何通过社会情感学习的推行帮助学校或学生解决问题；④形成学校社会情感学习实施的行动计划与具体方案，最后形成社会情感学习实施文本；⑤以班级为单位，跟踪督促与指导社会情感学习的实施。

社会情感学习实施指导委员会的维系首先需要父母、长辈对孩子的爱，学校通过与社区、家长沟通，让他们理解社会情感学习；其次需要学校持续的影响力，学校是专业的教育机构，要建立自身的权威感、信任感，感召各方聚集在学校的周围，为社会情感学习贡献力量；最后要寻求相关部门的支持，与教育部门、妇联、少工委组织、共青团组织及各种专项工作办公室等建立联系，统筹整合资源，使学校的社会情感学习工作得到资源支持。

四、制定学校社会情感学习综合管理变革规划

学校社会情感学习综合管理变革规划包括六个部分：一是学校社会情感学习发展愿景；二是学校社会情感学习发展现状；三是学校社会情感学习综合管理变革思路；四是学校社会情感学习综合管理变革具体措施；五是学校社会情感学习综合管理变革行动计划方案，即依据学校开展社会情感学习综合变革的实施阶段、各个阶段的工作目标及工作内容，学校列出开展每项工作的具体事项，说明工作负责人、工作时间、实施条件、预期的实施效果及实施保障；六是学校社会情感学习综合管理变革保障措施。

---

① 毛亚庆：《社会情感学习培训手册》，81页，北京，北京师范大学出版社，2019。

案例 6-4

学校社会情感学习综合管理变革规划案例(一)

Ⅰ. 学校社会情感学习发展愿景

学校愿景：促进儿童的全面发展，通过学校管理、教育教学、家校合作等支持性环境建设，在校内外形成相互尊重、理解和支持的人际关系与积极氛围，帮助学生在学校和社会生活中获得发展所必需的对自我、对他人、对集体的认知与管理的意识、知识和技能，培养学生的自信心、责任意识，使学生建立积极的人际关系，形成良好的情感和道德品质，有效地面对成长过程中的挑战，促进学生身心的全面协调发展。

菜花小学创办于1950年，位于弥勒市城南1千米的甸溪河畔，是一所城郊农村寄宿制完全小学。学生来自全市的不同乡镇，几乎都是农村孩子，学生自卑、胆怯的心理较为普遍。基于此，菜花小学确立了学校发展愿景：菜花朵朵香，自信放光彩。旨在培养全体师生有爱心、负责任、善思考、能合作、有毅力、心态阳光等核心品质，决不放弃任何一个学生，使每个菜花人阳光、自信地生活、学习和工作，对未来充满信心。

Ⅱ. 学校社会情感学习发展现状

优势：学校校风正、学风浓，学校文化有基础，群众基础也较好；学校拥有一支爱岗敬业、关爱学生、具备专业素质的教师队伍，教师尊重学生的基本权利，平等地对待每一个学生，能给学习困难的学生更多的关注，绝大多数学生喜欢自己的教师，教师能处处以身作则，大部分教师阳光、自信，力所能及地参与学校的各项工作；绝大多数学生家长支持学校工作。

劣势：学校工作繁杂，应对各种检查与研究社会情感学习在时间上相冲突；从外部环境看，行政上的束缚较多，导致学校的管理被动，个性化没有得到体现；教师对社会情感学习的认识不到位，总认为会影响自己的教育教学工作，畏难情绪严重，有的教师责任心不强，对教师职业本位认知不够，缺乏广泛的内在认同，工作始终处在应付状态。

威胁：教师普遍存在职业倦怠感，工作情绪低落，心浮气躁，缺乏耐心，处理事情简单粗暴；多数家长往往只关注孩子的学习成绩，对孩子的心理需求缺乏关心，这些不良的情绪和行为会迁移到学生身上，损害学生的身心健康；

部分家长的亲社会能力差，不能成为孩子的榜样；家长委员会虽成立，但其运作还缺乏经验，社区、家庭、学校的联系不够充分；没有专门的心理咨询室及专职心理健康辅导教师给予心理出现问题的学生及时的疏导。

Ⅲ. 学校社会情感学习综合管理变革思路

菜花小学紧紧围绕办学理念——培养孩子对未来的信心，积极开展对学校文化主题的探索，自下而上逐步形成"菜花朵朵香，自信放光彩"的学校文化主题，旨在培养全体师生有爱心、负责任、善思考、能合作、有毅力、阳光心态等核心品质，使每个菜花人自信、阳光地生活、学习和工作，使师生对未来充满信心。

文化引领：加强学校"菜花朵朵香，自信放光彩"主题文化建设，积淀学校社会情感学习文化底蕴。一要健全社会情感学习价值文化，二要探索社会情感学习环境文化，三要充实社会情感学习活动文化。

管理保障：一是强化社会情感学习管理，创建社会情感学习特色学校；二是加强社会情感学习校本课程教学管理，突出社会情感学习校本课程教学过程管理，落实全面质量管理；三是强化后勤管理，增强"三个意识"，即服务意识、安全意识、效能意识，实现"两个到位"，即管理到位、服务到位。

队伍支撑：加强社会情感学习教师队伍建设。一是加强社会情感学习干部队伍建设，努力打造思想上想干事、能力上会干事、效能上干成事的社会情感学习干部队伍；二是加强社会情感学习教师队伍建设，打造爱岗敬业、乐于奉献、奋发有为、素质精良的社会情感学习教师群体和教学技艺精湛的社会情感学习骨干教师队伍。

科研突破：在研究中积淀底蕴。一是目标认同，全体教师统一目标，自觉、主动地投入社会情感学习科研的怀抱，让科研成为全体教师的工作方式，让科研成为全体教师的成才之路；二是措施扎实，加强学校社会情感学习教研组、社会情感学习课题组的建设管理，强化工作职能，完善有效机制，促进课题研究高效运作；三是树牌立名，以社会情感学习课题研究推动特色创建，打造社会情感学习学校品牌。

Ⅳ. 学校社会情感学习综合管理变革具体措施

ⅰ. 学校管理

各年的具体目标如下。

2016 年，建立学校社会情感学习管理、考核的规章制度，对全校教师进行培训，认识社会情感学习的三向六因素，让每位教师真正理解社会情感学习对整个学校、对学生、对自身的发展意义。积极构建物理环境，营造温馨、舒适、向上的社会情感学习学校氛围。

2017 年，强化社会情感学习学校管理意识，运用社会情感学习课堂模式，规范社会情感学习校本课程教学管理行为，探索出菜花小学社会情感学习校本课程教学管理模式。

2018 年，将爱生学校理念、社会情感学习理念渗透于学校管理的全过程，渗透于各学科的教学过程，营造和谐向上的社会情感学习学校管理文化，并向周围辐射。

2019 年，进行项目拓展，积极探索出一条社会情感学习与班级管理特色之路。

措施有四方面。

一是深化发展社会情感学习学校管理理念。

强调人本管理，渗透社会情感学习学校理念。在管理过程中渗透可持续发展的思想。

二是完善社会情感学习学校管理体制。

管理组织机构建设：学校进一步推行校长领导下的三级负责制（校长—主任—组长）及社会情感学习教研组核心组织建设，加强学生的自主管理。形成高效的管理运行机制：学校实行校长领导下的分层管理，多渠道培养社会情感学习骨干。健全学校管理规章制度：按照人本管理要求，进一步完善、修订学校各项条例、岗位职责、考核办法、各部门规章制度和奖惩办法，使之更加合理化。

三是营建学校管理的内外部环境。

利用社区领导干部会议，加强社会情感学习理念宣传培训，扩大学校影响，争取社会力量的支持。利用每学期家长会进行社会情感学习理念宣传培训，争取家长的理解与支持，同时提高家长的社会情感能力。尊重教职人员、学生的主体地位，体现学校管理的人文关怀、民主特征。让学校每个角落都能体现社会情感学习元素。

四是探索社会情感学习与班级管理特色之路。

将社会情感学习理念渗透于班级管理,分别从班级制度、班级活动、班级氛围、班级文化四个方面开展研究,形成莱花小学社会情感学习与班级管理特色。

ⅱ. 教师社会情感能力提升

一是加强社会情感学习理念学习,让学习成为教师的一种习惯。

要求教师做到"四勤"(勤读、勤做、勤思、勤写),熟知社会情感学习的三向六因素(自我认知、自我管理、他人认知、他人管理、集体认知、集体管理)。

二是立足于社会情感学习课堂,让研究成为教师的自觉行为。

重视学习:学习理念,提高理论修养,以指导社会情感学习课堂实践。重视实践:自我实践社会情感学习校本课程,灵活运用社会情感学习课堂模式,提高课堂驾驭能力。重视研究:组建蓝、黄、绿三个教研组,各任课教师根据教研组课题方案制订相应的研究计划,并使之流程化(有课题、有研究、有论文),体现一体化、同步性、综合化的内涵。重视反思:提倡及时性教学反思(思维性、纪录性、总结性等),在反思社会情感学习课堂教学的过程中,每位教师不断成长,逐渐走向成熟,成为骨干。

三是强化考核,让激励成为教师的成长动力。

加强对培训工作的管理,落实培训工作的每一个环节。加强管理,使培训工作按规划正常、有序、高质量地开展。制定并严格执行教师培训管理规章制度。加强考核力度,进一步完善机制,激励教师积极主动参与培训,提升自我发展的要求和动力。通过完善社会情感学习的教师评优和管理制度,强化教师的岗位意识,促进教师社会情感能力不断提高,真正让激励成为教师成长的动力。

ⅲ. 有效教学

坚持以社会情感学习的理念为指导,紧紧围绕校级工作目标,以教育科研为先导,以提高社会情感学习课堂教学质量为重点,认真探索和研究教学方式和方法;大力开展校本研究,加强社会情感学习教师队伍建设;强化学校的辐射作用,为学生社会情感能力的提高打下基础。

一是加强校本培训,促进教师发展。

在学校"莱花朵朵香,自信放光彩"厚实文化底蕴的支撑下制定详细的方案,组织全体教师学习社会情感学习理论。每学期开展社会情感学习培训活动,教师做好学习摘录，写好心得，并在社会情感学习总结会上交流。

进一步规范社会情感学习教研组活动内容，充分发挥教师的研究主体性，让教师注重反思，形成研究氛围。由市级、校级专家提供适当的专业指导，并且建立完整的社会情感学习教研制度。

二是构建智慧课堂，搭建发展平台。

示范课例，引领教师。通过示范引领，让教师通过对照自己平时的课堂教学与名师的教学找到差距，明白要构建一个开放、充满活力的智慧课堂，就必须实现教学目标、教学结构、教学方法、教学组织的转化，从学生个体学习向集体共同学习转化。

同题作课，精益求精。要求同一备课组的教师上同一课，先上的教师抛砖引玉，后上的教师进行揣摩、修改，以达到精益求精，使所上之课一节比一节成熟、精彩。

课堂比武，促进提高。通过说课、赛课等形式，使一大批教师脱颖而出，并使教师进一步明确提升自己的业务能力和社会情感能力的方向。

专题研究，深化课改。为使社会情感学习教研课真正起到共同研究、共同提高的作用，举行分主题、分年级的专题教学研究，各教研组在具体操作过程中要体现"群体研究—个体展示—全校听课—代表说课—他组评议"的流程，让所有参与教师充分体验各年级、各专题课型的教学方法，围绕社会情感学习课堂模式的四个步骤（热身活动、主题导航、探究体验、总结反思），提高自身深入研究的能力，让学生在身心愉悦的情况下合作探究，实现师生互动、全员参与。

联片教研，共同发展。每学期坚持与本乡镇或外乡镇项目学校开展联片教研活动，为教师搭建相互学习、相互交流、相互借鉴、共同提高的平台，加强项目学校校际联系与交流，共享推进社会情感学习课堂的成功经验，促进项目学校间的智慧交流，实现资源共享。这有助于提高教师的社会情感学习校本课程教学能力，为项目整校推进、整合学校资源（七所项目学校共同完成校本课程七个专题的演示文稿制作）、促进学校社会情感学习课堂教学深层发展奠定坚实的基础，增进学校之间的友谊。

Ⅳ. 家校合作

分别成立学校、班级家长委员会，每学期培训一次；每学期举行社会情感学习家长培训会、亲子活动、家长开放日活动，让家长参与学校管理，为学校出谋划策；召开项目优秀家长评选会，每学年进行表彰；总结家校合作的成功经验，收集整理典型案例。

Ⅴ. 学校社会情感学习综合管理变革行动计划方案

表 6-2　菜花小学社会情感学习综合管理变革行动计划方案

阶段	目标	内容	具体事项	负责人	时间	实施条件	实施效果	实施保障
准备阶段	确立愿景	讨论共同愿景，激发教师的承诺与投入。	组织教师学习社会情感学习的基本概念。	×××	2016年1月	学校开展培训。	明确任务，确立愿景。	邀请省市级专家指导。
			组织教师认识社会情感学习视角下的学生。			学校开展培训。	明确任务，确立愿景。	邀请省市级专家指导。
			组织教师学习社会情感学习如何在学校实施。			学校开展培训。	明确任务，确立愿景。	邀请省市级专家指导。
			组织教师讨论社会情感学习视角下的校长。			学校开展培训。	明确任务，确立愿景。	邀请省市级专家指导。
			组织教师认识社会情感学习视角下的教师。			学校开展培训。	明确任务，确立愿景。	邀请省市级专家指导。
			培训家长的社会情感能力。			学校开展培训。	明确任务，确立愿景。	邀请省市级专家指导。
	学校承诺	学校负责人倡导实施社会情感学习，并做出承诺。	制定菜花小学社会情感学习活动考核方案。	×××	2016年1—2月	制定考核方案。	让老师了解考核内容。	领导小组研究。
			制定菜花小学社会情感学习活动奖励方案。			制定奖励方案。	激励教师做好工作。	领导小组筹措资金。

续表

阶段	目标	内容	具体事项	负责人	时间	实施条件	实施效果	实施保障
准备阶段	社会情感学习现状评估	组织调查学校社会情感发展的需求。	各校开展教师调查工作。	×××	2016年3月	有序组织开展。	汇总归纳材料。	校长督导检查。
			各校开展学生调查工作。	×××		有序组织开展。	汇总归纳材料。	校长督导检查。
			各校开展家长调查工作。	×××		有序组织开展。	汇总归纳材料。	校长督导检查。
		认识学校社会情感学习的既有资源与问题。	成立项目领导小组。	×××	2016年3月	领导重视。	领导重视。	领导小组督导检查。
			整理汇总学校社会情感学习已有的资源。	×××		发现优点。	制成材料发给教师。	领导小组督导检查。
			整理汇总学校开展项目存在的问题。	×××		查找不足。	制成材料发给教师。	领导小组督导检查。
制度建设阶段	社会情感学习组织建构	建设学校社会情感学习指导委员会(或领导小组)。	成立社会情感学习指导小组。	×××	2016年3月	领导重视。	领导重视。	领导小组研究确定。
			成立社会情感学习家长委员会。			分工明确。	分工明确。	学校研究确定。
	制订社会情感学习行动计划	制订责任到位、可操作、可执行的行动计划。	制定菜花小学社会情感学习专家组奖励方案。	×××	2016年3月	激励。	激励。	领导小组研究确定。
			制定菜花小学社会情感学习教师奖励方案。			激励。	激励。	领导小组研究确定。
			制定菜花小学社会情感学习家长奖励方案。			激励。	激励。	领导小组研究确定。
			制订菜花小学社会情感学习行动计划。			明确目标。	明确目标。	领导小组研究确定。

续表

阶段	目标	内容	具体事项	负责人	时间	实施条件	实施效果	实施保障
制度建设阶段	完善各项支持性政策	提供社会情感学习行动的基础条件及保障制度（如政策、资金、时间、人员等）。	审核菜花小学社会情感学习专家组奖励方案。	×××	2016年3—4月	激励。	激励。	领导小组研究确定。
			审核菜花小学社会情感学习教师奖励方案。			激励。	激励。	领导小组研究确定。
			审核菜花小学社会情感学习家长奖励方案。			激励。	激励。	领导小组研究确定。
			制定菜花小学督导检查登记表。	×××		认真督查。	及时反馈。	领导小组督查。
			制定菜花小学学期考核成绩登记表。			严格考核。	便于操作。	领导小组考核。
执行阶段	社会情感学习校本培训	进行全方位、多层级的主题培训与指导，提升师生社会情感学习理解程度和行动能力。	开展教师社会情感学习培训。	×××	每学期初	强化培训。	提高认识。	邀请省市级专家指导。
			开展校际手拉手活动，互相学习。	×××	每学期1次	校际交流。	相互学习。	邀请省市级专家指导。
	社会情感学习课程教学	开发分学段逐级上升的社会情感学习课程，并在全校推广。	成立社会情感学习授课教师组（蓝、黄、绿）。	×××	2016年3月	有序组织开展。	校本课有特色。	邀请省市级专家指导。
			开展校本课型研究，打造优质课型，开展联片教研。		每年3—12月	有序组织开展。	校本课有特色。	邀请省市级专家指导。
			展示优质示范课。		每年5月、11月	有序组织开展。	校本课有特色。	邀请省市级专家指导。

续表

阶段	目标	内容	具体事项	负责人	时间	实施条件	实施效果	实施保障
执行阶段	社会情感学习主题活动	开展从学校到班级的社会情感学习主题活动。	以的优质课为基点，开展校本教学活动。	×××	每年3—12月	有序组织开展。	有特色。	邀请省市级专家指导。
			以教研组为单位开展主题研究（蓝、黄、绿）。	×××	每年3—12月	有序组织开展。	有特色。	邀请省市级专家指导。
	社会情感学习环境创设	创设社会情感学习特色氛围，有醒目的社会情感学习标志与宣传。	制作宣传材料并发放。	×××	2016年1—12月	有序组织开展。	有特色、宣传到位。	邀请省市级专家指导。
			制作宣传展板、有社会情感学习元素的文化墙。	×××	2016年1—12月	有序组织开展。	有特色、宣传到位。	邀请省市级专家指导。
			以社会情感学习为主题制作校刊。	×××	每年1期	有序组织开展。	有特色、宣传到位。	邀请省市级专家指导。
	社会情感学习课堂渗透	在日常学科教学中渗透社会情感学习理念和技术	在学科中全面推进社会情感学习理念。		2017—2019年	有序组织开展。	让师生参与其中。	邀请省市级专家指导。
			各组推选优秀课型参加竞赛。	×××	每学期1次	有序组织开展。	让师生参与其中。	邀请省市级专家指导。
			表彰优秀社会情感学习教师。		每年年末1次	有序组织开展。	让师生参与其中。	领导小组督查。
	社会情感学习家庭教育	建立与家庭和社会合作的机制	开展家长培训。		每学期1次	有序组织开展。	家校合作效果明显。	领导小组督查。
			通过家长学校、家长开放日、亲子活动、家访等活动建立家校合作机制，让社会情感学习获得家长的关注。	×××	每学期有针对性地举行1或2次	有序组织开展。	家校合作效果明显。	领导小组督查。
			评选优秀社会情感学习家长。		每年1次	有序组织开展。	家校合作效果明显。	领导小组督查。

续表

阶段	目标	内容	具体事项	负责人	时间	实施条件	实施效果	实施保障
评估与反馈阶段	社会情感学习的总结	采用有仪式感的总结方式和启动方式,开展阶段性、学期、学年总结。	每学期开展1次总结活动,活动可以是经验交流,也可以是沙龙、论坛。	×××	每学期1次	有序开展。	总结提升。	邀请省市级专家指导
			每学年开展1次考核,根据考核方案表彰优秀专家、优秀教师、优秀家长、优秀学生。		每年1次	有序开展。	激励。	邀请省市级专家指导。
			领导小组组织专家组开展总结,发现亮点,找出不足,同时制定下年的活动内容。		每年1次	有序开展。	反思。	邀请省市级专家指导。
	社会情感学习监测及应用	评价社会情感学习实践结果,并利用评估结果进行改进。	整理归档材料。	×××	每学期1次	有序开展。	总结提升。	邀请省市级专家指导。
			根据学校的评估方案,进行全面评估。		每学期1次	有序开展。	总结提升。	邀请省市级专家指导。
			根据评估结果,给出整改意见,制定整改方案		每学期1次	有序开展。	总结提升。	邀请省市级专家指导。
	修订并完善社会情感学习行动方案	根据实践经验和研究,不断修订和调整社会情感学习计划。	组织教师撰写教研论文及心得体会。	×××	每学期1次	有序开展。	论文集。	邀请省市级专家指导。
			组织整理项目开展的特色材料。		每学期1次	有序开展。	总结提升。	邀请省市级专家指导。
			专家组开展测评。	×××	每学期1次	有序开展。	总结提升。	邀请省市级专家指导。
			根据本校实际调整社会情感学习计划,力求在本校被做出特色。		每学期1次	有序开展。	创建特色。	邀请省市级专家指导。

续表

阶段	目标	内容	具体事项	负责人	时间	实施条件	实施效果	实施保障
项目拓展	探索班级管理之路	将社会情感学习理念渗透班级管理，构建社会情感学习与班级管理框架。	探索社会情感学习与班级管理框架，开展班级制度、班级活动、班级氛围、班级文化研究，形成茉花小学社会情感学习与班级管理特色，总结特色，辐射周边学校。	×××	2019年9—12月	有序组织开展。	创建特色。	邀请省市级专家指导。

Ⅵ. 学校社会情感学习综合管理变革保障措施

成立学校实施专家组。组长为校长。副组长为副校长，教导主任。组员为"社会情感学习与学校管理改进"项目负责人，少先队大队辅导员，绿色教研组组长，黄色教研组组长，蓝色教研组组长，校园文化负责人，总务主任。

将语文组设为社会情感学习办公室，设办公室主任，负责茉花小学项目实施全程的协调、检查、监督工作。以下工作安排专人负责：培训，督导，发布简讯，表彰优秀教师、学生、家长，总结工作；制定茉花小学项目实施方案、计划、培训方案、考核方案、奖励方案等；宣传、整理材料，处理日常业务，组织教师团队撰写文章并整理成册，展示成果；家长培训，优秀家长评选，家校合作材料收集整理；校本课程研究，开发本土课程，具体负责学科渗透；学校物理环境文化建设；项目实施的经费保障。

成立由社区领导、学校领导、教师代表、家长代表、法制副校长组成的社会情感学习实施指导委员会，确保项目顺利实施。

制度保障：依据学校的办学纲领，规范办学，建立健全规章制度，进一步落实岗位责任制，不断创新长效管理机制，切实做到有章可循、有规可依，保障规划顺利实施。

自评机制保障：学校建立自评机制，每年对规划内容和各项工作进行自评，针对自评结果对学校发展目标进行调整，并及时跟进调整后的落实方案，保证规划的有序、有效实施。

监督保障：请学校责任督学不定期来校指导；切实发挥教代会的民主决策

和监督作用，进一步加强校务公开，不断拓宽校内外民主监督渠道；充分发挥家委会的作用，定期听取社区、居民的意见和建议。

经费保障：加大资金投入力度，将有限的资金投入最重要、最急需解决的工作项目，每年抓一个重点，确保规划顺利实施。

（案例来源：云南省弥勒市弥阳镇菜花小学，根据需要略有修改。）

案例 6-5

学校社会情感学习综合管理变革规划案例（二）①

Ⅰ. 学校社会情感学习发展愿景

学校的社会情感学习发展愿景是：平等和谐，尊重理解，乐学自信。通过三年"社会情感学习与学校管理改进"项目的实施，学校将成为所有人放飞梦想的精神家园。学生在互相尊重、互相理解和互相支持的环境中学习；教师以平和的心态引导学生体验学习乐趣，鼓励学生自信表达、大胆展示自我。师生在平等和谐的氛围中学习生活。

核心价值：学校追求人的社会价值实现与个性化成长的统一，在社会情感学习理念的引导下，提升学生的自信心和责任意识，培养能够建立积极的人际关系，具有良好的情感和道德品质，能有效应对成长过程中的挑战，身心全面协调发展的学生。

学校希望在三年的时间里达成下列目标。

三年后，学校氛围更为宽松和谐，初步体现为课堂上师生关系民主平等，校园中人际交往友善和谐，学习中学生互助合作。所有在校学生的自信心得到加强，能够在课堂上大胆质难问疑，乐于、善于主动与人交往，自我管理能力强。

到 2019 年年底，学校全体教师能熟练运用社会情感学习主题课的四个环节实施社会情感学习校本课程的教学。

社会情感学习理念与侗族文化元素相融相通的特色校园文化建设取得显著成果。到 2017 年年底，体现儿童自信自强与协作精神的《侗族儿童科幻画册》编辑成册；到 2019 年年底，参照社会情感学习校本课程教学理念与流程的《侗族儿童科幻画》校本教材完成开发和出版。

---

① 该案例仅展示了规划的前四个部分。

Ⅱ. 学校社会情感学习发展现状

学校位于三江县古宜镇河西社区，是一所乡镇学校，生源为全镇城区所有适龄儿童及进城务工人员子女。学校现有教学班 45 个，学生 2626 人，其中进城务工人员子女占 80％。教职人员 88 人，一级教师 77 人，二级教师 11 人，中级职称及以上教师所占比例为 87.5％。学校占地面积为 16740 平方米，校舍建筑面积为 3652 平米。学校设有仪器室、实验室、图书阅览室、电脑室、档案室、体育室、卫生室、少先队活动室、科技劳动室等。

多年来，学校始终坚持以人为本，把"以爱启智，以情育人"作为办学理念，不断深化教育改革，走科研兴校之路。学校先后获得了"广西壮族自治区文明示范学校""三江县创建特色学校一等奖"等荣誉。

2011 年以来，学校的项目已实施了一个周期，马上进入项目的第二周期。学校的基本现状如下。

优势体现在四个方面。

第一，60％的教师参与了项目第一周期的工作，有社会情感学习经验，能够独立开展项目工作，且他们能以老带新，帮助未接触社会情感学习项目的教师实施新周期的项目。

第二，学校教师参加项目学习的机会较多，新入职教师积极性高、成长快，这有助于项目新周期的实施和推进。

第三，社会情感学习理念下的校园文化已初步成形，各班利用社会情感学习元素进行班级文化布置、在学校宣传栏上张贴关于社会情感学习的宣传材料等已基本形成习惯，有较好的基础氛围。

第四，有一定数量的教师热爱侗族文化且掌握民族传统技艺，这有利于师生领会侗族文化中众多与社会情感学习理念相融相通的元素，有利于新周期开展特色校园文化整合工作，凸显自信自强、善于沟通、融入集体、团结协作的新型校园文化氛围。

劣势主要体现在两方面。

第一，新入职和临聘教师因为没有参加过项目上一周期的工作，所以对社会情感学习的课堂模式不熟悉，社会情感学习专业实施队伍不稳定，项目的推进需要克服一定困难。

第二，部分家长对社会情感学习的认识依然不到位，对学校项目实施依然不理解、不认同、不支持。

机会有两个。

第一，教育行政部门支持学校进行教育教研改革和实验。

第二，学校所在社区有丰富的民族文化教育资源，社区群众支持、配合学校工作，家长委员会积极参与学校的管理工作。

威胁主要为：学校教师编制严重缺乏，教师非教学任务过多，影响项目的有序开展。

Ⅲ. 学校社会情感学习综合管理变革思路

学校的办学理念是"以爱启智，以情育人"，即以爱心激发学生的求知欲，以情感促进学生的个人行为发展。这与学校社会情感学习的发展愿景——平等和谐，尊重理解，乐学自信——相辅相成。办学理念是学校发展的灵魂和命脉，渗透于学校社会情感学习发展目标，学校社会情感学习发展愿景和发展目标则是办学理念的外化、延伸、巩固与促进（见图 6-1）。

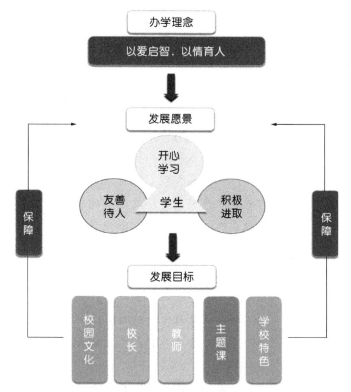

图 6-1　学校的办学理念与社会情感学习发展愿景和发展目标的关系

2017—2019 年学校开展"社会情感学习与学校管理改进"项目的总体思路如下。

以发展愿景为导向，认真贯彻落实"以爱启智，以情育人"的办学理念，继续按照建设社会情感学习校园文化、开设社会情感学习主题课、学科渗透社会情感学习理念、开展社会情感学习活动的项目要求，全面落实社会情感能力三向六因素的指标，以培养学生的自信心和责任意识，建立积极的人际关系，形成良好的情感和道德品质，有效地应对成长过程中的挑战，促进身心全面协调发展的核心价值为重点，以社会情感学习主题系列课程为突破口，以丰富多彩的活动为载体，推进社会情感学习的实施，将学校变成所有人放飞梦想的精神家园。学生在互相尊重、互相理解和互相支持的环境中学习；教师以平和的心态引导学生体验学习乐趣，鼓励学生自信表达、大胆展示自我。师生在平等和谐的氛围中学习生活。

学校"社会情感学习与学校管理改进"项目的开展是一个系统的过程，涉及范围广，建设任务重，必须按照学校发展规划的轻重缓急原则，合理划定发展目标的主次与先后。经讨论，学校确定在全面推进学校社会情感学习发展总体目标的基础上，在三年内重点抓好下面三个方面的工作。

第一，营造宽松和谐的学校氛围，促进课堂上师生关系民主平等，校园中人际交往友善和谐，学习中学生互助合作局面的形成。其标志为：学生自信心加强，在课堂上大胆质难问疑，对学好各学科充满信心，主动与人交往，自我管理能力强。

学校 80％ 的学生来自进城务工人员家庭，许多学生缺乏自信，自我管理能力差。学校顺项目实施之势，开展丰富多彩的校园活动，搭建有利于学生展示自我的平台，培养学生的自我管理能力，树立学生的自信心。

第二，提升教师的社会情感能力及社会情感学习校本课程教学的有效性。其标志为：所有教师能熟练运用社会情感学习主题课的四环节（热身活动、主题导航、探究体验、总结反思）开展教学；学生在课堂上乐于主动探究、合作学习，课后喜欢和同学、教师交流，会查阅图书或上网查询相关资料辅助学习。

针对学校年轻教师对社会情感学习课堂模式不熟悉、每学期临聘教师较多、社会情感学习专业实施队伍不稳定、项目推进受阻的实际情况，学校强化校内社会情感学习专题培训，举行社会情感学习主题课评比活动，以老带新，加强帮扶力度，提升教师的社会情感能力。

第三，形成社会情感学习理念与侗族文化元素相融相通的特色校园文化，其标志为：《侗族儿童科幻画册》编辑成册，《侗族儿童科幻画》校本教材开发和出版。

学校所在社区的侗族文化资源丰富，学校也有一定数量的了解并熟悉侗族文化的教师。学校将邀请社会情感学习专家指导教师，探讨侗族文化与社会情感学习元素相融相通的文化基因，并使之在学校特色活动中得到固化体现，在校本课程中逐渐常态化、专业化。

Ⅳ. 学校社会情感学习综合管理变革具体

首先，学校制定针对重点发展目标的措施。

针对重点发展目标一"营造宽松和谐的学校氛围，促进课堂上师生关系民主平等，校园中人际交往友善和谐，学习中学生互助合作局面的形成"，学校拟采取的措施是：结合社会情感学习理念开展丰富多彩的校园活动，如开展艺术节、体育节、科技节、大课间(侗族"多耶")等活动，搭建有利于学生展示自我的平台；学生自主布置教室、美化学校，参与建设社会情感学习理念下的班级和校园文化。

针对重点发展目标二"提升教师的社会情感能力及社会情感学习校本课程教学的有效性"，学校拟采取的措施是：积极派出教师参加社会情感学习专题培训，邀请省级专家到校指导；开展校级社会情感学习专题培训；开展"推门听课"活动；开展社会情感学习主题课评比活动；进行社会情感学习优秀教案评比。

针对重点发展目标三"形成社会情感学习理念与侗族文化元素相融相通的特色校园文化"，学校拟采取的措施是：开发基于侗族文化的科技创新及科学幻想画等主题校本课程，并使其逐渐常态化、专业化；在实施过程中收集学生创作过程的材料，印制侗族民族画与儿童科幻画相结合的美术作品册，结合过程性材料及绘画作品编辑出版《侗族儿童科幻画》校本教材；开展基于侗族文化的科技创新、发明创造等科技活动；开设基于社会情感学习的具有侗族特色的"1＋1"体艺校本课程(如大课间侗族"多耶"、侗族民族画与儿童科幻画相结合、侗绣、芦笙等)。

其次，学校制定针对辅助性目标的措施。

辅助性目标一为建立和完善基于社会情感学习的学校管理机制与制度调适，对此，学校将成立项目管理领导小组，开设社会情感学习主题课程。

辅助性目标二为建立健全确保项目有效实施的各项制度，突出以学生为中心，确保学生的权利优先，对此学校采取的措施是：通过家长学校、家长会开展家长社会情感学习理念培训，提升家长素养；利用学校布告栏、微信群等加强家长培训，构建有利于社会情感学习的共教共育体系。

（案例来源：广西壮族自治区三江县古宜镇中心小学）

五、完善学校社会情感学习支持性制度

为了确保学校社会情感学习项目的有效实施，学校的管理机制建设应包括以下九方面。[①]

第一，有专门的制度。比如，《×××学校社会情感学习实施管理制度》《×××学校社会情感学习实施指导意见》《×××学校社会情感学习实施的保障机制》等。这些是总的政策性、纲要性制度。

第二，有专门的激励机制。比如，对社会情感学习课程开发与实施人员的激励，对社会情感学习实施中表现突出的人员的激励，对社会情感学习实施中积极参与的人员的激励，对为社会情感学习实施提供良好建议与改进意见的团体或个人的激励，等等。

第三，有专业（或愿意从事这方面工作并受过一定培训）的教师。这些教师不仅是开发社会情感学习课程的主力，也是课程实施主要依靠的力量。学校需要建立选拔、培养、激励这些教师的制度。

第四，有专门的社会情感学习课程实施时间。学校应至少保证每周有 1 学时的课程实施时间，保证课程的研讨、教室及所需道具设备，必要时可设立专门教室。

第五，学校鼓励教职人员积极尝试并组织社会情感学习活动，积极将社会情感学习理念融入课堂。这些活动应当是全员性的，而不是选拔性的。

第六，有保障社会情感学习实施的专项经费。经费主要用于开展活动，购买教具、教材，支持教师参加专业培训，等等。

第七，有推进社会情感学习的宣传手段。比如，利用校园广播、网站、黑板报、学校文化墙、教室环境布置等方式传播社会情感学习知识，及时宣传、

[①] 毛亚庆：《社会情感学习培训手册》，80 页，北京，北京师范大学出版社，2019。

推广体现社会情感学习理念的活动、个人行为和榜样人物。

第八，有与家庭、村（社区）共享和交流社会情感学习成果的制度与方法，如家长会、亲子活动、社会实践、社区服务、媒体宣传等相关活动。

第九，有专门的评估机制。比如，学校有相应的机制（如针对欺凌事件或意外伤害事件的早期预警系统）用于识别和预测对学生社会情感健康的潜在威胁；学校进行社会情感学习年度自我评价，并通过评价结果来确定学校组织的优势和劣势，进而制订行动计划以做出改善；学校具有行动计划的实施和监督机制；等等。

第二节　社会情感学习与校长领导力提升

一、校长关心型领导力的提升

校长是学校的主要责任人，全面负责学校工作，担负着引领学校和教师发展、促进学生全面发展和个性发展的重任。社会情感学习项目在学校实施的过程中，校长的角色定位会对学校的教育教学、师资队伍配置、校舍设备使用、校园氛围创设等诸多工作产生重要影响。有学者指出关心是教育的本质。[①] 当教师和学生感到自己被关心，他们就会有更好的表现。[②] 关心型领导会创设一种安全、开放、友好的学习环境，鼓励学生积极参与，这种环境能够促进学生的学业成绩、社会情感发展及幸福感的提升。同时，关心型领导也有助于教师发展自身的社会情感能力。因此，校长首先需要提升自己的关心型领导力，在学校创设一种关心、安全、支持、鼓励、信任的学校氛围。

1. 领导的目标在于改变自己而非改变他人

在学校中推行的社会情感学习变革，不是利用权威、资源、自上而下的强制变革，而是利用领导的专长和管理手段来争取资源、战胜阻力、赢得学校成员的支持，从而实现目标，在学校中实现螺旋上升的变革。校长一方面需要转变过去对学校成员的控制，建立相互信任、合作的参与机制，尊重学校教师、学生、其他利益相关者在学校工作中的主体性；另一方面需要减少评价，学会

---

① Regan, Helen B. Gwen H. Brooks, *Out of Women's Experience: Creating Relational Leadership*, Thousand Oaks, CA, Corwin., 1995, p. ii.

② Day, C., "The Passion of Successful Leadership," *School Leadership & Management*, 2004, 24 (4), pp. 425-437.

等待，从告诉教师要做什么转变为展示给教师怎么做，使自己成为引领学校实施社会情感学习的表率，激发学校成员投身于社会情感学习的内在动机和兴趣。

校长个人应努力成为自我变革的榜样，身先士卒，以自身实际行动表明自己对所倡导的愿景及价值观的坚定信念，通过自身的行为建立和传达组织的价值观体系，事必躬亲，以身作则。这种榜样能带给教师巨大的影响力。校长在带领部属为组织愿景奋斗的时候，要有为事业、为组织、为部属奉献的思想和准备。校长在这方面的行为典范会对教职人员的士气有鼓舞作用，让教职人员对校长提出的愿景产生信心，使他们更坚定地追随校长完成既定目标。校长的奉献精神还能够赢得部属的信任，而信任是领导魅力形成的前提和基础。校长的榜样作用还可以通过讲述亲身经历得以发挥，通过现身说法告诉其追随者一些经验和教训。除了成功的经验，勇于自揭短处、和部属分享自己失败时的体会和心得的校长，往往会使部属产生亲切感，也容易被部属接受，并且有助于化解部属失败时的挫折感，振奋其精神。校长应带领学校成员进行积极的自我改变，吸引学校成员参与社会情感学习，构建新的合作关系，进行相互对话和磋商，建立更具活力、吸引力、专业性的社会情感发展愿景。

案例 6-6

改变自己而非改变他人案例：改变别人，先从改变自己开始

和大多数人一样，我向往那种平和、快乐、生气勃勃的生活；憧憬那种交流沟通畅快自然，充满了爱与被爱、关心与被关心、帮助与被帮助的生活。这种渴盼一直伴随着我的学习、生活和工作。近四年的时间里，伴随着"社会情感学习与学校管理改革"项目的推进，我一路走来从未缺席，每次研修都认真地做笔记，每次培训都让我收获、给我惊喜，让我在思想理念、人际交往上成长很多。

Ⅰ. 成长之一：活出自我

在学校实施这个项目之前，我总觉得别人说话有底气，而自己说话缺乏底气，心理上总觉得自己远不如别人。也正是因为这样，我总害怕自己比别人差，处处怕自己落后于别人，将结果看得太重，反而影响了正常发挥；不懂得拒绝

别人，担心自己会因为拒绝而失去友谊；对待事情也较为严肃，追求完美，在细微部分过于纠结，却往往适得其反，达不到预期的效果……

在学校实施社会情感学习项目后，我不但知道了社会情感学习的含义，也懂得了社会情感学习的重要意义。知道了社会情感学习的三向六因素中的自我认知与自我管理：有信心，有使命感，目标明确，坚韧进取，影响力大；高情商，正能量，以情感人，以身示范，凝聚力强；良好的自我情感管理，经常反省，自尊自律，避免情感对工作的负面影响，在学校营造积极向上的工作和人际关系氛围。

每次培训都使我近距离地感受到专家精湛的课堂教学艺术。专家不是简单地说教，不是枯燥乏味地输入，学员也不是索然无味地接受。在社会情感学习的课堂上专家和学员融为一片，课堂轻轻松松、趣味无穷，学员共同参与、共同讨论、共同学习，在一次次共同参与、共同讨论、共同学习中逐渐形成了一个个优秀的团队。学员懂得了"鹰之个人，雁之团队"的理论和精神。在一片片欢声笑语中，学员完成了一张张精美的简报，交上了一份份令人满意的培训答卷。

为让自己提升得更快、更高，在每次培训中我都主动参与讨论，争取发言。特别是"相信自己"这堂课，课上"相信自己，没有人会因为你的不完美而看轻你"这句话震撼了我的内心，引起了我的共鸣。从此，我学会了全面看待自身的优点与缺点，悦纳自己，对自己有了积极的认知，也对自己充满了信心。我在内心时刻告诉自己：相信自己，我能行的！于是，在公众场合发言、交流时，我变得积极自信，也能在不同场合友善地表达自己。慢慢地，我的性格和情绪有了很大的改善，生活、工作也愉快了很多。

Ⅱ.成长之二：人际关系更加和谐

以前的我较为严肃，做事总是一板一眼、循规蹈矩，灵活性、变通性较差。而项目的深入开展对我来说则是润物无声的过程。

我作为一个校长，应善于预测和激励，主动沟通，善于听取意见和换位思考，善于预测某些举措可能会给他人带来的影响。因此，对待事情时我不再急于做出判断，而是综合分析，考虑他人的立场和当时的情形。如果遇到与自己的认知有冲突的事情，我则在坚持原则的基础上妥善处理。同时，在倾听与表达的艺术方面我有了很大进步，我会注意对方在说什么、对方想要传达什么信息、对方他希望得到什么，我也会考虑采取什么方式可以使对方接受。同时，我也留意将听到的信息与以往接触到的类似信息进行比较，在已有经验的基础上处理得更妥善。而在自己确实无法提出有效可行的方法时，耐心的倾听与表示理解的神态或言语也会让对方的内心获得宽慰，自己也因此获得进步。于是，现在的我比起以前变了好多：学会了倾听，有时候还会主动开几句无伤大雅的玩笑，慢慢地和同事、朋友拉近了距离，交谈的言语少了生疏的客气，更显友好与亲近。

记得那是 2017 年秋季学期的家长会，对当时的情景我记忆犹新。为开家长会，学校设了一个主席台，在教学楼下，阴凉舒适，而学生及家长在台下头顶烈日。家长打着伞，交头接耳，会场纪律松散，场面将要失控。这该如何是好？急中生智，我拿起话筒，起身走下主席台，走到烈日下，说："家长们，现在我和大家一样头顶烈日，你们坐着听，我站着说，伞可以落下了吗？"霎时，一片雷鸣般的掌声，一把把遮阳伞相继落了下来，全场鸦雀无声。直到家长会结束，会场纪律都不需要再强调。从此以后，我校开家长会不再有主席台，家长会的家长出勤率达 100%。

更令我感动的是，2019 年 6 月 1 日，我校举行"庆'六一'暨第五届校园美食节"活动，活动进行到一半，天公不作美，下起了细雨，而且雨势渐大，我和几个校领导正冒雨组织学生撤入教室，这时几个家长健步来到我们身后，把伞高举过我们头顶。在项目的推进中，我和教师、学生、家长都感受到了实施过程的快乐，我找到了作为一名校长的存在感和幸福感！

（案例来源：云南省弥勒市弥阳镇菜花小学 杨永生）

2. 通过关心和感受关心让成员有积极体验

关心型领导的目标在于通过关心和感受关心让学校成员有积极的社会、心理和情感体验。校长应积极提升个人道德素质，转变思维方式，从而学会关心。良好的道德素质包括：共情、同理心、善良、和蔼、公平、正义、诚实、谦卑、守信、尊重、真诚。由于关心是情境化的，这些道德素质可能在不同时期和不同情境中有不同的侧重和意义，校长应全面提升个人的道德修养。转变思维方式也有助于提升关心的能力，有两个方面尤为重要：一是对他人的积极关注，关心是为了满足他人的需要和兴趣，因而需要真实、深切地了解关心的对象及他们的需求、兴趣、目的，理解关切是什么，接受对象传递的一切信息；二是换位思考，只有真正从被关心者的立场出发才能够体察他们的需要，使自己的反应成为对象需要的回应。

校长可以积极提升关心的三种核心能力。一是真实地理解他人及他人的需要、问题、快乐和担忧，要建立这种理解，校长就要学会询问、倾听、回应、观察，并积极向他人学习。二是有效满足他人的需求，掌握解决问题的方法和技巧。校长需要培养通过选择、适应、实施行动来回应他人需求的能力，例如，在面临个人不同需求和集体公平的道德实践困境时协调各方的权衡能力。三是需要对自己的目标、优点缺点、倾向和偏见有清晰的认知。

案例 6-7

关心和感受关心案例（一）：我的四个习惯

在"社会情感学习与学校管理改进"项目实施的过程中，我养成了四个习惯，即在校期间保证做好的四件事情：一是早上提前到校迎接教师和学生走进校门；二是每天巡视一下课间操的情况；三是尽可能地保证自己每天在校园走一圈，或和某位教师进行一次交流；四是坚持每半个月参加一次教研组活动。

这样做是出于以下几点考虑：第一，通过早上到校迎接教师和学生，传递一种情感，让师生们感受到校长的关心，并传递一种期盼感，师生会感受到校长在期盼他们做好每一天；第二，校长应该是学校师生的榜样，与师生一同发展，与学校一同发展，坚守自己的办学信念；第三，传递一种公平感，校长和教师、学生站在同一起跑线，迎接新一天的挑战；第四，参加教研活动可以和教师一同解决教学困惑。

（案例来源：贵州省盘州市刘官街道中心小学　雷启财）

案例 6-8

关心和感受关心案例(二)：微笑的力量

美国著名人际关系学大师卡耐基曾写道："微笑，它不花费什么，但却创造了许多成果。它丰富了那些接受的人，而又不使给予的人变得贫瘠。它在一刹那间产生，却给人留下永久的记忆。"①校长是教师和学生的模范和表率，没有具备情感能力的校长就没有具备情感能力的教师，不具备情感能力的教师培养不出有情感能力的学生。

Ⅰ．笑对自己——微笑，是作为女性校长的我最强的能力

在"社会情感学习与学校管理改进"项目中被首先提到的社会情感能力就是自我认知和自我管理。我到底了解自己吗？我有什么优点？我存在怎样的不足？已步入中年的我常常这样问自己。经历了人生的起起伏伏，面对着一个又一个抉择与考验，我对自我的探究也前所未有地迫切。社会情感学习犹如甘霖，滋养着我，并指引着我对自我认知进行探究。对自己清晰的认识是管理自我并进而认识、管理他人和集体的基础。自知者明，只有清醒地认识并面对自己存在的问题，才能有从自身出发解决问题的意识，进而有效地处理问题。在学校的教育教学管理过程中，我通过对社会情感学习的逐步了解与学习，在日常的工作和与同事的交往中逐渐认清自己的优势，正确看待并积极地面对自己的不足，学习尝试用不同的方法处理问题。信心满满的我在教师面前始终积极阳光、动力十足，"爽朗的笑声"就是我的代名词。幽默风趣中，我学着化解尴尬、提升个人魅力；温柔而不失坚定中，我执行学校管理制度，春风化雨，温暖且滋润心灵。微笑就是强大，不表于言，也不仅仅显于行，而是源于那颗能温暖师生的心！

Ⅱ．笑对孩子——给予亲切与温暖，创设包容有爱的社会情感校园氛围

童年是快乐的，是弥足珍贵的，我们学校的办学理念是：走健康之路，汇快乐人生。如何践行学校的办学理念？我觉得应该体现在学校的各个教育环节中。作为学校的副校长，又是女性，我将微笑融入常规管理的细节中，对每个

① ［美］卡耐基：《人性的优点》，174 页，沈阳，万卷出版公司，2013。

孩子问好的回应总伴有最亲切的笑容，微笑着招手、拥抱等都成为我和孩子心灵互动的语言，它承载的是真挚的爱意与尊重，是来自学校管理者的热情。"亲其师，信其道。"一个微笑拉近了我和孩子的距离，孩子也在榜样的作用下学会用他们稚嫩的笑脸做出回应。

午餐时间值班，我微笑着且坚定地督促孩子不要浪费粮食，旁边文明监督岗的小女孩对我说："方校长，我跟你说句悄悄话。我觉得你好漂亮！"

外出社会实践活动，旁边一个小胖墩儿非要挤着挨着我坐，他说："方校长，我和你一起唱首歌吧！"

教师运动会上，我的"小小粉丝团"为我呐喊助威："方校长，加油，加油！"学生田径运动会中，一个孩子骄傲地跟我说："告诉你，我已经得了好几块奖牌了！"虽然没有称呼的聊天看似有些没有礼貌，但孩子能像朋友似的拍拍我的肩，兴奋地跟我说他取得的成绩，我享受这样一份难得的信任与亲近。

微笑把我与孩子心灵的距离拉得那么近，在微笑中，他们就像回到了自己的家，感受到来自校园的温暖与美好。微笑如同一缕阳光，把真诚的情感传递；微笑更似一根接力棒，耳濡目染，让孩子学会沟通、善于交流。社会情感学习如涓涓细流，渗透至孩子的心田深处。

Ⅲ. 笑对教师——让教师感受宽容和自信，促进情感能力提升

微笑发于心，形于外。微笑虽然没有颜色，却可以使人感到生活、工作绚丽多彩；微笑虽然没有味道，却可以激发人敞开胸怀，培育自信，营造和谐的工作氛围。学校的工作是纷繁复杂的，教师从事的是一份需要注入情感的工作，因此，作为学校的管理者，校长要给予教师更多的关注，要善于发现教师在工作上、生活上、学习上的进步。

一位刚调入我校的教师参加了学校组织的摸底听课，听课教师们的点评让他神情沮丧，在听到那么多批评的声音后，我微笑着对他说："你能充分注重学生学习习惯养成上的训练，这是难能可贵的……"瞬间，我从这位教师的脸上重新看到了自信。后来，这位教师成长为学校的骨干教师，他在与同事的聊天中提到了这件事，他说他非常感谢我当时对他的肯定与鼓励。在工作中，我善于用放大镜去发现教师身上的闪光点，并通过无声微笑、轻轻点头或竖起大拇指等体态语言，对教师们的付出予以认可，有效激发他们的工作创造欲望，使他

们更能把激情融入课堂、融入孩子，变得自信。当对教师报以一个鼓励的微笑，给予一个小小的建议，与他们同甘共苦，便能以真诚的情感激发教师工作的热情，找到工作的快乐和自信。注入情感的管理才是真正有效的管理，善待教师、激发自信、提升能力，从一个温暖的微笑开始。

Ⅳ. 笑对家长——用真情沟通，让家长感到信赖和满意

我把家长当作平等的合作伙伴，把家长视为坦诚相见的朋友，耐心倾听他们的意见和需要，切实帮助家长解决在孩子教育过程中遇到的问题和困难。很多时候，冲突的起因是不了解、不沟通；问题的根源也许并不是事情本身，而是人与人之间的沟通相处方式。特别是在面对意见有分歧、脾气急躁、情绪易冲动的家长时，要学会体谅，以真诚的微笑、诚恳的态度进行沟通，以情动人、以理服人，争取赢得家长对学校各项工作的支持与配合。

（案例来源：贵州省盘州市第三小学　方梅）

3. 营造校园内外的关心氛围

在社会情感学习项目实施过程中，决策不是基于个人主观意愿和利益的，而是旨在帮助学校组织实现目标。成功的校长具有非凡的洞察力，观察入微，能让每个教师和学生真切地感受到受尊重和重视，这比直接给予物质方面的奖励更能激发教师的士气。针对具有不同需求特征的学生和教师，校长需要营造一种支持性氛围，尊重学生，从学生的视角出发重新理解学校、变革学校，并能够聆听教师的需求，在此基础上，通过扮演教练和建议者等角色，帮助他们实现自我价值。这其中的原理是：为教职人员指明一个理想化的目标，阐明社会情感学习的重要意义，对教职人员提出一种挑战，激发其进行变革的动力。校长善于向教职人员表达较高的期望，并且对教职人员有能力实现该期望充满信心，从而促使教职人员为实现明确的、富于挑战性的愿景和目标而努力工作。

校长需要注重团队合作以及开放和谐的人际关系的构建。在团队活动中，校长应积极倾听每一位学校成员的声音，并给予积极回应，通过正式和非正式的学校活动，在学校中为学生、教师和自己创造机会进行关心互动、互相学习、互相了解；创设支持性的组织条件，设定期望，提供鼓励，并提供反馈和指导，为师生提供有针对性、指导性的帮助。此外，校长还需要积极发展学校外部的关心关系，为学校和学生在社区的发展争取来自家庭和其他机构的支持，如社

区图书馆、社会保健服务机构、高等教育机构、慈善机构等。与家庭和社区组织合作是深入理解学生，了解他们的情况、需求及担忧的重要途径，从而在学校为学生提供更加全面的关心。在与家庭和社区组织合作的过程中，校长可以发现更广泛的学生关爱网络的不足与劣势，并相应地加强学校内部的关心与支持。学校可定期举办学校开放日、社区开放日活动，培养学生在更广泛的社会网络中的关心能力和社会情感技能，如敬老活动、社区志愿者服务活动等。

案例 6-9

营造校内外的关心氛围案例：社会情感学习改变了我

作为校长，我有幸多次参加社会情感项目培训活动。通过培训学习，我拓展了视野，更新了管理理念。我认识到：作为一所学校的领航者，我要当好主管而不过分主观；处事果断而不武断；充分听取大家的意见和建议，做到互相支持、不拆台；做到思想同心，事业同干；做到层层分工，层层把关，层层负责；从各方面关心每一位师生，营造一个和谐阳光的学校氛围。

Ⅰ. 儿童视角带来的学校环境改变

在一次培训会上，项目专家在讲座中展示了其他项目学校的操场上有高大和低矮两种篮球架，洗手台边有高低两排水龙头向里的水管。专家解释道："高大的篮球架适合高年级个子高的孩子使用，低矮的篮球架适合低年级个子矮的孩子使用；一边高一边低的洗手台充分考虑到孩子的个体差异，身材高大的孩子可以使用高的这一边洗手，身材矮小的孩子可以使用低的这一边洗手；水龙头向里，水花就不容易飞溅到孩子身上。这些设施是站在儿童视角来设立的，方便每一个孩子使用。"

儿童视角这一理念使我心里一震，我马上想到我们学校一些设施的不合理之处：洗手台边水龙头的高度完全一致；学校男女厕所外面供师生洗手的水龙头只有一个；班级文化、走廊文化的高度只适合成年人观看，孩子观看必须要高高仰起头；学校文化展板展示的内容过于成人化；学校走廊狭窄，下课、放学时特别拥挤；教室的窗子是向外开的，学生容易撞到窗子；校长意见箱挂得高高的，孩子无法投递；等等。学校的这些设施大部分是给学生使用的，而我们只站在成年人的角度来考虑，忽略了我们的服务对象的特点。

有了儿童视角这个理念的引领，我返校后逐步对不方便孩子使用的设施进行了整改。现今，水龙头的数量增加了，每个水龙头上都挂有肥皂，水龙头离地面的高度有70厘米和90厘米两种；教室朝外开的窗子请师傅改为了梭式窗子；班级文化和走廊文化中的展板、校长意见箱的高度下调了，学生观看、投递意见方便了；新建的厕所为无害化卫生厕所，男女蹲位比例合理，并为每个蹲位安装了门，充分考虑了私密性；修建了一个沐浴室，解决了孩子没有地方洗澡的难题。

Ⅱ. 情感关怀带来的教师管理改变

"校长，我们班音乐课没老师上。""校长，音乐老师上课睡觉。""校长，音乐老师给我们上课时有酒味。"师生纷纷向我反映音乐老师的问题。音乐老师迟到、上课睡觉、喝酒，这都是严重违反学校管理规定的行为。对这样的行为，如果是在接触社会情感学习以前，我会立刻举起校长手中的"狼牙棒"——责骂、罚款、通报批评、流动等惩罚性手段——狠狠地处理他。但这一次，理解、包容、移情等词闪现在我的脑海里，我强压住自己快要喷发的怒火，陷入深思：他这样的状况对集体的危害是什么？他为什么会这样？我可以怎样帮助他？这位音乐老师是学校唯一的专职音乐老师，曾因工作态度不端正，从镇上流动到土桥小学，再从土桥小学流动到山区绿水小学，现在又回到土桥小学了。

要再使他流动出土桥小学吗？不，我要尽力帮助他，使阳光、积极的一面在他身上重现。我想，自己作为一名校长，一定要通过人文关怀来走进教师的内心世界。课余，我耐心地给他讲学校师德师风的相关要求，讲校规校纪，讲过度饮酒对身体的危害，并带他到弥勒市第一医院心脑血管科看望因酒致病的病人，让他接受一定的警示教育。同时，我要求他的亲人、校委班子成员、教师共同帮助和监督他。在他有了一定的改变时，我及时给予鼓励，并让他负责学校的卫生管理工作，参与食堂买菜工作。慢慢地，他变了，每天早上6:00就到校，主动打扫德育墙、展示室的卫生；没有学生、教师反映他的问题了；他所任教的班级每次上音乐课都歌声嘹亮，学生们越来越喜欢音乐课了。

（案例来源：云南省弥勒市竹园镇土桥小学　田培荆）

二、校长领导学校全面综合变革

学校如今面临着前所未有的挑战和压力，这已经改变了我们对于什么是有效的学校领导的理解。比起以往任何时候，学校现在必须对不同的群体更加负责。家长、社会团体、企业和政府都对学校提出了要求，这些要求之间存在诸多冲突；但同时，促进学生的社会情感能力的发展同提高学生的学业成就一样，不同群体不约而同地赋予学校以使命。在领导学校实施社会情感学习的变革过程中，校长需要努力学习好领导的做法，以确保在任何变化中学校都能随机应变、保持成功。

1. 规划学校发展

一所学校的发展离不开一个恰当且清晰的发展规划，而校长在学校发展规划制定中发挥着关键性作用。一个好的学校发展规划需要校长充分尊重学校的传统和实际，凝聚全体师生的智慧，精心提炼学校的办学理念，明确学校的办学定位，从而以突出学校办学特色为导向制定学校的战略发展规划。校长要能够准确地诊断学校的发展现状，及时发现、研究、分析学校发展所面临的主要问题；能够组织社区、家长、教师、学生多方参与制定学校发展规划，确立学校中长期发展目标；能够落实学校发展规划，制订学年、学期工作计划，指导教职人员制定具体的行动方案，并提供人、财、物等条件支持；还要能够监测学校发展规划的实施，根据实施情况修订学校的发展规划，调整工作计划，完善行动方案。

愿景代表着学校师生共享价值观的卓越理念，它通常在本质上属于某种思想理念，同时又暗含对于学校发展的某种价值导向。学校发展愿景也是学校领导者希望在学校师生员工共同努力与协作下能在未来实现的理想目标，这种目标必须以师生员工共同的学生发展价值观为基础，使这一目标清晰且富有挑战性，能够激发师生员工高层次的自我实现的需要，为他们注入奋斗的活力，使其感到学习或工作富有意义，将学校的发展目标内化为自己的工作或学习目标，为自己在这所学校而自豪。

近年来，多项研究表明，校长的支持力度在学校社会情感学习变革中发挥着关键性作用。校长需要具备不断革新自己教育理念的能力，与国际接轨，摒弃只关注学生学业成绩、只重视学生认知发展而忽视学生情感发展的教育理念，充分认识到学生的社会情感能力对学生的学业成就及未来成功发挥着关键性作用，进而形成自我对学校未来人才培养的愿景，制定学校在教师培养、课程领导、环境塑造、家校合作等方面的战略规划。校长对学校乃至整个教育事业的未来有独到的见解及期望，而且对自己的期望满怀信心、坚定不移，对自己的能力有十足的把握，相信自己一定能完成非凡的任务。因此，制定并提出具有前瞻性的愿景就成为塑造校长成功领导风格的重要策略之一。校长必须保持对学校内外环境的高度敏感性，掌握当前国际、国内教育的理念和发展趋势，对学校、家庭、社区的资源等了如指掌；在此基础上，制定符合学校实际的社会情感发展愿景和实施策略，将学校的发展现状与美好未来联系在一起。

校长可以通过多种途径向学校的利益相关者介绍社会情感学习项目的愿景和目标，激发他们的改革动力，并通过正式和非正式的沟通明确学校社会情感发展的优先事项和预期目标，从而使各方肯定其必要性。校长还可以将关心作为教师专业学习及组织变革的主题之一，设计相关活动，如团队建设等，发展学校的关心文化，引导学生和教师进行自我认知、关注他人、开放对话、彼此包容、交流期待，并创造新的学习和增进理解的机会。

案例 6-10

学校发展规划案例

学校愿景：正教育必须正师资，首先要不断提升教师的责任意识，培养勇于担当的精神，以此促进教师的综合素质不断提高；教育从某种程度上说就是情与情的熏陶、情与情的碰撞、情与情的交融、情与情的升华，最终形成一种健康、开放、和谐、进取的正能量；社会情感学习就是一种情感催化剂，是不断提升教师与学生个人及群体的重要力量。

学校社会情感学习的愿景通过两大领域（认知、管理）和六个维度（自我认知、自我管理，他人认知、他人管理，集体认知、集体管理）的核心素养来定位不同利益相关者（校长、教师、学生、学校、家长）的发展目标，并逐渐发挥榜样、引领、示范的育人作用。

校长：开朗豁达，敢于担当，善于管理。

教师：身心健康，业务精湛，敬业奉献。

学生：善学，互助，团结，自信，阳光，热情。

学校：温馨美观，诗情画意，生机勃勃。

家长：关心学校，理解支持。

（案例来源：云南省弥勒市竹园镇土桥小学）

2. 营造育人文化

文化在一所学校中发挥着核心和灵魂的作用，学校文化具有潜移默化的育人功能。校长是一所学校文化形成的重要推手，校长的文化塑造能力也是一所学校形成优良校风、教风、学风的关键。校长应精心设计和组织艺术节、科技节等校园文化活动，充分利用重大节庆日、传统节日等有特殊意义的日子及学校特有的仪式开展主题教育活动；能够建设绿色健康的校园信息网络，向师生推荐优秀精神文化作品和先进模范人物，努力防范流行文化、网络文化和学校周边环境中的不良因素对学生的负面影响，能够凝聚学校文化建设力量，发挥教师、学生及社团的主体作用，为共青团、少先队、学生社团、班集体活动的开展提供必要条件，保证活动时间。

为促进学生社会情感能力的发展，校长需要在学校掀起一场学校文化变革，将那种保守、急功近利的文化氛围吹散，重新营造一种变革的文化氛围，推动全体教师学习学生社会情感学习的重要意义和策略。校长必须设定一个明确的文化变革方向，并帮助教师制定共同的愿景和目标，具体应包含价值观、信念、规范及行政结构的变革。学校的方方面面都应该反映社会情感学习的导向性，除了课堂和教学，还包括午餐、课间休息、体育活动等各个方面。校长可以想方设法地将社会情感学习的理念迁入学校的每个领域和步骤，使教师和学生在无意识中受到社会情感学习的熏染，潜意识里认同社会情感学习的行为方式，消除对是否适应学校的怀疑。校长可以将社会情感学习作为学校教育的重要使命，并将其渗透到教师招聘、培训、教学和评价等各方面，并要求教师学习和使用社会情感学习的技巧。

案例 6-11

营造育人文化案例：和孩子一起，边思索，边实践，边成长

Ⅰ. 尊重孩子、营造氛围，从问候开始

山里的孩子们纯洁质朴、性格内向、不善言谈，加上父母大多不在身边，留守的日子让他们感觉孤单且缺乏安全感。积极为孩子们营造开放友好的交往氛围，让孩子们喜爱学校、喜欢老师，是孩子们上好学的基础保障。"与孩子们交朋友，每天主动向孩子们问好，给他们一个微笑；我们不仅要做他们的老师，

还要做他们的朋友。"我向全体教师发出这样的倡议。我也故意与孩子们"偶遇"，故意提高嗓门向他们问好。这样坚持了一星期，一学期，一学年……孩子们的目光不再躲闪，回报我的是甜甜的微笑和温暖的问候。教师们私下与孩子们的对话交流也增多，孩子们不再害怕教师，课堂也活跃起来，孩子们回答问题的音量提高了，学习积极性也提高了。

每逢传统节日，教师们同孩子们一起包饺子、煮汤圆，其乐融融；每年学校都为留守儿童过集体生日，一起吃蛋糕，温情满满。今年教师节，一群孩子手牵手跑到我面前，祝我节日快乐，教师们也收到了甜蜜的祝福。教育发生在师生关系中，社会情感学习从问候开始。坚持下来，这竟悄然改变了山区教育，宽松愉悦的校园氛围已经形成，孩子们如同山间的精灵，快乐的笑声常在山谷飘荡。

Ⅱ. 关爱孩子、改善条件，从喝水开始

心里装着孩子们，就会想方设法地为他们做出改变。因为石子乡海拔较高，日平均气温比县城要低4℃。工人师傅把烧开的水倒进开水桶里，过不了多久开水就成了凉水，孩子们喝热水成为一件困难的事情。因此，学校极力争取为孩子们装上直饮水机，让孩子们随时都能喝上热水。与此同时，学校大力改善孩子们的住宿条件，学生寝室安装上富有儿童特点的窗帘，每个床位都换上了崭新的四件套床品，学生寝室宽敞明亮、干净卫生，孩子们觉得比家里住得还舒服。卫生厕所的改建、特殊儿童蹲位让孩子们感到学校的细节用心和人文关怀。从点滴改进，从小处做起，把对孩子们的关爱体现在学校的硬件设备设施改善上，安全、有归属感的物理环境让学校像家一般温暖。看到孩子们幸福健康地成长，我欣慰地笑了。

Ⅲ. 成就孩子、建设课程，从足球开始

我到石子乡中心小学校后，沿袭了学校的班级特色活动展示，但发现孩子们全程没多少笑脸；国旗下讲话时，孩子们的眼睛不敢平视前方……让孩子们灵动起来、让校园盛开灿烂的笑容，我该怎么办呢？山里的孩子们爱足球，为何不通过足球改变孩子们的性格，强健孩子们的体魄，让身体、认知和情感得到协同发展？

因此，学校加大足球课程建设力度，编排了动感的足球操，开设了足球技能课，组建男女足球队，培养了一批"旋风小子"。课余时间，孩子们在操场上飞奔、呐喊着，过人、射门……喝彩声不断，小小的学校充满蓬勃生机。今年，在忠县第五届小学生足球联赛中，团结协作、勇敢拼搏的"小石头足球队"取得了全县第三名的好成绩。以小欣同学为例，他顽强守门，为足球队取得优异成绩立下了汗马功劳。足球给小欣带来了快乐，也让小欣学会了与伙伴交流，学会了主动融入集体，他的性格不再孤僻、偏执，全校师生都觉得小欣的变化不可思议。

如今，学校的艺术类课程如卵石画、口风琴等得到家长的啧啧称赞；"六一"文艺会演上，模特队大方自信，有模有样；乡土类课程"石里飘香"让孩子们走出校门，走进大自然，激发了孩子们对自然学科的兴趣，培养了他们热爱家乡的情感；烹饪类课程让孩子们掌握了基本的烹饪技能，学习照顾年迈的爷爷奶奶，懂得了感恩。全面深入的社会情感校本教材教学通过专题课、学科融入、朝会及国旗下讲话等让孩子们学会认识自我，表达情绪，对欺凌说不，向目标迈进。这些课程使孩子们不仅提高了智商，还学会了与人相处之道、团队合作之理、心地柔软之情，促进孩子们德智体美劳身心全面协调发展。

（案例来源：重庆市忠县石子乡中心小学校　何春兰）

3. 领导社会情感学习课程教学

教学工作是学校的中心工作，校长是第一责任人。教学工作的核心内容说到底就是课程的有效实施。要保证课程的有效实施、提高教学的有效性，校长就要有良好的课程领导力。校长的课程领导力主要指校长领导教师团队创造性地实施课程、全面提升教育质量的能力，是一个校级团队决策、引领、组织学校课程实践的调控、驾驭能力。它是校长诸多职责和能力要求中的首要能力、核心能力，包含课程理念与课程资源的整合与开发、课程规划与评价、课程实施、课程管理等要素。

校长的课程理念对于一所学校的课程发展来说至关重要，其理念是人本主义观、社会重构观、技术观还是学术观，直接影响着教师课程设计的理念和实践。校长在课程理念的基础上为教师和学生提供明确的课程改革愿景，并通过课程的设计、安排与评价，将促进学生社会情感能力发展渗透于课程，以课堂实践为主要途径，带领骨干教师制定社会情感学习校本教研制度，把建设合作型教学团队、优化课程计划、聚焦于情感态度的教学设计、有效的校本教研纳入制度，以制度寓文化，以制度促变革。不仅社会情感学习课程教学有情意，而且将社会情感学习理念和教学方法渗透于各学科课堂教学可以使教师在教授中展现情感，让学生在学习时体验尊重、友爱、快乐和满足，课堂联结师生的社会情感，学校育人回归以学生为中心、以发展为根本。

案例 6-12

领导社会情感学习课程教学案例：开发社会情感学习课程，提升社会情感学习能力

社会情感学习帮助学校扬长处、补短板、找缺口、填漏洞，学校发展呈现生机勃勃的景象，从根本上提升了学校的办学品质，促进了学校内在质量的提升。

Ⅰ. 研：人人参与

项目实施以来，针对学校发展中的关键问题，学校通过调查研究的方式，引导全员参与学校发展建设大计。专家指导学校相关部门深入挖掘历史文化底蕴，通过走访老教师和校友、召开座谈会、组织学习讨论和专题培训等方式，从理念文化、制度文化、环境文化、课堂与活动文化建设等方面进行了全面规划和梳理，深化了对学校文化建设内涵的理解。

通过项目的实施，学校积极推进民主、和谐的管理文化建设，坚持"集体领导，民主集中，严格程序，会议决定"的原则，保证决策的民主化、科学化、制度化、公开化。在项目专家组的指导下，学校积极建设沟通平台，推进民主决策。学校建设沟通平台，吸引更多的主体参与学校管理决策，以平等的姿态引导学校内部各要素、各环节之间的顺畅沟通。通过这种方式反映主体需求，形成集体认同，师生的主人翁意识逐渐增强，体会到满足感与幸福感，形成了积极、开放、包容的校园文化氛围。

Ⅱ. 析：精准发力

学校在深入摸底调查的基础上，结合项目组提供的相关数据，根据实际情况，以问题为导向，对发展重大问题进行分析，提出了实现学校内在质量提升的发展方向。

第一，开发社会情感学习校本课程，提升社会情感能力。

以社会情感学习理论为基础，以办学目标和理念为起点，学校积极开发社会情感校本课程，形成了一体、两翼、三层、四类、五面的学校课程体系，一体：指向作为学业基础的国家必修课程，称为"核心课程"。两翼：一翼指向学生的全面发展课程，另一翼指向学生的个性发展课程。三层：一体和两翼三大板块的课程，按照基础、拓展、探究三个目标层次设计与实施。四类：学科拓展课程、特长技能课程、创新实践课程和英才发展课程四个类别的校本课程。五面：通过课程的实施，使学生形成道德、人文、科学、艺术、健康五个方面的素养。学校的校本课程经过五次大的修改，已经接近成熟。

第二，实施有效教学，提升学生的现代性水平。

学校将实施有效教学作为提升学生现代性水平的重要载体，尤其关注对学生的平等性、参与性意识的培养。为此，在社会情感学习理念的指导下，学校完善"五环导学"教学模式，基本程序为定向自学—合作研学—展示激学—精讲领学—反馈固学，明确要求将过去以知识传授为首的教学目标转变为以促进学生全面成长、以育心和育人为首位的目标，挖掘教材中的社会情感学习因素，激发学生的兴趣，发展学生的智力，培养学生的参与性、批判性，培养学生乐学、合作、探究的态度，提高其现代性学习水平。

第三，构建学生自主发展模式，开展家校合作。

学校成立学生自主管理委员会和学生社团联合会，构建三级学生自主管理网络，以"自我教育、自我管理、自我评价"为价值导向开展活动，使学生在体验中感悟、在活动中成长。在项目专家组的直接参与下，学校成立了家长委员会，定期组织家长会、家长开放日、专题讲座等活动，沟通、指导家庭教育等问题。项目专家组深入家长，对家长进行教育指导，为家长提供有益的家庭教育经验，使接纳、尊重的家校合作关系逐渐形成。

Ⅲ. 实践：理念落地

三年来，我校开发的社会情感校本课程体系逐渐形成，为发展学生核心素养搭建了平台，对学校个性化办学、教师个性化教学、学生个性化培养起到了积极作用。

另外，学科渗透有效实施，学校积极推动社会情感学习与学科深度融合的活动，定期组织阳光课堂观摩课、教师教学基本功大赛、青年教师展示课、新入职教师汇报课等活动，以课例为载体，通过同课异构、一课多上等形式，探讨社会情感学习与学科深度融合的教学模式和策略。学生的心理健康水平明显提升，学校定期组织心理健康教育活动月，开展心理剧比赛、心理主题班会、心理专题辅导、心理大讲堂、心理趣味运动会、"健心杯"阳光体育系列活动等特色活动，引导学生在活动中培养良好的心理素质。

（案例来源：天津市第一百中学）

4. 引领教师成长

教师是一所学校最宝贵的资源，是一所学校成为卓越的关键要素。校长应成为教师专业发展的第一责任人，使学校成为教师实现专业发展的主阵地，在遵循教师专业发展规律的前提下，充分激发教师发展的内在动力。校长应该建立健全教师专业发展制度，推行校本教研，完善教研训一体的机制，落实每位教师以 5 年为 1 周期、不少于 360 学时的培训要求；关注每一位教师的发展，指导教师根据自身发展特点制订专业发展计划，加强青年教师培养，支持教师轮岗交流，推进信息技术在教师专业发展中的应用；扎实开展师德师风教育，落实教师职业道德规范要求，严禁教师体罚或变相体罚学生，严禁教师从事有偿补课；维护和保障教师合法权益和待遇，关爱教师身心健康，建立优教优酬的激励制度。

推动社会情感学习需要学校组织结构发生变革，校长必须重视团队领导模式的生成。校长、教师、其他学校管理人员、学生、社区人士、家长等都可以成为学校社会情感学习领导共同体的一员。校长必须学会授权，使相关成员能够分享社会情感学习综合变革的权力并分担责任，尤其要发挥教师在社会情感学习变革中的领导作用，教师必须成为社会情感学习发展与实施的主体，教师可以有一定的权力，参与社会情感学习综合变革的决策、审议和执行。

案例 6-13

引领教师成长案例：以社会情感学习带动学校教研工作

Ⅰ. 社会情感学习——岔路上的指南针

在学校管理中，遇到分歧和难以取舍的问题是家常便饭。例如，在教研组活动中我让语文组、数学组、综合组的教研组组长上交一份学期教研计划，以了解教研工作的开展情况。没想到，我不但没有收到各组的计划，反而引起了三位教研组组长的争议。他们说没有办法开展教研活动，还责怪学校对教研工作不重视。我当时很纳闷：学校不是给出了方案，以组建团队的方式人人参与教研活动吗？他们为什么还感觉学校对教研工作不重视呢？面对他们的争议和责怪，我没有生气，因为我知道我的身份，我要学会控制自己的情绪。于是，我面带微笑，和气地询问原因。原来，三位教研组组长认为学科不同，各科教师年龄差异大，教学任务繁重，无法和学校计划同步。语文教研组组长认为，因为语文教师当班主任的多，任务重，所以教研工作只计划一个年级选一个教师上研讨课就可以了。数学教研组组长认为，数学教师任务重，一个教师要带两个班，没法抽时间搞团队研修；综合教研组组长说，因为学科不同，不好组建团队，既然要搞教研，就人人都得上，还特别强调每一次教研课校长都要亲自跟进。另外，三位教研组组长还提出，即使顶岗教师参加教研会有所进步，但他们中的大多数也将要离开我们学校，索性就不让他们参与。他们三位有这样的想法，我当时并没有责怪。因为我知道，敢提问题、说出自己想法的教师都是会思考的好教师。不受别人情绪的影响是我在社会情感学习项目中学到的，还要学会用全纳的眼光去看待身边的每一位同事。不管是对在编教师还是对临时招聘的教师，对他们参差不齐的教学能力都要接纳，包容他们不同的个性，理解他们的思想格局，接受他们过激的语言或行动等。于是，我让他们三人静下心来，好好想想学校为什么要搞教研，教研的意义在哪里，以及我们该怎么做才能让我们的教师提高自身教育教学水平。经过我的引导和三人的反思，大家进行了沟通和交流。最后，在相互理解的基础上，我们统一了方向，决定了团队研修的目标与方式。接下来，他们又提出困惑：如何组建团队？

Ⅱ. 社会情感学习——爬坡路上的助推器

要做好团队建设，首先要"摸清底细"，也就是对每一位教师的教学水平有所了解。

首先，我带领教务主任、教研组组长对新入职和顶岗教师进行随堂听课。一方面，了解他们对教材的理解和驾驭能力；另一方面，和他们一起面对面交流和探讨。他们得到了校领导的关注，在教学上也增添了信心，对不足之处也能及时改进。

然后，我提出团队建设方案。一是确定团队人数，做好角色分工。团队人数以6~8人为宜，在团队中选出队长，并做好上课教师、说课教师等分工。目的是实现人人参与，取长补短，发挥团队管理的作用。二是确定教研活动内容。语文、数学学科可以按学段划分教学内容，按照同课异构的要求进行备课、上课、评课。综合学科可根据自身学科特点确定不同内容。三是教研活动的研修方式为"三备两磨一展示"。"三备"指个人备课、集体备课、集体修正；"两磨"指第一次试教、反思、修改后，再进行第二次试教；"一展示"指课堂比赛。这样不仅授课教师实现进步，团队成员也共同进步。四是教研活动的奖励方式分个人和集体，也就是说，个人取得的名次也是集体的名次，这样不仅为教师提供展示自我的平台，还增强教师的集体荣誉感。

最后，我组织各团队按计划实施教研。在实施过程中，每一步都有条不紊。只要工作允许，我就会参与教师们的听课、研讨和交流。有时在研讨中教师们也会有激烈的争议，但争议过后，大家都能在相互理解和有效沟通中达成共识。每次讨论结束时，我都会对活动进行小结。我个人也在活动中改变，变得淡定、从容，做事心情舒畅。开心的是，教师们参与的热情很高，态度积极，每次团队研讨都能各抒己见，集思广益；教师授课也一次比一次完美；学生在课堂上的表现也非常活跃，勇于发言，自信满满。教研之路，如上山的路，发挥集体意志是这条路的助推器。

Ⅲ. 社会情感学习——改变过程的催化剂

如今，我校的教研活动已经走上了正轨。校长与教师之间的和谐关系直接影响学校工作的开展。校长的行为直接影响教师的行为。为了促进教师的和谐关系，我给自己定了以下要求：教学中，争取参加每个学科的教研活动，和教师们共同研讨；工会活动中，积极报名参加，和教师一起享受活动过程中的轻松与喜悦感；生活中，学会关心教师的身心健康。在和谐关系的建立过程中，我发现我变了：工作态度积极了，心情舒畅了，脸上的笑容多了，人也精神了。原来，做校长的"累"来自各种任务的繁重，"不累"则来自情感体验的精神满足。重要的是，我的改变不仅改变了教师，还改变了学生，改变了学校。

（案例来源：广西壮族自治区三江县古宜镇中心小学　杨僖鹏）

5. 领导学校氛围建设

校长的主要工作是进行内部管理，有效促进内部系统和谐、健康地运行。发展支持性社会情感学习环境，使学生在安全、互相关爱的校园氛围中进行学习十分重要。在支持性的学习环境中，教师对学生的高期望能够得到更多表达，并且有更多机会强化学习效果；学生更乐意参与教学，能够感受到更加亲密的关系，学习也会更加努力；教师间的关系更加密切，沟通更加深入，对学生的帮助也更加及时。校长在这一氛围的建设中发挥着核心和关键作用。校长需要使学校形成一个共同的愿景和计划，从而营造、提升和保持一个积极的学校氛围；设计一些有意义、可参与的实践活动并制定规章制度，以推动学生的学业学习及积极的社会、情感、道德和公民行为的发展，促进学生参与教学、学习和学校活动，使学生在学校感觉自己是受欢迎的、安全的。

案例 6-14

领导学校氛围建设案例：学校"本味"——学生本位

社会情感学习为学校注入了新理念，为学校发展提供了新路径，给学校带来了积极变化。

Ⅰ．环境改造，创意营造校园氛围

我校是一所乡村小学，硬件设施存在不足，从环境上打造校园文化对学校领导和教师来说实在是一个莫大的考验。全校教师集思广益，提出了不少执行方案，可经过仔细地推敲便发现，这些执行方案要么因所需资金太多或工作量太大而可操作性不强，要么虽然可操性强但校园氛围特征不够突出，校园氛围营造计划一度搁浅。"社会情感学习与学校管理改进"项目在学校实行后，项目的理念给予我启发：孩子们也是学校建设的重要参与者，应该培养孩子们的主人翁意识，鼓励孩子们动手布置校园。可以把教学楼的楼梯道设置为作品展示长廊，购买可循环使用的画框，展示孩子们的优秀绘画、手工、写作等作品，同时附上作者自己写的作品文字介绍，为他们搭建展示自己的平台。这一提议获得了教师的全票通过，也获得了学生的热情支持。

孩子们的一件件作品被挂上墙的时候，我的内心受到了巨大的震撼。他们的内心世界比我预想得更加丰富，作品呈现出一个个我从未到达过的世界，在这里，孩子们是绝对的主人。更让我感动的是，一个成绩总在及格线附近、表面上不愿意融入集体的孩子，用自己的画笔展现出一个五彩斑斓的内心世界，表现出对他人和学校的温暖爱意。那一天，孩子们用作品给我上了一课，使我深深地反思：一是要学会换位思考，用孩子的视角去看待问题，尊重和理解孩子，真正走进孩子的内心；二是每个孩子都有自己独特的闪光点，应为他们搭建更多的供他们展示自我、沟通交流的平台，努力营造温暖和谐的校园氛围。

几年过去了，我送走了一届又一届毕业生。但走在楼梯上的孩子们是新的，展示长廊的作品是新的，它们的意义也历久弥新。延续这样的思路，近年来，我秉持一贯的爱生理念，一切从孩子出发，常想常新，陆续打造出"梦想起航特色展板""识字明理道德走廊""感恩之心"等各具特色的文化驿站。我相信，即便条件有限、前路漫漫，只要用心、用情，就能打造出支持学生良好发展的校园氛围。

Ⅱ. 参与体验，深入推进课程实施

社会情感学习课程是推进项目实施的重要抓手。在初次接触社会情感学习课程的时候，我和教师们是迷茫的：社会情感学习课程的教学目标是什么？教学过程应该怎么组织？可以采取什么样的教学方法？通过项目培训会、专家送课到校、远程视频观摩等，我和教师们逐渐拨开了疑惑的迷雾。我们开始实践，从照本宣科到熟练讲授，再到根据学生实际对教材内容进行改造，我们的社会情感学习课程教学能力在不断提高；从学校集体备课、定期研讨，到参与县级社会情感学习课比赛活动，教师们的视野不断扩展，对社会情感学习课程有了更深刻的理解。

社会情感学习课程的教学不是知识普及，更不是严肃说教，而是教师和孩子们平等对话，师生共同参与、一起体验，在全纳、公平、和谐的氛围里一起感悟、探究、提升的过程。无数次，作为授课教师的我与孩子们一起哭泣，一起欢笑，因为我和孩子们体验到共同的情感，我们的心紧贴在一起。孩子们与我的关系更加融洽，他们愿意给予我全然的信任，我们成了真正的朋友。

社会情感学习课程一跃成为孩子们心中最喜爱的课程，教师们也尝到了社会情感学习课程的甜头，我们开始想办法把社会情感学习课的模式和方法应用在学科教学中。教学研讨会上，教师们常常热烈讨论——"可以在恰当的课文学习中插入圆圈游戏，打开孩子的身体，调动孩子们的参与感。""可以把某些口语交际活动完全按照社会情感课程的模式来上。例如，五年级上册第六单元的口语交际'父母的爱'就完全可以用社会情感课程的'人际关系'章节的方式改编。"社会情感学习的实施打开了教师们的思路，衍生了无数金点子，提升了学科教学效果。

Ⅲ. 小鬼当家，学生参与校园管理

"社会情感学习与学校管理改进"项目在校园管理制度制定与实施方面给予学校启发：与其靠外部强制性的刚性管理，不如实施柔性管理，培养学生的自律意识，唤醒学生的内部自觉，实施学生的自我管理。于是便有了"小鬼当家"的思路，我和教师们着手准备，让四年级至六年级的学生轮流值周，检查学校卫生、安全、做操、出勤、经典诵读的情况。但实行一周后收效甚微，值周的孩子们屡次诉苦："讲了也不听，让他们把垃圾捡起来还扮鬼脸，就是不捡！"于是，学校利用集会、班会等开展了系列主题活动，培养学生自律和管理的意识和能力，大概一个月后，终于收到了明显的成效。如今，孩子们的校园管理愈发井井有条，这锻炼了孩子们的交际、管理能力，也培养了他们的主人翁意识。

Ⅳ. 家校合作，共同促进孩子成长

学校多次开设社会情感学习家长课堂，向家长们传递尊重、理解、倾听、欣赏等正确的教育理念，通过情境体验、案例讲解等方式让家长掌握与孩子有效沟通的方式方法。另外，学校还通过社区宣传、家长开放日活动、家长代表大会、全员家长会、家访等，积极和家长分享社会情感学习的方法，努力把全纳、公平、和谐等项目理念根植于每位家长内心。

（案例来源：重庆市忠县永丰镇凌云小学校　邓永春）

6. 领导家校合作

校长是一所学校的主要对外公关者，直接影响学校与外部环境的和谐关系。校长要优化外部育人环境，努力争取社会（社区）的教育资源对学校教育的支持；要充分发挥家长委员会支持学校工作的积极作用，引导社区和有关专业人士参与对学校的管理和监督，接受改进学校工作的合理建议；要建立健全家校合作育人机制，建立教师家访制度，通过家长学校、家长会、家长开放日等形式帮助家长了解学校工作的情况和学生身心发展的特点，掌握科学的育儿方法；要积极发挥学校在社区建设中的作用，鼓励并组织学校师生参与服务社会（社区）的有益活动。

与家庭和社区的伙伴关系不仅能够为学校社会情感学习提供资源和持续发展的外部期望，还能为巩固学生在学校学习的社会情感能力提供额外的帮助。校长需要充分认识到，学校与家庭的密切合作是促成学校教育改革的重要推动力，有利于学校和家庭这两个对学生来说最关键的力量形成合力，共同促进学生的社会情感能力发展。校长需要充分认识家校合作的重要意义，转变传统的家校合作观念，建立学校与家庭在家校合作中的平等、伙伴关系，通过吸引家长参与学校活动、教学及管理整合资源，加强对家长的教育，培养家长对孩子教育的正确理念和技能。家长通过自己的视角和资源来对学校的管理提供思想和实际的支持，促进学校教育改革。社区也是校长公共关系管理的一个重要组成部分，充分利用社区的资源，给予学生更多社会实践的机会，能够促进学生的情感体验及技能发展，并使学生在实践中提升自己的社交能力。另外，学校与社区充分的合作也能优化社区风气，使之与学生社会情感学习的氛围契合，防止社会不良风气的负面影响。

案例 6-15

领导家校合作案例：让家长积极参与学校
"社会情感学习与学校管理改进"项目的实施

我校通过一系列努力，让文化水平不高的家长参与了项目的实施。

首先，在各完小召开以"家校合力，成就孩子未来"为主题的家长会，向家长介绍社会情感学习的重要性及社会情感学习对孩子未来的影响。例如，如何识别并有效管理情绪，如何有效沟通、化解矛盾，如何培养自信心，以及如何表现出亲社会行为等专题。家长会让文化水平不算高的家长们明白了社会情感学习的重要性，懂得自己应帮助孩子解决心理难题，孩子和自己也需要社会情感学习的帮助。家长会非常成功，项目中的家校合作推介会也顺利完成。

有了家长做后盾，学校开始行动起来，利用家长和社区成员的多元化知识和学科背景，鼓励家长积极参与社会情感学习课程实施，与教师一同解决困扰大家的问题，如什么是社会情感学习课堂？什么是社会情感学习的有效课堂？怎样开展社会情感学习的有效课堂？

"成长新起点""向欺凌说不""向目标迈进"等主题的一堂堂课吸引了越来越多热情的教师，部分参与课堂的家长也流下了激动的泪水，他们发现，原来还有这样通俗易懂的课堂教学，原来自己孩子的内心有这么多故事……当我看到社会情感学习课程不断在教室里绽放，听到发自孩子内心最真切的呼唤，我陶醉了，由一个人的念想到一群人的行动，再到几十个教室的追随、上千个家庭的参与，课程效应不断扩大，孩子们能够感受到自身积极情绪和行为的存在(如开心、与人友好相处、积极参与)，以及消极情绪和行为的缺失(如远离毒品、不绝望、不紧张、不焦虑)。

在这一过程中，学生的学习态度得到了转变，学习带来的压力也逐渐减轻。在平常的学习生活中，文明礼仪也在向好的方向发展；小学生课堂常规越来越好；很多学生敢于找教师诉说自己的心事；同学之间相处得更加和谐融洽，学生懂得理解他人、尊重他人；为一点儿小事打闹的现象也越来越少。

（案例来源：云南省弥勒市红河州虹溪镇中心学校　陈李彬）

第三节　社会情感学习校本课程实施

一位项目学校的教师曾写下这样的项目参与体会。

曾经，我对孩子的教育是急躁的，是没有耐性的，总认为自己的付出应该得到立竿见影的回报。后来，我接触到社会情感学习，在参与培训和学习的过程中，我对社会情感学习有了一定的认知。在课堂中实施社会情感学习后，在我心中，每个孩子都是一朵会开的花，或早或迟，或长或短，或迎风招展、潇潇洒洒，或含苞欲放、羞羞答答……他们需要我们用爱去呵护，尤其是在孩子犯错误时，我们更应怀有一颗爱心，耐心地等待，送一缕阳光温暖他们，化一丝春风爱抚他们，我们一定会听到世界上最美的声音——花开的声音！

一、社会情感学习校本课程的意义和特点

1. 社会情感学习校本课程的意义

在学校中进行学生社会情感能力的培养，需要学校将社会情感学习作为整校活动，融入学校工作的各个方面。国际上已有的关于学生社会情感能力发展途径的研究成果表明，为有效促进学生社会情感能力的发展，学校需要在全校管理人员和师生中建立共同的理解，使其充分认识到社会情感学习的重要性及促进学生社会情感能力发展所应承担的责任，还需要在学校中开设结构化的、循序渐进的、符合不同年龄学生身心发展特点的课程，在课堂教学中创设社会情感安全、积极的环境，支持所教授的课程内容，并在全校共享一致的社会情

感学习目标和发展策略。

在我国，许多学校都在德育、心理健康教育、文体活动、中队会活动中采取了多种形式，促进学生社会情感能力相关要素的发展，并且它们已经成为学校建设的重要内容之一。然而，在现实的教育实践中，社会情感教育多渗透于德智体美劳诸育中，没有专门的课程设置，社会情感教育还没有相对独立的地位。

为了落实社会情感教育应有的独立地位，促进学生的全面发展，教育部和联合国儿童基金会组织专家团队，借鉴英国北安普顿大学学习行为研究中心提供的英国社会和情感方面的学习项目教材，结合我国教育与文化背景，依据项目的实施设计的要求，结合我国中小学教学和管理工作的特点，编写了社会情感学习教学用书①，旨在为中小学提供详细的、结构化的社会情感学习教学材料，在专题教学活动中教授和练习社会情感能力，促进学生社会情感能力的发展。

在大多数情况下，学生的社会情感能力是随着时间和个人发展而不断发展和变化的，因此，不可能一次性地"教"完所有课程，随着时间的推移，有必要重新审视和发展社会情感能力的各个方面。这套系列教材涵盖小学一至六年级，以学生各阶段的社会情感能力及需要为切入点，可以有效支持学生社会情感能力的发展过程，提升全体学生的社会情感能力，充分发挥其潜能。

事实上，国际上已有的关于学生社会情感能力发展途径的研究成果表明，为有效促进学生社会情感能力的发展，相较于组织个别的、孤立的、随机的活动，学校更需要将社会情感学习作为整校活动，融入学校工作的各个方面。

社会情感学习校本课程结合我国中小学的教学和管理工作特点，鼓励学校在现有工作的基础上，通过开设专门课程，并结合学校已有的常规活动，培养和发展学生的社会情感能力。校本课程是学校现有工作的补充和丰富，而不是取代。它既可以作为学校课程实施的一套独立的课程资源，也可以作为学校已开展的类似课程的额外活动和资源，帮助学校发现哪些方面的工作可以继续，哪些方面的工作可以进一步加强。

2. 社会情感学习校本课程的特点

(1)全面系统的螺旋式课程

课程主要针对七个专题，并且每年循环一次。随着学生的成长，他们重新回顾和经历这些专题，便增加对于适合自己发展阶段的活动的理解。

---

① 毛亚庆：《社会情感学习教学用书》(一至六年级)，北京，北京师范大学出版社，2019。

（2）全体学生参与

每个专题或主题开展前有全校集会活动，以鼓励全校师生启动并参与课程专题，展示并表彰积极的社会情感学习结果。在日常教学中，课程以班级为单位，针对不同年龄层次、不同发展水平的学生，设计相关的教学内容，立足于绝大多数学生的共同需要和共性问题，让全体学生全身心地参与课程。

（3）发展性教学目标

社会情感学习课程的教学目标是发展性的。一方面，教学目标的设计遵循学生的社会情感能力发展规律，帮助学生完善自我，培养学生正确的自我认知和管理能力，良好的人际适应能力，集体意识及集体适应能力；另一方面，课程的实施着眼于学生的发展，解决学生在成长过程中遇到的各种发展性问题，也充分开发学生的潜能，促进学生的可持续、全面、健康的发展。

（4）以活动为主的教学形式

社会情感学习课程的教学以学生活动为主，不是以普及知识为主的心理学课程。活动性课程重视学生的个体经验，需要给学生提供情境或活动，让学生在活动中体会、感悟，从而获得新的体验和经验，而不是仅由教师向学生呈现教材。在教学组织形式上，它以具有灵活性、开放性、多样性的活动为轴心，师生共同参与活动过程，注重过程的价值。学生可以参与制订计划，参与设计教学活动，参与自由讨论，从而全面打开自我，在师生和生生之间的互动中实现社会情感能力的发展。

二、社会情感学习校本课程的内容结构

基于不同年级学生社会情感能力发展的不同需求，社会情感学习校本课程按照年级组织，教材分为六册（一至六年级，每年级一册），通过递进性、螺旋式的能力建设，促进学生在社会情感学习各维度上的发展。每册教材的内容包括使用指南（说明编写背景和意义、主要内容、使用方法和教学实施建议）及七个专题的集会活动和教学活动，七个专题及其主要教学目标见表6-3。

表6-3　社会情感学习课程的七个专题及其主要教学目标

专题	主要教学目标
成长新起点	理解情绪，管理情绪。 学会交往。 建立集体归属感，遵守规则。

续表

专题	主要教学目标
争吵与和好	表达友好，形成友谊。 认识愤怒，管理情绪。 化解冲突，学会和好。
向欺凌说不	理解欺凌的概念。 体验欺凌行为中的欺凌者、受欺凌者和旁观者的感受。 理解欺凌和受欺凌的原因。 掌握有效预防欺凌和正确应对欺凌的方法。
向目标迈进	理解自己的学习认知方式。 学会制定学习目标。 制订并落实学习计划。 在学习过程中具有意志力。 有效调节学习过程中的消极情绪。
喜欢我自己	学会欣赏自己，建立自信心。 学会接纳情绪和表达情绪。 学会自我反思，富有进取心。
我周围的人	知道周围对自己重要的人。 理解被关心、被爱的感受，理解关心别人的感受。 理解嫉妒和骄傲的情绪。 有效建立亲密关系。 有效面对失去。
迎接新变化	理解改变。 理解面对改变时会产生的不同感受。 掌握有效应对改变的方法。

在每个专题下，主要有三方面内容。

一是专题概述、专题聚焦、专题目标和专题内容概览，旨在介绍专题的主要内容、着重发展的社会情感能力、主要教学目标及主题教学的内容安排。

二是专题集会活动，在每个专题的正式教学活动之前，建议以学校或年级为单位组织该专题的集会活动。教材提供了相应的集会故事和活动流程。

三是3～4个教学主题，这是教师需要开展的具体教学活动，在每个教学主题前，教材介绍该主题的学习成果目标、教师需要做的课前准备、教学环节及该主题所要用到的故事、图片等资源。就每个教学主题，教材提供40～45分钟的详细教学设计和教学方案，教师可以结合实际情况使用或适当改编。

三、社会情感学习校本课程的实施过程

1. 启动社会情感学习课程

第一步，校长需要系统研读各个年级的教材，掌握不同年级之间知识点的内在联系以及每本教材的内容要点和呈现方式；在纵向上理解同一专题在不同年级的递进关系，从横向上把握同一年级的各专题单元间的内在关系。

第二步，校长需要在学校层面制定社会情感学习课程的整体规划，指定课程实施负责人，并审视学校已有工作与社会情感学习课程之间的联系，建议可以通过以下问题进行分析。

①我们学校在社会情感学习方面有哪些优势？有哪些需求？

②目前，围绕社会情感学习课程的内容，学校在哪些方面做得好？还存在哪些不足？

③结合学校的实际情况，教材中的哪些内容可以与学校现有工作相结合，哪些内容是新增的？

④在当前的课程安排、人员和时间上，可能存在哪些问题？有什么好的解决办法？

⑤如果需要单独的课时，如何安排这一时间？

⑥在课程启动之前，我们需要组织哪些启动活动和培训活动？

⑦我们还可能需要哪些资源？

⑧如何把上述内容反映到学校发展规划中？

第三步，召开学校行政人员工作会，说明课程的重要意义和主要内容，在学校管理中对课程的实施达成共识，并明确课程实施的课时安排、负责人、授课教师、课程实施的监督和评价方案。

第四步，召开全体教师参加的课程专题启动会，使全体教师就社会情感学习课程的意义、实施方案、课时安排、负责人员等方面达成共识，确保信息沟通的一致性以及教师的支持、理解和信心。

第五步，在每个专题启动之前，组织召开30分钟的集会活动。根据学校的规模，集会活动可以以年级组为单位组织实施，也可以全校统一进行。

第六步，如果条件允许，结合全校范围的家长会，向学生家长介绍学校正在开展的社会情感学习课程，获得家长的理解和支持。

除了做好课程本身的规划和实施，学校还需要做好这些工作：提高学校领导层对社会情感学习课程实施意义的认识水平；营造积极的管理者与教师、教师与学生、学生与学生、教师与教师等相关群体之间的和谐关系；明确和贯彻执行社会情感学习的措施和原则；提高校长和教师自身的社会情感能力；使教学引起学生的兴趣并激励学生；与家长积极主动合作；调动学生积极参与。[①]

2. 安排社会情感学习课程时间

建议学校参照校历，按照每本教材的内容顺序和教学过程，依次安排7个专题的教学活动。在每个专题活动开始前，建议学校先组织全校性集会及班会，告知全体师生要学习的专题的主要内容，引起学生对专题学习的期待。

结合学校的实际情况，可以与班队会活动、道德与法治课、综合实践活动、其他校本课程等相结合，或者开辟专门课时组织开展社会情感学习课程。考虑到不同年级的实际情况，在每个年级的教材中，7个专题分别设置了1~2个核心主题和1~2个扩展主题。每个学年结束时，必须完成教材中所有核心主题的教学；在此基础上，学校可以根据实际情况和已有工作基础，安排扩展主题的教学工作。

3. 组织教师教研活动

类似于其他学科的教学管理和组织，实施社会情感学习课程的重要内容之一是组织教师的培训和教研活动。学生的社会情感能力发展需要正式和非正式的课程，学校中的全体教师应都有机会承担社会情感学习课程的部分教学任务，这也是教师提升自身专业发展、掌握促进学生社会情感能力发展的有效措施的重要途径。

在认真研读系列教材的基础上，在每学年秋季学期开学后，学校需要组织全校教师会议，集体研读课程教材的使用指南，确定各个年级的教学进度和教学分工。在每个专题的教学开始之前，根据学校的实际情况，可以以学校为单位或以年级组为单位，由学校社会情感学习课程负责人或各个年级的教研组长负责组织教师教研活动，目的是确保信息传达的一致性，更新教师的知识，分享教师对各教学知识点的理解和信息。

在专题教研活动中，建议就以下议题进行研究和讨论：专题的核心知识点

---

① 各项工作的具体实施办法，可以参见毛亚庆：《社会情感学习培训手册》，北京，北京师范大学出版社，2019。

是什么？它们涵盖了社会情感能力中的哪些要素？我们为什么要关注这些知识点？专题的内容结构和核心教学内容是什么？专题有哪些扩展内容？我们是否要教授这些扩展内容？在社会情感学习课程之外，如何使专题涉及的核心知识点在其他学科的教学中渗透？

在每次组织专题教研活动时，建议任课教师选择专题下的 1～2 课，在教研组内试讲，并组织教师体验活动，结合试讲的经验，分析在课堂教学中需要做好哪些准备、哪些环节需要进行必要的调整。

4. 组织全校性集会活动

在每个专题开始之前，校长或社会情感学习课程负责人可以牵头组织 30 分钟的全校性集会活动，以启动每个专题。在集会活动开始之前，应提前准备故事所需要的插图(有条件的学校可以准备幻灯片材料或音频、视频材料)，图文并茂地呈现故事。在集会活动上，校长或活动组织者可以以故事的形式引入，介绍专题的集会故事，请学生预测故事的走向，并回答故事留下的问题。考虑到不同学校的规模不同，集会活动的组织也可以年级为单位。

案例 6-16

社会情感学习校本课程实施过程案例：
我们的社会情感学习校本课程研究之路

Ⅰ. 初期实践，懵懂迷茫

学校从 2015 年 9 月开始接触社会情感学习校本课程。由于对校本课程相关知识学习不够、认识不足，又缺乏情感教育课程方面的培训和研究，因而没能充分认识到校本课程的重要性，在研究教材还不够深入时就草率地把授课任务交给了 24 位班主任。由于涉及班级较多，多数班主任没有参与项目培训，监管力度不够，学习方式和成果收集方式也很单一，学校只组织过一次看录像课，课后的研讨也是只沾皮毛、蜻蜓点水。可以说，学校在 2015 年的研究和实践收效甚微，对于如何上社会情感学习课更是一头雾水。学校教师与领导突然认识到，这样一种新生课程是一次多么具有挑战性的变革。

Ⅱ. 汲取教训，寻求出路

有了上一个学期的深刻体会，2016 年春季学期学校调整了步伐和节奏。经过反复研讨交流，教师们梳理、反思了存在的问题，但仍找不到解决的出路，不能确定研究方向和方法。此时，教师们感觉进入了瓶颈期，束手无策；每个人都有些动摇，感觉不能再坚持下去，愁闷、烦恼、逃避，不再继续做校本课程的想法干扰着教师们。

学校领导发现问题后，几次与教师们交流，提出要调整思路，借力助推，多请教，勤交流，并鼓励大家敢于实践，潜心钻研，不要背负过多，轻装上阵。学校确定了几个工作机制：一是实施校本课程核心组机制，聚焦骨干研究人员；二是每人每学期主讲一次公开课，聚焦研究设计；三是既关注专门的校本课程，也尝试与国家和地方课程进行融合；四是明确一节课的四个环节，并在此基础上创新。目标明确了，出路就找到了。教师们再次整装待发、士气高涨。

Ⅲ. 摸索前进，悉心研究

思路打开了，也就有了研究的动力。第一，成立备课组。由校长亲自督促，项目联络人担任总组长，负责全面组织工作；由教育教学经验丰富的班主任教师任各备课组组长，参与备课，指导全过程；其他组员涉及数学、语文、美术、音乐、心理等多个学科。除班主任外的组员都担任副班主任，因而学校决定由这些组员为所负责的班级上校本课程。第二，集体备课。学校要求全体成员从校本教材第一课"喜欢我自己"做起，由北京师范大学的专家带领大家认真研读教材，组织交流研讨，并责成具体教师写出教学设计。第三，完善教案。教师们把教学设计交给北京师范大学的专家请求指导，修改后，再由项目组成员研讨继续完善。第四，授课实践。由写教学设计的教师上第一节课，项目组成员参与听课研讨，针对课堂教学实际提出建议，再次完善教案，授课教师课后反思表达真实感受和想法；第五，同上一节课。其他成员活用教案同上这一课，写出课后反思并交流，取长补短。备课组活动促进教师尽快熟悉教材，增强集体备课和集体教研的体验。

Ⅳ. 体验成功，扎实前行

功夫不负有心人。教师上的社会情感学习专题课越来越有模有样。课堂上，热身活动活跃气氛，故事表演引人入胜，教师与学生的交流和风细雨，学生能敞开心扉、尽情表达。教师创设的情境贯穿始终，把学生牢牢地吸引在课堂上，并细心体察每个学生的心情、态度，让每个学生都能有所感受，发现自己的优势、特长。在课后研讨中，北京师范大学的专家对课堂给予了充分肯定，对授课教师和全体成员的努力十分赞赏，也就课堂提出了进一步改进的意见：要深入研读教材，设计教案要有层次感，撰写教案时要找准研究点；课堂上教师要放下身段，与学生亲切对话；对学生的外在评价不要太多，要引导学生发现内在需要，增强学生的满足感；对于故事应根据设计内容适当修改，演出时应加上旁白以帮助学生及听课教师理解故事内容，体会故事中人物的心情；对核心内容的理解不能太窄，教师要给予适当引导；关注学生的情绪体验。

课后，备课组成员认真撰写听课反思，对这节课的认识、感受及自己如何上好这一课做深入分析。教师们表示教研活动使自己对校本课程有更深的理解，收获匪浅。可以说，这是学校走出瓶颈期的关键一步，让教师们体验到初步的成功，也坚定了继续做下去的决心。课后，其他教师的同上一节课则展现出更大的希望。成功的体验和持续的进步让教师们满怀希望，大家终于走出瓶颈，要阔步前行了。

Ⅴ. 共同探究，行在路上

踏实勤奋，刻苦努力，学校迈着坚实的脚步，在校本课程研究的道路上不断前行。一次次的收获让学校有了可喜的变化，让每一个人精神振奋。在这一过程中，教师们共同探究，总结出"同备、共研、同上"的校本课程实施办法。

同备：项目负责人精心布置备课、研讨教案、上课评课、研讨交流，备课组每月至少有两次集中教研活动，定时定点、全员参与，包括分析教材、审定备课教案、反馈教学信息等，做到活动有效果，人人有收获。

共研：项目组每月组织两次活动，除了面对面交流，"社会情感项目畅聊小屋"微信群成为一个研讨场所。在这里，大家畅谈课前课后的感受，随时向专家请教，与专家交流，好文章共同分享。这里留下了教师们成长的足迹和成功的喜悦。

同上：项目组教师每人每学期主讲一节展示课，并在课后交流，其他教师根据学情修改教案，并为自己所负责的班级授课；同备、共研、跨年级同上一节课的方法使校本课程研究扎实推进。

在学校社会情感学习校本课程的研究之路上，教师们的态度真真切切地发生了转变：最初让做一节展示研究课时，教师们都十分抵触，退缩、胆怯、怕失败，不愿意尝试，而现在教师们都积极主动报名。他们说，每次的研讨交流都觉得意犹未尽，每一次活动都让自己提升一步，一节课讲完就期待下一次。

现在，如果不让教师们继续教校本课程，他们可真是舍不得！路漫漫，全速前进只为寻找更美、更理想的教育，这样的奔跑没有终点，有的只是教师们不懈的坚持和不尽的享受。为了孩子，教师们行在路上！

（案例来源：北京市顺义区张镇小学）

四、社会情感学习校本课程的教学过程

1. 教学原则

社会情感学习校本课程的教学需要遵循以下基本原则。

①情境构建：教师需要注意教学情境的构建，在教学环境的布置、开场白、示范、游戏等方面精心设计。

②把握时间：教师需要注意把握好时间，在预定的时间内完成教学任务。

③聚焦主题：教师需要谨记每一课的主题，当学生活动偏离主题时，应将其及时引回主题。

④积极欣赏：在教学过程中，教师要始终以欣赏的态度倾听学生的讨论，观看学生的展示，并不时地给予鼓励和引导。

⑤认真观察：在教学活动中，教师应注意观察学生的行为表现，尤其是特殊的表现，并在课后做进一步的了解，必要的时候提供有针对性的指导。

⑥保持公正：教学中难免有一些事件需要处理，教师在处理时一定要态度公正，不能因个人好恶而偏心。

⑦平等待人：教师应学会从学生的角度去理解学生，鼓励学生充分发表意见，不可用权威的态度压制学生，将自己的观点强加于学生。

⑧适当幽默：在教学过程中，教师可以表现幽默，使教学活动能够轻松活泼地进行，以吸引更多学生参与和投入。

⑨积极参与：教师需要与学生一起活动，鼓励学生积极参与、坦诚表达、创造性地探索。

⑩适当有度：教师的指导需要适可而止，指导得太少，学生会觉得无从下手；指导得太多，则会养成学生的依赖性，使其对教师完全服从和听从。

2. 教学过程和教学环节

每个学年共设有七个专题，每个专题下分别设置三到四个主题。根据主题与专题内容的联系程度及与学校已有工作的关联情况，这些主题被分为核心主题和扩展主题。教师需要完成全部核心主题的教学任务，并根据学校工作安排

完成扩展主题的教学。

每一个主题相当于一个课时的教学任务，根据社会情感学习课程的特点，每个主题的具体学习过程包括四个环节。

第一，热身活动。通过游戏、故事、图片、舞蹈等多种形式，帮助学生进入主题的教学场景，放松身心，做好学习和体验的准备。同时，所开展的热身活动还需要与主题的教学内容建立连接。

第二，主题导航。在正式的教学活动开始前，建议教师向学生清楚地介绍预期的学习成果，用不同年级学生能够接受的语言陈述他们将学到什么，并一起想出成功的标准。

第三，探究体验。通过若干体验活动，让学生在参与和体验中发展社会情感能力。探究和体验的问题多是开放式的，即使教师认为答案有可能是固定的，也应该先鼓励学生表达自己的意见，并提供证据和例子支持他们的意见。除学生自主探究外，教师还要鼓励学生学会与他人合作，在过程中理解他人、融入集体，并发展必要的社交技能。

第四，总结反思。教师总结主题的核心知识点，结合学生的讨论结果做必要的引领和提升；通过绘制概念图、写出学习成果等方式检查学生理解的程度；并在教学结束之前，通过积极的方式向学生提问，让学生描述个人的学习体会、是否实现了预期的学习成果、对课堂的反馈等。

图 6-2 对以上四个环节进行了形象的展示。

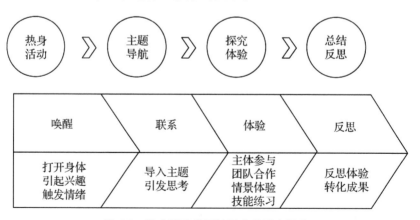

图 6-2 社会情感学习过程中的四个环节

在具体的实施过程中，教师可以按照教材中的学习过程描述完成每个主题的教学。需要说明的是，由于教师个人的教学风格不同，面对的学生也不同，在实际操作中，不推荐教师逐字逐句地读出教材中的教师用语，可以根据实际情况有所调整。

3. 教学活动组织

根据国内外的相关经验，圆圈游戏是在社会情感能力教学过程中使用较多的热身活动组织方式。

在圆圈游戏中，所有参与者围坐成一个圆圈，这样每个人都可以和其他人进行眼神接触。围坐成一个圆圈的动作强调了团结和平等，并体现出同等责任的概念。教师与学生一样坐在圆圈中，扮演的是促进者而非说教者的角色。在组织圆圈游戏时，教师要注意保持热情，并时刻与学生有良好的眼神交流，积极倾听，并在必要时重复或反馈学生的发言，保持轻松活泼的氛围，有效地给予学生鼓励，并积极处理消极氛围。

在圆圈中可以进行游戏、讨论、分享情绪等各种各样的活动，活动的组织者和参与者均应该遵循以下基本规则：发言前先示意，或者只有手持"话筒"（可以是任意物品）的人才能发言；其他人发言时要认真倾听；发言内容要积极向上；只说与自己有关的事情（如"我发现……好困难"而不是"他发现……好困难"）；不说出名字，只说有人，如"有人欺负我"。需要注意的是，在圆圈游戏中分享的内容，师生不能告诉任何没有参与此次圆圈游戏的人。如果讨论的内容令学生感到不安或学生不愿分享，教师不应强迫学生分享。

圆圈游戏的组织过程为：①导语，教师提醒学生在圆圈游戏中要运用的社会情感能力，要看、听、说、想和全神贯注，教师在圆圈游戏中运用非语言和语言的表扬；②热身，师生围成一个圆圈，使每个人都有机会表达；③开放，这是圆圈游戏的核心；④庆祝成功，认可自己或他人的优点和贡献，并给出或接受积极的反馈。

4. 教学评价

社会情感学习课程并没有安排对学生的社会情感能力进行专门评估，而是在每个专题的概述中描述不同年级学生能够实现的预期成果。教师在教学过程中向学生清晰地介绍预期学习成果，并和学生一起制定成功的标准来进行自我评估。对学生社会情感能力发展的监测和评估是需要一定时间的，不需要纠结于一节课、一学期内能否精确评估学生的发展程度。如果学生实现了预期成果，建议在全校集会活动中安排专门的时间给予表扬和鼓励，这有助于学生了解他们正在形成和发展的重要技能，并学会与他人分享和庆祝自己取得的进步。

案例 6-17

社会情感学习校本课程的教学过程案例：给冲突降温

Ⅰ. 学习成果

ⅰ. 我知道什么方式会让冲突恶化，什么方式可以减少冲突。

ⅱ. 我能够控制自己，让冲突不会变得更加糟糕。

Ⅱ. 学习过程

ⅰ. 热身活动：巧解千千结（5分钟）

活动过程如下。

将全班学生分成若干小组，每组10人，让每组成员手拉手围站成一个圆圈，记住自己左右手分别握住的人。

在节奏感较强的背景音乐中，大家放开手，随意走动，音乐一停，脚步即停。大家找到原来左右手握住的人并再次握住。

小组中所有参与者的手彼此相握，形成了一个错综复杂的"结"。在节奏舒缓的背景音乐中，教师要求大家在手不松开的情况下采用各种方法，如跨、钻、套、转等（但手不能放开），将交错的"结"解开，形成一个大圆圈。

教师陈述如下。

"在我说解散的时候，所有同学向圆心走去，自由移动。"

"在我喊停的时候，大家要马上停下来，找到刚才站在自己左右两边的同学，不要记错位置，重新牵起他们的手。"

"大家要办法把这个结解开，但是手不能松开。"

"最先把结解开、恢复圆圈形状的小组获胜。"

ⅱ. 主题导航：心中的结（5分钟）

活动过程如下。

小组讨论，回答以下问题。

一开始面对这个复杂的"结"的时候，你觉得能解开吗？

当你们小组的"结"被成功解开后，你有什么感觉？

在生活中，你是否和朋友在心里结下了这样的"结"？是什么原因？

和朋友之间结成的"结"好解吗？能够用什么方法解？

教师陈述如下。

"游戏中的结不管有多复杂，只要我们耐心尝试，最后都一定能成功解开。"

"和朋友在心中打上的'结'并没有那么好解开。"

"今天我们来看看怎样才能够解开人与人之间的'结'。"

ⅲ. 探究体验(30分钟)

第一个活动为化解冲突(15分钟)，活动过程如下。

分组讨论：在发生冲突的时候，我们做哪些事情会让冲突恶化，导致冲突的结果变得更严重，如发生打架或有人哭泣？我们做哪些事情可以缓和冲突，最后解决冲突？

每组有一张海报纸，在海报纸的表格中填写小组讨论的结果。

教师陈述如下。

"和刚才我们做的游戏一样，如果你用了错误的方法，就会让这个'结'越来越复杂。当我们认真观察，用正确的方法慢慢解这个'结'时，我们就会发现事情越来越顺畅，越来越简单，'结'很快就能解开。"

"在解决冲突的过程中，我们的错误举动会让问题变复杂，导致最后这个'结'变成了'死结'。而当我们选择了正确处理问题的方法时，'结'就会越来越松，很快就会解开。"

第二个活动为友谊海报(15分钟)，活动过程如下。

以小组为单位，在刚才讨论的表格的基础上，制作一张"友谊海报"，来展示如何在班级里减少冲突，让冲突降温，让友谊升温。

可以用红色的背景来表示让冲突恶化的方式，用蓝色的背景来表示缓和冲突的方式。

给海报设计一个醒目的标题和一些装饰性图案，让海报更加美观。

在海报上签上小组成员的名字。

教师陈述如下。

"刚才大家讨论出一些让冲突恶化和让冲突缓和的事情，下面我们对讨论结果进行补充和修改，让我们表格里的内容更加充实和完整。"

"我们要在表格的基础上设计和制作一张海报，大家给这张海报设计一个漂亮的、醒目的标题，画上一些装饰图案。你们还可以发挥创意，在上面添加任何与友谊有关的内容，如漫画、名人名言、小故事等，让这个海报的内容更加充实，形式更加漂亮！"

Ⅳ. 总结反思：我的承诺(5 分钟)

活动过程为：教师和学生一起将制作好的海报张贴在班级的墙壁上，学生大声读出海报上的内容，并且承诺以后在发生冲突时，会运用"友谊海报"上的建议去化解冲突，不让事情变得更糟。

教师陈述如下。

"今天我们学会了如何解人与人之间的'结'。在冲突发生的时候，我们清楚地知道什么会让冲突恶化，什么会让冲突平息。"

"我们把'友谊海报'张贴在班级里，目的就是随时提醒大家友谊的重要性。既然我们已经签字并做出承诺，那么希望大家都能按照'友谊海报'上的建议去化解冲突，不要让友谊的'结'系在心上。"

[案例来源：毛亚庆，《社会情感学习教学用书(五年级)》，47～51 页，北京，北京师范大学出版社，2019。]

五、社会情感学习校本课程的课堂观察与评价

课堂观察作为一种研究课堂的方法，发展于 20 世纪 50 年代至 70 年代。它通过观察对课堂的运行状况进行记录、分析和研究，将研究问题具体化为观察点，将课堂中的连续事件拆解为时间单元，将课堂中的复杂情境拆解为空间单元，透过观察点对诸多单元进行定格、扫描，收集、描述、记录相关详细信息，再对观察结果进行反思、分析、推论，以改善教师教学、促进学生学习。①

基于社会情感学习校本课程实施的原则及教学过程的四个步骤，结合实施社会情感学习校本课程的实践经验，可以采用定量观察与定性观察相结合的课堂观察方法来评价社会情感学习校本课程的实施质量。

1. 定量课堂观察

定量课堂观察基于实证主义的方法论和结构主义思想，强调对课堂中的行为和事件进行细致分类，并通过结构化的观察工具，借由编码、核查清单、等

---

① 沈毅、崔允漷：《课堂观察：走向专业的听评课》，上海，华东师范大学出版社，2008。

级打分等方式进行记录，以量化的数据形式呈现观察结果，并对这些数据资料进行分析计算。"社会情感学习与学校管理改进"项目构建了由教学设计和教学实施两个方面、共 20 个观察指标构成的社会情感学习课程的课堂观察与评价指南(见表 6-4)。其中，教学设计包含教学目标、教学内容和教学环节 3 个方面的 10 个观察指标。教学目标既考察目标设计是否体现社会情感能力的 6 个因素，又考察教师是否采用发展性语言呈现教学目标；教学内容主要看教师是否准确理解教学内容及合理呈现教学内容；教学环节主要看课堂中的热身活动、主题导航、探究体验及总结反思这 4 个环节的实施及时间安排是否符合社会情感学习校本课程的内容。教学实施则从积极情感氛围(积极氛围、积极互动)、教师活动(教师语言、教师敏感性、行为管理)、学生活动(学生参与、学生表达、学生合作)、教学资源(教学资源内容、教学资源呈现)等方面考察教师在实施教学时是否遵循社会情感学习教学的原则，即做到用社会情感学习的方式教授社会情感学习。

表 6-4　社会情感学习课程的课堂观察与评课指南

课堂观察指标		评课指南		
		初级	中级	高级
教学设计	教学目标	教学目标设计：教学目标体现教材内容，体现社会情感能力的 6 个因素。	教学目标脱离教材内容，未体现学生社会情感能力的 6 个因素。	教学目标与教材中"学习成果"部分的表述完全相同。	在遵照教材内容的基础上，结合学生实际情况，调整了学习成果目标，具体描述 6 个因素下的二级指标。
		教学目标呈现：教师使用发展性语言描述教学目标，用口头和板书相结合的方式呈现目标。	教学目标笼统概括，使用第三人称描述；教师在课堂教学中未呈现教学目标。	教学目标使用"我"来陈述，可观察；教师采用口头方式说明教学目标。	教学目标使用"我"陈述，可观察、描述，体现出学生的年龄特征；教师使用口头与板书(或演示文稿)相结合的方式呈现教学目标。

续表

课堂观察指标		课堂观察与评课指南		
		初级	中级	高级
教学内容	教材内容理解：教师准确理解主题的教材内容。	教师不理解主题的教材内容，偏离教学主题。	教师理解教材内容，完全按照教材内容完成教学。	教师准确理解教材，结合学生特征对教材内容进行完善和创新。
	教学内容呈现：教师掌握主题的核心知识点，讲授准确。	教师未理解主题的核心知识点，内容讲授有少量偏差。	教师对主题的核心知识点略有了解，讲解准确。	教师熟练掌握主题的核心知识点，围绕主题，讲解清晰明了。
教学设计	热身活动：教师组织热身活动，激发学生的兴趣，创设情感体验情境。	教师未开展热身活动，或热身活动未能充分调动学生的兴趣。	教师开展的热身活动能够充分调动学生的兴趣，鼓励尽可能多的学生参与，但活动内容与教学内容无关联。	教师开展的热身活动调动了全体学生的积极参与，活动内容与教学内容相关，为学生创设情感体验情境。
	主题导航：教师运用多种形式导入课程，清晰说明课程主题和成果目标。	教师运用口头陈述的方式导入课程主题，未说明课程的目标。	教师运用多种形式导入课程，口头陈述课程的成果目标。	教师运用多种形式导入课程，采用口头和板书演示相结合的形式呈现课程的目标和主题。
	探究体验(活动形式)：教师结合主题开展多种形式的探究体验活动，鼓励学生充分参与与表达。	教师采用以讲授为主的方式开展教学，或者开展的教学活动偏离教学主题。	教师结合主题开展多种形式的探究体验活动，学生有表达的机会。	教师开展多种形式的活动，学生能够充分体验、参与和表达；教师对学生的课堂生成予以积极回应。
	探究体验(活动内容)：教师在课堂中为学生提供机会，充分练习社会情感技能，使学生掌握在特定情境下解决问题的方法。	教师未能引导学生练习社会情感技能。	学生在课堂上有机会体验和练习专门的社会情感技能。	学生充分体验和练习专门的社会情感技能，能够独立或合作探究在特定情境下解决问题的方法。

其中"教学内容"行包含两个子项，"教学设计"行包含"教学环节"子分类。

课堂观察指标			课堂观察与评课指南		
			初级	中级	高级
教学设计	教学环节	总结反思：教师对课程的知识点和社会情感能力要点进行总结，并提供给学生课后练习和反思的机会。	教师未能总结课程的知识点和社会情感能力要点，未能给学生提供课后练习与反思的机会。	教师总结了课程的知识点和社会情感能力要点，给学生布置了课后练习和反思要求。	教师鼓励学生总结，并给予积极引导；鼓励学生在课堂上进行评价与反馈；布置了课后练习与反思。
		教学环节与时间安排：教师按照热身活动—主题导航—探究体验—总结反思4个环节开展教学活动，时间分配合理有效。	4个教学环节不全；教学时间安排不合理。	4个教学环节完整呈现，各个环节的时间分配合理，大致按照1∶1∶6∶1分配时间。	4个教学环节完整呈现，各个环节的时间分配合理，且能够根据课堂生成灵活做出调整。
教学实施	积极情感氛围	积极氛围：教师在课堂中营造安全、温暖、愉悦的积极情感氛围。	教师和学生彼此疏远，课堂氛围紧张。	教师能够在课堂中营造温暖和安全的情感氛围，能够与部分学生积极互动。	课堂氛围安全、温暖、愉悦，充满正能量，师生在课堂中充满热情、彼此喜爱。
		积极互动：教师与学生彼此尊重，使用礼貌用语，态度真诚；师生、生生积极沟通、有效互动。	教师和学生之间不使用礼貌用语，学生在课堂上不愿合作。	教师和部分学生相互尊重，大多数时间使用礼貌用语，教师态度真诚。	师生、生生相互尊重，使用礼貌用语，教师能够尽可能地和全体学生积极互动，学生认真倾听、有效沟通、充分交流。
	教师活动	教师语言：教师使用积极的语言评价学生在活动中的参与和表现，引导和启发学生思考，对学生表达富有兴趣并予以积极反馈。	教师教学中较多使用"对与错""贴标签"等形式的语言。	教师能够运用积极的语言评价学生的参与，引导学生思考。	教师能够积极评价学生，并对学生表现出积极期待，通过提问、课堂展示等形式促进学生参与，引导学生思考，对学生的发言富有兴趣并予以积极反馈。

续表

课堂观察指标		课堂观察与评课指南		
		初级	中级	高级
教学实施	教师活动	**教师敏感性：**教师能够关注班级群体和学生个体的社会情感学习需要，给予及时的支持和帮助。	教师几乎不关注学生的需要，忽视学生寻求支持或帮助的信号。	教师能够关注班级群体的需要，对学生个体的个别化需要给予简单反馈。	教师能够关注班级群体和学生个体的需要，并对学生的需要给予持续支持，为学生提供指导、劝慰和帮助。
		行为管理：教师能够对学生行为和学习活动提出明确的要求，有效纠正课堂中的问题行为。	教师未能说明学生行为和学习活动的要求和规则；未能采取有效方式纠正课堂中的问题行为。	教师说明了学生行为和学习活动的要求和规则，部分学生未能理解；教师有时能够有效纠正课堂中的问题行为。	在学习活动之前，教师清晰说明学生行为和学习活动的要求与规则，采取有效手段确保全体学生理解；采用暗示、同伴帮助等方式，有效纠正课堂中可能出现的问题行为。
	学生活动	**学生参与：**学生情绪状态适中，充分投入课堂教学活动。	学生情绪紧张，仅有少部分学生参与课堂教学活动，部分学生表现出分心或不投入。	学生情绪状态适中，大部分学生能够参与课堂教学活动，积极聆听并认真回答问题。	学生情绪状态适中，大部分学生能够充分投入课堂教学活动，积极关注教师，能够提出自己的问题。
		学生表达：学生充分思考和表达，彼此认真倾听，教师运用促进策略鼓励开放性问题和深度对话。	课堂以教师讲授为主，教师提问以简单问题为主，课堂中很少有讨论。	教师提问以开放性问题为主，学生有机会进行深度思考和表达，发言时学生能够认真倾听。	学生充分思考和表达，教师运用促进策略鼓励学生发现和探究开放性问题，学生之间持续深入讨论并进行深度对话，教师积极反馈。

续表

课堂观察指标			课堂观察与评课指南		
			初级	中级	高级
教学实现	学生活动	学生合作：学生有效开展合作学习，分工合理，小组成员之间平等、互助，合作完成开放性任务。	合作学习活动强调组长和组员的领导与被领导关系，学习任务和结果产出不明确。	合作学习任务清晰，分工明确，小组成员之间积极倾听，互相帮助。	合作学习任务清晰，分工合理，小组成员相互尊重，合作完成开放性任务，结果产出明确。
	教学资源	教学资源内容：教师合理运用教材中的教学资源，根据学生和当地教学条件增加或整合资源。	教师完全舍弃教材中的教学资源。	教师完整使用教材中的教学资源。	教师合理运用教材中的教学资源，根据学情和当地教学条件增加或整合资源，为学生提供学习资源。
		教学资源呈现：多种形式呈现教学内容，教学演示课件和板书符合学生年龄特征和教学主题。	以教师讲授为主，辅以少量板书，或者过度依赖教学课件，文字过多，忽略学生的年龄特征。	教师合理使用教学课件，能够将教材中的教学资源（故事、图片）整合到教学课件中。	教师根据学生年龄特征，将教材中的教学资源（故事、图片）合理地整合到教学课件中，教学形式有所创新。

2. 定性课堂观察

定性课堂观察基于解释主义的方法论及现象学和人种学的理论，强调对课堂中的行为和实践背后的模式和意义加以诠释，通过教师反思性叙事及专家点评的方式对课堂实施质量进行评价，进而改进教师教学、促进学生学习。定性课堂观察可以充分、整体地描述观察情境，保留事件的自然顺序，但受观察者个人经验、描述能力、理论水平等较大的影响。

案例 6-18

定性课堂观察案例：二年级"争吵与和好"专题之
"别让愤怒爆炸"教学设计、教师课后反思及专家点评

Ⅰ. 学习成果

ⅰ. 我知道愤怒是会累积的。

ⅱ. 我知道有时候愤怒会被引爆，所以不能任由愤怒发展。

Ⅱ. 学习过程

ⅰ. 热身活动：表情传递

先让学生们按教师的指令尽量夸张地做出各种表情。

让全体学生围成一个大圆圈，按教师的要求传递表情。

教师说"微笑"，大家就向右传递一个微笑；教师说"生气"，大家就向左传递一个愤怒的表情（微笑到后来会变成大笑，愤怒会变成狂怒）。

请两组学生展示传递表情。

ⅱ. 主题导航：教师的早晨

教师讲述上班时一路上遇到的各种让自己生气的事情，以及很愤怒地批评一名学生的事情。

让同学们说一说教师最后很严厉地批评学生的事情对不对，是不是可以不那么严厉。

教师："我今早不能控制好自己的情绪，批评同学的语气太重了。之前遇到的一些事情让我的怒气不断上升。如果我能好好控制自己的怒气就好了。"

ⅲ. 探究体验

活动一：引爆愤怒。

教师拿出一个气球和一个有很长打气管的气球泵，让学生们和自己一起完成一个故事：一个叫小涛的男孩遇到一些让他愤怒的事，他不能控制住自己的怒气。气球代表小涛，他的愤怒每增加一点儿，教师就往气球里打一点儿气。教师注意让气球与学生和自己保持安全距离以防受伤。

教师："从前有个孩子叫小涛，他的脾气不太好，很容易生气。一天早上，他起床发现袜子不见了，于是他就开始生气。"

随着每个学生的讲述，教师让学生往气球里充气，直到气球爆炸。

教师："为什么刚才气球胀大后同学们会躲避或露出害怕的表情？"

学生："怕气球会爆炸。气球爆炸很恐怖，声音很响，还会弹到人。"

教师："对。我们的愤怒就跟这个气球一样，如果不控制，最终就会爆炸，也可能让我们做出伤害身边人的事情。有时候，引爆愤怒的并不是很大的事情，可能只是一件很小的事，因为之前积累了太多的怒气。"

活动二：别让愤怒爆炸。

教师请几位学生给大家表演一个场景：小淳从早上起床开始就遇到各种让他生气的事，最后他因为一件小事就把小鸥推倒，还追打小鸥。

教师让大家思考并回答以下问题。

为什么小淳这样愤怒？

小淳的愤怒是怎样一点点累积的？

引爆小淳愤怒的是什么事情？

最后小淳推倒小鸥的行为对吗？

最后糟糕的结果是可以避免的吗？

教师引导学生们说出："我们若任由愤怒发展，最后就会因为一件小小的事而使愤怒被引爆，做出伤人伤己的事，所以我们要学会控制愤怒。"

Ⅳ. 总结反思：找出控制愤怒的方法

学生思考讨论：有什么方法可以控制愤怒，让它不爆炸？然后教师请学生说出来并在黑板上写下来。

教师课件展示一些控制愤怒的方法，与大家分享。

学生跟着教师一起唱一首教师自编的歌谣：别让愤怒累积，别让愤怒爆炸；我们一起快乐，生活会更美好！

Ⅲ. 教师课后反思

"别让愤怒爆炸"是社会情感学习课程二年级专题"争吵与和好"中的核心主题。它的学习成果是让学生知道愤怒是会累积的，并知道有时候愤怒会被引爆，所以不能任由愤怒发展。在本课的教学中，我精心设计了教学环节，让孩子们在不断深入的情感体验和探究中获得学习成果。

第一，创设轻松、活泼、有感情的课堂。

在教学中，我创设了一种平等、轻松、活泼的课堂氛围，让孩子们都能身心放松地参与活动。整堂课气氛轻松活跃，孩子们畅所欲言，平时很多不敢发言的孩子也能大胆地站起来表达，这对我们以贫困家庭孩子为主的课堂来说是很难得的。能让孩子们打开心扉，勇于、乐于与他人分享自己的感受，我觉得这就是一大成功。

我在教学中很关注孩子们的情绪，适时地对他们进行鼓励和安慰，孩子们也给了我很好的反馈。在打气球这个环节中，虽然我已确保气球与学生和自己保持安全距离以避免受伤，但当气球膨胀到很大时，一个小男孩还是关切地对我说："老师，你让气球再离你远一点。"这让我很感动。我想，这也是我们社会情感学习课程要达到的目的。

第二，在活动中体验，在体验中感悟。

整堂课我都以情感体验为主线，创设各种情境，让孩子们在层层深入的体验和探究中感悟、学习。

在主题导航中，我用自己的事例让孩子们初步感知愤怒累积会引起的不良后果，同时也让孩子们知道每个人都可能有不良的情绪，我们要学会正视它。接着，通过和孩子们一起讲述小涛的故事并打气球，让孩子们切身感受愤怒爆炸的可怕后果。在气球不断胀大的过程中，孩子们有的捂耳朵，有的躲到同学身后。我顺势让他们得出"愤怒在爆炸时可能会伤害到别人，也可能会伤害到自己，所以我们要学会控制愤怒"的结论。紧接着，我用一个情境表演来加深这个认识。

通过体验，不需要教师说教，孩子们就能由入心、动情到启真、悟理。

第三，开放课堂，激发活跃思维。

在孩子们充分认识到愤怒爆炸的不良后果及要控制愤怒后，我让孩子们思考、讨论如何控制愤怒。在我的鼓励下，孩子们"脑洞大开"，积极发表见解，想出来很多切实有效的方法。孩子们思维的活跃度超出了我的想象，也让在现场听课的教师们惊叹。大家都没想到我们的孩子能想出那么多方法。

最后，我用一首自己编的歌谣让整堂课在愉快的气氛中圆满结束，并再一次和孩子们重温本课的学习成果。

这堂课整体来说是成功的，但也有一些瑕疵，例如，在情境表演后我提问的方式不够灵活，导致孩子们一开始回答不到点子上；又如，教学过程中对"边缘学生"关注得不够，有几个孩子出现游离现象。这都有待在今后的教学中不断改进。

Ⅳ. 专家点评

ⅰ. 对本节课的整体评价如下。

教师在教学环境的布置、开场白、示范、游戏等方面进行了比较精心的设计，用一个个表情(开心、生气、愤怒等)、自己今早的经历来创设本节课的主题情境，整个过程自然、流畅。

教师在课堂中营造了安全、温暖、愉悦的积极情感氛围，始终以欣赏的态度倾听学生的回答，并不时地给予鼓励和引导。

学生在课堂上能充分投入课堂活动，能思考和表达自己的想法。

整节课的教学设计较为理想，重点、难点把握到位。教师的调控能力较强，选择的几个活动内容有针对性。

教师能掌握低年级学生易疲劳、注意力容易分散的年龄特点，能及时将他们引回主题上。

存在的不足主要有四点。

一是情景剧中让学生思考的问题应投在大屏幕上。

二是对剧中的人物没有交代清楚。

三是整节课的后半部分是学生的状态、注意力最容易出现问题的时候，教师没有注意到外界对课堂的影响，以致有部分学生的注意力出现分散。

四是除了学生自主探究，教师还要多鼓励学生学会与他人合作，形成合作意识，在过程中理解他人、融入集体，并提高必要的交际能力。

ⅱ.对各环节的评价如下。

热身活动：孩子们用表演的方式表达自己，通过不同的表达方式、不同的思维方式，孩子们在无形中对于愤怒的情绪有了最初的认知，也让我们体会到了孩子们的兴奋与快乐；在回答问题这个环节上，孩子们从单一情绪到多种情绪进行展示，获得了展示自我的满足感。

主题导航：教师用一个个表情(开心、生气、愤怒等)、自己今早的经历来创设本节课的主题情境。

探究体验：在这个环节上，孩子们兴趣浓厚，积极、主动性较高，思维活跃，纷纷表达自己管理和控制愤怒的方法，教师给予充分的肯定和赞赏，让孩子们利用自己的方法防止愤怒不断累积，不任由愤怒发展；教师的主导地位发挥得当，学生的主体地位充分体现。

总结反思：利用歌谣的形式总结主题的核心知识点，结合学生的讨论结果做出必要的引领和提升。

(案例来源：广西壮族自治区三江县古宜镇江川小学　李晓雪；县级专家　杨晓雄)

第四节　在学科教学中融合社会情感学习

一、在教学内容中融入社会情感学习理念

课堂是一种学习型共同体社会，体现教学过程的动态生成性与复杂多样性。在课堂教学过程中，教师与学生在教与学中产生个性化心理体验和心理感受，这是一种特殊的社会心理现象和社会心理过程。然而，在知识主导的课堂教学中，社会情感这一重要的心理过程往往被忽视。要在学科教学中渗透社会情感学习，教师就应具备一定的社会情感学习观念和能力，并将其融入教学实践，探索社会情感学习的教育意义和价值，并实现理论和实践的互促与共生。

将社会情感学习渗透于学科教学活动，教师需要弄清楚：①学生的学业目标是什么？如何描述测量这一目标？如何与其他目标相协调？②学生的社会情感学习目标是什么？教师怎样理解社会情感学习的目标？如何测量该目标？③在教学前后如何通过前测和后测评估目标达成程度，进而评估课程的效果？教学设计应使学科知识的教学与社会情感学习建立联结，使教师关于社会情感学习的理念与学科教学实践之间产生联系，使学科课程教学充分体现社会情感学习的精神特质或理念品质。

通过将社会情感学习的理念和技能与学科内容整合起来，教师可以丰富自己的课堂；通过将学生置于富有交互与创造性的关系中，为学生的记忆提供重要的线索，以帮助学生在今后使用这些信息。

以《坐井观天》一课的教学为例。教师要求学生充分发挥自己的想象力续写课文。具体过程是：每一名学生先通过个体学习的方式写出自己所想，然后通过合作学习的方式进行小组交流。在这一过程中，发生了一个小插曲。在小组交流时，组内一名学生续写的内容是："青蛙对小鸟说：'小鸟小鸟，你说得很对。赶紧下来喝口水吧。'"这一续写，在小组其他学生看来不符合"常识"，还缺乏逻辑，因为多数学生的续写思路都是青蛙听了小鸟的话后从井里跳了出来。于是，这名学生遭到了其他学生的嘲笑。对此现象，教师不能一概而论，更不可断章取义，而要贯彻社会情感学习理念，倾听并尊重学生的想法，疏导学生的情绪。① 这是教学方法层面需要解决的问题。

---

① 李泽林：《社会情感学习重在学科教学落点》，载《中国教育报》，2018-11-28。

又如，在生物课程的一个单元中，教师整合阅读、数学、生物和社会情感学习的内容，使学生能使用问题解决的方法来探究在特定生态环境中植物、动物和水之间的联系，讨论人类生存的生态竞争性需要，探寻对环境的希望或恐惧，同时考虑如何制订计划以保持经济与脆弱的生态之间的平衡。

二、在教学方法中渗透社会情感学习

社会情感学习的策略应贯穿于课程教学，国外有学者提出，学生在课堂上需要具有四个 C，即自信（confidence）、能力（competence）、机会（chance）与关怀（care）。他们需要成人在身边鼓励自己，从而在一系列不同的环境中进行学习、取得成就并成功交往。他们需要能使他们获得学业和社交成功的能力，支撑他们的自信。他们需要在受保护和监护的环境（即学校）中学习和使用他们的技能，从而在没有保护和监护的社会环境中面临较少的风险。他们的这些需要在一个关怀的关系之中产生，在这种关系中他们感受到自己的需求、成就、身心发展及幸福得到真正的关怀。[①]

在前述《坐井观天》续写这一案例中，在插曲发生后，教师要引导这名学生自己表达续写"坐井观天"的想法。自我表达机会的缺失，一方面可能会导致学生自卑，另一方面则会纵容其他学生对他人抱有轻慢的态度。教师需要采用与学生平等对话的方式，让学生自己阐释观点，这是解决问题的关键所在。

在对话中，学生说："因为文章前面说小鸟是从很远很远的地方飞回来的，它这时候一定又累又渴，所以青蛙会说'你赶紧下来喝口水吧'。"学生对问题的回答远远超出了一般学生的惯性思维，体现了他对他人的关怀、理解与帮助心理，以及敏锐的洞察力、判断力和亲和力。在思考问题的过程中，学生发挥的社会情感学习理念中的移情能力进一步拉近了青蛙与小鸟对话的距离，赋予了课堂生命气息与人文关怀。

因此，在社会情感学习理念渗透学科教学的过程中，教师要打破"讲授唯一"模式，还学生主体地位，让学生有充分的话语权。这不仅能够提高学生的表达能力、自信心、成就感，还能够引导学生在小组合作过程中关怀共同体成员，体现同学之间的包容、归属、爱与合作。为做到这一点，教师应成为学生的社会情感学习榜样，这是促进社会情感能力发展的一个基础性要求。儿童更多地

---

① Maurice J. Elias，Roger P. Weissberg.："Primary Prevention：Educational Approaches to Enhance Social and Emotional Learning"，*Journal of School Health*，2000，70(5).

感受到教师的行为，而不是教师的语言。

案例 6-19

在教学方法中渗透社会情感学习案例：
在小学古诗教学中渗透社会情感学习

Ⅰ.社会情感学习让古诗词教学更具活力

社会情感学习参与教学活动是师生共同营造民主、和谐、热烈的学习氛围，不同层次的学生都拥有参与和发展的机会的一种有效教学方式，是一种合作式或协作式教学法。在教学中，教师能否充分调动学生学习的积极性、让学生自愿投入学习，是教学成败的关键。

我们常说："兴趣是最好的老师。"学生只有愿意学，才能发挥思维的积极性，进而愉快地投入学习。因此，在教学中，教师应十分注意教学语言的使用，要善于激发学生学习的兴趣和愿望。

首先，教师应做好充分的课前准备，并适时地在课堂上展示与教学内容相匹配的图片、课件等。例如，讲李白的《独坐敬亭山》时，教师把李白的生平引入课堂。教师通过课件展示李白在不同时期创作的诗句。在年轻时，李白为表达自己凌云的壮志，写下"大鹏一日同风起，扶摇直上九万里"；中年时写下"仰天大笑出门去，我辈岂是蓬蒿人"，表达自己对理想的追求；晚年时，写下"一朝去金马，飘落成飞蓬；宾客日疏散，玉樽亦已空"，表达理想难酬的悲愤。通过这些诗句，学生了解了李白在不同时期的生活及心理状态，从而更好地理解李白在《独坐敬亭山》这首诗中所表达的孤独情感。

其次，课堂提问要有吸引力、有价值、有意义，并能引导学生从不同的角度思考和分析课文内容，这样一来，学生便能很容易地参与课堂教学，并且能够从全新的角度审视、思考问题，从而进入最佳的学习状态。例如，讲《江雪》一诗时，教师引导学生思考：诗人为什么写一个老翁在这样的季节、这样的地方垂钓？对这样的问题，学生很难一下子回答出来。因此，教师在上课前让学生收集关于柳宗元的资料，课堂上让学生介绍柳宗元的生平，并清楚这首诗的写作背景。通过讨论，学生悟出作者是借这首诗巧妙地表达自己被贬后的失意寂寞情绪及不愿与当权者同流合污的思想。这便极大地提升学生作为人的主体力量，使他们尽快走上自主学习、自主探究、自主创新、自主实践的道路，这是参与式教学的更高境界。它很好地体现了"教是为了不需要教"的理念。社会情感学习参与式教学只是一种形式、一种手段、一种载体、一种表现，正是其背后的教育思想赋予其灵魂与境界，正所谓"境由心生"。

Ⅱ. 社会情感学习让古诗词教学更具创意

在社会情感学习中，教学过程呈现新的特点，不再是教师以自己的方式单向给学生传递、教授和灌输知识，也不再是学生从教师那里被动地接纳、领受和储存知识。例如，讲苏轼的《念奴娇·赤壁怀古》时，首先，教师让学生观看电视剧《三国演义》中的片段，体会"大江东去，浪淘尽，千古风流人物"的壮观景象。教师再让学生闭上眼睛，听江水奔腾、惊涛拍岸的录音，想象自己正身处战场，面对浩浩汤汤的江水，思绪泉涌：遥想公瑾当年，小乔初嫁了，雄姿英发……然后，教师让学生反复诵读诗文，还可以心随情动，吟唱之，甚至舞之。最后，教师让学生谈谈自己对作者写词时的豪迈气概、豪放风格的领会和理解。这一过程不是教师的独角戏，需要师生共同体验，需要师生情感的交汇融通。

诗词教学采用社会情感学习的教学方式，并不是说每一篇诗词的教学过程都一样。根据诗词内容、主题、风格等的不同，教师所采用的社会情感学习体验方式是有细微差别的。因学生的基础、感悟、想象等非认知心理因素的不同，具体的教学过程也是千差万别的。例如，在讲《早春呈水部张十八员外》这首诗时，教师可在早春的时候带着学生去田野感受春雨和草色。阳春三月，正是梅雨时节，这渐渐沥沥的细雨，一下就是两三天，干燥坚硬的泥土经过润物细无声的春雨的浸润变得酥软，脚踩上去软绵绵的，头上飘着如酥油般的小雨，细腻且滋润，尽管衣衫被淋湿，却没有一丝寒意。这种细腻的感觉，只有身处春雨的笼罩中，学生才能够真切地感受，教师在课堂上再精彩的讲解与此相比也显得有些无力与黯淡。草色由于太浅，靠近反而感受不到，只有远远望去，成片成片的绿茵就像地毯舒展在田野上。刚刚冒出新芽的春草是那么新、那么嫩。教师一定要让学生亲身体验，只有这样他们才能领略到"草色遥看近却无"的真谛。春天是不能被关在园子里的，是关不住的！田野中的那一抹浅绿是那般动人心弦，而不去到那里的人又怎能体会得到？诗歌的意境还得靠学生自己去领悟，学生在体验了诗歌所描写的意境后，教师要求学生把自己的观察体会写出来，在班上交流分享，写得好的在全班展示。思想只有碰撞才能迸发智慧的火花。教师要做的就是让学生到田野里去观察和体验，创造条件，让学生交流分享心得体会。这就是社会情感学习体验式教学的魅力。

Ⅲ．小组合作式教学让古诗词教学更具效率

小组合作的教学方法不但可以增强学生的对古诗词的学习兴趣，还能够提高学生对古诗词的诵读水平和学习效率。

在小组合作学习中，更多的学生有展现自我的机会。学生一般会无拘无束地朗读，读音错误、音调不准和节奏划分不当等问题便会毫无保留地展现出来，通过大家的指点得以解决。这样的指点能够加深学生的印象，避免独自学习过程中自己所犯的错误难以被发现的情况。进行小组合作不但可以使学生互相沟通、互相学习、增进与同学之间的感情，而且可以提高学生的心理素质。在这个环节中，要培养学生的团队合作精神。学习好的同学要帮助学习稍微落后的同学；学习稍微落后的同学要积极主动地学习，不拖团队后腿，大家互相督促学习；性格活跃的学生适当地带动团队的学习气氛，使大家有一个愉悦的学习氛围；教师鼓励腼腆的学生积极融入集体，做一个善于表现自己的人。

例如，在对王勃的《送杜少府之任蜀州》进行五言诗的节奏划分时，学生在小组合作诵读中体验到古诗词错落有致的韵律美。王维在《使至塞上》中写道"大漠孤烟直，长河落日圆"，小组通过合作体会到，这一"直"一"圆"看似平平，细想起来却"除却巫山不是云"，再无字可换；寥寥几笔，竟展现了塞外奇特壮丽的风光。学生在小组合作中理解关键字眼，体会诗词特有的意境和诗人的思想等妙不可言之处。小组合作是古诗词学习非常重要的一部分，这个过程离不开小组对古诗词的诵读和品味。

（案例来源：云南省弥勒市第二小学　何芸）

三、在教学评价中体现社会情感学习的价值

教师对社会情感学习理论的理解与内化是研究学科教学能否渗透、怎样渗透社会情感学习及如何产生效果的前提和基础。要将社会情感学习理念融入学科课程教学，教师就要精心研究教材，设计教学的各个环节，在教学中体现学生本位的人本精神，把握好预设与生成之间的关系，使课堂教学过程成为学生社会情感不断发展的过程，积极回应培养什么样的人、怎样培养人、为谁培养人的根本教育问题。

比如，《坐井观天》续写的课堂设计及其在课堂教学中的生成，对教师的教学方式及在处理教学过程中生成的实践智慧提出了更高的要求。尤其是如何评价学生续写的"坐井观天"，这是教师将社会情感学习理念融入课堂教学的关键，也是提高课堂教学品质的核心。学生在小组交流过程中受挫，容易产生不自信的心态与不安情绪，如果教师只是轻描淡写或一般性表扬他的思考有创意，则不足以体现社会情感学习理念渗透于学科的价值，也不能对学生的成长产生积极影响。教师在教学评价中应抓住学生能够设身处地为他人着想的共情能力，联系班级管理、日常生活实际，进一步剖析自我对他人及集体的意义和价值，让学生在这一过程中学会理解、包容、体谅。同时，教师也可以因势利导，让学生感受到学习共同体中的温馨、安全与归属感，增强学生的抗挫折能力与自信心。

案例 6-20

在教学评论中体现社会情感学习的价值案例

Ⅰ. 挖掘教材内容与社会情感教育的结合点

不论是哪个学科的教学，都是对学生情感的发展施加影响的过程，因此，在教学中我们注意挖掘和组织对学生社会情感能力产生重要影响的学习内容，使其在教学过程中默默地影响学生的心灵，使学科教学事半功倍。

音乐教师在教《摇篮曲》这一首歌时，利用多媒体画面，配上优美的乐曲、亲切的朗诵，让孩子们在安静的欣赏中初步了解了这首歌表达的内容。在学生会唱后，教师让他们闭上眼睛，静静地欣赏那舒缓悠扬的歌声，在头脑中想象小宝宝睡着后宁静、安逸的画面。在这种意境中，孩子们的思维被优美的语言和音乐调动起来，内心的情感也被激发出来，使他们真正领略音乐的美。此外，教师边深情地摇动学生扮演的小宝宝，边示范唱《摇篮曲》，这样一幅安静深情的画面足以引发孩子们的真实情感，再加上婉转优美的旋律，孩子们在不知不觉中进入了角色，通过声情并茂的表演唱，达到体验旋律美这一教学目的。

Ⅱ. 优化教法、学法，将学科教学内容与社会情感能力培养巧妙融合

教学活动是教法、学法得以体现的载体，因此，学科教学活动的优化设计尤为重要。学生的情感是在活动中发生发展的，教师应精心设计每一堂课的教学，调动学生主动参与整个教学活动过程的积极性，尽可能使每个学生都有展现自我的机会，使他们的情感通过参与教学活动过程得到释放。

在科学课堂中，教师将学科教学与社会情感学习巧妙融合，使它们相得益彰。在课堂上，教师一改往日"看书—操作—填报告单"的固定流程，采用"寓教于玩"的学习方式，让学生在玩中探究，在玩中发现。在"磁铁性质"这一课中，教师创设了"磁铁乐园"的学习情境，在这一情境中，教师安排了挂珠帘、制作小火车、贪吃鱼、一把抓、步步高等游戏活动，使学生在游戏中轻松认识磁极的位置，课堂呈现轻松愉悦、积极主动的学习氛围，展示了科学学科的无穷魅力，激发了学生对科学学科的热爱，使学生感受到学习进步的自豪。

学习《渴望春天》一课时，教师以"感受音乐、体验音乐"为宗旨。通过各种活动，让学生全身心地参与。参与音乐既能增强学生对音乐的兴趣，也能加深学生对音乐的体验、理解。比如，律动是帮助学生感知音乐的重要途径，律动参与能使学生准确地把握音乐的情绪，倾注情感的理解，增强听赏的兴趣；又如，理解演唱主题是参与音乐学习的极好方法，因为音乐主题是作品的核心，是乐思形成和发展的基本要素；再如，在听赏教学中，为调动学生的听觉注意力，使学生真正深入音乐，教师可设计随课件点旋律音高并描画旋律线的活动，这样一来，学生在听赏过程中不会感到困难，心态也会放松，通过描画把握听音乐的全过程，获得一种感性和理性相结合的美感，同时，这个过程也是一个不断探索和发现的过程。

Ⅲ. 走出教室，在学科综合实践活动中渗透社会情感能力培养

综合实践活动以学生现实生活为主要课程资源，以实践性主题活动为基本教学内容，以学生自主学习和直接体验为主要学习方式，是密切联系学生自身生活和社会生活、注重对知识技能的综合运用的实践性课程。以"亲近潮白母亲河"这一课为例，学生在真实问题产生、真情实践体验、真心自评互评、真正收获成长这四个步骤中，充分利用身边资源，在关注社会和自然的过程中增强了自尊、自爱、自强的意识，培养和锻炼了与人合作、在集体中生活的能力。

第一步，真实问题产生。

各个小组根据日常生活中发现的真实问题，分别确定了"走访潮白河管理段""探秘潮白历史""探秘潮白新桥""探访星火志愿护河队""浮床植物大揭秘""潮白河河岸现状调查"等研究主题。

第二步，真情实践体验。

在以往的主题实践中，孩子们喜欢参与活动，但不喜欢反思总结，更不愿

意与人交流、分享、合作。因此，在活动中，教师需要给予更多的指导，放手让学生做，不怕慢、不怕失败，多肯定、少埋怨；只要有行动，对点滴的收获也要鼓励。学生们从看到的现象和问题入手，归纳出有价值的研究问题，通过观察、采访、体验、问卷、设计、制作等方法开展探究活动。

例如，一个小组说，自从找到了星火志愿护河队贺叔叔的电话，他们一共给贺叔叔打了六次电话，有时电话没人接，有时接通了，但贺叔叔在开会，不方便采访，最后还是通过学校老师与贺叔叔约好了时间才采访成功。我们看到了学生们勇敢地克服困难、不轻言放弃的闪光点，智慧也在挫折中产生。他们挑战自我，大胆地向路人发放调查问卷，老人眼花、看不清字迹，学生们就读给他们听。在这个过程中，学生们真正地践行尊重和理解他人，特别是对不理睬他们的人也能够真诚地说声谢谢。

第三步，真心自评互评。

学生们认真分工与合作，在实践中收获了真实的感悟。在综合实践活动过程中，学生们由衷地说："我们要常来护河。保护母亲河是我们义不容辞的责任和义务！""我爱我的母亲河！""我爱我的家乡——顺义。"在孩子们的自评互评中，每一个孩子的发言都是实实在在的，有记录、有思考、有针对性，绝不流于形式。这些都是孩子内心真实的情感表露。积极的、阳光的心灵成长是每一个孩子最大的收获。

第四步，真正收获成长。

此次实践活动课中，学生们能运用多种展示方式交流小组的探究成果，尤其是会运用学科知识整理分析调查数据，科学合理地得出结论。五年级的学生刚学完统计图，他们就用上了，学以致用就是最好的成长。很明显，学生们在追求探索中不仅学到了知识，还运用了多种调查方法，学会了与人交流、合作。他们的成长已由获得知识转化为承担社会责任，由参加活动升华为做有担当的小主人。

（案例来源：北京市顺义区南彩第二小学）

四、在教师支持中实现社会情感学习的可持续性

学校是一个社会，在推进社会情感学习这样一个新型学校改革项目时，尽管不少教师能从自身专业角度明白情感是人生发展的动力，以及社会情感学习会给学生带来更好的未来，但他们中的许多不能将之内化为个人愿景，于是始

终将之拒于门外。这种现象的一大原因在于：一个新的项目存在诸多不确定性，教师需要得到确定性的支持，这种确定性是一种勇于探索创造的安全感，它让一个人在面临困难时不抱怨、不放弃、坚韧不拔、不断挑战。学校要为教师提供这样的支持系统，具体包括三个方面。

第一，管理支持系统。学校要为教师实施社会情感学习提供相应的制度、经费、人员、空间、时间，确保社会情感学习落实在学校管理改革层面。学校配套的制度要对教师与学生表现出的良好社会情感能力给予激励，发掘具备实施能力的榜样教师；也要对教师在实施过程中出现的消极行为进行约束与管理。

第二，培训支持系统。在县（市、区）教研室、教师进修学校、合作高等院校的基础上，学校通过教师培训、校本研修、心理咨询、师徒结对、导师团队等多种培训模式提高教师的能力，提升教师在教育教学中的实践智慧，并培育学校的社会情感学习师资力量。

第三，教研支持系统。学校积极推进社会情感学习课程的备课、听课、说课、评课一体化教学研讨，通过同事之间的协作，以个人反思、贡献与分享的方式，激发校长与教师自主学习的积极性、主动性和能力，在学校形成有利于教师广泛参与、交流互动、合作学习的氛围；建立以县（市、区）、乡（镇）中心校为主的社会情感学习导师团队，建立"送教到校""扎根包片""聚焦课堂""协同跟进"的导师指导制度，使导师团队在解决实际问题中发挥专业研究与引领作用。

案例 6-21

教师支持案例："社会情感学习与学校管理改进"
项目县级专家团队的研修故事

Ⅰ. 团队组建，协同进步

项目在刚开始时是不够成熟的，专家团队经历了一个很久的磨合期。但也正是因为这种不确定性，项目形成了一个特别好的传统，即着眼于项目的长远目标，重视资源建设，强调各级培训，支持专家团队建设。正是在这种宽容的条件与自身持续的努力下，各级专家团队以项目为纽带，融合成一个紧密的学习共同体，共担责任。

显然，在这样一个带有研究性、实验性的项目面前，一个专家团队的形成是不容易的。项目专家团队面临着这样的挑战：县级专家对项目的理解不深，专业性有待提高；部分专家对学校的影响力有限，指导能力参差不齐；一些校长和教师对项目的认识不到位，行动迟疑；学校分布广，一些乡村小学路途遥远，指导的难度大……在这种情况下，考虑到培训团队自身成长的需求，省级专家与县项目管理单位不断交流，结合三江县在县域培训中的经验，设计了接地气、切实际的培训内容，共同备课，共同实施。同时，专家团队以社会情感学习的校本课程为抓手，秉持社会情感学习的精神，慢慢发现社会情感学习普及和推广的方法。

经过近 4 年的不断磨合，一个由 20 位教师构成的相对稳定的县级专家团队终于形成，团队中有县教师学习与资源中心的教师，负责项目管理与推进；有教研室的教研员，负责学科教学的项目实验；还有一线的校长、副校长、德育教师、班主任，他们将培训所得直接应用于教学实践。由此，项目形成了一个向上可以与省级专家沟通、向下可以调动师生行为的有层次、立体化的专家团队。同时，团队管理是动态的，团队根据工作需要不断地调整并加入新的骨干教师，以保证团队的"战斗力"。

Ⅱ．集体研修，提升共识

每一次培训设计、每一次课堂研磨、每一次下校送教，都是省级、县级专家的共同任务。在省级专家持续的支持下，县级专家团队日益成熟，研究推进方案，研究培训内容，研究教材和课堂，不断形成团队的共识和行动力。

针对项目初期各项目学校各自行动以及面对困难时没有章法的问题，县级专家团队首先吃透已有资源，学习项目的规范动作。由于集中培训和学习研讨的时间有限，也由于项目资源还处在不断完善中，所有的资源都需要通过经验来重新建构，继而内化为项目理念、项目精神、项目要求。县级专家团队很欣喜地看到，在研究过程中产生的困惑在陆续开发出来的资源中得到了解答，这种参与感是最让教师感到自豪的。

2016 年 5 月，为了加大推进力度，县教育局下发整校推进项目的通知，明确班主任至少每两周利用一节班会课的时间上社会情感学习校本课程。课程开始在全部项目校铺开。教师在跃跃欲试的同时也有些犹豫，教师不知道如何处理"傻瓜式"教学用书。在无数次的上课、观课、研课过程中，县级专家团队一步步揭开社会情感学习课堂的神秘面纱。

在一次集体教研中，县级专家在一所学校听了"我周围的人"专题中五年级的"赞美与贬低"一课，当时使用的是旧版教材，教材呈现的学习过程的内容较少，上课的教师担心内容少，课上会剩余很多时间，所以在给学生讲教材附录中"举起我，不要放下我"的故事时，运用了朗读故事、理解故事、分角色扮演等多种方式来呈现，不知不觉把这节课上成了一节语文课。

在另一次集体教研中，一位教师上"争吵与和好"专题中二年级的"关心别人"一课。教师按教材给出的四个环节上完了课，但一节课从头到尾都是教师提问、学生齐答。这节课上成了一节思想品德课。而这节课的教学目标也并未达成，教师并没有理解教材设计的意图。

这两节"语文味""思想品德味"的社会情感学习课堂提醒了县级专家：教师的教学受到根深蒂固的学科思维的影响，课堂上有太多应然的教化，缺少感悟式体验。于是，县级专家和学校的教研团队一起梳理教材，从学习成果入手，共同研讨"关心别人"一课：教学是要达成什么学习成果？如何引导才能让学生自己感悟、体会出"谁是对我重要的人"，从而达成学习目标"让学生能够理解谁是对自己重要的人"？教师可在"说一说故事中身患绝症的小男孩和小女孩为什么能奇迹般的康复，这要感谢谁？""讲一讲你关心别人的事及你当时的心情""讲一讲你被关心的事及你当时的心情"以及制作班级的关心手册等环节中追问学生，让学生自己说出、悟出自己的家人、同学、老师等帮助过自己的人、自己关心的人都是对自己来说重要的人。

正是在这样一次次的磨炼中，县级专家团队逐步成长，不断提升共识，提高指导能力。

Ⅲ. 送教送培，辐射乡村

三江县共有45所项目小学，除少数县城学校外，众多农村项目学校地处偏远，师资紧张。为了不落下课程，每一次县级培训都只能给这些学校一两个接受培训的教师名额。在了解了乡村学校的真实需求后，县级专家团队将社会情感学习课送到乡下。具体做法是：县级专家团队的20位成员，2~3人为一组，分别负责不同的学校。为方便项目学校就近开展集体研修活动，专家团队建立了4个片区研修基地，分别是县城片区、东北部片区、东南部片区、榕江河片区。在每一次进校活动中，县级专家都与校长沟通学校的项目推进计划，与教师研讨社会情感教学工作的策略和方法，并将县城片区开发出来的优秀课例送到其他片区，开展集体研修，带动薄弱学校齐头并进，通过比较使教师领悟社会情感学习课程要达到的目标。

送教是一个特别受欢迎的活动。现在，较有经验的县级专家已经对社会情感学习有了比较准确的把握，他们用各自的风格带给农村学校的学生一节节精彩的社会情感学习课堂。比如，县级专家李老师是一位特别善于思考的教师，她认真地理解教材，将教材内容化为自己可以操作的、有层次的教学内容；梁老师热情洋溢，她用她的笑容点燃孩子们的参与热情；唐老师内敛且知性，她总挑战一些难度较大的课程；另一位李老师富有亲和力，她的课堂灵动、富有感染力。在一次次送教送培中，送教专家自己也有所得，他们在与其他专家、与送教学校师生的交往过程中，不断得到锤炼与成长，他们与孩子们的交往也越来越自然、坦诚，课堂越来越顺畅灵动，个人风格越来越鲜明。

有一次县级专家李老师送课入校，内容是六年级"喜欢我自己"专题的主题"焦虑与担心"，学习成果之一是"我能区分必要的担心和不必要的担心"。在课上，李老师让学生们自主列出一些担心，然后把担心分为必要的和不必要的。学生在区分必要的、不必要的担心时遇到一定的困难，他们经常把一些必要的担心认为是不必要的担心。课后，省、县级专家评课时，省级专家杨老师指出，教师需要引导学生分析不同类型的担心，让学生清楚有些担心是必要的、有些担心是不必要的。这种省、县级技术团队集体研修、送培送教活动的常态化，使县级专家团队与项目校的教研团队得到了快速成长。

Ⅳ. 开展教研，提升品质

刚加入县级团队时，大家摸索着上课，害怕评课，不敢指导上课；而现在大家大胆地上课、评课、指导，并送课到辐射县、拓展县，发表论文。这种转变源于多年来接受的国家级、省级、县级课程培训。在省级专家的不断引领下，县级专家团队逐渐达成了共识，比如，主题、学习成果及四个环节不能随意改变，如果根据学生的实际情况改变了教学设计的内容，则需要说出修改的理由；又如，教师应营造轻松愉快的课堂氛围，使学生得到良好的情感体验，进而获得社会情感学习技能；再如，对于学生提出的观点，教师不要去评价对错，而应关注学生在课堂教学中的参与态度、情绪体验和情感升华，不刻意地传授知识和技能。

（案例来源：广西壮族自治区三江县教师学习与资源中心　何红嫒）

第五节　社会情感学习与学校氛围创设

我们的童年记忆大多保持着这样一些有关学校的片段：安全的学校生活，受到过某个老师的特殊关爱，经历过比较有意义的学习……这些都是我们童年时期关于学校生活的生动记忆，也正是这些片段促成我们的学习与发展。学校氛围则远远大于一个人的经验，它包含学校安全、人际关系、教与学、学校环境及学校组织模式。学校氛围可反映个体在学校生活的质量与特征，它建立在学生和家长的特征及学校生活经验的基础上，反映学校的规范、目标、价值观、人际关系、教与学实践及组织结构。一个持久、积极的学校氛围应包含以下几个方面：学校的规章，价值观，以及期望能够提供给人们社会、情感和生理上的安全感；成员能够参与并受到尊重；学生、家长及教师共同合作，发展一个共同的愿景；教师不断强调学习的重要性及可取得的收获与满足感；每个人都关心学校的运营及学校的环境建设。

一、学校氛围对促进学生社会情感学习的作用

教育者常常认为，一个有效的学校氛围应是安全和有序的，并且仅做到安全和有序就可以了。但是，已有研究发现这些是不重要的，除了这些伦理责任，一个优良的学校氛围应保证学生的教育时间较少受到外在的打断和干扰。一个真正积极的学校氛围不仅没有暴力或纪律等问题，而且会呈现一系列标准和规范，能够使学校中的每一位成员明白什么是重要的，并能够激励他们努力学习、达到一定的目标。根据学者的研究，一个强有力的、积极的学校氛围拥有一系列的功能，具体包含：教育和生产功能；促进合作以推进沟通与问题解决；激发成功变革和改进的努力；激发教师与学生的能量与动机；聚焦有价值的行为。[①]

学校氛围也可以是学校发展能力的最终形式，成为一个充满能量和智慧的蓄水池，保持学校每一个层次的成员的动机与合作，塑造关系与期望，并指引他们做出有效的选择。[②] 作为学生成长的主要环境，学习环境的质量直接关系

---

① Deal, T. E., Peterson, K. D., *Shaping School Culture: The Heart of Leadership*, San Francisco, Jossey-Bass, 1999, pp. 7-8.

② Hobby, R., *A Culture for Learning: An Investigation into the Values and Beliefs Associated with Effective Schools*, London, Hay Group Management, 2004, p. 6.

着学生的学习与发展。众多研究都表明，学生对学习环境的知觉对其认知和社会发展都可发挥重要作用，学习环境的作用甚至超过了学生家庭背景的作用。

一个学校的氛围不仅向学生传递信号，也向教师传递信号，与之相关的是学校的专业氛围。教师及学校领导必须建立与他们工作相关的积极人际关系。学校氛围必须使他们相信自己的工作能够帮助学生取得优异的成绩，他们能够相互支持、合作以达成预定的目标。有学者研究发现，影响学校改进的一个重要因素是学校的教师之间相互信任。[1] 有研究建议学校采取策略，建构自身的专业氛围，清晰地界定学校的目标和期望，制定科学的管理程序，促进教师参与决策，并保证教师参与有利于自身提升课堂教学的专业发展活动。[2]

案例 6-22

学校氛围对促进学生社会情感学习的作用案例：打造"最校园"

Ⅰ."最校园"的含义

"最校园"指的是学校校园文化涵养最厚重（文化园）、教师工作生活最幸福（幸福园）、学生学习劳动最快乐（快乐园）、家长交流沟通最畅通（共育园）的"四园"建设。"最校园"的提出基于社会情感学习与学校管理改进理论，旨在构建支持性环境，形成全纳、友善、快乐及有归属感的积极氛围。

Ⅱ.合力打造"最校园"

第一，校园文化涵养最厚重——文化园。

学校是一所百年老校，积淀了厚重的校园文化。随着项目深入实施，结合永丰镇地域特点，通过对校情、社区情况进行了解与诊断，在全体师生及家长的共同参与下，学校提出了"笔耕砚田·永恒丰收"的办学理念，提炼出"态度对了，幸福就来了!"的校训，形成了打造"最校园"的办学思想，关注师生态度及信念的教育思想成为全校师生的共同价值追求。站在儿童的视角，明确了从"书香校园""舞动校园""丰收校园"三个维度打造文化园的策略，力求做到校园绿化、美化、亮化契合孩子的心灵，适合孩子的视觉，符合孩子的感知，让校园

---

① Bryk，A. S.，Schneider，B.，"Trust in Schools：A Core Resource for Improvement，"New York，Russell Sage Foundation，2002，p. xiv.

② Marzano，R. J.，"What Works in Schools：Translating Research into Action，" Alexandria VA，Association for Supervision and Curriculum Development，2003，p. 65.

里每一个角落、每一面墙壁、每一根花草都能与孩子进行对话，用鲜活、典雅、灵动的文化氛围浸润、涵养每一个孩子，让孩子发展天性、彰显灵性。孩子走进属于自己的校园，就像走进五彩斑斓的童话世界，校园里的一花一木、一草一叶都是孩子眼中的"小可爱"。

第二，教师工作生活最幸福——幸福园。

通过项目的实施，学校十分注重以教师发展引领学生的社会情感学习。幸福园的打造分为生活和工作两个维度，即"多彩教师"和"职业教师"。教师在生活上多姿多彩，做懂生活、有情调、富诗意的好教师；在工作上兢兢业业，做有理想信念、有道德情操、有扎实学识、有仁爱之心的好教师。一是从对教师的考核评价入手，重建评优晋级晋职、岗位津贴发放、遴选调动等机制，全面调动教师的积极性。二是从对教师的培训入手，全力促进教师专业成长，积极开展"影子研修""师徒结对""捆绑发展""跟岗学习"等活动，并通过集团办学深化培训，使教师在培训中获得专业自信。三是从教师的专业发展规律入手，为教师搭建成长阶梯，按照分类、分层、分岗位的思路，根据教师的学历层次、年龄结构、专业程度、能力素养等对教师进行"素描画像"，拟定职初期、成长期、成熟期、成名期的标准，制定个性化发展规划，为教师的专业成长搭建阶梯和平台。四是从开展丰富多彩的活动入手，让教师体验职业幸福，充分利用传统节假日，开展"教师歌咏晚会""我是最美朗读者""教师职业时装秀"等活动，让教师的生活多彩。五是从营造幸福和谐的人际环境入手，让教师感受到集体归属感，学校一家亲，改善教师食堂，丰富菜品；改进教师寝室，温馨舒适；充实教师的周末及课余时间，开展"晒读书""晒健步"活动，打造一支向善向上、幸福快乐的教师团队。

第三，学生学习劳动最快乐——快乐园。

为让学生的童年充满快乐，快乐园从"我是校园小主人"和"我是校园小达人"两个维度进行建设，旨在把校园还给孩子，把生活还给孩子，把大自然还给孩子。一是成立永爱志愿服务队，让孩子走进社区、走上田间地头，做好志愿服务，体验社会实践。二是利用传统节日、庆典日、每周升旗仪式等开展丰富多彩的社会情感活动。三是成立永恒丰收童声合唱团及葫芦丝社团等 13 个社团，在校园附近流转 3 亩(2000 平方米)田地，建成学生校外劳动实践基地——丰收园。四是编写《丰韵童歌》《丰润童画》《丰泽童牧》三本以农耕为主题的校本教材。五是强化孩子的自我管理，形成学校独特的包含"集会规""用餐规""问好规""课堂规""课间规""两操规""放学规"的"永小七规"，并成立红领巾监督岗，加强学生行为习惯的养成，强化学生的自我管理。六是开展少先队大队委岗位竞选、校园之星评比、小手巧手美化教室等活动，让孩子成为校园的主人，让校园成为孩子的乐园。

第四，家长交流沟通最畅通——共育园。

共育园，顾名思义，即家校共育，从"家长学校"与"学校家园"两个方面进行打造。"家长学校"建在校园里，是全校教师同家长进行平等交流、互培互训的平台，也是家长参与学校共建共管的载体。"学校家园"则建在大家心中，重在建立家长及孩子对学校在心灵上的归属感，教师、家长携手，将学校当作家园，共同打造、平等对待、共同呵护，为孩子成长营造良好的家校共育氛围。

（案例来源：重庆市忠县永丰镇中心小学校）

二、学校社会情感学习支持性氛围建设的目标和程序

学校文化和氛围的好坏在某种程度上决定着学校能否进行成功的教育变革。所谓变革，往往是对学校固有的教育和学习模式进行渐进或彻底的改变，势必会触及许多成员固有的利益及习惯，成员需要付出努力去学习及适应新的模式。学校氛围反映学校的某种风气。学校是创新的、变革的风气还是守旧的风气，受到校长领导风格较大的影响。在不同的校长领导风格下，学校内部员工惯用的工作方式、对人际冲突的处理策略不同，组织氛围类型也就不同。

以学生社会情感发展为导向的学校氛围建设目标有：①学校有一个共同的愿景和计划，可促进、提升和保持一个积极的学校氛围；②学校制定一系列的政策，促进学生社会情感能力和认知能力的发展，扫清学习与教学的障碍，并重新接纳那些"掉队"的学生；③优先支持一些实践活动以推动学生的学习及积极的社会情感能力发展，促进学生对于教学、学习及学校活动的参与，制定一些保障措施确保这些活动贯彻落实；④学校营造一种氛围，使学生在其中是受欢迎和安全的，并在身体、社会情感能力和认知能力的发展上受到支持；⑤学校发展一些有意义的、可参与的实践活动及规章制度，能够促进学生的社会情感能力，并使学生恪守维持社会公正的承诺。

以学生社会情感发展为导向的学校氛围的建设程序分为五个步骤（见图 6-3）。①准备和计划：形成一个学校氛围促进领导团队，并制定促进合作的规则；

形成一个经过深思熟虑的计划框架，并形成一种彼此信任的文化；保证团队有足够的资源支持这一过程；反思此步骤的工作。②评估：系统地评估学校的优势、需求与劣势；根据这一评估制订计划；反思此步骤的工作。③理解评估结果，制定方案：深入理解评估中的共识与分歧，促进学生的学习和参与；将目标进行优先排序；寻找最优方案；制订行动计划；反思此步骤的工作。④实施行动计划：制订系统的计划，和促进认知能力一样促进学生的社会情感能力发展；师生共同学习并练习社会情感技能；反思此步骤。⑤重新评估并发展下一阶段：重新评估学校的优势与不足；发现哪些发生了变化及如何发生的变化；发现哪些促进或阻碍了学校氛围改进的程序；重新制订计划以促进学校氛围改善。

图6-3　以学生社会情感发展为导向的学校氛围的建设程序

三、学校社会情感学习支持性氛围建设的内容

1. 安全、有归属感的物理环境

学校氛围营造是学校工作的重要组成部分，它依托学校这个生命场，通过物质环境的打造和精神文化的融入来传播文化、启迪思想，实现对师生心灵、人格的塑造。学校氛围的营造从环境建设、景观布置上说是外显的，呈现在每个人的面前，大家都能看见，但其中的教育功能是内隐的。随着学校办学水平和教育质量不断提高，学校之间的竞争必将由有形转向无形。一所学校只有形成独特的文化特色和品牌，才能在日趋激烈的竞争中保持发展优势。学校的物理环境应保证所有人的安全，有标志和标语支持学生社会情感能力发展。比如，通过校园广播、黑板报、文化墙、教室环境布置等载体传播社会情感学习知识，及时宣传、推广体现社会情感学习理念的活动、个人行为和榜样人物。学生有

足够的场所从事游戏活动及安静活动，有合适的资源和空间展示自己的社会情感能力发展相关作品。

案例 6-23

安全、有归属感的物理环境案例：站在儿童的视角改进校园环境

学校的面积不大，绿色植被较少。经过多次观察后，学校重新规划了绿化，大大增加了校园绿化覆盖率，由平面向纵向发展。走进学校，人们会发现校园里无处不在的色彩与活力。整个教学楼的色彩变为粉色为主、蓝色为辅，更具有儿童性，更符合儿童的审美。校园里的每一面墙壁、每一个角落都是儿童展示的舞台。

第一，校园文化墙。学校会根据活动的开展情况定期更换文化墙的内容，将全校儿童自信阳光的一面展示给大家，让更多的儿童积极地参与活动。每个学期，几块展板会展示几十个活动场景。

第二，楼梯间。每所学校都有楼梯间，而这里的楼梯间有一棵代表学生一天天成长的螺旋上升的树模型，原本冰冷的钢条在儿童的巧手下变成了一道风景。

第三，墙壁。原本洁白的墙壁如今也开始说话了，从底楼到顶楼，每个班级外面的墙壁都是儿童的作品，有班级口号、儿童的约定等，他们的作品从最初的稚嫩、粗糙发展为后来的成熟、精致，从最初在教师指导下完成发展为后来独立完成。这一幅幅画面都书写着教师教育的成功和儿童的成长足迹。为了让更多的儿童参与其中，获得更多的知识，学校每学期更换两次墙壁展示，每次选用不同的主题。从"笑脸墙"到"走向成功文化墙"，从"艺术长廊"到"基因树"，从陈列室到教室，到处都是儿童的手工作品、绘画作品，在知识竞赛、艺术节等各种展示活动中也都能看到儿童自信的身影。最引人注目的是教室里的班级文化展示，它们随楼层的变化而变化。

第四，功能室。学校积极打造各个功能室，如"妈咪小屋""禁毒教育基地""心理健康教育室"等，每个功能室的打造都基于师生的需要，促进师生的成长。学校充分利用校园环境促进全校师生阳光自信地成长。

第五，教室照明。学校不仅对外貌进行改造，还专门对每间教室的日光灯

进行了采光测试，将教室原有的灯全部更换，从原来每间教室 6 盏灯增加到 11 盏灯，并且安装了 2 盏正对黑板的照明灯。所有教室、办公室的照明设施均重新安装，教室墙壁重新粉刷，且安装了窗帘、空调等。学校用儿童的视角打造他们的童年，用爱温暖教育。

（案例来源：重庆市忠县忠州第四小学校）

2. 激励参与的学习环境

社会情感学习强调学生的积极参与和表达，激励参与的学习环境有利于学生的主体性在潜移默化中展现出来。激励参与的学习环境具有以下原则：①支持性，即教师、同伴和家长鼓励学生参与，并能及时提供必要的帮助；②包容性，即教师、同伴和家长允许学生犯错，并能跟踪指导学生改正错误；③纪律性，即学生在参与学习的过程中遵守一定纪律或规则。

在学校制度环境上，学校能够重视来自学生、教师和家长的意见和建议，特别是让教师与学生参与学校制度建设。比如，学校有计划地开展活动（如学校委员会、问卷调查、焦点小组访谈、学生代表会议），组织学生通过绘制校园安全地图、讨论制定班规等活动参与学校管理。学校可以通过组织"老师，我想对您说句话""小小心愿墙""我是小能手""看看，我最棒"这样的活动，为学生创设一个激励参与的学习环境和人文环境。例如，在"老师，我想对您说句话"活动中，学生可以把想对教师说的话写在纸上，放到教室的小信箱里，教师每周定期查看，看看学生到底需要什么、有什么心事。这不仅能让教师了解学生的需求和愿望，还能促进教师和学生之间的交流，从而增进师生关系。在"小小心愿墙"活动中，学生可以把自己的愿望写下来，大家帮助他实现愿望。在"我是小能手"活动中，学生可以充分展示自己的书法作品、手工作品、绘画作品等。这些作品既起了模范带头作用，还能在一定程度上激励更多的学生。在"看看，我最棒"活动中，学校可以每周组织一次综合评比，评比方式多样化，包括自评、他评、小组评和教师评；评比内容多样化，学会尊重学生，关注学生的个体差异，发现每个学生的价值，发现每个学生在学习过程中的问题，唤醒每个学生的内在潜能。因此，内容与形式相统一的评价机制尤其重要，它不是只看重学习，而是更注重孩子的平时表现和心理情感。比如，学校可以举办评选"学习星""进步星""闪亮星""阳光星""智慧星""礼仪星""阅读星"等的活动，不仅奖优秀，也奖特长，还奖进步，全面体现社会情感学习的理念。

案例 6-24

激励参与的学习环境案例：基于参与机制的学校自主发展

Ⅰ. 充分唤醒民主管理意识，教师全员参与学校发展

项目实施以来，专家团队一直倡导力抓民主，做好团队建设工作。要实现民主管理，就要使工作基本都经过自下而上和自上而下两个过程。学校在发展规划拟定的过程中经历了艰难蜕变。当学校再次被困难锁住脚步，项目专家给予了指点：不要追求完美的方案，而要用正确的民主意识在时间和实践中打造、建立完美。

学校领导和全校教师进行沟通，有了惊喜的发现：一是民主可以信赖，教师有闪烁的智慧，要看管理者是否会提取归纳；二是团队建设有目标，只有发挥主人翁意识，工作才有动力、有效果；三是研究是自己的事，就像课堂中的主导与主体，只有经过实践，才有体会、反思和进步。

例如，针对活动课程参与率低的问题，在期末，不同组的教师参与了调研，分析课程项目选定和时间安排的利弊，听取不同意见。2016 年春季学期初，在广泛听取意见的基础上，在自主选择理念的主导下，教师自主立项、选项，学生自主选课，根据选课结果安排时间。目前，教师的参与率达到 90% 以上，学生的参与率为 100%。管理行为的转变赢得了教师的信任，民主进程被推进。2017 年的民主化建议月出现了令人惊喜的转变，学校获得的高质量教师建议达44 条。

就这样，通过前期问题诊断和访谈调研，基于问题改进，依据项目理念，经过学校干部教师多次讨论及专家论证，学校确定了"特色打造，创人民满意的教育"的整体思路，进一步梳理完善了"关注生命质量，夯实发展根基"的办学理念，并以促进学生现代性水平的提高和社会情感能力发展为导向，制定了学校发展规划，明悉了学校的办学目标——把学校建设成教育理念先进、内部管理规范、办学特色鲜明、教学质量一流、家长满意度高、社会认可度高的现代化农村小学，以及基于内在质量视角的学生培养目标——把每一个学生培养成品格高尚、身心健康、自主学习、和谐发展的"希望之星"。

Ⅱ. 构建学生自主型课堂教学模式，促进教师自身专业能力成长

项目实施以来，为了促进学生的自主发展，在课程教学模式的建构上，学校基于学生的参与，从构建生本课堂入手，形成了学生自主型课堂教学模式，开设社会情感学习校本课程，在促进学生全面发展、提升学生自主意识的同时，促进教师的专业成长。

第一，构建学生自主型课堂教学模式，提升教育教学质量。

学生自主型课堂强调以学生为本，学生是课堂的主人，同时强调教师在课堂中点播、启发、总结、提炼与激励的作用。教师是帮学者，从"拉牛上树"转变为"驱牛向草"，只有这样，教师才能做到大胆地退、适时地进，给孩子搭建展示自我的舞台。

学校要求教师要做到重难点与学情结合，精设计、精讲，关注课堂上的预设与生成，把更多时间留给学生，努力创造思考、探索、表达的机会，使学生真正成为课堂上的主人。学校从课堂教学模式入手，确立包括精彩展示、预复反馈、合作探究、引导梳理、选择提升的课堂五环节。现在，学生发生了翻天覆地的变化，以生为本、以自我教育为核心的教学理念在学生身上得到了充分的体现。同时，学校注重学生自我教育、自我发展评价的多元性，把定量评价与定性评价、他评与自评、家长评价与教师评价有机结合起来，使评价趋于客观、公正，激励学生健康成长、协调发展。

第二，开设社会情感学习校本课程，提升教师的社会情感能力。

教师社会情感能力的发展有助于提升教师的幸福感、教学能力和工作表现。参与社会情感学习校本课程教学的教师主动学习，积极提高自身素养，总结出"三训四研"策略，集思广益，开发、设计、实施校本课程的能力得到提升，高效推进社会情感学习校本课程的落实。其中，"三训"指：全员培训——提升对项目的认识；骨干培训——引领推动项目开展；集体研训——带领同伴积极融入。"四研"是指：研理论——理解项目实施的意义；研教材——完善适合学情的教材；研学生——因材施教，进行全人教育；研环境——进行校园及班级文化建设。

2017 年 4 月，学校成功举办了社会情感学习校本课程集体教研活动，骨干教师耿老师的"坚持不懈"一课以新颖的形式、积极的情感体验获得了专家的高度评价。项目组专家们指出，社会情感学习校本课程的每一次飞跃都发生在这

里。没有想到，学校让专家们看到了心目中内在质量提升视角下的学生状态，看到了学生真实的、本真的、快乐的、积极情感的自然流露。通过项目实施，教师的教学和研究水平得到了整体提高，人际交往氛围和信任关系得到了显著改善。教师工作的积极性、主动性和创造性不断被激发，促使教师自觉引领学生自主发展、健康成长，实现了学校组织成员构建的共同愿景，让校园充满和谐。

Ⅲ．参与学校文化制度建设，彰显学生风采

在项目实施的过程中，学校积极营造有利于学生自我发展的环境与氛围，构建有利于学生自我教育的学校文化支持系统，引导学生自觉成为学习的主体，参与所有教育过程。

第一，学生参与班级管理和教学管理制度建设。

班级管理以学生为中心，应充分发挥学生的积极性、主动性，建立学生参与的管理制度。学校各个班级的文化、班风、班规都是学生自主设计的，学生有权决定墙上展示什么，如何摆放教室内的教学设备和材料，以及哪种班级奖励办法更有效。

为了充分释放学生的天性，学校专门开辟出涂鸦墙，学生用巧手绘制美丽图画，表达自己乐观向上的积极情感。积极的班级管理让学生感受到安全、民主、平等、被重视，并且更加信任教师。丰富的班级文化内涵为学生的自主发展搭建了一个良好的平台，能够提升师生的幸福指数和学校的文化品位。

第二，学生参与学校安全管理制度建设。

学校组织学生绘制校园不安全地图，从学生的视角理解和诊断学校安全管理改进的需求。例如，学校取暖维修时被换下来的管道比较大，没有得到及时处理，被堆放在教学楼后面，低年级的学生刚好能爬进这些粗大的管道，这是很危险的。为此，学校组织了"校园安全管理我出力"活动。红领巾执勤岗的学生绘制了"吃人的管子"地图，提醒学校从安全的角度及时加以整治，消除安全隐患，为低年级学生提供安全的活动游戏场所。

安全温馨、友好民主的学校育人环境让学生感到轻松、安全，学校提供的多种表达的平台和途径使学生愿意自由表达情绪，遇到困难时乐于向他人寻求帮助。

自项目实施以来，学生对自我、他人、集体的认识不断加深，自信心显著提高，良好的情感和道德逐步形成，建立了积极的人际关系，身心的协调发展得到促进。教师也在参与中全面地反省自己，学会从学生的视角看问题，并从家长和学生身上获得了许多反馈与经验，丰富了教学方法，提高了实践教育能力，扩大了自我的视野。学校则形成了开拓进取，真抓实干，教师、学生、家长、社区密切配合的生动局面，自我教育的办学特色得到了充分的提升和完善。

（案例来源：北京市顺义区仇家店中心小学校）

3. 信任和谐的人际环境

学校也是社会，社会即关系。在学校里对学生发展产生影响的人际关系主要有教师之间的关系、师生之间的关系和同伴之间的关系，通过建设信任和谐的人际关系，可以让学生感到接纳、尊重、包容和安全，还能培养学生的人际交往等社会情感能力，从而获得幸福感并快乐学习。信任和谐的人际环境建设应该注意三个方面：首先，教师之间需要营造相互关心、相互帮助的团队人际关系；其次，教师需要加强自身的专业知识和品德修养，主动扮演关怀者的角色，掌握非暴力语言；最后，教师应该帮助学生掌握人际交往的技能和准则，在能力范围内给学生创造与人交往的平台。

提升教师的自信可以让一个团队的精神面貌焕然一新，而最好的办法就是给教师提供平台，形成一种互相支持的氛围。比如，学校可以组织"夸夸我身边的同事""评选我最喜欢的同事"等活动，利用教师例会时间，随机抽取2～3位教师表达对同事的感谢或赞美；还可以开展教师、班主任论坛，每学期开展2～3个教学经验分享总结会，让教师谈谈记忆犹新的事，让团队看到彼此的优点。此外，学校可以组织团队合作教学比赛，让每位教师在比赛中代表相应的团队参赛，所有个人得分都计入团队总分，不评个人奖，只评团队奖，这一过程不仅让教师体现自己的价值，还能增强团队的合作。

学校除培养教师的教育教学能力外还有一个使命，就是让教师有一种幸福感和归属感。学校管理工作不仅要有制度管理，还要有情感管理。比如，工会在各种节日组织教师团队活动，利用教师节在全校学生面前赞美教师、表达对教师的尊重，让学生从小就知道尊师重教应该怎样做，通过这些活动，增强教师的集体荣誉感，让教师学会互相包容与理解。

学校教师还需要成为一个关心者，及时了解学生在学习和生活上的困难和需求，让学生体会到被关心。教师不能自认为是为学生好而给予体罚或用过激的语言批评，要注意学生的身心健康。教师在关心学生的时候要考虑个体的差异性，对不同家庭背景、个性特征的学生使用不同的关心和交流方式。教师应该给予受到关怀的学生反馈的机会，了解自己的关心是否产生效果，如与学生沟通后可以追问一句："你认为我说的有道理吗？"教师与学生沟通时应以观察性的事实语言为主，避免评论性的语言，如"这么简单的题目都不会"可以换成"这个题目的错误是可以避免的"。教师应恰当地表达需要并提出合理的请求，要根据学生的情况提出要求，并清楚明确地告诉学生如何达到自己的要求。

4．自信尊重的情感环境

学校需要为学生创造体验成功的机会，帮助学生树立自信。学校尊重中小学生的身心特点，充分考虑他们的年龄差异、地域差异和个体差异，从拓宽学生的知识面，改善其知识结构，培养学生的表达能力、交际协调能力、组织管理能力，培养学生的参与意识、竞争意识和成才意识，促进学生个性的发展等角度开展活动，既体现知识性、科学性，也突出趣味性、娱乐性，最大限度地调动、发挥学生的积极性、主动性和创造性。比如，学校可以组织学生自己策划"喜欢我自己"主题演讲活动，让每个学生自主上台，自信表达；还可以结合"成长新起点""争吵与和好""向欺凌说不""向目标迈进""喜欢我自己""我周围的人""迎接新变化"这些社会情感学习课程主题，开展社会情感学习主题讲座、主题绘画、主题征文、主题演讲、主题手抄报等各类活动，营造自信尊重、阳光积极的情感环境。学校还可以鼓励学生根据自己的兴趣爱好、优点特长确立一个总目标和容易实现的子目标，在子目标实现时给予奖励；或者根据学生的学习能力给学生安排学习任务，多给学习能力不足的学生正向的支持性语言反馈和帮助，鼓励学生积极开展自我反思，总结经验教训，为自己设定目标并不断进取。

学校还需要充分重视欺凌现象，开设多种渠道报告欺凌事件，积极应对和处理欺凌行为，鼓励和引导学生如果在休息时或在上学、回家路上遇到欺凌行为，就及时向成年人或其他高年级学生求助；在学生休息、早餐、午餐等时间及课外活动场所安排教职人员巡逻，及时干预不利于学生身心和谐发展的事件。

学校也要重视对学生负面情绪的引导，在学校周围有提倡自制、化解愤怒等情绪管理的提示语，采取一系列可行的方法引导学生与教职人员交流所遇到的问题，教师接受相关训练来支持学生有关社会情感发展的咨询，并掌握相关技巧。学校关注学生和教职人员是否有公平、被尊重、被重视的心理感受，通过日常活动和文化建设，隐性或显性地教给学生接纳和重视每一个人的重要性，反对偏见和所有形式的刻板印象。

案例 6-25

自信尊重的情感环境案例

为了促进班级和谐发展，学校确立了"阳光教育"班级文化理念，以尊重、理解、赏识、激励为核心，用真爱和真知为学生的成长奠基。

Ⅰ. 班级精神文化建设塑灵魂

精神文化是班级成员在长期教育活动中形成的精神成果和文化观念，它包括班风、学风、思想道德观念、价值观等，发挥学校教育的作用。例如，班主任结合学校校本教材《中华上下五千年》对学生进行传统文化教育，让学生从历史中知荣辱、知兴替，发挥班主任的引导作用。又如，教师围绕"阳光教育"核心理念设计班本课程，开展"阳光少年"系列班队会活动，如"做一个善良的孩子""让礼仪之美种在心中""诚信在我心中"等，引领学生争做"温暖的小太阳"，用热情勇敢给人光亮。

发挥家长的教育力量。良好的教育要求学校与家庭形成合力，一方面，学校要让家长充分参与班级文化建设；另一方面，家长要就学生在家庭中的情况及时与教师沟通，使教师全面了解学生。

开展丰富多彩的活动。校园活动不仅可以丰富学生的精神世界，还可以提高学生的认知能力，增强班级凝聚力。学校开展了自我实现教育"阳光少年在行动"活动，学生收集各种废报纸、废纸盒，变废为宝，将废品变为精美的工艺品。以感恩为主题的实践活动是班级活动文化的另一大特色，如过年学习拜年礼仪、弘扬孝道等。

这些活动提升了学生的心理素质，形成了学生的感恩情怀，培养了学生对父母、对国家和民族的责任意识，建立了健全的、高尚的人格精神。

Ⅱ. 班级物质文化建设促成长

重视班级的物质环境创设。干净整洁的班级环境、合理恰当的物品摆放能陶冶情操、启迪智慧，对学生学习及教师教学产生无声无息但深远持久的影响。因此，学校各班级的桌椅总摆放有序，每个角落都能发挥教育的力量，如创意角是班级的艺术展示点，植物角摆放着学生精心呵护的绿植。

教室布置符合小学生的身心发展特点。对于不同学段的学生，教室布置各有侧重点，高年级的教室布置注意培养学生的认知能力，使学生形成良好的人生观、价值观，形成高尚的人格。例如，每周的"潜心书法"展板展示学生的书法作品，教育学生要一笔一画学写字，一言一行塑品行。

物质文化建设要体现学生的参与性。教室是全体学生学习和生活的场所，需要每位学生参与，让学生争做班级建设的小主人，形成主人翁意识。班级的各类展牌、标语、板报全部由学生自己设计完成。在参与班级物质文化建设的过程中，学生不仅提高了动手、实践能力，还增强了凝聚力、向心力，促进了班级的发展。

物质文化建设凸显多元化、个性化。在教室布置的过程中，师生高效运用教室中的有限空间，开发出无限的教育资源。例如，创设"阳光少年风采专栏"，展示学生活动的照片和手抄报作品，促进学生多元化、个性化发展。

Ⅲ．班级制度文化建设立保障

班集体是一个大家庭，班级制度只有是全体学生共同制定并认可的，才能对学生有约束作用。

第一，制度文化建设体现民主性。

进行班级制度文化建设时，教师与学生共同制定班级公约，每一名学生都参与班级公约的制定，广泛听取意见和建议，民主投票形成方案。为了更好地实现"阳光教育"目标，班级要制定了两方面的发展规划。一是远期发展目标：让每一位学生沐浴在阳光下，形成和谐的师生关系和生生关系；学生有积极向上的阳光心态，有健康快乐的阳光体魄，有独立不屈的阳光精神。二是近期发展目标：帮助学生养成良好的学习习惯、生活习惯和行为习惯；培养学生的集体荣誉感，增强班集体的凝聚力；培养一批能力较强的班干部，协助教师共同管理班级。

在师生的共同努力下，学生们都能很好地遵守班级公约，班级公约具有很强的约束作用。

第二，建立合理的班干部管理制度。

一个严谨、优秀的班委组织不仅负责班级日常活动，还给自己的同学提供更广阔的空间施展所长。班级通过民主集中制选拔班级干部。首先利用班会时间以演讲的方式进行海选竞聘，投票选出候选人；然后候选人通过考察期，颁发聘书，正式上岗。

班级中的一个重要组成单位就是小组。例如，班级本着"组间同质，组内异质"的原则开展小组竞赛活动。班干部依据班规每周进行统计、评比，奖罚分明，良性竞争。同时，班级开展小组文化建设，并进行文化宣讲，调动学生的主动性。小组成员互帮互助，共同提高。

社团也是班级组织建设不可或缺的一部分。绘画、太极、舞蹈等艺术社团使学生的课余生活更加丰富多彩。秉持"人人都活动，个个都阳光"的指导思想，教师鼓励每个学生都参与进来，让每个学生都有才艺的闪光点，如"阳光手工社"激发学生的劳动创造意识。

第三，建立公平合理的奖惩制度。

公平合理的奖惩制度可以激发学生的学习兴趣，使学生形成良好的品质，培养其优秀的人格，使其正确认识是非善恶，对学生身心健康产生巨大影响。例如，班级根据校规校纪及班内实际情况，经过大家的讨论，制定出"阳光银行"管理制度，从学习、文明、纪律、卫生等方面进行评价。

具体的活动实施过程为：首先，"阳光银行"向每位学生发一个"阳光存折"，流通货币是"阳光币"，"阳光币"的赚取同日常表现直接挂钩；然后，由专人负责，每位学生可根据自己的表现和能力，通过相关责任人的监督和调查"存钱"，本着多劳多得的原则，各位学生根据自己的表现情况得到相应的"阳光币"；最后，在每个学期末，学生可以在"阳光集市"上换购学习用品、书籍等，也可将"阳光币"继续存在"阳光银行"里，违纪的学生则被扣除相应的"阳光币"，专人记录，专人监督。

班级管理必须紧跟时代的步伐，只有充分利用多样的信息手段，才能高效达成目标。因此，互联网成为建设班级文化的工具和宣传阵地。班级博客由班主任和学生共同管理，定期发布班级动态和学生作品，还供学生分享学习资源。教师通过微信直接高效地处理班级出现的问题。

在阳光的浸润下，班级的每个孩子都快乐地成长，他们的行为也闪烁着光芒。通过强化精神文化建设、优化教育环境、创立制度文化和网络文化等，班级和谐发展得到有效促进。

（案例来源：天津市东丽区金钟小学）

第六节　社会情感学习与家校合作

儿童期是人一生中社会情感能力发展、社会化的关键期，可对儿童的未来发展产生深远的影响。在这一关键阶段，学校和家庭是儿童最主要的活动场所，是促进儿童社会情感能力发展、社会化的重要环境载体。随着社会的变迁，儿童成长的环境越来越复杂，他们所遇到的问题也越来越多，如学业失败、亲子问题、行为问题等，这可能给教师和父母带来极大的困惑。针对这些问题，学校和家庭进行有效合作已成为许多学校在教育工作中的一项重要内容，而且各个学校也在探索不同的合作方式。

一、家校合作在儿童社会情感能力发展中的意义

自 1966 年《科尔曼报告》发布至今，大量的研究聚焦于家长参与对学生的认知发展和学业成绩的影响，近年来有研究开始关注家长参与对学生的社会情感能力发展的影响，特别集中在大型的追踪调查分析上。

巴纳德等人在 15 年里追踪了 1165 名参加芝加哥亲子中心项目的儿童，结果发现，家长在小学阶段的教育参与能显著地降低子女在高中阶段的未毕业率，提高高中按时完成率，并能够提高高中阶段的学业表现。[1] 这一研究是当前以家长参与为主题的历时最长的一项研究，揭示了家长参与对学生发展的长期影响。

2004 年，方图佐等人通过研究发现，家长的在家参与行为能够提高学生的注意力和完成任务的坚韧性，还能减少不良行为。[2] 韦恩等人的研究发现，家长的在家参与能够显著改善儿童的社交技能，并使儿童在学校有更多积极互动。[3]

美国纽约城市大学的多米纳等人于 1996—2000 年追踪了 1445 名小学生，

---

①　Barnard, W. M., "Parent Involvement in Elementary School and Educational Attainment," *Children and Youth Services Review*, 2004, 26(1), pp. 39-62.

②　Fantuzzo, J., McWayne, C., Perry, M. A., Childs, S., "Multiple Dimensions of Family Involvement and Their Relations to Behavioral and Learning Competencies for Urban, Low-income Children," *School Psychology Review*, 2004(33), pp. 467-480.

③　McWayne, C., Hampton, V., Fantuzzo, J., et al., "A Multivariate Examination of Parent Involvement and the Social and Academic Competencies of Urban Kindergarten Children," *Psychology in the Schools*, 2004(41), pp. 363-377.

调查其家长的参与情况对其学业成绩和在校问题行为的影响。他们发现，家长参加家长会、家长委员会、校内和校外志愿活动，以及在家检查作业和在家帮助作业与学生学业成绩提高和问题行为减少均有显著相关；其中，参加家长委员会、校内和校外志愿活动及在家检查作业能够使学生的问题行为降低 17 个百分点，而且相对于学业成绩提高，学生问题行为减少所能产生的影响更长效。[①]

诺卡利等人运用多层线性模型的方法分析家长参与和子女的社交技能、问题行为之间的关系。他们发现，就个体学生而言，家长参与能够显著预测学生问题行为的下降及社交技能的提高，然而，并不能预测学生学业成绩上的变化；就学生之间的比较而言，那些教育参与程度更高的家长，其子女表现出更好的社交技能和更少的问题行为。[②]

2009—2013 年，高尔鲍茨等人追踪研究了 5802 名中学生家长。他们发现，家长在孩子小学六年级时的教育参与能够显著预测孩子在七年级和八年级时的同伴关系。[③] 家长参与情况对不同性别的学生的影响差异不显著，而对不同民族学生的影响差异显著。

前述几个研究均以历时研究为主，相较于横断面调查，历时研究更能关注到事物的动态变化。对于学生的社会情感能力变化，只有通过历时分析才能清楚掌握。

相对而言，我国关于家长参与对学生社会情感能力发展的影响的研究并不多。2014 年，美国学者波莫兰兹等人综述了过去十几年来关于中美家长参与儿童教育的实证研究。他们发现，中国家长对子女教育的参与在数量上要多于美国家长，形式上则多采用控制的方式，关注子女的失败，在学业成绩方面收效明显，但对子女的情感关注得不够。[④] 2016 年，我国学者邵景进等人采用问卷法调查了 631 名流动儿童。结果发现：流动儿童父母的智力卷入和情感卷入越

① Domina, T., "Leveling the Home Advantage: Assessing the Effectiveness of Parental Involvement in Elementary School," *Sociology of Education*, 2005(78), pp. 233-249.

② El Nokali, N. E., Bachman, H. J., Votruba-Drzal, E., "Parent Involvement and Children's Academic and Social Development in Elementary School," *Child Development*, 2010, 81(3), pp. 988-1005.

③ Garbacz, S. A., Zerr, A. A., Dishion, T. J., et al., "Parent Educational Involvement in Middle School: Longitudinal Influences on Student Outcomes," *Journal of Early Adolescence*, 2017(1), pp. 1-32.

④ Pomerantz, E. M., Ng, F. F., Cheung, C. S., Qu, Y., "Raising Happy Children Who Succeed in School: Lessons from China and the United States," *Child Development Perspectives*, 2014, 8(2), pp. 71-76.

高，流动儿童所体验到的消极情绪就越少；父母的教育参与可以有效帮助流动儿童完成适应过程，如父母对孩子学校活动的参与、学习辅导及情感沟通都可以提升流动儿童的情绪自我调节技巧、学习能力知觉及自尊心等，从而使孩子避免遭到更多抑郁、焦虑、烦恼等消极情绪的困扰。① 陈瑛华等人调查了西部地区两省份 16 所小学的 3832 名学生，结果发现，社会情感能力在家庭资本对学业成绩的影响中起到完全中介作用。②

二、社会情感学习与家校合作改进策略

1. 以儿童全面发展为先，回归儿童主体的家校合作伙伴关系

学生的全面发展是教育的目的所在，也是家庭参与学校教育的目的所在。家庭教育和学校教育共同构成了人成为人所必不可少的两个教育维度，任一维度的缺失都会使塑造一个完整的人无法实现。学生是教育的目的，而非学校和家庭"博弈"的工具和手段。学生出现问题时，家长和教师既不该相互指责、相互推诿，把注意力放在谁该为孩子的问题负责上；也不能"互通情报"，以"叫家长"和"告老师"为"撒手锏"，完全无视孩子的独立人格和尊严，使许多学生对家长和教师持反感、恐惧甚至敌视的态度，家长和学校的合作成为外在于学生发展的工具。③

从这一意义上讲，为了更好地促进学生的全面发展，家庭和学校的合作就不能是外在的工具性意义，而是双方对自身隐性的一面做出自我接纳，从而各自满足自我完善的发展需要，以儿童主体性的彰显和全面发展的实现为本位，这也意味着家庭式的学校教育和学校式的家庭教育共存。④ 家庭式的学校教育指学校越来越多地把学生视为具体的人、完整的人、鲜活的人，更加关心学生的兴趣，力图带给每个学生独特的成长体验，为鼓励学生进步设计差异化的评价体系，让学生感到自身在学校大家庭中受到充分的重视。学校式的家庭教育则体现为家长自发或自觉地将学校教育的理念应用于家庭教育中，承担辅导子女作业、制定家庭教育规则、为子女提供学习活动所需要的家庭资源的任务。

---

① 邵景进、李丹、郭芳等：《父母教育卷入与流动儿童的学业成绩、情绪适应：自主感和能力感的中介作用》，载《中国特殊教育》，2016(1)。

② 陈瑛华、毛亚庆：《西部农村地区小学生家庭资本与学业成绩的关系：社会情感能力的中介作用》，载《中国特殊教育》，2016(4)。

③ 张勇：《从沟通走向合作——形成家校教育合力的必然途径》，载《教育科学研究》，2011(3)。

④ 黄河清、马恒懿：《家校合作价值论新探》，载《华东师范大学学报(教育科学版)》，2011(4)。

由此可见，从促进学生的全面发展出发，学校教育和家庭教育必然会趋向融合，学校管理层也需要转变观念，要清醒地认识到：随着社会的发展、教育各项改革的深入，没有学校配合的家庭教育和没有家庭配合的学校教育都不可能使学生得到全面、健康的发展。

学校是正规化、制度化的教育机构，在建立家庭与学校伙伴关系方面具有天然的优势。学校应该主动开展工作，营造积极的家校合作氛围，调动家长参与的积极性。首先，学校需要做好宣传和咨询工作，通过校园网、微信公众号、自办校刊等方式，宣传学校的办学理念和教育政策，发布学校新闻，让家长更好地了解校情、关注学校教育，为家长对学校的了解和满意奠定良好基础。其次，学校应完善和落实有关家校合作的各项工作机制。例如，利用家长开放日展示学校的教育教学成果与实践，还可以邀请家长进入课堂听课、观察学生活动、参加主题班会等，让家长了解学校、了解教师，增进家长与学校之间的感情。再次，学校在制定学校发展规划和家校合作相关工作方案时，应主动邀请家长参与，充分考虑影响家长参与的种种因素，激发家长关心、支持学校教育的热情，学校也需要注意对家长的引导，让家长乐于参与、有所收获。最后，学校应加强对教师的培训，实现全员育人。教师是联系家长和学校的重要纽带，学校应在教师培训中增加有关家校合作的内容，让教师清楚地认识到家校合作的重要性和必要性；还需要增加关于如何促进家长参与教育的内容，教师需要掌握指导技巧、沟通策略，构建主动接触、相互倾听、共同合作的良好关系，减少简单事务性沟通，拓宽沟通话题范围，增加具体内容的指导。

案例 6-26

儿童主体的家校合作伙伴关系案例

家庭、学校、社区等各教育主体的通力合作是实现社会情感学习的有效路径，而家长的配合尤为重要。要想得到家长的配合，就得使家长了解学校、了解校长、了解教师，知道学生在学校的学习生活状况。

程村乡属少数民族地区，这里少数民族传统节日众多（如五月十四曹家节、五月十五侯家节、六月初六荣家节等），居民热情好客，重情重义，大家常说："节日里看交情，酒桌上见真情。"所以都会在各自的节日中邀请亲朋好友，欢聚一堂，尽情畅饮，共聊人生。正所谓"人逢喜事精神爽"，在欢乐的节日氛围里，什么都好说。我是本地人，小学和初中都在程村乡就读，参加工作以来也都在程村乡工作，跟各村各寨的村民交情不错。因此，每逢过节，一些家长会邀请我去和他们一起欢度节日。为了增进友谊、促进交流，推进学校管理工作良性发展，只要有时间，我都会自己或带上老师们参与其中，多与家长交流，听取家长的意见，向家长介绍学校的管理模式，为家长解疑分忧。正所谓"百闻不如一见，百见不如一体验"，为了让学生家长对学校的工作有充分了解，心无顾虑，除了利用家长会、传统节日、社交平台等向家长宣传社会情感学习理念和学校的管理方法，我还邀请家长到学校观摩社会情感学习主题课，参与美食分享会、趣味运动会和"六一"文艺会演等。在文艺会演上，师生通过三句半、情景剧、小品等表演形式，向家长宣传社会情感学习理念，展示学校开展社会情感学习的成果。家长们来校参加各种活动，亲眼看见学校在整校推进社会情感学习后，一切教育教学活动都以学生为主体，尊重学生的发展与诉求，并亲身感受教师对学生的尊重与关爱以及学生的变化。

2018 年的一天，一位家长专程来校向我表达谢意，我问她为什么要谢我，她说："儿子 6 岁之前是跟他爷爷奶奶一起生活的，养成了很多不好的习惯。7 岁读一年级时才回到我身边，可刚上一年级不久，老师就多次向我反映孩子在校的不良表现：上课特别好动，课堂作业不能按时完成，老喜欢跟别人讲话，有时故意拉扯女孩子的辫子，无缘无故地把别人的雨伞折断，上课时总伸脚踢同桌的凳子……每次老师向我反映问题，我都对他大声训斥、批评，甚至打他。但是，孩子屡教不改，甚至变本加厉。在我无计可施之际，学校召开了家长会，向我们介绍了社会情感学习理念，还邀请我去参加社会情感学习主题班会和'六一'文艺会演等活动，使我改变了教育方式，再面对孩子做错事时，我首先管理好自己的情绪，控制住自己的脾气，等到情绪平静了再与孩子沟通，认真倾听孩子内心的想法，理解孩子的心情，平等相待，有效沟通。平日留心观察，发现和欣赏孩子身上的优点，及时夸赞。孩子现在改掉了很多不良习惯。说实话，真的很感谢学校邀请我去参加社会情感学习活动。以后，学校有什么活动需要我配合，我一定积极参加。"

家长了解、理解和配合学校的教育理念与活动，使学校工作事半功倍。

（案例来源：广西壮族自治区三江县程村乡中心小学　荣安定）

2. 明确自身角色定位，使家长获得自身角色认同

家长是孩子无法选择的第一任教师，家长的思想品质、基本素养、文化修养、生活方式等无时无刻不对孩子产生无形且深刻的影响。第一，家长在教育子女的过程中需要摆正自身位置，明确自身角色，不少家长渴望子女成才，并根据自己的愿望与想法为子女制订发展计划，且往往将自己的意愿强加给子女，违背子女的意愿和兴趣，这实际上是以一种极端的形式会限制子女的发展，过犹不及。第二，家长应以提高家庭生活质量为目的，在督促子女教育的同时，不放弃自身的学习和提高，家长可阅读有关教育的报刊书籍，或从网络上获取相关信息，及时了解当前的教育形势和新兴的育儿方法，还可以多与其他家长沟通交流，积极吸纳他人的育儿经验，并根据自己子女的特点在实践中不断调整，从而使自己对子女教育的参与行为更有针对性、更有效果，也能够提高自己参与子女教育的自信心和自我效能感。第三，家长需要充分了解学校的办学理念、发展目标，关注学校的教育教学情况，并能够积极参与学校的管理，为学校发展献计献策；满意是建立在彼此熟悉和了解的基础上的，家长在学校发展和管理方面的参与程度越高，对学校软硬件环境和教师的教育教学工作越熟悉，对学校就有越高的满意度。这些都能为家长的教育参与行为奠定良好基础。

3. 主动学习和实践，提升家长的社会情感能力

家长社会情感能力的提升是家长通过教育参与行为影响和提升子女的社会情感能力的前提。了解和发展自己的社会情感能力是每个人都要学习的课题。只要家长用心实践，就能体会到不同的状态带来的不同影响。一位母亲只有准许自己发怒，才可能准许子女有同样的情绪；一位父亲只有认可自己的悲伤情绪，才能坐下来仔细倾听子女的悲伤。有些家长由于担心自己情绪失控，往往选择掩盖或压抑自己的愤怒、悲伤等情绪，通常选择回避与子女进行情绪上的交流，或者忽视情绪化的瞬间，然而，这往往会导致子女很难处理自己的消极情绪。

家长需要觉察自己的情绪，例如，如果孩子做了让自己生气的事，家长则可以表达自己的愤怒，但需要用无害的方式表达。一方面，让孩子理解强烈的情绪可以通过适当的方式表达出来；另一方面，说明自己对孩子的行为很重视。家长应将关注的焦点放到孩子的行为而不是性格上，具体、有针对性地发表评论，并告诉孩子自己对他的行为的看法和态度。家长如果发现自己虽然很生气

但依然可以理智地与孩子交流，理解彼此的感受，那么就继续保持自己的状态，告诉孩子自己的想法，倾听孩子的回答，并与孩子进行更多的交流；如果感到自己因为太生气而不能清晰地思考，就不妨停下来休息片刻，等恢复平静后再沟通。

当父母感觉自己要攻击或侮辱孩子，就应该停下来。体罚及讥讽、威胁、蔑视、贬低的话语都是必须避免的。任何父母都会犯错，都会向孩子发脾气，说一些让自己后悔的话，或者做一些让自己后悔的事。当感到后悔，父母就可以告诉孩子当时自己有怎样的感受，而此刻自己的感受如何，从而为孩子树立一个处理后悔和伤心等情绪的榜样。同样，孩子也有心情糟糕的时候，父母也要原谅并理解孩子的行为。此外，家长可以通过冥想练习、写情绪日记、演奏乐器、画画等形式感受自己的情绪，逐渐提升自身的社会情感能力。

4. 促进亲子情感沟通，实现家庭中的社会情感教育

亲子情感沟通是影响孩子社会情感能力的重要因素。父母与孩子之间的良好沟通离不开对彼此的尊重。任何动作执行、习惯养成都受到内外因素的影响，情感满足和价值认同是认知决定的内隐条件，也是重要前提，外在的强化和训练只有在情感满足和价值认同的基础上才能发挥最大功效。在家庭中开展积极亲子沟通的一个重要前提就是父母充分尊重子女的情感。例如，家长不能告诉孩子应该怎么想，因为孩子的情绪不会因为父母说了句"别那样想"就消失，也不会因为家长告诉孩子"你的情绪是没道理的"就消失。家长需要利用自己敏锐的觉察力来体会和处理孩子的感受。只要家长能够敞开心扉、仔细倾听，总会识别孩子隐藏在交流、玩耍或日常行为中的信息。当家长发觉子女伤心、生气或害怕，最好的办法是把自己置于孩子的位置，用孩子的眼睛观察世界，并时刻记住孩子是作为一个单纯、脆弱、缺少经验的个体面对生活的。

为了和孩子在同一个情绪频道上进行交流，家长可以关注孩子的身体语言、面部表情和姿势，和孩子眼睛平齐，深呼吸，放松，专注。在孩子表达感受时，家长可以重复自己听到的话语，说出自己观察到的现象，这可以让孩子知道家长在很认真地倾听并认可他的情绪。家长对孩子的情绪感同身受，给予孩子时间，让孩子自己得出结论，引导孩子想出解决问题的方法。需要注意的是，在倾听时，家长简单地分享自己的所见所闻往往比提出试探性的问题更有益于对话的展开，也要避免提出一些已经知道答案的问题。此外，家长还可以通过分

享自己生活中的经历和感受来表达自己理解孩子的情绪。

在孩子感受情绪时，家长可以帮助孩子为情绪贴上标签，如紧张、担心、伤心、生气、害怕等。这并不是让家长教孩子如何感受情绪，而是让家长帮助孩子建立自己关于情绪表达的词汇库。例如，孩子在生气时，他可能同时感到沮丧、愤怒、困惑、嫉妒或被人背叛；孩子在伤心时，他可能会有受伤、嫉妒、空虚、郁闷或被忽略的感受。在认同孩子的情绪的同时，家长需要让孩子理解情绪所引发的一些行为是不适当的，也是不被接受的，家长要引导孩子想出其他更合适的方法来处理这些消极情绪。在划定界限的同时，家长也需要让孩子知道遵守或违反规定的结果。例如，好行为的结果可能是得到父母的肯定、赞扬，甚至是一些特权或奖励；不良行为则不会受到父母的赞许，也得不到任何特权或奖励。

一些家长可能采用不同形式对孩子施加语言暴力，比如，用轻蔑的语气逐字重复孩子的话，对孩子所犯的错误过分在意，在每一次犯错误时都猛烈地批评孩子，不停地纠正孩子的行为举止，嘲笑他们所犯的错误，在孩子试图完成一项简单的任务时强势介入，这些做法都会削弱孩子的自信心。此外，有些家长也经常给孩子贴上标签，当着其他成人的面取笑或批评孩子。真正体会到孩子感受的家长是不会奚落、贬低自己的孩子的。家长应对自己的这种隐性习惯保持警觉，避免批评、嘲讽或贬低孩子，不要拿孩子开玩笑；在孩子学习新事物时，给他们时间和空间，允许他们犯错；与孩子交流时，应针对具体的行为，而非用粗线条来勾勒他们的形象，避免给孩子贴上标签；针对孩子的行动表现做出具体而非泛泛的称赞，在称赞的基础上，可以进一步给孩子提供恰到好处的提示。

5. 建立积极亲子关系，营造和谐、充满爱的家庭氛围

家长通过积极的情感沟通能够有效促进与子女的积极亲子关系，让子女在积极的亲子关系中更加明确如何构建与自己、与他人及与集体的关系，从而实现社会情感能力发展。儿童早期与父母之间建立的依恋关系成为儿童与其他个体建立关系的内部模式。具有安全依恋的儿童长大后会将这种安全感带到他们的社会关系中；而具有不安全依恋的儿童长大后则会将这种不安全感带到他们的社会关系中。因此，家长与孩子之间建立的早期亲子关系类型和性质对于孩子今后的社会化发展具有十分重要的基础作用。家长可以在孩子处于儿童早期

时给予高质量的抚育，例如，家长能够及时意识到孩子发出的各种信号，做出及时的反应，而且能够表现出较多的积极情感和社会性刺激。这些行为均有利于孩子形成安全型依恋关系，进而有利于孩子在学校生活中建立积极的人际关系。

安全型依恋关系既体现为心理上的安全，还体现为身体上的安全。有的父母会使用的一种惩罚措施是体罚，有的父母认为打孩子会让孩子听话。的确，孩子为了避免身体上的疼痛会顺从父母的要求，在短期内效果非常明显，能立即停止不当行为，但这会剥夺孩子学习自我控制和解决问题的机会。另外，从长远来看，体罚往往会产生适得其反的结果，它会让孩子产生一种无力感，觉得自己受到了不公平的待遇，甚至对自己的父母产生愤怒情绪。孩子想到的往往是如何报复，而不是如何改善自身。父母除付出爱和关心等情感外，还需要营造和谐、充满爱的家庭氛围，即父母彼此相爱，父母都爱孩子，孩子也爱父母，这样的关系是牢固的，在这样的环境中成长起来的孩子在心理上是安全的。很多父母因为无法陪伴孩子、帮助太少而愧疚焦虑。事实上，父母给孩子最大的财富莫过于彼此相爱，父母都无条件地接受和爱自己的孩子。

6. 积极开展家长教育，提高家长在家庭中开展社会情感学习的意愿和能力

学校需要重视家庭教育的特点及家长基于家庭的参与行为对孩子社会情感能力发展的重要作用，研究家庭教育的规律及在家庭中开展社会情感学习的过程和方法，有计划、有目的、有组织地开展家庭教育指导工作，密切家校联系，形成互动，避免学校教育、家庭教育出现脱节、相互抵消的现象。

首先，学校可以通过家长学校、家长讲座等方式，根据学生的身心发展规律和年龄特点，有针对性地开展系列辅导讲座、家长工作坊等，让家长理解在家庭中开展社会情感学习的重要性，并掌握适当的方法。学校还可以根据需要为家长提供个性化咨询服务。家长讲座不应机械化地向家长灌输纯粹的教育理论，而应做到理论联系实际，解决家庭教育中存在的问题和矛盾，比如，亲子之间的需求冲突问题、亲子沟通问题。

其次，学校可以创设家长之间进行社会交往的平台，既可以通过家长微信群、微信公众号等形式分享家庭育儿的经验，也可以在家长讲座中邀请家长代表来学校交流经验，给家长提供相互学习的机会。

再次，学校需要关注每一位学生的成长，在与家长联系的过程中充分掌握

学生的家庭结构和氛围、家长的教育观念，深入了解学生的在家表现和家庭情况，针对有特殊需要的儿童的家长或有特殊需要的家长提供家庭教育个别辅导。学校可以从教育的实效性出发，为家长提供多样化的参与方式，让家长选择最适合自己、最方便的方式（如电话、短信、微信、电子邮件等）参与学校活动。比如，学校可以将家长讲座转变为在线讲座或微课程，让家长根据自己的时间和关注的主题选择学习内容；学校也可以在微信群、公众号中分享有关在家庭中开展社会情感学习的活动指南和小贴士等，让家长及时获得所需要的相关信息。

最后，学校需要在校内积极开展社会情感学习，认真观察每一位学生的学习和行为表现，经常与学生沟通，了解学生的社会情感能力发展状况及遇到的问题、困惑等，做好记录，建立成长档案袋，并在与家长交流时及时沟通学生的成长和发展状况，使在家庭中开展的社会情感学习活动更有针对性，同时保持家校间的一致性。

案例 6-27

家长教育案例

在项目组的指导下，学校对家校合作进行了问卷调研，对于"为什么把孩子送到现在就读的学校"这个问题，65%的家长表示是因为认同学校的教学理念。但在家长中存在"不闻不问""辅导不了，可以交给辅导班""溺爱"等错误的教育观念或行为，这在一定程度上削弱了学校教育的效果，同时降低了学生社会情感能力培养的有效性。

Ⅰ.理念先行，拓宽思路

学校一方面从家长入手，充分利用微信公众号等手段，加强学校宣传，鼓励家长与学校沟通；另一方面从自身工作入手，积极通过家长会、讲座、培训等形式解决家庭教育问题，提高家长的教育能力，使家长为学生提供良好的家庭学习环境和氛围，成为学校教育的坚强后盾。

在项目专家的引领下，学校在家校合作方面进行了深度思考，明确了核心理念和途径。强调将促进学生健康成长和全面发展作为基本着眼点，帮助每个学生成长为更好的自己。学校与家庭相互配合，形成教育合力，总目标是落实

"为学生的幸福人生奠基"的办学理念,让孩子充分享受来自教师和家长的关怀。学校以家长学校为基地,探索家校教育互动机制,搭建家校沟通平台,开展课题研究。

Ⅱ. 重构组织,增强活力

健全组织:成立班级、年级、学校三级家长委员会;成立由学校领导、家长代表、教师代表共同组成的家长—学校校务委员会;制定家长委员会章程,明确成员的职责和权力,聘任 12 名家长为家长委员会成员,12 名家长为家长志愿者委员会成员,参与学校管理。

稳定队伍:学校领导、年级组组长和有经验的德育工作者组成家长学校教师队伍;同时,从家长中聘请一批育儿经验丰富的家长为兼职教师。

完善制度:制定并完善家长学校的各项规章制度,使工作有章可循。

配备书籍:用专项资金订购家庭教育杂志、书籍,确保家长学校培训教材到位。

规范档案:由专人负责家长学校工作的档案资料管理。

及时评估:通过"书香家庭""儒雅家庭""优秀家长"评选等形式,以点带面,发挥示范引领作用,促进家庭教育良性发展。

Ⅲ. 搭建平台,多元互动

学校申请微信公众平台,及时向家长宣传学校工作,让家长第一时间了解教育动态和孩子的表现。设立"家长学校"栏目,向家长宣传家庭教育知识,如"如何帮助孩子做好开学准备"等。

建立家长委员会、家长志愿者委员会微信群,让成员第一时间了解学校教育教学情况,并通过他们把必要的信息转发到班级微信群,让家长影响家长。同时,请他们及时参与学校的管理和监督工作。

建立班级网络互动空间。针对班级的教育教学情况进行及时的信息发布,家校形成良性互动。

开展家长开放日、家长会、家访等活动,教师和家长面对面交流。

通过家校通、"致学生家长的一封信"等形式向家长和社会宣传家庭教育经验,弘扬优良家风,提高家长的教育水平。

编写校本教材,以科研引领抓实效。学校开展"家长学校校本课程行动策略研究"这一研究课题,针对家长关注的教育热点和难点问题编写家长学校教材,增强对家庭教育的指导。

IV. 学校引领，优化环境

专题讲座：学校聘请家庭教育专家进行"怎样和家长进行良好沟通""用理解和沟通敲开孩子的心扉"等专项讲座；进行师生家长互动讲座"感恩——让爱你的人为你自豪"；进行心理教育讲座"给孩子成长的力量"，引起教师和家长的共鸣，增进家校沟通。

经验交流：例如，在读书节活动中，请家长就"如何培养孩子良好的阅读习惯"在微信公众号的专栏下留言讨论，引领家庭教育的方向。

组织"见证成长"活动：学校每次大型或专项活动都邀请家长参加，见证孩子的成长，如一年级新生的"入学礼"邀请家长参加，通过学生身穿汉服、开笔礼、朱砂启智、行感恩礼等环节让家长感受仪式教育；少先队的入队仪式邀请家长参加，共同见证孩子的成长。

参与"过程管理"活动：如校服的选择、校本教材的编写、食堂的管理等，聘请家长为素质拓展活动指导教师；聘请家长为学生进行儒雅讲座活动；请家长为学生颁奖；等等。

开展"亲子互动"活动：如每年运动会都设亲子互动比赛项目；家长共同参与"环保时装秀"表演；参与科技节活动；等等。

开展"探索家教规律"活动：如开展家庭教育故事征集活动，把好的案例在学校和班级中进行广泛宣传。

举办"亲子网络互动"活动：发挥微信公众号、学校网站、班级互动空间的作用，家长通过平台及时进行网络互动，如在"十佳儒雅少年""儒声雅韵小主播"评比活动中，家长和学生一起参与投票评选；在"实现新目标，铸就教育梦"活动中，家长及时对孩子的表现进行激励，并表达自己在活动中的做法和想法；在"爱绿护绿"活动中，亲子共同书写宣传标语。

家校的良性互动是学校办学水平的重要体现。如今，天津市东丽区钢管公司小学的各项工作取得了较好成绩，得到了家长的广泛认可，家校凝聚力越来越强。

（案例来源：天津市东丽区钢管公司小学）

第七节　社会情感学习的监测与评估

一、社会情感学习监测与评估的内涵、目的、类型、原则与作用

1. 社会情感学习监测与评估的内涵

对学校实施社会情感学习项目的过程应随时监测；计划中的每一目标的完成时间时，则必须进行评估。

社会情感学习监测与评估就是在学校既定的人才培养战略目标和社会情感学习项目计划的指引下，运用特定的标准和指标，对学校和学生过去与当前的行为及在社会情感学习方面所取得的成绩进行评估，运用评估的结果对学校和学生将来的社会情感学习行为和结果进行正面引导，并确定改进行动计划的过程和方法。

简单地说，对实施社会情感学习项目的学校而言，监测与评估就是根据项目实施计划，运用特定的标准和指标，明确社会情感学习项目的执行和落实情况；对学生而言，监测与评估就是根据既定的社会情感学习培养目标，明确学生的社会情感学习行为和结果。

2. 社会情感学习监测与评估的目的

社会情感学习监测与评估的目的表现为四个方面。

一是通过社会情感学习的监测和评估，将学校和学生的社会情感学习行为表现与学校人才培养目标紧密地结合起来，确保学校发展战略快速平稳地实现。

二是在社会情感学习监测和评估的过程中，促进师生之间的交流与沟通，形成良好的沟通机制，增强学校和班集体的凝聚力。

三是通过社会情感学习的监测和评估，营造良好的社会情感学习氛围，促进学校和学生的健康全面发展。

四是通过对学校和学生社会情感学习行为和结果等进行客观评价，为学校和学生制订和改进社会情感学习行动计划，不断改进和提升学校和学生的社会情感能力。

3. 社会情感学习监测与评估的类型

根据实施监测与评估时间的不同，社会情感学习的监测与评估可以分为日常监测与评估和定期监测与评估。日常监测与评估是对被监测与评估者平时的社会情感学习行为表现及结果做出的经常性的监测与评估；定期监测与评估是按照固定周期进行的监测与评估，如年度监测与评估、学期监测与评估等。

根据实施监测与评估对象的不同，社会情感学习的监测与评估可以分为学校社会情感学习监测与评估和学生社会情感学习监测与评估。前者指对实施社会情感学习项目的学校进行的监测与评估，其监测与评估的内容主要包括：学校社会情感学习的政策和战略，社会情感学习政策和战略的落实情况，学校领导对社会情感学习项目的态度和行为表现，学校教师对社会情感学习项目的态度和行为表现，学生的社会情感学习行为表现和社会情感能力发展现状，学校社会情感学习氛围的营造情况，家长及社区对学校社会情感学习项目的态度，等等。后者是按照社会情感学习结果性指标，对学生的社会情感能力发展状况和行为表现进行的监测与评估。

根据监测与评估结果的表现形式，社会情感学习的监测与评估可以分为质性社会情感学习监测与评估和量化社会情感学习监测与评估。质性社会情感学习监测与评估的评估结果为关于学生社会情感学习行为表现的文字描述，或根据学生评价的相对高低次序以优、良、中、差等形式表示。量化社会情感学习监测与评估的评估结果则以分值或系数等数量形式表示。

根据监测与评估结果的客观程度，社会情感学习的监测与评估可以分为客观社会情感学习监测与评估和主观社会情感学习监测与评估。客观社会情感学习监测与评估是对可以直接量化的指标体系进行的考核，如通过问卷调查获得学生在社会情感能力各因素上的得分。主观社会情感学习监测与评估是由监测和评估者运用根据一定标准设计出的监测与评估指标体系对被评估者进行主观评价，如社会情感能力行为表现和结果。

4. 社会情感学习监测与评估的原则

第一，公平原则。公平是确立和推行社会情感学习监测与评估制度的前提。若不公平，就不可能发挥监测与评估应有的作用。

第二，严格原则。监测与评估若不严格，就会形同虚设、流于形式；就不仅不能全面地反映社会情感学习项目实施的需要和学生社会情感学习的真实情况，还会产生消极的后果。社会情感学习监测与评估的严格性包括：要有明确的监测与评估标准；要有严肃认真的监测与评估态度；要有严格的监测与评估制度、科学且严谨的监测与评估方法及程序等。

第三，客观性原则。社会情感学习监测与评估应当根据明确规定的监测与评估标准，针对客观监测与评估资料进行评价，尽量避免掺入主观性和感情色彩。

第四，全方位原则。对参与社会情感学习项目的学校和学生的监测与评估需要全方位地进行，各利益相关者都应该参与监测与评估，这些相关者包括：上级管理者、学校领导、教师、学生、家长和社区等。只有各利益相关者都参与进来，才能真正保证监测与评估的客观性、公正性。

第五，结果公开原则。监测与评估的结果应对参与社会情感学习项目的学校和学生本人公开。这样做，一方面可以使被监测与评估者了解自己的优点和缺点、长处和短处，从而使监测与评估结果好的人再接再厉、保持先进，也可以使监测与评估结果不好的人心悦诚服、奋起上进；另一方面有助于防止监测与评估中可能出现的偏见及种种误差，以保证监测与评估的公平与合理。

第六，反馈原则。社会情感学习监测与评估的结果一定要反馈给被监测与评估的学校和学生本人，否则就起不到监测与评估的教育作用。在反馈监测与评估结果的同时，应当向被监测与评估者就结果进行说明解释，肯定成绩和进步，说明不足之处，提供今后努力的参考意见，等等，起到指导发展和激励进取的作用。

5. 社会情感学习监测与评估的作用

社会情感学习监测与评估的作用集中体现于三个方面。

首先，达成目标。社会情感学习监测与评估本质上是一种过程管理，而不是只关注结果的考核。它将中长期的社会情感学习目标分解成年度指标和学期指标，不断督促学生实现、完成的过程，有效的社会情感学习监测与评估能帮助学校达成人才培养的战略目标。

其次，挖掘问题。社会情感学习监测与评估是一个不断制订计划、执行计划、修正计划的循环过程，体现在所有社会情感学习监测与评估环节中，包括社会情感学习目标设定、社会情感学习要求达成、社会情感学习实施修正、社会情感学习改进及再制定目标，这也是一个不断发现问题、改进问题的循环过程。

最后，促进成长。社会情感学习监测与评估的最终目的是促进学校与学生的共同成长。通过监测与评估发现问题、改进问题，找到差距、进行提升，促进学校的发展和学生的成长。

二、社会情感学习监测与评估的主体

社会情感学习监测与评估的主体即社会情感学习监测与评估的执行者。合格的社会情感学习监测与评估者应了解社会情感学习监测与评估的标准和方法，熟悉监测与评估对象的工作表现，最好有近距离观察其工作的机会，同时要公正客观。全面、理想的社会情感学习监测与评估多采用全方位的评估方式，监测与评估的主体多为管理者、教师、同伴、学生本人、家长和外部专家。

1. 管理者

这里的管理者既可以是学校管理者，也可以是各级教育行政管理部门的管理者。管理者可以监测与评估社会情感学习项目学校关于社会情感学习的各项指标，包括过程性指标、结果性指标和学校氛围指标，以了解项目学校社会情感学习的发展状态和已有水平。

管理者的社会情感学习监测与评估是一种由上而下的监测与评估。因为监测与评估的主体是管理者，所以能较准确地反映被监测与评估者的实际状况，也能消除被监测与评估者心理上不必要的压力；但有时也会因管理者的疏忽、偏见、感情等主观因素的影响而产生监测与评估偏差。

管理者监测与评估的优点是其对社会情感学习项目及学校的相关情况比较熟悉，监测与评估有助于弘扬优点、发现问题、纠正不足。但也存在一定的缺点：由于各级教育行政管理部门的管理者掌握切实的奖惩权力，监测和评估时项目学校往往心理负担较重，不能保证监测和评估公正客观，可能挫伤项目学校的积极性。

2. 教师

教师的社会情感学习监测与评估既包括教师对所教学生的社会情感能力发展现状和行为表现所做出的监测与评估，也包括教师对学校社会情感学习项目的实施情况及学校社会情感学习氛围的营造进行的监测与评估。这也是一种由上而下的监测与评估，由于监测与评估的主体是评估对象的教师，所以能较准确地反映监测与评估对象的实际状况，也能降低被监测与评估者心理上不必要的压力；但有时也会因教师的个人偏好、偏见等主观因素的影响而产生监测与评估偏差。

教师监测与评估的优点是其对学生的情况比较熟悉，对社会情感学习项目的实施情况比较了解，监测与评估有助于识别学生的优点，发现学生存在的问题，指出学生社会情感能力发展中的不足。但也存在一些问题：由于教师的监测与评估结果对学生的影响较大，教师对学生进行监测与评估时，学生往往会承受一定的心理压力，这种压力可能影响社会情感能力的行为表现；同时，教师对学生的学业成绩比较了解，其社会情感学习监测与评估很难不受到学生学业成绩的干扰，易出现晕轮效应或期望效应，影响监测和评估结果的客观性，进而可能挫伤学生的积极性。值得注意的是，教师对学生社会情感学习的监测与评估最好能结合其他活动同时进行，否则，一些教师可能认为社会情感学习监测与评估是一项额外的工作，因工作量增加而对此进行抵制，或消极执行。

教师对学校社会情感学习项目实施的监测与评估的独特优点在于：教师是社会情感学习项目的重要实施者，对项目进展较为了解，监测与评估有助于总结和分享项目实施的成功经验，发现项目实施过程中存在的问题，提出今后改进的思路和措施。

3. 同伴

同伴的社会情感学习监测与评估指学生之间对彼此的社会情感能力发展现状和行为表现做出的监测与评估。这是一种平等位置上的监测与评估，体现了社会情感学习监测与评估的民主性和日常性。同伴社会情感学习监测与评估的结果往往受到监测与评估者和被监测与评估者之间的关系的影响。

同伴社会情感学习监测与评估的优点是其对同伴的了解比较全面且真实。但由于彼此比较熟悉和了解，受人际关系的影响，可能产生监测与评估结果偏离实际的情况。这种监测与评估最适用的情况是项目小组活动，同伴的社会情感学习监测与评估对发现问题和激励进取可起到积极作用。

4. 学生本人

学生本人的监测与评估指学生对自己的社会情感能力发展现状和行为表现做出的评价。这种方式透明度较高，有利于学生在平时自觉地按评估标准约束自己。由于个体的监测与评估可能受到社会称许性的干扰，学生本人的监测与评估结果可能出现"拔高"现象。

学生本人的监测与评估是最轻松的评价考核方式，学生不会感到很大压力，能增强学生的参与意识，而且学生本人的监测与评估的结果较具建设性，会使社会情感能力行为表现得到改善。不足之处是学生本人的监测与评估倾向于高估自己的行为表现，因此其监测与评估结果往往只适用于协助学生改善自己的行为表现，不足以作为其他重要考评的评判标准。

学生本人的监测与评估还可以作为监测与评估学校社会情感学习氛围和社会情感学习的过程性指标，对学校的社会情感学习项目的实施进程进行某种程度的监测与评估。这个角度的监测与评估具有多方面的作用。首先，学生是社会情感学习活动的直接参与者和受益者，学生的社会情感能力发展是学校工作的一个重要目标，他们对学校社会情感学习项目的管理活动及师生交往有着最直接的感受和判断，因此在进行学校社会情感学习监测与评估时应尽可能地让学生成为主动参与者；其次，学生作为社会情感学习的主体参与监测与评估是学校进行管理工作和教育教学反思的一个重要举措；最后，学生对学校社会情感学习项目的实施和进展进行监测与评估是学校和学生进行真诚交流的一种很好的方式，通过学生的监测与评估，学校能更好地了解学生。

5. 家长

家长也可参与社会情感学习的监测与评估。家长最了解自己的孩子，他们对孩子的社会情感能力发展和行为表现有很大的发言权，而且往往其观点最接近孩子的实际情况。因此，在社会情感学习监测与评估中，家长的参与是极其重要的一环。此外，出于对孩子的关心，家长会关注孩子就读学校的相关情况。当局者迷，家长作为"局外人"，他们对学校社会情感学习氛围的感知是值得参考的。同时，家长也可以对社会情感学习项目的实施情况提出一些意见，这对社会情感学习项目的实施和不断完善具有重要的参考价值。

学校可以邀请家长参与学校有关活动，将学校的社会情感学习理念和社会情感学习发展目标告知家长，让家长了解学校社会情感学习的发展状况、学校的办学目标和工作计划；家长对学校的教育教学工作和日常管理提出意见和建议，反映自己所关注的问题，家校联合进行学生素养的提升。学校也可以不定期地举行家长座谈会，邀请学校发展委员会成员和家长代表参加，与学校领导、教师代表共同研讨学校的整体办学水平和教学质量，为学校的发展献计献策。学校还可以通过定期的家长开放日活动，让家长了解孩子在校尤其是在课堂中的表现，配合学校教育孩子，同时了解学校的社会情感学习状况，参与学校的管理，并对学校的教学工作提出建议和意见。家长及时反馈意见，以无记名的方式将反馈表填写好投入意见箱，然后学校进行统计，明确家长对学校教育的满意程度到底如何。

6. 外部专家

外部专家的社会情感学习监测与评估既可以是对学校学生的社会情感能力发展现状和行为表现做出的评价，也可以是对学校社会情感学习氛围及项目实施情况做出的评价。也就是说，其监测与评估既可以是针对学生的，也可以是针对学校的。

外部专家监测与评估的优点是外部专家有监测与评估方面的技术和经验，理论修养高，与被监测与评估者没有利益关系或冲突，较易做到客观公正。缺点是外部专家可能对学校和学生的社会情感学习发展情况不熟悉，因而必须有内部人员协助；聘请外部专家的成本较高；外部专家可能注重对社会情感学习结果性指标的评估，对项目实施过程及进展的监测可能会有所不足。因此，为了对社会情感学习进行全面的监测与评估，一般以学校内部相关人员的监测与评估为主，以外部专家的监测与评估为辅。

在进行全面反馈评价时，一般由多名评价者进行匿名评价。虽然采用多名评价者确实可以扩大信息收集的范围，但并不能保证所获得的信息都是准确、公正的。同样，虽然匿名评价可能会使评价结果更加真实，但真实的评价并不一定就是有效的。

三、社会情感学习监测与评估的对象与内容

1. 社会情感学习监测与评估的对象

社会情感学习监测与评估的对象包括两个方面：一是社会情感学习项目学校，二是项目学校的学生。

对于社会情感学习项目学校而言，其接受的监测与评估主要包括：学校社会情感学习的政策和战略，社会情感学习政策和战略的落实情况，学校领导对社会情感学习项目的态度和行为表现，学校教师对社会情感学习项目的态度和行为表现，学生的社会情感学习行为表现和社会情感能力发展现状，学校社会情感学习氛围的营造情况，家长及社区对学校社会情感学习项目实施的态度，等等。

对于社会情感学习项目学校的学生而言，其接受的监测与评估主要为根据社会情感能力各个因素——自我认知、自我管理、他人认知、他人管理、集体认知和集体管理——的结果性指标，对其社会情感能力发展状况和行为表现所进行的监测与评估。

2. 社会情感学习监测与评估的内容

社会情感学习监测与评估的内容主要包括三个方面：社会情感学习的结果性指标、过程性指标和学校氛围指标。

结果性指标主要针对学生，对学生在社会情感能力的各个因素上的行为表现进行监测与评估，这些因素包括自我认知、自我管理、他人认知、他人管理、集体认知和集体管理。

过程性指标主要针对学校，对学校在贯彻执行社会情感学习项目过程中的表现进行监测与评估，主要包括政策与原则、政策和战略的实施、影响社会情感学习项目实施的组织因素、学生支持系统、教工支持系统及监测与评估系统等。

学校氛围指标主要针对学校环境，对学校的物理环境、学习环境、社会环境、情感环境和外部环境进行监测与评估。

社会情感学习的监测与评估指标系统包括三个部分：结果性指标系统、过程性指标系统和学校氛围指标系统。每个指标系统都有多个维度，每个维度又有多个子维度，每个子维度都有各自的项目。

第七章 社会情感学习与学校管理改进的效果评估

在教育部教师工作司和联合国儿童基金会的共同支持下，"社会情感学习与学校管理改进"项目自2011年起在我国西部五个项目省（自治区、直辖市）实施，为总结过去几年项目实施的过程和结果，也为验证社会情感学习的中国化内涵及实践策略的有效性，本章对照项目基线，客观评估"社会情感学习与学校管理改进"项目的实施是否实现了预期目标及给项目学校的师生带来了哪些影响。同时，结合"社会情感学习与学校管理改进"项目在北京等地的扩展，进一步探索社会情感学习对预防学生欺凌行为等的效果。

第一节 "社会情感学习与学校管理改进"
项目的实施过程评估

一、研究设计

1. 研究目的和研究问题

研究的主要目的是考察项目学校按照整校推进的方式实施社会情感学习的情况。

回应上述研究目的，主要研究问题如下。

研究问题一：项目学校是如何实施"社会情感学习与学校管理改进"项目的？包括以下具体问题。

①"社会情感学习与学校管理改进"项目内容是否被纳入学校发展规划？

②学校的学生、教师和家长是否充分参与学校发展规划的制定过程？

③项目学校的校长和管理人员是否支持"社会情感学习与学校管理改进"项目？

④项目学校是否按照项目要求开展教师全员培训和动员？

⑤项目学校的教师和家长是否知道"社会情感学习与学校管理改进"项目？是否支持"社会情感学习与学校管理改进"项目？

⑥项目学校是否按照项目要求开设社会情感学习校本课程？

研究问题二：在"社会情感学习与学校管理改进"项目的实施过程中，有哪些因素影响了项目实施的效果？是如何影响的？项目学校实施"社会情感学习与学校管理改进"项目遇到了哪些挑战？

综合考虑项目已开展的活动及已有的相关研究，下面简要介绍研究的分析逻辑框架（见图7-1）及各个研究问题与已有研究的联系。

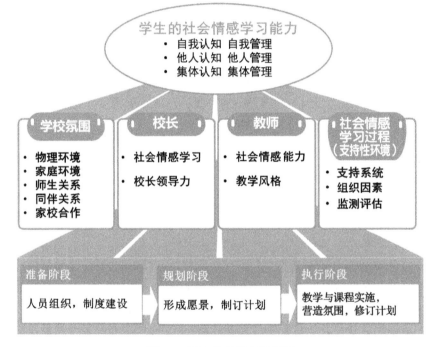

图7-1 研究的分析逻辑框架

研究的分析分为三个层次。

层次一：学生结果。该层次关注的是"社会情感学习与学校管理改进"项目实施的影响，即给学生带来的影响。尽管国内外诸多研究都证明有关社会情感学习的项目的实施能够给学生的社会情感能发展带来积极的影响，但具体到项目的效果，还需要有事实证据来证明这一影响。

层次二：学校结果。该层次关注的是"社会情感学习与学校管理改进"项目实施的结果，即对学校氛围、校长、教师和社会情感学习过程（即支持环境）的影响。可以说，给学生带来的影响是通过给学校带来变化来实现的。对照基线调研结果，研究要考察项目的实施对学校氛围、校长、教师和社会情感学习支持性环境带来的变化。[①]

层次三：项目干预过程。该层次关注的是项目在学校中的实施过程。考察项目给学生和学校带来的影响是一部分，除此之外，国外已有诸多研究表明，为最大限度地实现项目预期的结果，需要采用整校推进的方式实施"社会情感学习与学校管理改进"项目。实际上，在项目推进的过程中，不同学校有不同的实施过程，不同的实施过程能否带来相同的或相似的结果，也是研究要关注的内容。

此外，研究还要分析项目的影响因素和挑战，即项目的可持续性。已有研究结果表明，学校校长、教职人员对项目的态度和其自身的社会情感能力，以及已有资源和支持的可获得性，都是"社会情感学习与学校管理改进"项目取得成功的关键因素。研究围绕这几个方面，分析"社会情感学习与学校管理改进"项目实施遇到的挑战，并提出今后的项目实施在设计和操作层面的改进建议。

2. 研究方法

研究采用定性的案例分析方法，以一所项目学校为一个分析单位。这一方法适合在项目实施现场进行，能够对项目实施的过程性进展进行生动的描述，并能提供丰富的信息。这里的信息丰富性既体现在借助多种方法收集材料（如观察、访谈等），也体现在从不同利益相关群体处获得信息（如学校校长、教师、学生、家长等）。

（1）抽样方法

研究覆盖各项目省（自治区、直辖市）的项目县（市、区），并在每一个项目县（市、区）按照分层随机抽样的方式，选取 8 所项目学校作为样本学校（所选的样本学校与定量的研究方法所选的样本学校相同）。

（2）数据收集的过程和方法

研究综合采用多种数据收集方法，如观察、查阅资料、座谈和访谈等，具体介绍如下。

---

① 层次一和层次二部分的研究设计和研究结果在本章第二节有详细介绍。

第一，观察。研究团队实地走访每一所样本学校，并在每一所学校中观察校园环境，听一节社会情感学习校本课程，随机听一节数学或语文课程（可以是三至五年级）。这些观察内容有助于研究团队直接感受学校的社会情感学习支持性氛围，了解社会情感学习校本课程的实施过程，以及"社会情感学习与学校管理改进"项目是否在日常的课堂教学中有所体现。所有的观察依据项目开发的校园观察表和课堂观察表进行，并对社会情感学习校本课程和学科课程全程录像。

第二，查阅资料。研究团队从各个项目省（自治区、直辖市）、县（市、区）和学校收集所需的文件资料，包括：反映项目省级、县级活动开展情况的记录；反映项目学校发展规划制定和实施的记录；反映项目学校社会情感学习校本课程实施的记录。

第三，座谈和访谈。研究团队在走访每一所项目学校的过程中，组织开展一系列访谈活动：对学校校长进行一对一访谈；对社会情感学习校本课程的授课教师进行一对一访谈；组织部分任课教师召开座谈会；组织部分学生家长召开座谈会；组织部分学生召开座谈会。座谈和访谈根据项目事先设计的访谈提纲和座谈提要进行。就学生座谈会的安排，所有的内容事先征得学生同意，并同时安排多名学生参加，尽可能地使学生放松心情。

3. 分析框架和分析方法

如前所述，项目专家团队在借鉴国外成功经验的基础上，将在学校内部实施项目的过程分为准备阶段、规划阶段与执行阶段。以此为依据，研究以从项目学校收集到的工作总结、学校发展规划文本及校本课程录像为分析对象，结合访谈记录，采用内容分析的方法，既整体呈现所有项目学校目前所处的实施阶段，又进一步分析处在不同实施阶段的学校的具体做法，从而回答以下的具体研究问题。

准备阶段：项目学校的校长和管理人员是否支持"社会情感学习与学校管理改进"项目？项目学校是否按照项目要求开展教师全员培训和动员？

规划阶段："社会情感学习与学校管理改进"项目内容是否被纳入学校发展规划？学校的学生、教师和家长是否充分参与学校发展规划的制定过程？

执行阶段：项目学校的教师和家长是否知道"社会情感学习与学校管理改进"项目？是否支持"社会情感学习与学校管理改进"项目？项目学校是否按照项目要求开设社会情感学习校本课程？

二、"社会情感学习与学校管理改进"项目实施情况

1. 项目学校实施情况概述

研究共收到 172 所项目学校提交的材料。基于材料分析，共计 154 所学校开展了教师全员培训，138 所学校制定了促进社会情感学习项目实施的学校发展规划，133 所学校按照项目要求开设了社会情感学习校本课程。共有约65.5％的项目学校进入了项目的执行阶段，而另外的约 34.5％的项目学校则仍处于"社会情感学习与学校管理改进"项目的准备阶段或规划阶段。

2. 准备阶段——动员和倡导

从各项目学校提交的材料来看，绝大部分项目学校的校长和管理人员都已经知道并了解了"社会情感学习与学校管理改进"项目，并且支持"社会情感学习与学校管理改进"项目在学校中的开展。约 89.5％的项目学校开展了教师全员培训和动员，部分学校也将学生和家长纳入了培训对象范围，具体情况如下。

A省。在培训方面，提交资料的所有学校均开展过全体教师培训，但是各学校培训的次数不同。培训工作开展得较好的学校的情况是：校长或其他学校领导参加了培训后回到学校，利用教师业务学习时间，对全体教师进行"社会情感能力六个因素的理解与运用"专题讲座；教师团队利用班会课，以参与式的方式对班级学生进行"社会情感能力的六个因素"专题讲座；之后，教师团队对全体家长进行"社会情感能力六个因素的理解与运用"专题讲座。在校本课程培训方面，学校通过展示课的形式让教师了解上课的方法，为下一步社会情感学习奠定更好的基础。但也有部分学校仅做到全体教师培训，部分学校仅校长或学校领导参加过培训，甚至有部分学校未开展培训。部分访谈记录如下。

某一项目学校校长访谈记录。访谈者：Q。受访者：校长（X）。

Q：针对社会情感学习的教研和培训工作都是如何开展的？

X：培训工作按县局的安排，上面一有培训的计划，我们学校就安排老师去。

某一项目学校教师访谈记录。访谈者：Q。受访者：教师（J）。

Q：第一个问题是对学校实施"社会情感学习与学校管理改进"项目过程的一个整体看法，您的学校是"社会情感学习与学校管理改进"项目学校，您知道吗？

J：知道。

Q：您是怎么知道的？

J：通过培训。教师之间进行交流，探讨后总结一下什么是"社会情感学习与学校管理改进"项目。

Q：那学校里的其他老师知道这个项目吗？

J：都知道。

B省。在教师培训方面，培训工作开展得较好的学校的情况是：校长或学校领导参加了培训后回到学校，通过全体会议的形式向全体教师宣传社会情感学习的理念，对六个因素的具体含义进行讲解。但由于B省学校提交的文本资料多使用同一模板，并不能体现每个学校实际开展的情况。结合访谈文本，可以看出B省项目学校的教师培训工作虽有所开展，但相对来说部分学校的培训次数和内容较少。部分访谈记录如下。

某一项目学校校长访谈记录。访谈者：Q。受访者：校长（X）。

Q：那我们来看下一个问题，学校在实施项目的过程中开展了哪些工作？

X：我们都重复好几次了，像我们在2013年10月还是12月参加了一次县级培训后，首先开校会，教师、学生、家长都来参与这个活动，通过培训让这些家长知道这个项目，也知道这个项目对他们子女的帮助，学生对他们自身的发展有充分了解。大型的集中的（培训）后，对教师、家长分开培训，还有对学生的培训。我们再一次对学生细说，不像第一次那样只是初步的了解，在后面对他们细说社会情感学习下对学生的标准是什么。然后我们分析我们自身是什么样子的，再进行对比，明白我们在社会情感学习下的标准、理想化的学生的发展。

C省。在教师培训方面，培训工作开展得较好的学校的情况是：校长或学校领导参加了培训后回到学校，通过全体会议或讲座的形式向全体教师宣传社会情感学习的理念，对六个因素的具体含义进行讲解等。部分做得好的学校已经开展过5次左右的培训，也有部分学校仅派出校长或骨干教师参加培训，并没有做到全员培训。总体而言，C省完成教师全员培训的学校的数量相对较少。部分访谈记录如下。

某一项目学校教师访谈记录。访谈者：Q。受访者：教师（J）。

Q：除您参加过县级培训外，就是学校里面的培训，还有没有其他老师参加过？

J：参加过。

Q：大概有多少人？参加了什么类型的（培训）？

J：有三四个。

Q：有三四个老师啊，那他们，包括您，除受培训外，有没有参加其他关于这个项目的活动。

J：没有。

D省。大部分项目学校完成了3个层次的培训，首先，校长召开项目启动会，在会上，校长向全体教师介绍社会情感能力的六个因素，部分学校邀请了学生和家长代表参加启动会。其次，学校开展教师培训，有的学校邀请县级专家，有的学校邀请本校参与过县级培训的校长或教师，对全体教师进行了两天的专题培训，使全体教师更加理解社会情感学习的内涵；再次，为了能够使教师真正将社会情感学习落实到课堂，大部分学校都请参与过培训的教师上展示课；最后，还有很多学校举办了家长培训，试图与学生的家庭形成合力，共同促进学生社会情感能力的发展。

3. 规划阶段——发展规划制定

从总体上看，约80.2%的学校制定了学校发展规划，将"社会情感学习与学校管理改进"融入学校的具体工作，通过成立专门领导小组、组织开展培训、开设校本课程及各项活动将社会情感学习落到实处。但每个地区制定发展规划的情况不同，具体情况如下。

A省。资料给出的所有学校均制订了社会情感学习工作计划，体现出它们对该项目的重视以及对该项目之于学校、教师、家长和学生的重要性及意义的认识。在工作计划中，各所学校都详细地列出了在学校工作中计划实施、教师培训、校本课程建设、活动规划等方面的目标、手段、努力方向。社会情感学习在各个学校的开展也得到了学校领导的重视和认可，很多学校在内部成立专门的领导管理小组，负责项目的实施及困惑的解决。

从访谈中可以看出，学生、教师和家长也参与了学校发展规划的制定过程。相对来说，家长的参与度较低。部分访谈记录如下。

某一项目学校校长访谈记录。访谈者：Q。受访者：校长（X）。

Q：你们在制定这个项目的规划时，有没有教师、学生、社区代表来参与这些事？

X：教师、学生都有（参与），社区里面，有的时候虽然通知了，但来的人数太少了。

B省。在学校发展规划方面，各校提交的学校发展规划大同小异。大多数是按照统一模板填写的，而且仅对学校的具体负责人进行修改。这虽然有利于各所项目学校统一部署、有序安排，但并未体现学校发展的个性和多样性，以及对项目不同层面的理解和实施，表现出千校一面的特点。但从访谈资料中，我们也可以看出部分学校确实通过全员参与的形式制定了学校发展规划。部分访谈记录如下。

某一项目学校校长访谈记录。访谈者：Q。受访者：校长（X）。

Q：你刚才也提到学校制定了一个项目规划，这个规划是怎么制定的呢？

X：在制定规划之前呢，我们首先要得到教师的支持，让他们参与，低年级学生不懂，我们从高年级抽出部分学生来参与，来制订计划；还有社区，就是家长，部分家长代表。

Q：这个规划主要包括什么内容？

X：这个规划包括从学校层面我们怎么做，怎么营造一个良好的学校氛围；然后到家长，就是让他们认可、支持我们去做，并且我们在做的过程中保持观察，如果家长做的有亮点，我们就给予鼓励，学生也是这样。

C省。仅有一半的学校提交了学校发展规划的文本，但大部分也仅提到制订的工作计划主要是课程计划，仅有很少一部分学校制定了比较完善的发展规划。

D省。大部分学校制定了学校发展规划，其中大部分学校是专门针对社会情感学习制定了发展规划，将项目工作融入了学校的日常活动；但也有部分学校提交的是整体学校规划，并未提及社会情感学习的工作。在提交的社会情感学习发展规划中，很多学校使用的是同一模板，但基本上按照各自学校的实际情况制定了学校发展规划。大部分学校成立了专门的社会情感学习工作实施小组，并制订了开展项目的具体活动计划，且很多学校的活动形式丰富多彩，还有专门关注留守儿童等群体的活动。

4. 执行阶段——校本课程实施

从总体上看，约77.3%的学校实施了校本课程，但每个地区的具体情况差异较大。

A省。在校本课程的开设方面，只有一小部分的学校已经根据社会情感学习系列教材中的"成长新起点""喜欢我自己"等主题来进行授课，开设校本课程。大多数的学校表示，由于各种物质和环境等条件的限制、不知道该如何开设校本课程等，还没有开设校本课程。但是，大多数学校表示，教师会在平时上课的过程中渗透社会情感学习内容。大多数学校虽然还没有开设校本课程，但在学校的日常教学中，学校会开展各种课外活动，并鼓励学生积极参加，如演讲比赛、亲子活动、户外劳动等各种形式活动的开展，在活动的过程中培养学生的各种能力。

除此之外，大多数学校加大投入，加强物质、心理、制度等环境建设，张贴标语、进行板报设计等，加强社会情感学习思想的宣传，营造氛围。部分访谈记录如下。

某一项目学校校长访谈记录。访谈者：Q。受访者：校长(X)。

Q：那您的学校是否开设了社会情感学习校本课程？

X：这个学期开设了一点。

Q：是通过什么途径来实施的呢？

X：通过全体老师一起研讨怎么上好一节课。

Q：那上课的教师有哪些？

X：各个年级的主题班会课，一到六年级的班主任都上主题班会课。

B省。部分学校开设了社会情感学习课程，学校教材的实施分为三个组，即蓝色组(一至二年级)，黄色组(三至四年级)，绿色组(五至六年级)。确定开设的班级，排入课程表，按课程表进行教学，11月为"成长新起点"，12月为"喜欢我自己"。除了校本课程，学校结合学校原有的班队活动，开展社会情感学习主题活动(如"我和我的同学""我的快乐我做主""倾听与表达""社会情感学习游戏"等)。部分访谈记录如下。

某一项目学校校长访谈记录。受访者：校长(X)。

X：我在三个班上了我的第一个主题"成长新起点"，然后今天又准备了一节"争吵与和好"，我觉得做这个工作主要是在平时的渗透中，不是和语文、数学一样专门拿一节课来讲，而是在平时的生活中，对学生的评价方式会多元一点，更关注那些被边缘化的学生；对我的影响是点滴的影响，我在工作中更关注那些有学习困难的学生，更关注那些缺乏关爱的学生。

C省。从提交的总结文本中可以看出，大部分学校使用的是统一的模板，即在每学期的开始制订授课计划、进度计划，安排集体备课一节、公开课两节，最后在学期末对本学期教育教学进行总结，对"喜欢我自己"或"成长新起点"的教学有研究的教师可获得表彰及奖励。因此，大部分教师踊跃做社会情感学习教师，力争上一节社会情感学习课。但从实际情况来看，真正将校本课程落实到课堂的学校的数量非常有限。部分访谈记录如下。

某一项目学校教师访谈记录。访谈者：Q。受访者：教师(J)。

Q：你们每星期上一节社会情感课吗？

J：要求是这样，但实际上顾不上，两三个星期应该有(一节)。

Q：一般什么时候上课？

J：星期一下午最后一节课，其他都满了。

Q：那老师都上了课，对这个课有什么感觉呀？

J：以前只是听说，但实际操作我们也是这学期才有，班主任班会上给学生讲讲。

D省。大部分学校制订了相应的活动计划，并且有明确的课程安排。学校将学生分为低年级组、中年级组和高年级组，分别指定教师带领。教师利用班会的时间开展社会情感学习课程，并且各任课教师在课堂教学中巧妙地穿插相应的思想情感教育。D省某县举办了社会情感学习片区赛课活动，在一定程度上激发了学校和教师开展社会情感学习课程的热情，并通过比赛的形式提高了教师的教学水平。

三、"社会情感学习与学校管理改进"项目实施存在的主要问题

1. 项目学校的教师和校长尚未准确理解社会情感学习的理念

从提交的材料来看，部分学校的教师培训开展的次数较少，大多是通过一次全体会议，由参加过国家级、省级或县级培训的校长介绍社会情感学习的相关理念。这种一次性培训能够使教师形成对于社会情感学习的初步印象，但距离真正理解社会情感学习还有一定差距。且仍然有一部分学校仅派校长或骨干教师参加培训，他们回到学校后也没有进行全员培训，这使得教师对于社会情感学习只有模糊的概念，项目工作没有得到具体落实。通过访谈文本可以看出，部分教师、大部分家长对社会情感学习理念的理解并不到位，而且很多教师认为这一概念过于空泛，无法具体操作。

2. 存在项目与学校日常工作"两张皮"和发展规划纸上谈兵的现象

发展规划体现了学校的办学理念，指引着学校发展。学校应对发展规划有更加具体、清晰的认识，结合学校的教育实践和项目理念的指导，形成有特色

的学校发展规划。从学校提交的发展规划文本中可以看出，仅有部分学校真正将社会情感学习的理念和项目工作融入具体的教育实践，仍然存在项目与学校实际"两张皮"的现象；而发展规划本身也变成了纸上谈兵，并非学校实际工作中切实可行的行动计划。

3. 社会情感学习校本课程未在学校中全面实施

从学校发展规划的制定、培训和校本课程的实施情况来看，部分学校没能够将全体教师、学生和家长纳入项目，有些项目学校的教师甚至不能理解社会情感学习的内涵，无法真正将社会情感的理念融入教育教学活动。在平常的活动中，教师、学生、家长与社区参与决策的机会较少，尤其是家长与社区，其力量没能得到良好的运用。

四、分析与讨论

1. 分析结果小结

研究主要依据各项目学校按照评估实施要求提交的总结材料进行内容分析，并结合实地走访中的观察与访谈结果。分析结果可概括为五方面。

第一，共有约65.5%的项目学校进入项目执行阶段，而另外的约34.5%仍处于"社会情感学习与学校管理改进"项目的准备阶段或规划阶段。

第二，在各项目县（市、区）的项目学校中，项目执行的情况有所不同。例如，在某县，70%以上的项目学校已经进入项目执行阶段，而在另一个县，进入执行阶段的学校不足30%，大多数学校仍处于准备阶段。需要说明的是，在一些地区，尽管所有项目学校都按照要求提供了材料，而且内容充实，但所有的总结材料和计划都使用了相同或相似的模板，这样一来，既无法体现出学校的个性，也很难看到学校实际的执行情况。

第三，走访的项目学校校长均参加过二至三次的国家级培训和省级、县级培训，相较而言，项目学校的教师较少参加项目培训。从访谈中可以发现，接受各级培训的校长回到学校后，较少按照项目要求组织开展真正意义上的校本培训，而大多在学校教师会上进行介绍，培训信息遗失较多。

第四，不同学校的校长和教师对社会情感学习项目的认识有所不同。一方面，大部分校长认为项目的理念与传统的德育工作相通，项目所要求的内容就是学校的日常工作，不需要额外开展；另一方面，许多教师认为项目是额外的事情，特别是社会情感学习校本课程，他们既缺少足够的培训和指导，又需要花费时间和精力。

第五，即使对于那些已经开始实施校本课程的学校而言，校本课程的实施也仍处于起步阶段。一方面，一些项目县（市、区）已经开始收集能够体现项目实施理念和教材设计思路的课堂教学实例，并组织相关教研活动；另一方面，教材不足、教学备课资源和课堂实例缺乏、教师培训和指导不足及教师不愿或不能安排出课时等是调研中项目学校教师和校长反映较集中的问题。

此外，需要说明的是，由于现场工作时间的限制，且缺乏过程追踪，此次评估总结材料并不能全面、立体地反映各所项目学校的项目实施过程及已经开展的项目活动，需要在今后的研究中加强对个案的追踪，并积极调动学校的积极性，以行动研究的方式做好项目实施的过程记录和反思整理。

第二节 "社会情感学习与学校管理改进" 项目的实施效果评估

一、研究设计

1. 研究目的和研究问题

研究的主要目的是评估"社会情感学习与学校管理改进"项目给项目学校及其学生、教师带来的影响。

回应上述研究目的，研究的主要研究问题如下。

研究问题一：与基线相比，"社会情感学习与学校管理改进"项目的实施对学生的社会情感能力的各个维度产生了什么影响？

研究问题二：与基线相比，"社会情感学习与学校管理改进"项目的实施对项目学校产生了什么影响？

2. 研究方法

研究采用非等量控制组的准实验研究设计（见表7-1）。由于项目学校的选择是由当地教育行政部门和学校共同决定的，并非理想条件下的随机选取，研究在了解项目学校的特点和地理位置分布的基础上，选择一定数量的未开展社会情感学习的学校作为对照组，通过项目组（项目学校）和对照组（非项目学校）在项目实施前和实施后的对比分析，探寻项目干预给项目学校的学生及项目学校本身带来的影响。需要说明的是，在项目组（项目学校）内部，由于学校数量众多，各所学校实施社会情感学习的方式不尽相同，为了研究和分析的方便，研究不再就项目学校内部的不同项目实施类型进行进一步区分，统一将自变量设为"项目实施情况"（项目学校和对照学校），相应的因变量为"学生社会情感能力"。

表 7-1　非等量控制组的准实验研究设计

组别	实施前	是否干预	实施后	项目实施效果
项目组（项目学校）	T_1	是	T_2	$\Delta=(T_2-T_1)-(C_2-C_1)$
对照组（非项目学校）	C_1	否	C_2	

（1）抽样方法

研究采用分层随机取样的方法，将学校类型（县城小学、乡镇中心小学、乡镇普通完全小学、农村小学）及学校所处的地理位置作为分层依据，从每个项目县（市、区）的 50 所项目学校中分别选取 8 所学校（16%）作为项目组。此外，再在每个项目县（市、区）选取 2 所相似水平的非项目学校作为对照组。对照组的样本学校力求在学校类型、规模、办学水平等特征上与项目组的平均水平保持一致。

为了对项目实施前后的状况进行比较，研究延续基线调研的项目组和对照组样本学校，即在同一所学校进行调研。研究共收集了 48 所学校的基本情况（有 2 所学校的信息缺失），其中，初级小学 2 所、完全小学 41 所、九年一贯制学校 5 所。关于样本学校的地理位置，7 所学校位于县城，19 所学校位于乡镇，22 所学校位于村庄。具体数据见表 7-2。

表 7-2　样本学校的分布情况

学校特征		数量/所	占总体的比例
学校类型	初级小学	2	4%
	完全小学	41	82%
	九年一贯制学校	5	10%
	缺失	2	4%
地理位置	县城	7	14%
	乡镇	19	38%
	村庄	22	44%
	缺失	2	4%

在每一所项目学校内部，研究对校长、教师、学生和家长发放调查问卷，

具体的抽样方法及样本数量见表 7-3。

表 7-3 学校内部的抽样方法及样本数量要求

样本	抽样方法及样本数量
校长	学校的正、副校长，每校两人。
教师	学校的全体教师。
学生	三、四、五、六年级，每个年级随机选取两个班级，该班级的全体学生为样本。 如果年级的班级数少于两个，取该年级全部班级的全体学生。
家长	从每所项目学校的三、四、五、六年级共抽取 60 名家长。 如果 4 个年级的学生总数少于 60 人，则邀请全体学生的家长。

(2)样本基本情况

经过问卷的筛选，剔除无效问卷后，研究最终获得有效学生问卷 14535 份、教师问卷 1027 份、校长问卷 43 份、家长问卷 1920 份。具体项目学校和非项目学校的样本分布情况见表 7-4。

表 7-4 项目学校和非项目学校的样本分布情况

样本	调研时间	项目学校/人	非项目学校/人	合计/人
学生	基线调研	7838	1554	9009
	终期调研	11828	2707	14535
教师	基线调研	924	144	1068
	终期调研	860	167	1027
校长	基线调研	39	10	49
	终期调研	32	11	43
家长	基线调研	1192	204	1396
	终期调研	——	——	1920

注：—表示信息缺失。

就样本的基本人口学信息，需要关注的是：①所选取的样本在多大程度上与总体具有相似性；②项目学校和非项目学校的学生样本在多大程度上是具有相似性的。在研究中，以学生的性别、民族、留守情况和寄宿情况为分析指标，对样本学校与项目学校总体的情况以及项目学校与非项目学校的学生样本情况进行了比较。

关于被试的性别分布，总体而言，男生总数为 7353 名，占全体调研学生的 50.6％；女生总数为 6848 名，占全体调研学生的 47.1％；性别信息缺失 334 名，占全体调研学生的 2.3％。具体到参与调研的项目学校，其男女生所占的比例分别为 50.1％和 47.3％，另有 2.6％的学生信息缺失，此结果与全部 250 所项目学校的学生性别分布情况基本一致，说明此次调研对象具有较好的代表性（见表 7-5）。

表 7-5　项目学校和非项目学校的学生样本的性别分布

性别	项目学校	非项目学校	样本量	项目学校总体
男	50.1％	52.7％	50.6％	52.9％
女	47.3％	46.1％	47.1％	47.1％
缺失	2.6％	1.2％	2.3％	0

关于被试的年级分布，参加基线调研的学生分布在四年级、五年级、七年级、八年级，分别为 3693 名（41.0％）、4142 名（46.0％）、585 名（6.5％）、566 名（6.3％），另有 23 名学生的年级信息缺失。参加终期调研的三至六年级的被试分别为 3423 名（23.6％）、3713 名（25.5％）、3618 名（24.9％）、3781 名（26.0％）。其中，终期调研的六年级学生与基线调研的四年级学生为同一样本总体。学生群体年级分布见表 7-6。

表 7-6　项目学校和非项目学校的学生样本的年级分布

年级	基线调研		终期调研	
	样本量/人	百分比/％	样本量/人	百分比/％
三年级	—	—	3423	23.6
四年级	3693	41.0	3713	25.5
五年级	4142	46.0	3618	24.9
六年级	—	—	3781	26.0
七年级	585	6.5	—	—
八年级	566	6.3	—	—
缺失	23	0.3	—	—

注：—表示无相应数据。

关于被试的民族分布，总体而言，汉族学生总数为 6165 名，占全体调研学生的 42.4%；少数民族学生总数为 7468 名，占全体调研学生的 51.4%；民族信息缺失 884 名，占全体调研学生的 6.1%。具体到参与调研的项目学校，汉族学生占 42.1%，少数民族学生占 51.3%，另有 6.6% 的学生信息缺失，此结果与全部 250 所项目学校的民族分布情况相比，虽然略有差异，但差异程度仍在可接受的范围内，因此调研学生仍具有较好的代表性（见表 7-7）。

表 7-7　项目学校和非项目学校的学生样本的民族分布

民族	项目学校	非项目学校	样本总量	项目学校总体
汉族	42.1%	43.7%	42.4%	55%
少数民族	51.3%	52.4%	51.4%	45%
缺失	6.6%	3.9%	6.1%	0

关于学生的留守情况，总体而言，留守儿童的总数为 5808 名，占全体调研学生总数的 40.0%；非留守儿童的总数为 4794 名，占全体调研学生总数的 33.0%；另有 27.0% 的学生信息缺失。具体到参与调研的项目学校，它们的留守儿童所占的比例为 40.3%，非留守儿童的比例为 34.6%，另有 25.1% 的学生信息缺失（见表 7-8）。

表 7-8　项目学校和非项目学校的学生样本的留守情况

留守情况	项目学校	非项目学校	样本总量	项目学校总体
留守儿童	40.3%	38.5%	40.0%	34.3%
非留守儿童	34.6%	25.9%	33.0%	65.7%
缺失	25.1%	35.6%	27.0%	0

注：研究以教育部对留守儿童的界定为准，即把父母双方或单方连续外出打工 3 个月及以上者视为留守儿童，其他情况则不视为留守儿童。

关于学生的住宿情况，总体而言，共有 1880 名学生寄宿，占全体调研学生的 12.9%；11594 名学生不寄宿，占全体调研学生的 79.8%；信息缺失的有 1061 名，占全体调研学生的 7.3%。具体到参与调研的项目学校，寄宿生的比例为 11.4%，非寄宿的比例为 80.6%，另有 8.0% 的学生信息缺失，此结果与全部 250 所项目学校的寄宿情况相比，虽然略有差异，但差异程度在可接受范围内，说明此次调研的学生具有较好的代表性。具体数据见表 7-9。

表 7-9　项目学校和非项目学校学生的寄宿情况

寄宿情况	项目学校	对照学校	样本量	项目学校总体
寄宿	11.4%	19.6%	12.9%	9.6%
不寄宿	80.6%	76.1%	79.8%	90.4%
缺失	8.0%	4.3%	7.3%	0

此外，在此次调研的学生对象中，班干部的总数为3913名，占26.9%；非班干部的总数为9197名，占63.3%；信息缺失的有1425名，占9.8%。独生子女的数量为1888名，占13.0%；非独生子女的数量为11749名，占80.8%；信息缺失的有898名，占6.2%。从学生的地理位置来看，家住农村的学生为10011名，占68.9%；家住镇上的学生为1432名，占9.9%；在县城的学生为2221名，占15.3%；信息缺失的有871名，占6.0%。

此次调研的有效教师数量为1027名，其中，男教师为312名，占30.4%；女教师为689名，占67.1%；性别信息缺失者为26名，占2.5%。汉族教师数量为452名，占44.0%；少数民族教师数量为549名，占53.5%；民族信息缺失者为26名，占2.5%。班主任为535名，占52.1%；非班主任为470名，占45.8%；信息缺失的有22名，占2.1%。

关于教师的教龄，12.1%的教师教龄为3年及以内，12.1%的教师教龄为4～7年，14.7%的教师教龄为8～12年，20.2%的教师教龄为13～18年，18.2%的教师教龄为19～25年，19.0%的教师教龄为26年及以上，另有3.8%的教师信息缺失。

关于教师的职称分布，8.2%的教师未评职称，1.7%的教师具有小学三级职称，8.1%的教师具有小学二级职称，35.2%的教师具有小学一级（或中学二级）职称，45.0%的教师具有小学高级（或中学一级）职称，0.4%的教师具有中学高级职称，另有1.5%的教师信息缺失。

关于教师的学历分布，高中及以下学历的教师为5名，占0.5%；中专或中师学历的教师数量为68名，占6.6%；专科或高职学历教师的数量为517名，占50.3%；本科学历教师的数量为420名，占40.9%；没有硕士研究生及以上学历的教师；另外，1.7%的教师信息缺失。具体数据见表7-10。

表 7-10　教师的人口学分布情况

项目		教师样本量/人	比例/%
性别	男	312	30.4
	女	689	67.1
	缺失	26	2.5
民族	汉族	452	44.0
	少数民族	549	53.5
	缺失	26	2.5
是否担任班主任	非班主任	470	45.8
	班主任	535	52.1
	缺失	22	2.1
教龄	3 年及以内	124	12.1
	4～7 年	124	12.1
	8～12 年	151	14.7
	13～18 年	207	20.2
	19～25 年	187	18.2
	26 年及以上	195	19.0
	缺失	39	3.8
职称	未评职称	84	8.2
	小学三级	17	1.7
	小学二级	83	8.1
	小学一级（或中学二级）	362	35.2
	小学高级（或中学一级）	462	45.0
	中学高级	4	0.4
	缺失	15	1.5
学历	高中及以下	4	0.5
	中专或中师	68	6.6
	专科或高职	517	50.3
	本科	420	40.9
	研究生	0	0
	缺失	17	1.7

此次调研的有效校长数量为 43 名。其中，男校长为 32 名，占 74.4%；女校长为 7 名，占 16.3%；缺失 4 名，占 9.3%。汉族校长为 24 名，占 55.8%；少数民族校长为 18 名，占 41.9%；另有 1 名校长信息缺失。14.0% 的校长教龄为 10～15 年，16.3% 的校长教龄为 16～20 年，27.9% 的校长教龄为 21～25 年，41.9% 的校长教龄为 26 年及以上。7.0% 的校长具有小学一级（或中学二级）职称，69.8% 的校长具有小学高级（或中学一级）职称，23.3% 的校长具有中学高级职称。2.3% 的校长学历为中专或中师，53.5% 的校长学历为专科或高职，44.2% 的校长具有本科学历。具体数据见表 7-11。

表 7-11 校长的人口学分布情况

项目		样本量/人	百分比/%
性别	男	32	74.4
	女	7	16.3
	缺失	4	9.3
民族	汉族	24	55.8
	少数民族	18	41.9
	缺失	1	2.3
教龄	5 年以内	0	0
	6～9 年	0	0
	10～15 年	6	14.0
	16～20 年	7	16.3
	21～25 年	12	27.9
	26 年及以上	18	41.9
职称	小学二级	0	0
	小学一级（或中学二级）	3	7.0
	小学高级（或中学一级）	30	69.8
	中学高级	10	23.3

项目		样本量/人	百分比/%
学历	高中以及下	0	0
	中专或中师	1	2.3
	专科或高职	23	53.5
	本科	19	44.2
	硕士研究生及以上	0	0

此次调研的有效家长的数量为1920名，其中，28.8%的家长为学生的父亲，53.0%的家长为学生的母亲，13.4%为学生的其他监护人，另有4.8%的家长信息缺失。关于家长的性别分布，男家长的数量为651名，占33.9%；女家长的数量为1119名，占58.3%；信息缺失的为150名，占7.8%。

关于学生父亲的受教育程度，86名学生父亲具有本科及以上学历，占4.5%；专科或高职学历的父亲为61名，占3.2%；中专或中师学历的父亲为82名，占4.3%；高中学历的父亲为162名，占8.4%；初中学历的父亲为1018名，占53.0%；小学及以下学历的父亲为469名，占24.4%；另有2.2%的父亲学历信息缺失。关于母亲的受教育程度，45名学生母亲具有本科及以上学历，占2.3%；专科或高职学历为45名，占2.3%；中专或中师学历为82名，占4.3%；高中学历为76名，占4.0%；初中学历为938名，占48.9%；小学及以下学历为662名，占34.5%；另有3.8%的学生母亲的学历信息缺失。

关于学生父亲的外出打工情况，462名学生的父亲正在外地打工，占24.1%；164名学生的父亲曾经外出打工，占8.5%；1007名学生的父亲从未外出打工，占52.4%；另有14.9%的学生父亲相关信息缺失。关于学生母亲的外出打工情况，232名学生的母亲正在外地打工，占12.1%；168名学生的母亲曾经外出打工，占8.8%；1169名学生的母亲从未外出打工，占60.9%；另有351名学生的母亲的相关信息缺失。具体数据见表7-12。①

---

① 接受调研的家长无论与学生的关系为何，均要填写学生的父亲和母亲的受教育程度、外出打工情况的信息。

表 7-12　家长的人口学分布情况

项目		样本量/人	比例/%
与学生的关系	父亲	553	28.8
	母亲	1018	53.0
	其他	257	13.4
	缺失	92	4.8
性别	男	651	33.9
	女	1119	58.3
	缺失	150	7.8
父亲学历	本科及以上	86	4.5
	专科或高职	61	3.2
	中专或中师	82	4.3
	高中	162	8.4
	初中	1018	53.0
	小学及以下	469	24.4
	缺失	42	2.2
母亲学历	本科及以上	45	2.3
	专科或高职	45	2.3
	中专或中师	82	4.3
	高中	76	4.0
	初中	938	48.9
	小学及以下	662	34.5
	缺失	72	3.8
父亲外出打工情况	正在外打工	462	24.1
	曾经外出打工	164	8.5
	从未外出打工	1007	52.4
	缺失	287	14.9

项目		样本量/人	比例/%
母亲外出打工情况	正在外打工	232	12.1
	曾经外出打工	168	8.8
	从未外出打工	1169	60.9
	缺失	351	18.3

(3)研究工具

此次问卷调研分为四个层面：学生、家长、教师和校长，针对不同的样本群体，问卷的内容有所不同，具体有以下六种。

一是《中国学生社会情感能力问卷》(学生自评版)。研究采用项目自行开发的《中国学生社会情感能力问卷》(学生自评版)，让学生对自己的社会情感能力进行自我报告。问卷根据项目组对社会情感学习的研究框架分为6个维度：自我认知、自我管理、他人认知、他人管理、集体认知和集体管理，共30道题目。问卷皆采用李克特5点量表计分，1表示"非常不同意"，5表示"非常同意"。得分越高，表明学生自我感觉该项能力越强。

二是《学校的社会情感学习过程指标问卷》(学生版)。研究采用《学校的社会情感学习过程指标问卷》(学生版)测量学校的社会情感学习过程。问卷共12道题，包括学生支持系统、组织因素和监测评估3个维度，每个维度有4道题。其中学生支持系统测量学生感受到的教师和同学对自己在日常和学习生活中的支持程度，如"老师教导我如何处理与同学的冲突"。组织因素测量学校在社会情感学习方面所做出的努力，如"校领导经常听取学生的意见"。监测评估测量教师对学生社会情感学习方面的情况的监测和反馈，如"老师会指出我人际交往方面的不足"。问卷皆采用李克特5点量表计分，1表示"非常不同意"，5表示"非常同意"。得分越高，表明学生感受到的学校在社会情感学习的支持、推进和监测等方面做得越好。

三是《学校的社会情感学习支持氛围问卷》(学生版)。研究采用《学校的社会情感学习支持氛围问卷》(学生版)测量学校的社会情感学习支持氛围，包括物理环境、家庭环境、师生关系、同伴关系和家校合作5个维度，每个维度有4~5道测验题目，共22道题目。问卷皆采用李克特5点量表计分，1表示"非常不同意"，5表示"非常同意"。得分越高，表明学校对学生发展社会情感能力的支持氛围越好。

研究调查了学生一些方面的人口学资料：性别，年级，是否担任过学生干部，是否为独生子女，是否为寄宿生，家庭所在地理位置。除此之外，还调查了学生上一学期期末考试的语文、数学和英语的成绩。

四是《中国学生社会情感能力问卷》（他评版）。研究采用项目自行开发的《中国学生社会情感能力问卷》（他评版），包括校长他评版、教师他评版、家长他评版，由成人对学生的社会情感能力进行评估。所有题目都改编自《中国学生社会情感能力问卷》（学生自评版），并在语言表述上符合不同成人的口吻。该问卷的问卷结构、维度名称、题目数量都与《中国学生社会情感能力问卷》（学生自评版）一样，分为6个维度：自我认知、自我管理、他人认知、他人管理、集体认知和集体管理，共30道题目。问卷同样采用李克特5点量表计分，1表示"非常不同意"，5表示"非常同意"。得分越高，表明校长、教师、家长对学生的社会情感能力评价越高。

五是《多元领导风格问卷》。研究采用《多元领导风格问卷》测量校长的领导风格，包括变革型领导、交易型领导和放任型领导3个维度。其中，变革型领导指领导者使部属对自己怀有信赖、忠诚及尊敬的感觉，领导者能改变部属的价值与信念，提高部属对组织目标或任务的承诺，开发部属的潜能，给予部属信心，让部属有意愿与动机为领导者付出个人期望外的努力的领导风格。该维度包括12道题目，如"能让教师认同并追随我所描绘的发展愿景"。交易型领导是指通过在奖酬基础上的及时交换来影响追随者的领导风格。该领导风格的基本假设是：领导与部属间的关系是以两者一系列的交换和隐含的契约为基础的。当部属完成特定的任务，领导者便给予承诺的奖赏，整个过程就像一场交易。该维度包括6道题目，如"提醒教师他们能得到什么取决于干得如何"。放任型领导指领导者放手不管，部属愿意怎样做就怎样做，完全自由。其特点有：工作事先无布置，事后无检查；权力完全给予个人，个人自由度大；组织无规章制度，完全凭个人的自觉性；没有整体计划。该维度包括3道题目，如"教师按照一成不变的方式工作，我会很满意"。问卷同样采用李克特5点量表计分，1表示"非常不同意"，5表示"非常同意"。得分越高，表明校长越认同该种领导风格。

六是《教师教学风格问卷》。《教师教学风格问卷》选取了情感陶冶、教师中心、学生中心和严格严谨 4 个维度。情感陶冶指在教学过程中对融入情绪情感的行为方式以及努力营造轻松、愉快的课堂气氛的偏好程度，共 6 道题目，如"我力求通过丰富的情绪来吸引学生的注意力"。教师中心指课堂教学以教师为中心的程度、教师对整个教学过程的控制程度，共 5 道题目，如"我严格根据教学计划控制整个课堂教学进程"。学生中心指课堂教学以学生为导向的程度、学生参与课堂教学的程度，共 6 道题目，如"讲课过程中，学生经常有机会上讲台表演"。严格严谨指对学生要求的严格程度、对严谨的课堂教学气氛的偏好程度，共 6 道题目，如"学生表现不好时，我通常公正地指出其错误"。问卷同样采用李克特 5 点量表计分，1 表示"非常不同意"，5 表示"非常同意"。得分越高，表明教师越认同该种教学风格。

（4）数据收集的方法

研究由受过专业培训的教育学、心理学博士研究生和硕士研究生及项目省级、县级专家共同担任主试。在施测前，主试统一接受培训，了解调研的目的，并熟悉问卷的内容和结构，严格按照指导来操作，坚决避免影响被试理解和答题的行为和语言。培训结束后设有讨论时间，主试可以进一步明确职责、澄清疑惑，对可能出现的问题达成一致的处理意见。

对学生进行问卷调查时，首先征得家长、学校和教师的同意，之后统一在班级内进行集体施测，主试向学生统一说明调查目的和注意事项，要求学生认真阅读每一部分的指导语等，并强调问卷数据将只接受集体数据分析，没有个人数据分析，问卷署名的目的是进行追踪研究，所有个体数据都不会反馈给学校或教师。

问卷由主试当场回收，主试对问卷的填写情况进行核查（填写是否完整、清晰，是否多选和漏选等），并对发现的问题及时处理。问卷回收后，当天得到编码。之后，问卷数据由专业的数据录入公司进行数据录入，对所有数据都采用双人录入、第三人抽查的方式。

3. 研究实施过程

研究调查组由北京师范大学研究团队和"社会情感学习与学校管理改进"项目的国家级、省级和县级专家组成，共同承担调研的具体实施。在每一个项目县（市、区），实际调研工作在 4 天里完成（不含到达和返程）。调查组分为两个小组，每组 8 人，上午和下午共调查 4 所学校，共调查 10 所学校。调研行程安排见表 7-13。

表 7-13 调研团队在项目县(市、区)的调研行程安排

时间	工作
第一天	到达项目县(市、区)。
第二天	上午:调查人员培训,介绍工具和工具的使用以及调查注意事项;人员分工。
	下午:调查组分为两个小组,每组 8 人,各调查 1 所学校。
	晚上:集中汇总调研数据,问卷编码,沟通出现的问题和解决办法。
第三天	上午和下午:调查组分为两个小组,每组 8 人,共调查 4 所学校。
	晚上:集中汇总调研数据,问卷编码,沟通出现的问题和解决办法。
第四天	上午和下午:调查组分为两个小组,每组 8 人,共调查 4 所学校。
	晚上:集中汇总调研数据,问卷编码,沟通出现的问题和解决办法。
第五天	上午:继续走访未完成调研的学校。
	下午:调查组集中会议,反馈调研情况和后续安排。
第六天	返程。

在每一所学校,调研团队努力做到避免扰乱学校的正常教学秩序,调研团队负责人至少提前 1 天与学校校长沟通,确定在学校的工作行程(见表 7-14)。

表 7-14 调研团队在学校的工作行程

时间	工作
第一节课	校园观察,清点问卷,校长访谈。 发放校长问卷、学校基本信息问卷。 发教师问卷(A 卷或 B 卷)。
	进行学生问卷调查(三、四年级)。
第二节课	课堂观察:社会情感学习校本课程。
	课堂观察:语文或数学学科的常规课。
	进行学生问卷调查(三、四年级)(继续)。
第三节课	学生问卷调查(五、六年级)。
	进行家长问卷调查。
	进行教师访谈。
	进行家长访谈。

时间	工作
第四节课	进行学生问卷调查(五、六年级)(继续)。
	进行家长问卷调查(继续)。
	进行教师访谈(继续)。
	进行家长访谈(继续)。
离开学校前	回收教师问卷、校长问卷和学校基本信息问卷。
	收集学校项目材料。

研究采用非等量控制组的准实验研究设计,通过项目组(项目学校)和对照组(非项目学校)在项目实施前和实施后的对比分析,探寻项目干预给项目学校的学生、教师、校长及项目学校整体带来的影响。具体内容如下。

第一,关于"社会情感学习与学校管理改进"项目对学生的影响,研究采用整群分析和追踪分析的方法,以项目效果的增值为评价依据,从学生自评和教师他评两个视角,分析"社会情感学习与学校管理改进"项目对学生社会情感能力的整体影响。

第二,关于"社会情感学习与学校管理改进"项目对教师、校长的影响,研究除了探究"社会情感学习与学校管理改进"项目对教师、校长自身社会情感能力的影响,还分析对于学生社会情感能力的发展具有重要影响作用的教师教学风格及校长领导风格的变化情况,通过分析这些重要他人的变化情况来研究"社会情感学习与学校管理改进"项目的实施效果。

第三,关于"社会情感学习与学校管理改进"项目对学校整体的影响,研究除关注项目实施过程中的制度建设、学生群体支持系统、学生个体支持系统、教师支持、社会支持、监测评估等方面的变化外,还分析项目学校在支持学校氛围的 5 个维度——物理环境、家庭环境、师生关系、同伴关系、家校合作——经过实验干预后的变化情况。

二、研究结果

1. 项目对学生社会情感能力发展的影响

如前所述,研究采用项目组和对照组的前、后测实验效果对比的方式,分析"社会情感学习与学校管理改进"项目的实施对项目学校学生社会情感能力发展的影响。在综合考虑学生年级的升高和项目的干预的基础上,研究采用整群分析与时间序列分析相结合的分析方法，交叉验证项目干预的效果。

第一，整群分析。该分析方法是以学校为分析单元，通过学生自评与教师评价学生社会情感能力发展这两种测量方式，对项目学校与非项目学校的四、五年级学生的社会情感能力的前、后测数据分别进行方差分析，并通过重复测量方差分析验证项目干预的效果。整群分析的研究假设见表7-15。

表 7-15　整群分析的研究假设

项目	前测	后测
学生年级	四年级、五年级	四年级、五年级
分析单元	学校(项目学校，非项目学校)	学校(项目学校，非项目学校)
测量数据	学生自评(项目学校 T_{1sp}，非项目学校 T_{1sc}) 教师他评(项目学校 T_{1tp}，非项目学校 T_{1tc})	学生自评(项目学校 T_{2sp}，非项目学校 T_{2sc}) 教师他评(项目学校 T_{2tp}，非项目学校 T_{2tc})
分析假设	$\Delta_1 = T_{2sp} - T_{1sp}$，$\Delta_2 = T_{2sc} - T_{1sc}$，$\Delta_1 > \Delta_2$ $\Delta_3 = T_{2tp} - T_{1tp}$，$\Delta_4 = T_{2tc} - T_{1tc}$，$\Delta_3 > \Delta_4$	

第二，追踪分析。该分析方法是以学生为分析单元，通过学生自评的社会情感能力，追踪项目学校与非项目学校参加了两次测量的同一批学生并进行逐一匹配，对学生的社会情感能力的前、后测数据分别进行方差分析，通过重复测量方差分析的方法，利用非项目学校排除年龄增长带来的变化，验证项目干预的效果。追踪分析的研究假设见表7-16。

表 7-16　追踪分析的研究假设

项目	前测	后测
学生年级	四年级	六年级
分析单元	学生(项目学校，非项目学校)，逐一匹配	学生(项目学校，非项目学校)，逐一匹配
测量数据	学生自评(项目学校 T_{1p}，非项目学校 T_{1c})	学生自评(项目学校 T_{2p}，非项目学校 T_{2c})
分析假设	$\Delta_5 = T_{2p} - T_{1p}$，$\Delta_6 = T_{2c} - T_{1c}$，$\Delta_5 > \Delta_6$	

研究以学校为分析单元，通过学生自评与教师评价两种方式，对项目学校与非项目学校的四、五年级学生的社会情感能力的前、后测数据分别进行方差

分析，分析结果如下。

关于实验前测，学生自评与教师评价的结果均显示，项目学校与非项目学校的学生的社会情感能力之间不存在显著性差异，从而说明此实验满足干预前项目学校与非项目学校发展水平基本一致的前提条件，即：$T_{1sp} = T_{1sc}$，$T_{1tp} = T_{1tc}$。

关于实验后测，学生自评与教师评价均显示，项目学校与非项目学校的学生社会情感能力之间不存在显著性差异。此结果说明项目学校经过实验干预后，其学生的社会情感能力并没有显著地高于非项目学校学生的发展水平，即：$T_{2sp} = T_{2sc}$，$T_{2tp} = T_{2tc}$。

关于实验前、后测的对比分析，学生自评与教师评价均显示，在项目学校与非项目学校中，学生的后测均值都高于前测均值，即 $\Delta_1 > 0$，$\Delta_2 > 0$，$\Delta_3 > 0$，$\Delta_4 > 0$。

与此同时，经过实验干预后，学生视角下的项目学校与非项目学校之间的差值(项目学校－非项目学校)略有增加，但是，教师视角下的差值略微减小，这些差值的变化是否具备统计学意义，还需进行进一步分析，具体分析结果见表 7-17。方差分析结果表明，就学生自评与教师评价的结果而言，在项目学校与非项目学校中，学生的后测均值与前测均值均无显著差异，即 $\Delta_1 = \Delta_2$、$\Delta_3 = \Delta_4$，假设不成立，即"社会情感学习与学校管理改进"项目干预并未给学生的社会情感能力发展带来积极影响。

表 7-17　实验前测与后测的对比分析

项目		项目学校	非项目学校	整体	差值	F	p
前测	学生自评	3.99	3.99	3.99	0.00	0.00	＞0.05
	教师评价	4.27	4.21	4.26	0.06	0.22	＞0.05
后测	学生自评	4.03	4.02	4.03	0.01	0.01	＞0.05
	教师评价	4.34	4.32	4.33	0.02	0.04	＞0.05

为了进一步验证上述分析结果，研究采取重复测量方差分析的方式对学生自评与教师评价的数据分别进行分析，其结果具有一致性，均表明以下几点。

第一，总体而言，样本学校学生的社会情感能力的前、后测之间不存在显著性差异，即虽然后测的均值高于前测，但它们之间不存在统计学差异，即 $\Delta_1 = \Delta_2$、$\Delta_3 = \Delta_4$。

第二，测试时间与学校类型的交互效应不显著，即项目学校与非项目学校的前、后测变化程度不存在统计学差异。

第三，测试时间与地区的交互效应显著，即在不区分项目学校与非项目学校的前提下，不同地区学生的社会情感能力的变化程度存在显著性差异。

第四，测试时间、学校类型与项目地区的交互作用不显著，即项学目校与非项目学校的前、后测变化程度不存在显著性差异的这一结论在 5 个项目省（自治区、直辖市）之间无差异。

具体分析结果见表 7-18。

表 7-18　学生社会情感能力的重复测量方差分析结果

评价结果	项目	多变量检验	
		F 值	p
学生自评	测试时间	0.29	＞0.05
	测试时间×学校类型	0.14	＞0.05
	测试时间×地区	4.56	0.004**
	测试时间×学校类型×地区	1.37	＞0.05
教师评价	测试时间	3.08	＞0.05
	测试时间×学校类型	0.135	＞0.05
	测试时间×地区	2.731	0.044*
	测试时间×学校类型×地区	0.262	＞0.05

注：* 表示 $p < 0.05$，** 表示 $p < 0.01$。

研究进一步以学生为分析单元，通过学生自评的社会情感能力，追踪项目学校与非项目学校参加了两次测量的同一批学生并进行逐一匹配，共获得 2397 份有效匹配数据。

关于项目学校和非项目学校学生前测和后测结果的对比，独立样本 t 检验的结果表明，无论是前测还是后测，项目学校学生和非项目学校学生的社会情感能力得分不存在显著差异。这也表明项目学校的学生和非项目学校的学生在社会情感能力发展方面，在前测和后测阶段均具有同质性。社会情感能力的前、后测得分及比较分析结果见表 7-19。

表 7-19　学生社会情感能力的前、后测得分及比较分析

得分	学校类型	样本量	均值	标准差	均值的标准误	t	p
前测：社会情感能力总分	项目学校	1885	3.94	0.59	0.01	-1.47	>0.05
	非项目学校	455	3.98	0.58	0.03	-1.48	>0.05
后测：社会情感能力总分	项目学校	1929	4.08	0.62	0.01	-0.09	>0.05
	非项目学校	468	4.08	0.58	0.03	-0.09	>0.05

　　关于前、后测的对比分析，对所有学生的社会情感能力及 6 个维度的自评得分进行前测和后测对比分析，结果表明，无论是社会情感能力的总分，还是 6 个维度的具体得分，参加测试学生的后测得分均显著高于前测得分，即 $\Delta_5>0$，$\Delta_6>0$。这表明：无论是项目学校还是非项目学校的学生，其社会情感能力的总体得分及在 6 个维度的表现上均有显著的提高。学生社会情感能力总体及各个维度的前、后测得分及比较分析结果见表 7-20、图 7-2。

表 7-20　学生社会情感能力总体及各个维度的前、后测得分及比较分析

得分	均值	标准差	均值差	t	df	p
社会情感能力总体前测	3.94	0.59	0.14	9.46	2340	<0.01
社会情感能力总体后测	4.08	0.61				
自我认知前测	4.05	0.70	0.12	6.81	2370	<0.01
自我认知后测	4.17	0.66				
自我管理前测	4.15	0.72	0.08	4.33	2352	<0.01
自我管理后测	4.23	0.76				
他人认知前测	3.62	0.79	0.19	9.30	2341	<0.01
他人认知后测	3.81	0.80				
他人管理前测	3.91	0.81	0.11	5.21	2364	<0.01
他人管理后测	4.02	0.82				
集体认知前测	4.06	0.73	0.12	6.59	2362	<0.01
集体认知后测	4.18	0.76				
集体管理前测	3.92	0.71	0.11	5.99	2363	<0.01
集体管理后测	4.03	0.75				

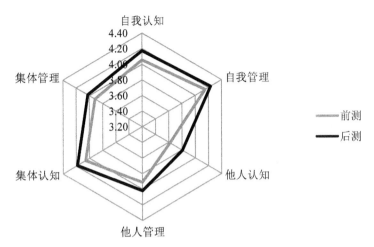

图 7-2 学生社会情感能力总体及各个维度的前、后测得分及比较分析

为了进一步分析前述学生社会情感能力的提高是因为年龄的增长还是因为项目干预，研究延续前述增值评价的思路，计算了项目学校和非项目学校的学生在各个维度的前、后测增值，结果见表 7-21、图 7-3。

表 7-21 项目学校和非项目学校的学生社会情感能力总体及各个维度的前、后测得分比较

维度	分组	前测		后测		差值($\Delta_5 - \Delta_6$) $\Delta_5 = T_{2p} - T_{1p}$，$\Delta_6 = T_{2c} - T_{1c}$
		均值	标准差	均值	标准差	
自我认知	项目学校	4.03	0.71	4.18	0.68	
	非项目学校	4.14	0.67	4.13	0.64	0.16
	总体	4.05	0.70	4.17	0.67	
自我管理	项目学校	4.13	0.72	4.23	0.76	
	非项目学校	4.23	0.69	4.24	0.73	0.08
	总体	4.15	0.72	4.23	0.75	
他人认知	项目学校	3.61	0.79	3.78	0.83	
	非项目学校	3.64	0.79	3.86	0.73	−0.06
	总体	3.62	0.79	3.80	0.81	
他人管理	项目学校	3.91	0.81	4.01	0.83	
	非项目学校	3.93	0.81	4.02	0.83	0.01
	总体	3.91	0.81	4.01	0.83	

续表

| 维度 | 分组 | 前测 | | 后测 | | 差值($\Delta_5 - \Delta_6$) |
		均值	标准差	均值	标准差	$\Delta_5 = T_{2p} - T_{1p}$，$\Delta_6 = T_{2c} - T_{1c}$
集体认知	项目学校	4.06	0.73	4.18	0.76	
	非项目学校	4.06	0.72	4.18	0.76	0.00
	总体	4.06	0.73	4.18	0.76	
集体管理	项目学校	3.91	0.71	4.03	0.76	
	非项目学校	3.93	0.70	4.01	0.73	0.04
	总体	3.92	0.71	4.02	0.76	
社会情感能力总体	项目学校	3.93	0.59	4.08	0.62	
	非项目学校	3.98	0.58	4.08	0.58	0.04
	总体	3.94	0.59	4.08	0.61	

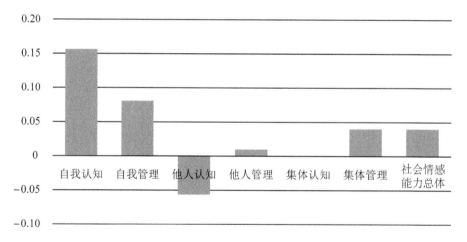

图 7-3 项目学校与非项目学校的学生社会情感能力总体及
各个维度的前、后测得分比较($\Delta_5 - \Delta_6$)

由图 7-3 可知，社会情感能力的整体得分和 6 个维度的自评得分，除了他人认知和集体认知维度，其余 4 个维度的增值均大于零，即项目在这些方面都产生了效果。为了进一步分析这样的差异是否具有统计学意义，研究采用重复测量方差分析的方法对项目学校和非项目学校学生自评的社会情感能力总体得分和 6 个维度的具体得分依次进行重复方差分析。结果如下。

　　就社会情感能力总体而言，样本学生的社会情感能力的前、后测之间存在显著性差异，后测的均值显著高于前测，即 $\Delta_5 > 0$，$\Delta_6 > 0$。然而，测试时间与学校类型之间的交互效应不显著，即项目学校与非项目学校前、后测的变化程度不存在统计学差异，即 $\Delta_5 = \Delta_6$。整体而言，项目未对学生的社会情感能力发展产生积极影响。具体结果见表 7-22。

表 7-22　项目对学生社会情感能力的影响分析

项目	IV 型平方和	df	均方	F	p
测试时间	11.43	1	11.43	46.67	0.000***
测试时间×学校类型	0.27	1	0.27	1.11	>0.05

注：*** 表示 $p < 0.001$。

　　就自我认知维度而言，样本学生的自我认知维度的前、后测之间存在显著性差异，后测的均值显著高于前测，即 $\Delta_5 > 0$，$\Delta_6 > 0$。而且测试时间与学校类型之间的交互效应显著，即项目学校与非项目学校的前、后测的变化程度存在统计学差异，即 $\Delta_5 > \Delta_6$。整体而言，项目对学生的自我认知自评结果带来积极影响。具体结果见表 7-23。

表 7-23　项目对学生自我认知维度的影响分析

项目	IV 型平方和	df	均方	F	p
测试时间	3.72	1	3.72	10.37	0.000***
测试时间×学校类型	4.74	1	4.74	13.24	0.000***

注：*** 表示 $p < 0.001$。

　　就自我管理维度而言，样本学生的自我管理维度的前、后测之间存在显著性差异，后测的均值显著高于前测，即 $\Delta_5 > 0$，$\Delta_6 > 0$。然而，测试时间与学校类型之间的交互效应不显著，即项目学校与非项目学校的前、后测的变化程度不存在统计学差异，即 $\Delta_5 = \Delta_6$。整体而言，项目对学生的自我管理自评结果未带来显著影响。具体结果见表 7-24。

表 7-24　项目对学生自我管理维度的影响分析

项目	IV 型平方和	df	均方	F	p
测试时间	2.64	1	2.64	6.24	0.013*
测试时间×学校类型	1.06	1	1.06	2.5017	>0.05

注：* 表示 $p < 0.05$。

就他人认知维度而言，样本学生的他人认知维度的前、后测之间存在显著性差异，后测的均值显著高于前测，即 $\Delta_5 > 0$，$\Delta_6 > 0$。然而，测试时间与学校类型之间的交互效应不显著，即项目学校与非项目学校的前、后测变化程度不存在统计学差异，即 $\Delta_5 = \Delta_6$。整体而言，项目对学生的他人认知维度未带来显著影响。具体结果见表 7-25。

表 7-25 项目对学生他人认知维度的影响分析

项目	IV 型平方和	df	均方	F	p
测试时间	31.19	1	31.19	64.82	0.000***
测试时间×学校类型	0.59	1	0.59	1.23	>0.05

注：*** 表示 $p < 0.001$。

就他人管理维度而言，样本学生的他人管理维度的前、后测之间存在显著性差异，后测的均值显著高于前测，即 $\Delta_5 > 0$，$\Delta_6 > 0$。然而，测试时间与学校类型之间的交互效应不显著，即项目学校与非项目学校的前、后测变化程度不存在统计学差异，即 $\Delta_5 = \Delta_6$。整体而言，项目对学生的他人管理维度未带来显著影响。具体结果见表 7-26。

表 7-26 项目对学生他人管理维度的影响分析

项目	IV 型平方和	df	均方	F	p
测试时间	8.19	1	8.19	16.12	0.000***
测试时间×学校类型	0.01	1	0.01	0.02	>0.05

注：*** 表示 $p < 0.001$。

就集体认知维度而言，样本学生的集体认知维度的前、后测之间存在显著性差异，后测的均值显著高于前测，即 $\Delta_5 > 0$，$\Delta_6 > 0$。然而，测试时间与学校类型之间的交互效应不显著，即项目学校与非项目学校的前、后测变化程度不存在统计学差异，即 $\Delta_5 = \Delta_6$。整体而言，项目对学生的集体认知维度未带来显著影响。具体结果见表 7-27。

表 7-27 项目对学生集体认知维度的影响分析

项目	IV 型平方和	df	均方	F	p
测试时间	11.27	1	11.27	26.64	0.000***
测试时间×学校类型	0.00	1	0.00	0.01	>0.05

注：*** 表示 $p < 0.001$。

就集体管理维度而言，样本学生的集体管理维度的前、后测之间存在显著性差异，后测的均值显著高于前测，即 $\Delta_5 > 0$，$\Delta_6 > 0$。然而，测试时间与学校类型之间的交互效应不显著，即项目学校与非项目学校的前、后测变化程度不存在统计学差异，即 $\Delta_5 = \Delta_6$。整体而言，项目对学生的集体管理维度未带来显著影响。具体结果见表7-28。

表7-28　项目对学生集体管理维度的影响分析

项目	IV 型平方和	df	均方	F	p
测试时间	7.08	1	7.08	17.71	0.000***
测试时间×学校类型	0.29	1	0.29	0.73	>0.05

注：*** 表示 $p < 0.001$。

2. 项目对教师社会情感能力和教学风格的影响

研究采用项目组自编问卷，以教师自评的方式收集调研学校全体教师社会情感能力的前、后测数据，并对项目校学与非项目学校教师的社会情感能力的前、后测数据分别进行方差分析，结果如下。

关于实验前测，项目学校与非项目学校教师的社会情感能力之间不存在显著性差异，从而说明研究满足干预前项目学校与非项目学校发展水平基本一致的前提条件。

关于实验后测，项目学校与非项目学校教师的社会情感能力之间不存在显著性差异，说明项目学校经过实验干预后，教师的社会情感能力并没有显著地高于非项目学校教师。

关于实验前、后测的对比，在项目学校与非项目学校中，教师社会情感能力的后测均值都高于前测均值。与此同时，项目学校与非项目学校之间的差值（项目学校－非项目学校）由前测的－0.04 变为后测的－0.03，这说明项目学校在经过实验干预后，教师社会情感能力的提高程度略高于非项目学校，但是，此差值的变化是否具备统计学差异，还需进行进一步分析。具体分析结果见表7-29。

表7-29　教师社会情感能力的前、后测对比分析

时间	项目学校	非项目学校	整体	差值	F	p
前测	4.54	4.58	4.55	－0.04	0.261	>0.05
后测	4.56	4.59	4.57	－0.03	0.070	>0.05

为了进一步验证上述分析结果，研究采取重复测量方差分析的方式对教师自评数据进行分析，结果如下。

第一，总体而言，样本学校教师的社会情感能力的前、后测之间不存在显著性差异，即样本教师的社会情感能力的后测均值尽管高于前测，但它们之间不存在统计学差异。

第二，测试时间与学校类型的交互效应不显著，即项目学校与非项目学校的前、后测的变化程度不存在统计学差异。此结果说明，项目学校经过实验干预后，虽然其与非项目学校的差距有所缩小，但不具备统计学意义。

第三，测试时间与地区的交互效应显著，即在不区分项目学校与非项目校的前提下，不同地区教师的社会情感能力的变化程度存在显著性差异。

第四，测试时间、学校类型与项目地区的交互作用不显著，即不同省份的项目学校与非项目学校的前、后测变化程度之间不存在统计学差异。此结果说明，项目学校与非项目学校的前、后测变化程度不存在显著性差异这一结论在项目省（自治区、直辖市）之间无差异，即项目的实施对教师社会情感能力的发展未产生积极影响。具体分析结果见表 7-30。

表 7-30　项目对教师社会情感能力的影响分析

项目	多变量检验	
	F	p
测试时间	0.64	＞0.05
测试时间×学校类型	0.00	＞0.05
测试时间×地区	4.38	0.005**
测试时间×学校类型×地区	1.79	＞0.05

注：** 表示 $p < 0.01$。

研究以测试时间为自变量，以教师教学风格的 4 个维度（情感陶冶、教师中心、学生中心、严格严谨）为因变量，分别进行前、后测的方差分析，结果如下。

第一，关于教师教学风格的倾向性，前、后测的数据均表明，相对而言，教师对情感陶冶、学生中心的教学风格更为认同，对教师中心、严格严谨的教学风格认同度较低。

第二，关于教学风格各维度的前、后测对比，教师在情感陶冶维度的后测得分略低于前测，但不存在显著性差异；教师在教师中心维度的后测得分显著高于前测；教师在学生中心维度的后测得分略高于前测，但不存在显著性差异；

教师在严格严谨维度后测得分显著高于前测。

此结果说明，相较于前测，实验干预后的教师对情感陶冶、学生中心的教学风格仍保持较高的认可度，与此同时，他们对教师中心、严格严谨的教学风格的认可度呈现较为明显的上升趋势。具体分析结果见表 7-31。

表 7-31　教师教学风格的前、后测对比分析

教学风格		平均数	标准差	F	p
情感陶冶	前测	4.34	0.55	0.43	＞0.05
	后测	4.31	0.57		
教师中心	前测	3.23	0.80	13.98	0.000***
	后测	3.47	0.77		
学生中心	前测	4.31	0.50	0.10	＞0.05
	后测	4.33	0.52		
严格严谨	前测	2.96	0.72	3.99	0.046*
	后测	3.07	0.70		

注：* 表示 $p < 0.05$，*** 表示 $p < 0.001$。

研究以 3 个省（自治区、直辖市）的 28 所学校的校长（含副校长）为研究对象，采取重复测量方差分析的方式对校长社会情感能力的前、后测数据进行分析，结果见表 7-32。

第一，总体而言，样本学校校长的社会情感能力的前、后测数据不存在显著性差异，即虽然后测的均值较于前测有所降低，但不具备统计学意义。

第二，测试时间与学校类型的交互效应不显著，即项目学校与非项目学校的前、后测变化程度不存在统计学差异。此结果说明，项目学校经过实验干预后，虽然其与非项目学校的差值由前测的 0.3（项目学校高于非项目学校 0.3）增加为 0.35，但这种变化不具备统计学意义。

第三，测试时间与地区的交互效应显著，即在不区分项目学校与非项目学校的前提下，不同省份的校长社会情感能力的变化程度存在显著性差异。

第四，测试时间、学校类型与地区的交互作用显著，即虽然总体上项目学校与非项目学校的前、后测变化程度之间不存在统计学差异，但不同省份的项目学校与非项目学校的前、后测变化程度存在显著性差异。

表 7-32　校长社会情感能力的前、后测对比分析

描述性统计	前测				后测			
	项目学校	非项目学校	整体均值	差值	项目学校	非项目学校	整体均值	差值
	4.82	4.52	4.75	0.30	4.71	4.36	4.63	0.35
重复测量方差分析	项目				多变量检验			
					F		p	
	测试时间				4.18		＞0.05	
	测试时间×学校类型				0.10		＞0.05	
	测试时间×地区				6.44		0.006**	
	测试时间×学校类型×地区				5.82		0.009**	

注:** 表示 $p < 0.01$。

研究以 3 个省(自治区、直辖市)的 28 所学校的校长(含副校长)为研究对象，采取重复测量方差分析的方式对校长领导风格的前、后测数据进行分析，结果如下。

第一，关于对不同领导风格的认可度，在项目实施前后，项目学校与非项目学校的校长对变革型领导风格均持最高的认可度，其次为交易型领导风格，对放任型领导风格的认可度最低。

第二，关于变革型领导风格的变化情况，总体而言，后测均值显著低于前测均值；测试时间与学校类型的交互效应不显著；测试时间与地区的交互效应不显著；测试时间、地区与学校类型三者之间的交互效应也不显著。此结果说明，样本学校校长总体上对变革型领导风格的认可度有明显回落，但是，不同项目地区之间前、后测的变化程度不存在显著性差异，项目学校与非项目学校之间的变化程度也不存在显著性差异，且这一结论(非项目学校与项目学校前、后测的变化程度不显著)在各省份之间不存在显著性差异。

第三，关于交易型领导风格的变化情况，总体而言，前、后测的均值不存在显著性差异；测试时间与学校类型的交互效应不显著；测试时间与地区的交互效应不显著；测试时间、地区与学校类型三者之间的交互效应也不显著。此结果说明，尽管样本学校校长总体上对交易型领导风格的认可度有所降低，但降低程度不显著。另外，在不同地区之间样本学校的前、后测变化程度比较相近，不存在显著性差异。而且，项目学校校长在经过实验干预后在交易型领导

风格认可度上的变化程度并没有显著高于非项目学校校长，即两者的变化程度处于相似水平，且这一结论在各省份之间不存在显著性差异。

第四，关于放任型领导风格的变化情况，总体而言，前、后测的均值不存在显著性差异；测试时间与学校类型的交互效应不显著；测试时间与地区的交互效应不显著；测试时间、地区与学校类型三者之间的交互效应也不显著。此结果说明，尽管样本学校的校长对放任型领导风格的认可度有所提升，但提升的程度不显著。另外，不同地区之间，样本学校的前、后测变化程度比较相近，不存在显著性不同。而且，项目学校校长在经过实验干预后在放任型领导风格认可度上的变化程度并没有显著高于非项目学校校长，即两者的变化程度处于相似水平，且这一结论在各省份之间不存在差异。具体分析结果见表7-33。

表 7-33 校长领导风格的前、后测对比分析

	领导风格	前测				后测			
		项目学校	非项目学校	整体均值	差值	项目学校	非项目学校	整体均值	差值
描述性统计	变革型领导	4.51	4.36	4.48	0.15	4.29	4.15	4.26	0.14
	交易型领导	4.33	4.00	4.26	0.33	4.23	3.93	4.17	0.30
	放任型领导	3.03	2.50	2.92	0.53	3.53	3.08	3.44	0.45

	领导风格	项目	多变量检验	
			F	p
重复测量方差分析	变革型领导	测试时间	7.48	0.012^*
		测试时间×学校类型	0.00	＞0.05
		测试时间×地区	0.61	＞0.05
		测试时间×学校类型×地区	0.05	＞0.05
	交易型领导	测试时间	0.43	＞0.05
		测试时间×学校类型	0.02	＞0.05
		测试时间×地区	0.00	＞0.05
		测试时间×学校类型×地区	0.75	＞0.05
	放任型领导	测试时间	3.95	＞0.05
		测试时间×学校类型	0.01	＞0.05
		测试时间×地区	0.87	＞0.05
		测试时间×学校类型×地区	0.03	＞0.05

注：* 表示 $p < 0.05$。

3. 项目对学校社会情感学习氛围的影响

与对学生社会情感能力发展影响的分析方法类似，研究对"社会情感学习与学校管理改进"项目的实施对项目学校整体的影响同样采用整群分析与时间序列分析相结合的分析方法，以交叉验证项目干预的效果。

研究通过学生评价的方式，以学校类型为自变量，学校氛围总体及其 5 个维度（物理环境、家庭环境、师生关系、同伴关系、家校合作）为因变量，对前、后测数据分别进行方差分析，结果如下。

第一，关于实验前测，项目学校与非项目学校在学校氛围总体及其 5 个维度上均不存在显著性差异，说明研究满足干预前项目学校与非项目学校发展水平基本一致的前提条件。

第二，关于实验后测，项目学校与非项目学校在学校氛围总体及其 5 个维度上均不存在显著性差异，说明项目学校经过实验干预后，学校氛围得分并没有显著高于非项目学校。

第三，关于实验前、后测的对比分析，在不区分项目学校与非项目学校的前提下，除了在师生关系维度上后测数据较前测略有下降，在学校氛围总体与其他 4 个维度上，后测数据均不同程度地高于前测，但是，此差值是否具备统计学差异，还需进行进一步分析，具体分析结果见表 7-34。

表 7-34　项目实施前、后测学校氛围的比较分析

维度	前测				后测			
	项目学校	非项目学校	整体均值	F	项目学校	非项目学校	整体均值	F
物理环境	3.85	3.87	3.85	0.02	3.88	3.97	3.90	0.23
家庭环境	3.90	3.87	3.90	0.09	3.97	3.89	3.96	0.24
师生关系	4.26	4.21	4.25	0.26	4.21	4.28	4.22	0.22
同伴关系	3.97	4.03	3.98	0.41	4.02	4.02	4.02	0.00
家校合作	3.55	3.54	3.55	0.01	3.64	3.75	3.66	0.35
学校氛围总体	3.91	3.90	3.91	0.01	3.94	3.98	3.95	0.05

为了进一步验证上述分析结果，研究采取重复测量方差分析的方式对学校氛围的前、后测数据进行分析，结果见表 7-35。

第一，关于学校氛围的总体情况，样本学校的前、后测数据之间不存在显

著性差异，测试时间与学校类型的交互效应不显著；测试时间与地区的交互效应显著；测试时间、学校类型与地区的交互效应不显著。此结果说明，总体而言，样本学校的后测均值虽然高于前测，但不具备统计学差异。另外，在不区分项目学校与非项目学校的前提下，不同地区的学校在学校氛围上的变化程度存在显著性差异。项目学校经过实验干预后，在学校氛围总体上的变化程度并没有显著高于非项目学校，并且这一结论在各个地区之间不存在差异。

第二，在物理环境、家庭环境、师生关系、同伴关系维度，样本学校前、后测的均值都不存在显著性变化；测试时间与学校类型的交互效应不显著；测试时间与地区的交互效应显著；测试时间、学校类型与地区的交互作用不显著。此结果说明，样本学校在物理环境、家庭环境、师生关系、同伴关系 4 个维度上虽然发生了不同程度的前、后测变化，但这些变化不具备统计学意义。另外，在不区分项目学校与非项目学校的前提下，不同地区的样本学校在这 4 个维度上的变化程度都存在显著性差异。项目学校在经过实验干预后，在这 4 个维度上的变化程度并没有显著大于非项目学校，且这一结论在各地区之间不存在差异。

第三，在家校合作维度，前、后测的均值存在显著性差异。测试时间与学校类型的交互效应不显著；测试时间与地区的交互效应显著；测试时间、学校类型与地区的交互效应不显著。此结果说明，总体而言，样本学校在家校合作方面取得显著提高，不同地区的变化程度存在显著差异；除此之外，项目学校在家校合作方面的变化程度并没有显著大于非项目学校，并且这一结论在各地区之间不存在差异。

表 7-35　项目对学校氛围的影响分析

维度	项目	多变量检验	
		F	p
物理环境	测试时间	0.84	＞0.05
	测试时间×学校类型	0.18	＞0.05
	测试时间×地区	4.47	0.005[**]
	测试时间×学校类型×地区	0.75	＞0.05

维度	项目	多变量检验	
		F	p
家庭环境	测试时间	0.55	>0.05
	测试时间×学校类型	0.70	>0.05
	测试时间×地区	9.64	0.000***
	测试时间×学校类型×地区	1.14	>0.05
师生关系	测试时间	0.13	>0.05
	测试时间×学校类型	1.58	>0.05
	测试时间×地区	4.84	0.003**
	测试时间×学校类型×地区	0.98	>0.05
同伴关系	测试时间	0.16	>0.05
	测试时间×学校类型	0.50	>0.05
	测试时间×地区	8.06	0.000***
	测试时间×学校类型×地区	1.31	>0.05
家校合作	测试时间	4.84	>0.05
	测试时间×学校类型	0.76	>0.05
	测试时间×地区	8.19	0.000***
	测试时间×学校类型×地区	1.05	>0.05
学校氛围总体	测试时间	1.09	>0.05
	测试时间×学校类型	0.15	>0.05
	测试时间×地区	8.93	0.000***
	测试时间×学校类型×地区	0.45	>0.05

注：** 表示 $p<0.01$，*** 表示 $p<0.001$。

研究通过学生评价，以学校类型为自变量，以学校社会情感学习过程性指标及其3个维度(学生支持系统、组织因素、监测评估)为因变量，对前测与后测数据分别进行方差分析，结果如下。

第一，关于实验前测，项目学校与非项目学校在社会情感学习过程性指标总体及其3个维度上均不存在显著性差异，说明研究满足干预前项目学校与非项目学校发展水平基本一致的前提条件。

第二，关于实验后测，项目学校与非项目学校在社会情感学习过程性指标总体及其 3 个维度上均不存在显著性差异，说明项目学校经过实验干预后，学校的社会情感学习过程性指标得分并没有显著高于非项目学校。

第三，关于实验前、后测的对比分析，项目学校与非项目学校在社会情感学习过程性指标总体及其 3 个维度上，后测数据均不同程度地高于前测，但是，此差值是否具有统计学差异，还需进行进一步分析，具体分析结果见表 7-36。

表 7-36　项目对学校社会情感学习过程的影响分析

维度	前测				后测			
	项目学校	非项目学校	整体均值	F	项目学校	非项目学校	整体均值	F
学生支持系统	4.04	4.03	4.04	0.01	4.06	4.03	4.05	0.03
组织因素	3.82	3.86	3.83	0.08	3.85	3.96	3.87	0.30
监测评估	3.72	3.65	3.71	0.31	3.83	3.90	3.84	0.14
过程性指标总体	3.86	3.85	3.86	0.02	3.92	3.97	3.93	0.07

为了进一步验证上述分析结果，研究采取重复测量方差分析的方式对学校社会情感学习过程性指标的前、后测数据进行分析，结果如下。

第一，在社会情感学习过程性指标总体及学生支持系统、组织因素方面，前、后测的均值都不存在显著变化；测试时间与学校类型的交互效应不显著；测试时间与地区的交互效应显著；测试时间、学校类型与地区的交互效应不显著。此结果说明，总体而言，样本学校在社会情感学习过程性指标总体、学生支持系统、组织因素方面虽然发生了不同程度的前、后测变化，但这些变化不显著。另外，在不区分项目学校与非项目学校的前提下，不同地区的学校在这 3 个方面的变化程度存在显著性差异。项目学校经过实验干预后，在这 3 个方面的变化程度并没有显著大于非项目学校，并且这一结论在各地区之间不存在差异。

第二，在监测评估方面，前、后测的均值存在显著变化；测试时间与学校类型的交互效应不显著；测试时间与地区的交互效应显著；测试时间、学校类型与地区的交互作用不显著。此结果说明，总体而言，样本学校在监测评估方面的得分显著高于前测数据，不同地区的变化程度存在显著差异。除此之外，项目学校在监测评估方面的变化程度并没有显著大于非项目学校，并且这一结论在各地区之间不存在差异。具体分析结果见表 7-37。

表 7-37　项目对学校社会情感学习过程的影响分析

维度	项目	多变量检验	
		F	p
学生支持系统	测试时间	0.00	＞0.05
	测试时间×学校类型	0.17	＞0.05
	测试时间×地区	4.51	0.004 **
	测试时间×学校类型×地区	1.61	＞0.05
组织因素	测试时间	0.71	＞0.05
	测试时间×学校类型	0.08	＞0.05
	测试时间×地区	6.65	0.000 ***
	测试时间×学校类型×地区	1.19	＞0.05
监测评估	测试时间	8.47	0.006 **
	测试时间×学校类型	1.32	＞0.05
	测试时间×地区	9.52	0.000 ***
	测试时间×学校类型×地区	1.86	＞0.05
过程性指标总体	测试时间	2.33	＞0.05
	测试时间×学校类型	0.17	＞0.05
	测试时间×地区	8.05	0.000 ***
	测试时间×学校类型×地区	1.42	＞0.05

注：** 表示 $p<0.01$，*** 表示 $p<0.001$。

研究还通过教师评价，对社会情感学习过程性指标总体以及在前述 3 个维度的基础上进一步细分出的 6 维度，即制度建设、学生群体支持系统、学生个体支持系统、教师支持、社会支持、监测评估，进行实验前、后测的重复测量方差分析，结果如下。

第一，关于社会情感学习过程性指标总体的变化情况，实验前测的均值为 4.22，后测的均值为 4.37，后测数据高于前测，并且经过重复测量方差分析发现，前、后测数据之间的差异具有统计学意义，即实验干预后，项目学校的社会情感学习过程性指标的总体情况得到显著提高。除此之外，测试时间与地区的交互作用显著，说明不同地区在社会情感学习过程性指标总体上的前、后测变化程度存在显著性差异。

第二，在制度建设、学生群体支持系统、教师支持、社会支持方面，项目学校的后测均值显著高于前测，即实验干预后，项目学校在上述 4 个维度得到显著提高。另外，测试时间与地区的交互作用显著，说明不同省份之间在上述 4 个维度的变化程度存在显著性差异。

第三，在监测评估方面，虽然后测均值高于前测，但它们之间的差异不具备统计学意义，说明实验干预后，项目学校在监测评估方面的提高程度不显著。但是，测试时间与地区的交互作用显著，即不同地区之间在监测评估方面的变化程度存在显著性差异。

第四，在学生个体支持系统方面，前、后测的变化程度不显著，并且测试时间与地区的交互作用也不显著，说明实验干预后，项目学校在学生个体支持系统维度没有明显的提高，并且这一结论在各地区之间不存在差异。此结果说明，经过项目的实施，各地区在学生个体支持系统方面没有出现显著提高。具体分析结果见表7-38。

表 7-38　项目对学校社会情感学习过程的重复测量方程分析

维度	描述性统计			重复测量方差分析		
	前测	后测	差值	项目	多变量检验	
					F	p
制度建设	4.18	4.37	0.19	测试时间	6.72	0.015*
				测试时间×地区	5.81	0.002**
学生群体支持系统	4.16	4.35	0.19	测试时间	5.62	0.025*
				测试时间×地区	3.70	0.017*
学生个体支持系统	4.49	4.55	0.06	测试时间	1.86	＞0.05
				测试时间×地区	2.35	＞0.05
教师支持	4.14	4.35	0.21	测试时间	12.55	0.002**
				测试时间×地区	4.70	0.005**
社会支持	4.22	4.38	0.16	测试时间	4.79	0.038*
				测试时间×地区	3.46	0.021*
监测评估	4.11	4.20	0.09	测试时间	1.06	＞0.05
				测试时间×地区	4.40	0.008**
过程性指标总体	4.22	4.37	0.15	测试时间	5.45	0.028*
				测试时间×地区	4.64	0.006**

注：* 表示 $p < 0.05$，** 表示 $p < 0.01$。

研究进一步以学生为分析单元，追踪项目学校与非项目学校参加了两次测量的同一批学生，并进行逐一匹配，以测试时间为自变量，以学生评价的学校氛围总体及其5个维度（物理环境、家庭环境、师生关系、同伴关系、家校合作）的得分为因变量，分析项目对项目学校氛围的影响。通过对前、后测项目学校和非项目学校的数据进行独立样本 t 检验分析，结果发现：就学校氛围的总体得分而言，项目学校和非项目学校的前测和后测得分均没有显著差异；具体到各个维度的得分，除了在前测的物理环境维度上项目学校显著低于非项目学校，在其余维度上项目学校和非项目学校的得分均没有显著差异。具体分析结果见表 7-39。

表 7-39　项目学校和非项目学校的学校氛围前、后测对比分析

	维度		样本量	均值	标准差	t	p（双侧）
前测	物理环境	项目学校	1897	3.79	0.96	−3.57	＜0.01
		非项目学校	466	3.96	0.92		
	家庭环境	项目学校	1893	3.89	0.95	1.88	＞0.05
		非项目学校	465	3.79	1.05		
	师生关系	项目学校	1890	4.23	0.78	0.80	＞0.05
		非项目学校	465	4.19	0.79		
	同伴关系	项目学校	1885	3.93	0.90	−0.29	＞0.05
		非项目学校	465	3.94	0.90		
	家校合作	项目学校	1888	3.48	0.99	1.05	＞0.05
		非项目学校	463	3.43	1.06		
	学校氛围总体	项目学校	1850	3.87	0.71	0.14	＞0.05
		非项目学校	455	3.87	0.70		
后测	物理环境	项目学校	1929	3.97	1.01	−0.89	＞0.05
		非项目学校	468	4.01	1.04		
	家庭环境	项目学校	1929	3.94	1.05	1.11	＞0.05
		非项目学校	468	3.88	1.14		
	师生关系	项目学校	1929	4.31	0.84	1.04	＞0.05
		非项目学校	468	4.26	0.90		
	同伴关系	项目学校	1929	4.04	0.98	−0.13	＞0.05
		非项目学校	468	4.05	1.02		
	家校合作	项目学校	1929	3.63	1.08	1.49	＞0.05
		非项目学校	468	3.54	1.19		
	学校氛围总体	项目学校	1929	3.99	0.79	0.66	＞0.05
		非项目学校	468	3.96	0.86		

对前、后测数据进行配对样本 t 检验分析，结果表明：就学校氛围的各个维度及学校氛围的总体得分，学生评价的后测得分均显著高于前测得分，即在不区分项目学校和非项目学校的情况下，所有样本学校学生感受到的物理环境、家庭环境、师生关系、同伴关系和家校合作均较前测有显著提高，其中家庭环境的提高程度显著。具体分析结果见 7-40。

表 7-40　学校氛围的前、后测对比分析

得分	均值	样本量	标准差	均值差	t	p
物理环境前测	3.84	2291	0.95	-0.14	-5.24	<0.01
物理环境后测	3.97	2291	1.02			
家庭环境前测	3.88	2291	0.97	-0.05	-2.04	0.04
家庭环境后测	3.93	2291	1.07			
师生关系前测	4.24	2291	0.77	-0.07	-3.28	<0.01
师生关系后测	4.30	2291	0.85			
同伴关系前测	3.94	2291	0.90	-0.10	-4.01	<0.01
同伴关系后测	4.04	2291	0.99			
家校合作前测	3.47	2291	1.01	-0.13	-4.59	<0.01
家校合作后测	3.60	2291	1.11			
学校氛围总体前测	3.87	2291	0.71	-0.11	-5.75	<0.01
学校氛围总体后测	3.98	2291.00	0.81			

为了进一步分析学生评价的学校氛围的提高是因为项目干预，还是因为年龄增长，研究延续增值评价的思路，计算了项目学校和非项目学校在学校氛围各个维度的前、后测增值，结果见表 7-41、图 7-4。

表 7-41　项目学校和非项目学校在学校氛围各个维度的前、后测增值

维度		前测		后测		差值($\Delta_5-\Delta_6$) $\Delta_5=T_{2p}-T_{1p}$, $\Delta_6=T_{2c}-T_{1c}$
		均值	标准差	均值	标准差	
物理环境	项目学校	3.79	0.96	3.97	1.01	0.13
	非项目学校	3.96	0.92	4.01	1.04	

续表

维度		前测		后测		差值($\Delta_5 - \Delta_6$) $\Delta_5 = T_{2p} - T_{1p}$, $\Delta_6 = T_{2c} - T_{1c}$
		均值	标准差	均值	标准差	
家庭环境	项目学校	3.89	0.95	3.94	1.05	−0.04
	非项目学校	3.79	1.05	3.88	1.14	
师生关系	项目学校	4.23	0.78	4.31	0.84	0.01
	非项目学校	4.19	0.79	4.26	0.9	
同伴关系	项目学校	3.93	0.9	4.04	0.98	0.00
	非项目学校	3.94	0.9	4.05	1.02	
家校合作	项目学校	3.48	0.99	3.63	1.08	0.04
	非项目学校	3.43	1.06	3.54	1.19	
学校氛围总体	项目学校	3.87	0.71	3.99	0.79	0.03
	非项目学校	3.87	0.7	3.96	0.86	

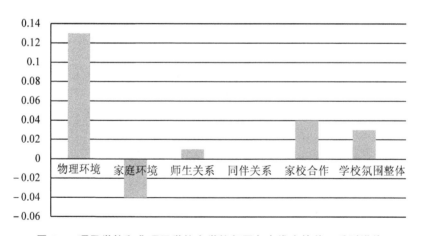

图 7-4 项目学校和非项目学校在学校氛围各个维度的前、后测增值

由图 7-4 可知，就学校氛围总体得分和 5 个维度的得分而言，除了家庭环境、同伴关系维度，其余 3 个维度的增值均大于零，即项目在这些方面都产生了效果。为了进一步分析这样的差异是否具有统计学意义，研究采用重复测量方差分析的方法对项目学校和非项目学校学生评价的学校氛围总体和 5 个维度的具体得分依次进行重复方差分析，结果如下。

就学校氛围总体而言，样本学校学生对学校氛围的前、后测评分之间存在显著性差异，后测的均值显著高于前测。然而，测试时间与学校类型之间的交互效应不显著，即项目学校与非项目学校的前、后测变化程度不存在统计学差异，即 $\Delta_5 = \Delta_6$。整体而言，项目未对所有项目学校的学校氛围带来积极影响。具体结果见表 7-42。

表 7-42　项目对学校氛围的影响分析

项目	Ⅳ型平方和	df	均方	F	p
测试时间	7.45	1	7.45	17.95	0.000***
测试时间×学校类型	0.17	1	0.17	0.41	＞0.05

注:*** 表示 $p < 0.001$。

就物理环境而言，样本学校学生对学校物理环境的前、后测评分存在显著性差异，后测的均值显著高于前测，而且测试时间与学校类型之间的交互效应显著，即项目学校与非项目学校的前、后测变化程度存在统计学差异，即 $\Delta_5 > \Delta_6$。整体而言，项目对学校物理环境的变化带来积极影响。具体结果见表 7-43。

表 7-43　项目对物理环境的影响分析

项目	Ⅳ型平方和	df	均方	F	p
测试时间	9.66	1	9.66	12.46	0.000***
测试时间×学校类型	2.99	1	2.99	3.85	0.049*

注:* 表示 $p < 0.05$,*** 表示 $p < 0.001$。

就家庭环境而言，样本学校学生对家庭环境的前、后测评分存在显著性差异，后测的均值显著高于前测，然而，测试时间与学校类型之间的交互效应不显著，即项目学校与非项目学校的前、后测变化程度不存在统计学差异，即 $\Delta_5 = \Delta_6$。整体而言，项目未对家庭环境的变化带来积极影响。具体结果见表 7-44。

表 7-44　项目对家庭环境的影响分析

项目	Ⅳ型平方和	df	均方	F	p
测试时间	3.86	1	3.86	4.85	0.028*
测试时间×学校类型	0.20	1	0.20	0.25	＞0.05

注:* 表示 $p < 0.05$。

就师生关系而言，样本学校学生对师生关系的前、后测评分存在显著性差异，后测的均值显著高于前测。然而，测试时间与学校类型之间的交互效应不显著，即项目学校与非项目学校的前、后测的变化程度不存在统计学差异，即 $\Delta_5 = \Delta_6$。整体而言，项目未对师生关系的变化带来积极影响。具体结果见表 7-45。

表 7-45　项目对学校师生关系的影响分析

项目	IV 型平方和	df	均方	F	p
测试时间	4.35	1	4.35	8.69	0.003 **
测试时间×学校类型	0.07	1	0.07	0.14	＞0.05

注：** 表示 $p < 0.01$。

就同伴关系而言，样本学校学生对同伴关系的前、后测评分存在显著性差异，后测的均值显著高于前测，然而，测试时间与学校类型之间的交互效应不显著，即项目学校与非项目学校的前、后测变化程度不存在统计学差异，即 $\Delta_5 = \Delta_6$。整体而言，项目未对同伴关系的变化带来积极影响。具体结果见表 7-46。

表 7-46　项目对同伴关系的影响分析

项目	IV 型平方和	df	均方	F	p
测试时间	7.96	1	7.96	11.27	0.000 ***
测试时间×学校类型	0.01	1	0.01	0.01	＞0.05

注：*** 表示 $p < 0.001$。

就家校合作而言，样本学校学生对家校合作的前、后测评分存在显著性差异，后测的均值显著高于前测。然而，测试时间与学校类型之间的交互效应不显著，即项目学校与非项目学校的前、后测变化程度不存在统计学差异，即 $\Delta_5 = \Delta_6$。整体而言，项目未对学校的家校合作变化带来积极影响。具体结果见表 7-47。

表 7-47　项目对学校家校合作的影响分析

项目	IV 型平方和	df	均方	F	p
测试时间	12.15	1	12.15	13.46	0.000 ***
测试时间×学校类型	0.22	1	0.22	0.24	＞0.05

注：*** 表示 $p < 0.001$。

研究进一步以学生为分析单元，追踪项目学校与非项目学校参加了两次测量的同一批学生，并进行逐一匹配，以测试时间为自变量，以学生评价的学校社会情感学习过程性指标的 3 个维度(学生支持系统、组织因素和监测评估)的得分为因变量，分析项目对项目学校社会情感学习过程性指标的影响。

对前、后测项目学校和非项目学校的数据进行独立样本 t 检验分析，结果发现：就学校社会情感学习过程性指标的总体得分而言，项目学校和非项目学校的前测和后测得分均没有显著差异；具体到各个维度的得分，除了在前测的监测评估维度上项目学校显著高于非项目学校，在其余所有维度上项目学校和项目学校的得分均不具有统计学意义上的显著差异。具体结果见表 7-48。

表 7-48　项目学校和非项目学校的社会情感学习过程性指标对比分析

维度			样本量	均值	标准差	t	p(双侧)
前测	学生支持系统	项目学校	1903	4.00	0.82	−0.15	＞0.05
		非项目学校	466	4.00	0.80		
	组织因素	项目学校	1894	3.79	0.91	−0.74	＞0.05
		非项目学校	465	3.82	0.89		
	监测评估	项目学校	1899	3.71	0.97	2.66	＜0.01
		非项目学校	465	3.57	1.00		
	过程性指标总体	项目学校	1890	3.84	0.76	0.92	＞0.05
		非项目学校	464	3.80	0.74		
后测	学生支持系统	项目学校	1929	4.16	0.93	0.30	＞0.05
		非项目学校	468	4.15	0.99		
	组织因素	项目学校	1929	3.89	1.02	−1.11	＞0.05
		非项目学校	468	3.95	1.04		
	监测评估	项目学校	1929	3.81	1.06	−0.06	＞0.05
		非项目学校	468	3.82	1.13		
	过程性指标总体	项目学校	1929	3.90	1.00	−0.09	＞0.05
		非项目学校	468	3.91	1.07		

对前、后测数据进行配对样本 t 检验分析，结果表明：就学校社会情感学习过程性指标总体的得分及各个维度的得分而言，学生评价的后测得分均显著高于前测得分，即在不区分项目学校和非项目学校的情况下，所有样本学校学生感受到的学生支持系统、组织因素和监测评估均较前测有显著提高。具体结

果见表 7-49。

表 7-49 项目学校和非项目学校社会情感学习过程的前、后测对比分析

维度	均值	样本量	标准差	t	p
学生支持系统前测	4.00	2370	0.82	−7.32	<0.01
学生支持系统后测	4.16	2370	0.94		
组织因素前测	3.80	2360	0.91	−4.63	<0.01
组织因素后测	3.91	2360	1.02		
监测评估前测	3.68	2365	0.98	−4.83	<0.01
监测评估后测	3.82	2365	1.07		
过程指标总体前测	3.83	2355	0.75	−3.62	<0.01
过程指标体分后测	3.91	2355	1.01		

为了进一步分析学生评价的学校社会情感学习过程性指标的提高是因为项目干预还是因为年龄增长，研究延续增值评价的思路，计算了项目学校和非项目学校学生在各个维度的前、后测增值，结果见表 7-50、图 7-5。

表 7-50 项目学校和非项目学校社会情感学习过程的前、后测对比分析

维度		前测		后测		差值($\Delta_5 - \Delta_6$) $\Delta_5 = T_{2p} - T_{1p}$, $\Delta_6 = T_{2c} - T_{1c}$
		均值	标准差	均值	标准差	
学生支持系统	项目学校	4	0.82	4.16	0.93	0.01
	非项目学校	4	0.8	4.15	0.99	
组织因素	项目学校	3.79	0.91	3.89	1.02	−0.03
	非项目学校	3.82	0.89	3.95	1.04	
监测评估	项目学校	3.71	0.97	3.81	1.06	−0.15
	非项目学校	3.57	1	3.82	1.13	
过程指标总体	项目学校	3.84	0.76	3.9	1	−0.05
	非项目学校	3.8	0.74	3.91	1.07	

图 7-5 项目学校和非项目学校社会情感学习过程性指标的前、后测增值分析

由图 7-5 可知，在学校社会情感学习过程性指标总体得分和 3 个维度得分上，除了学生支持系统维度，其余的增值均小于零，即项目在这些方面都产生了消极效果。为了进一步分析这样的差异是否具有统计学意义，研究采用重复测量方差分析的方法对项目学校和非项目学校学生给出的学校社会情感学习过程性指标总体和 3 个维度的具体评分依次进行重复方差分析，结果如下。

就学校社会情感学习过程指标总体而言，样本学校的前、后测得分之间存在显著性差异，后测的均值显著高于前测。然而，测试时间与学校类型之间的交互效应不显著，即项目学校与非项目学校的前、后测的变化程度不存在统计学差异，即 $\Delta_5 = \Delta_6$。整体而言，项目未对所有项目学校的社会情感学习过程指标总体带来积极影响，具体见表 7-51。

表 7-51 项目对学校社会情感学习过程指标总体的影响分析

项目	IV 型平方和	df	均方	F	p
测试时间	6.27	1	6.27	10.01	0.002**
测试时间×学校类型	0.17	1	0.17	0.27	＞0.05

注：** 表示 $p < 0.01$。

就学校的学生支持系统而言，样本学校学生对学校学生支持系统的前、后测评分之间存在显著性差异，后测的均值显著高于前测。然而，测试时间与学校类型之间的交互效应不显著，即项目学校与非项目学校的前、后测变化程度不存在统计学差异，即 $\Delta_5 = \Delta_6$。整体而言，项目未对所有项目学校的学生支持系统带来积极影响，具体见表 7-52。

表 7-52　项目对学生支持系统的影响分析

项目	IV 型平方和	df	均方	F	p
测试时间	18.16	1	18.16	29.99	0.000***
测试时间×学校类型	0.17	1	0.17	0.28	＞0.05

注：*** 表示 $p < 0.001$。

就学校的组织因素而言，样本学校学生对组织因素的前、后测评分之间存在显著性差异，后测的均值显著高于前测。然而，测试时间与学校类型之间的交互效应不显著，即项目学校与非项目学校的前、后测变化程度不存在统计学差异，即 $\Delta_5 = \Delta_6$。整体而言，项目未对所有项目学校的组织因素带来积极影响，具体见表 7-53。

表 7-53　项目对学校组织因素的影响分析

项目	IV 型平方和	df	均方	F	p
测试时间	10.78	1	10.78	14.42	0.000***
测试时间×学校类型	0.04	1	0.04	0.05	＞0.05

注：*** 表示 $p < 0.001$。

就学校的监测评估而言，样本学校学生对学校监测评估的前、后测评分之间存在显著性差异，后测的均值显著高于前测。然而，测试时间与学校类型之间的交互效应不显著，即项目学校与非项目学校的前、后测变化程度不存在统计学差异，即 $\Delta_5 = \Delta_6$。整体而言，项目未对所有项目学校的监测评估带来积极影响。

表 7-54　项目对监测评估的影响分析

项目	IV 型平方和	df	均方	F	p
测试时间	22.36	1	22.36	24.59	0.000***
测试时间×学校类型	3.26	1	3.26	3.59	＞0.05

注：*** 表示 $p < 0.001$。

三、分析与讨论

1. 数据分析结果小结

研究采用整群分析和追踪分析的方法，考察"社会情感学习与学校管理改进"项目的实施对项目学校学生社会情感能力发展的影响。数据分析的结果小结如下。

第一，无论是整群分析的结果还是追踪分析的结果，都表明项目学校学生的社会情感能力的后测得分显著高于前测得分，说明学生的社会情感能力有所提高。

第二，分析项目学校和非项目学校前、后测的交互效应，发现交互效应不显著，说明没有明显证据支持项目的实施对项目学校学生的社会情感能力带来积极影响。

第三，分析不同地区的项目学校和非项目学校的前、后测结果的交互效应，结果表明不同地区项目的实施效果有所不同。其中，两个省份各有一个县的项目实施给项目学校学生的社会情感能力发展带来了积极影响，而另两个省份各有一个县的项目学校学生的社会情感能力得分既低于基线，又低于非项目学校学生的得分，项目效果增值为负数。

第四，分析项目学校和非项目学校学生对社会情感学习6个维度的前、后测自评得分，结果表明，项目的实施给项目学校学生自我认知维度的发展带来了极其显著的积极影响，但没有明显证据支持项目的实施对学生的社会情感能力的其他5个维度有显著影响。

研究采用整群分析和追踪分析的方法，通过分析学生对学校社会情感学习支持环境的评分，考察了项目实施对项目学校的影响。数据分析的结果小结如下。

第一，无论是整群分析的结果还是追踪分析的结果，都表明项目学校学生对学校社会情感学习过程性指标和学校氛围的后测评分均显著高于前测得分，即项目学校学生感受到的物理环境、家庭环境、师生关系、同伴关系和家校合作均较项目前测有显著提高，其中家庭环境的提高程度边缘显著；项目学校学生感受到的学校为促进学生社会情感能力发展而提供的学生支持系统、组织因素和监测评估，均较项目前测有显著提高。

第二，分析项目学校和非项目学校的前、后测交互效应，发现交互效应不显著，说明没有明显证据支持项目的实施给项目学校的学校氛围和社会情感学习过程性指标带来积极影响。

第三，分析不同地区的项目学校和非项目学校的前、后测结果的交互效应，结果表明不同地区项目的实施效果有所不同。

第四，分析项目学校和非项目学校学生对学校氛围和学校社会情感学习过程性指标各个维度的前、后测评价得分，结果表明，项目干预使项目学校学生对学校物理环境的评价好于项目实施之前，项目学校学生对学校的社会情感学习的监测评估(集中体现在能够发现学生社会情感能力方面的不足，及时指出，并与家长积极沟通)的评价好于项目实施之前，统计学意义上边缘显著。但没有明显证据支持项目的实施对学校氛围和社会情感学习过程性指标的其他几个维度有显著影响。

关于项目对学校教师和校长的影响，数据分析的结果小节如下。

第一，总体而言，样本学校教师的社会情感能力的前、后测之间不存在显著性差异，即样本教师的社会情感能力的后测均值尽管高于前测，但它们之间不存在统计学差异。项目学校经过实验干预，虽然其教师的社会情感能力与非项目学校教师的差值有所减小，但不具备统计学意义。

第二，相较于实验前测，实验干预后教师对情感陶冶、学生中心的教学风格仍保持较高的认可度，与此同时，他们对教师中心、严格严谨的教学风格的认可度呈现较为明显的上升趋势。

第三，总体而言，样本学校校长的社会情感能力的前、后测不存在显著性差异，即虽然后测的均值较前测有所降低，但不具备统计学意义。项目学校经过实验干预，虽然其校长的社会情感能力与非项目学校校长的差值有所增加，但这种变化不具备统计学意义，即整体而言，项目未能提高项目学校校长的社会情感能力。

第四，实验干预后，样本学校校长总体上对变革型领导风格的认可度有明显回落，不同地区之间前、后测的变化程度不存在显著性差异，项目学校与非项目学校之间的变化程度也不存在显著性差异，且这一结论(非项目学校与项目学校前、后测变化程度不显著)在各地区之间不存在差异。

2. 影响"社会情感学习与学校管理改进"项目实施效果的因素

结合数据分析的结果及在项目学校实地考察的发现，这里提出两个可能影响项目实施效果的因素。

(1)学校校长和教师的意愿与能力

项目学校的校长和教师是项目能否在学校有效实施的关键，特别是社会情感学习课程的落实及学校支持性环境的创设，还包括校长和教师自身的言行举止对学生社会情感能力发展的示范作用。校长和教师是否理解和认可项目的理念，以及是否愿意按照项目的设计在学校中执行项目，是影响项目实施效果好坏的关键因素。

实地调研发现，提到社会情感学习的内涵及项目的要求，很多校长的第一反应是情商或"六个维度"，但若继续追问六个维度的具体含义是什么，很多校长便不能完整、准确地说出来。具体到项目的工作内容，除了社会情感学习校本课程这一清晰可见的"抓手"，很多校长并不清楚需要在学校做什么，而且认为项目要做的事情就相当于学校的德育工作，是学校的常规工作。而对于项目学校的大多数教师而言，对项目的理解主要来自参加过培训的校长的言传，校长的不理解直接导致信息的遗失或误传，进而导致大多数学校的教师并不能清晰说出项目的内涵，而会将"社会情感学习与学校管理改进"项目与SMILE项目（由教育部和联合国儿童基金会合作，在同一批学校中实施的旨在促进课堂有效教学的项目）混为一谈。学校校长和教师的不理解和不会做可在很大程度影响项目实施的效果。

（2）项目为学校校长和教师提供的可获得的资源及项目实施时间

第二个可能的影响因素是项目实施可获得的资源，这里的资源并不单纯指硬件的、物质的资源，还包括人力资源、信息资源、技术资源。

关于人力资源，县级专家团队是项目学校能够获得的最近的资源，但调查发现，县级专家对项目学校的指导并不均衡。在有些地区的个别学校，仅有校长和教师参加县级培训活动这一种形式，县级专家一次也没来过学校指导工作和开展活动；只有参加过培训的1～2个校长和教师知道项目，其他教师不太清楚。也有学校反映，县级培训组织的那些游戏（活动）虽然可以跟着做，但学不来，校长和教师回到学校也不会组织。

关于信息资源，项目学校的校长和教师反映，项目配发的材料多是电子版的，无论是项目培训手册还是校本课程教材，都只有电子版；或者只有参加培训的校长或教师有一本，他们回到学校后，这些信息资源也没有按照预期被分享和传阅。以校本课程教材为例，目前只有"喜欢我自己"专题的内容被印发到项目学校，其他几个专题均只有电子版，授课教师需要自己打印。尽管大多数项目学校都具备打印设备，但在此次调研中，仍有许多校长和教师反映希望项目能够为学校配发更多的校本课程教材，至少保证教师人手一本，也希望项目培训指导手册能多几本。

关于技术资源，校长和教师均提到项目的实施缺少具有操作性的指南和指导，没有材料告诉学校可以怎样做，可以开展哪些活动，可以留存哪些文件，项目评估要评估什么内容。就校本课程的实施，部分地区的校长和教师提到他们只参加过一次培训，所有内容都是活动式的，只有一本教材，没有备课的教案和教学案例，不知道该怎么上。

在项目实施时间方面，尽管"社会情感学习与学校管理改进"项目设计的初衷是与项目学校的日常工作紧密结合，避免"两张皮"现象，但在访谈中，几乎所有学校的校长都反映没有时间做那么多事情，如一位校长说："食堂要管，校园安全要看，学校和村里有纠纷也要去看看，上面来检查、通知开会都要参加，大事小事校长都要做，很多时候就顾不上细想项目的内容了。"在缺少足够的时间的情况下，不同校长的优先排序不同，会不同程度地影响项目实施的效果。学校的教师面临同样的问题，在向教师了解校本课程的实施情况时，教师都不同程度地提到了时间紧、工作多，没有时间上更多的课。如一位教师说："我每周要上18节课，除了上课，就是备课、批作业，还有班主任工作。如果再增加一门课，我真的吃不消了。"这也在一定程度上印证了校本课程还未能在多数学校实施。

3. 对"社会情感学习与学校管理改进"项目效果的客观分析及归因

对定量的数据进行整群分析和追踪分析的结果都表明，所有指标的后测结果都好于前测结果，这说明整体而言，学校学生的社会情感能力和对学校环境的认知都发生了积极变化。在引入非项目学校作为控制组后，发现前、后测结果与学校类型之间的交互效应不显著，即这一变化并不是由实验干预导致的。进一步以地区为单位的分析结果表明，不同地区的项目执行过程及项目实施效果之间有显著差异。

基于此，既不能简单、乐观地下结论说项目带来了积极影响，也不能武断地说项目无效，需要科学、辩证地分析这一项目取得的效果的归因。具体包括以下几个方面。

(1)大规模教育项目的实施有其复杂性和延时性

尽管国外关于社会情感学习项目实施结果的报告多表示项目实施带来了积

极的影响，但与这些明确目标导向、严格实验控制、小规模的项目设计相比，此项目并不是严格控制各变量的实验设计，而且是在不同省（自治区、直辖市）、不同县（市、区）的 200 多所学校同时实施的大规模发展性项目，且至今仅有两年的时间。项目本身的复杂性和项目实施地区的差异性导致项目很难在短时间内出现整体上的、显著的、积极的变化。可喜的是，大样本数据分析结果表明，项目干预对学生的自我认知能力产生了积极影响，而且学生对学校促进社会情感能力发展的物理环境也产生了更加积极的评价。此外，尽管各地区整体变化不显著，但在一些地区，项目实施已经取得了积极的效果。

此外，项目前测和后测的间隔时间较短（仅隔一年半），这也可以在一定程度上解释项目为何没能产生积极影响。教育变革项目实际上是对学生发展进行的长期投资，一年半的时间也许不足以使项目对学生发展产生积极的作用，即使在个别项目地区已经结束项目的实施，也需要更长的时间去理解项目效果。

（2）学生自我认知能力的提高可能导致其社会情感能力自我评分下降

如前所述，数据分析结果表明，项目的实施对学生自我认知能力的提高产生了积极的影响，这一变化很有可能使学生对其自身的社会情感能力有更清晰、客观的觉察，表现为对某些维度的评分降低，这也就是通俗意义上的"知道自己不知道"。一方面，项目的实施已经给学生带来了积极影响，例如，自我认知的提高、自我觉察的提升；另一方面，这一积极的影响反过来会导致学生对其他方面的自评分下降，由于学生更加清楚自身的问题和不足，便会对自己其他方面的发展做出更加客观、准确的评价，这也能在一定程度上解释为何学生对学校氛围和学校社会情感学习过程性指标各个维度的评分并没有发生显著提高。

（3）项目实施已经不同程度地辐射到非项目学校

定量数据分析结果表明，在不考虑项目学校和非项目学校的区分的前提下，整体而言，样本学校学生的社会情感能力自评和对学校氛围及学校社会情感学习过程性指标的评价均显著高于前测，然而，考虑学校类型（项目学校、非项目学校）后，交互效应不显著。这一结果如果是在非项目学校从未接受过项目干预的情况下能够说明项目实施并未产生积极影响。但研究的数据分析并没能揭示目前所选的对照学校是否及在多大程度上受到项目的干预。查阅项目县（市、区）的总结材料和实地调研发现，一方面，在有的县（市、区），县（市、区）里已经制定相关政策，要求将"社会情感学习与学校管理改进"项目扩展到更多学校；

另一方面，在个别项目县(市、区)，非项目学校的校长或骨干教师作为县级培训者被纳入县级项目执行团队，这在某种程度上也扩展了项目实施的范围。一个发展项目自然希望自身能够在更多学校中实施，让更多的孩子受益；但从研究的角度，这样的扩展也导致非项目学校并非"纯粹"的"无干预"，进而影响了对项目效果的客观评估。

(4)不同地区项目的执行效果存在显著差异

无论是对项目实施过程的定性数据分析，还是对项目实施效果的定量数据分析，都揭示出项目实施的一个客观现实，即不同地区的项目执行情况有差异，产生的项目效果也有差异。乐观的结果是，由于当地教育行政部门的重视和项目学校师生的共同努力，"社会情感学习与学校管理改进"项目的实施已经给项目学校学生的社会情感能力发展带来了积极影响。但需要得到重视的结果是，在一些地区项目的实施并未取得预期的结果，具体的原因前文已有分析。这也为项目今后的实施提供了改进的方向和关注的重点，即针对不同地区的实施状况提供有针对性的项目指导。

4. 研究自身的局限性

(1)对学生社会情感能力的测评以学生量表为主

尽管研究所采用的量表具有较好的信度和效度，数据来源也综合了学生自评和成人他评以互相印证，然而，还可以尝试用更多的方法(如日常行为观察、情境角色扮演)来评估学生的社会情感能力，避免"只见数据不见人"。

(2)缺少对个体学校的长期追踪分析

在此研究中，学校是数据分析的单元，然而，对于学校的分析主要依赖于学校提交的总结报告及两次测评的问卷，缺少把学校作为个案进行长期的追踪分析及对过程性材料的整理和分析，导致研究结果只能显示效果，以事后的文字反映出过程，而缺少对具体项目学校在项目实施过程中的深入个案分析。

(3)对照组的问题

在基线设计时，非项目学校是出于研究的目的、作为对照组被纳入调研范围的。在终期评估实施时，研究调查组未能逐一确认每一所非项目学校真实的项目实施情况。如前所述，研究的数据未能分析目前的非项目学校是否及在多大程度上已经受到项目的干预，是否已成为实际意义上的"准项目学校"甚至项目学校，这也在很大程度上影响了研究对项目实施效果的判断。

第三节 "社会情感学习与学校管理改进" 项目对学生欺凌的影响评估

一、研究设计

1. 问题提出

近年来，我国政府相继出台了一系列政策意见，为切实解决校园欺凌问题提供了重要的行动依据和政策保障。其中，建立校园欺凌预防和治理的长效机制是当前最迫切需要解决的问题。例如，2017 年 11 月 22 日，教育部等 11 个部门印发了《加强中小学生欺凌综合治理方案》，明确提出学生欺凌的防治需坚持教育为先、预防为主、保护为要、法治为基的基本原则，形成长效机制。然而，现有研究大多从治理的视角探讨校园欺凌问题，尤其关注欺凌行为发生后的应急性处理，较少有实证研究从预防的视角进行深入考察。[1] 事实上，采取有效措施预防欺凌行为的发生，既能够防患于未然，从根本上减少欺凌给学生带来的身心伤害，又与教育育人的本质目标相一致，可以让学生掌握应对欺凌的基本能力。[2] 这对于营造阳光、安全的校园环境，保障青少年健康成长都有重要的现实意义，是当前教育研究和实践需要考虑的重点问题。

国际研究结果表明，在学校中开展社会情感学习对校园欺凌有显著的负向影响，是预防校园欺凌的有效措施。[3] 21 世纪以来，社会情感学习在英国、美国等国家的中小学中广泛开展，已被研究证实能够有效预防校园欺凌。[4] 我国在很长一段时间中，学校教育过于关注学生认知能力的发展及学业成绩的提高，

---

① Rivara, F., Le Menestrel, S., *Preventing Bullying Through Science, Policy, and Practice*. Washington, DC, National Academies Press, 2016.

② Espelage, D. L., Low, S., Polanin, J. R., Brown, E. C, "The Impact of a Middle School Program to Reduce Aggression, Victimization, and Sexual Violence," *Journal of Adolescent Health*, 2013, 53 (2), pp. 180-186.

③ Durlak, J. A., Weissberg, R. P., Dymnicki, A. B. et al, "The Impact of Enhancing Students' Social and Emotional Learning: A Meta-analysis of School-based Universal Interventions," *Child Development*, 2011, 82(1), pp. 405-432.

④ Turner, I., Reynolds, K. J., Lee, E. et al., "Well-being, School Climate, and the Social Identity Process: A Latent Growth Model Study of Bullying Perpetation and Peer Victimization," *School Psychology Quarterly*, 2014, 29(3), pp. 320-335.

对学生的情感发展需要缺乏关照，有学者从理论层面分析这可能是导致校园欺凌的重要原因。[1] 早期有学者在山东开展了欺凌干预研究，发现建立尊重、合作、互助、安全的班级和学校环境可以显著降低学生在上学和放学路上遭遇欺凌的次数及受欺凌程度。[2]

值得注意的是，上述研究仅关注了社会情感学习过程对减少校园欺凌的作用，而缺乏针对作用机制的全面深入的实证考察。鉴于此，本章的研究将学校社会情感学习过程视作包含多个维度的系统举措，引入结构方程模型（SEM）分析学校社会情感学习过程对校园欺凌的影响机制，为校园欺凌预防机制的建立提供借鉴和参考。具体而言，本章的研究要回答以下问题：第一，学生欺凌行为的现状如何？第二，学校社会情感学习过程与学生欺凌行为之间有什么关系？第三，若学校社会情感学习过程对学生欺凌行为存在影响，作用机制是怎样的？

2. 研究假设

(1)学校社会情感学习过程与学生欺凌行为

学校社会情感学习过程是一个多维度的干预过程，主要措施包括：课堂层面的干预，如开设培养社会情感能力的专门课程，创设和谐的师生人际关系；学校层面的干预，如创设学生和教职人员支持性氛围，改进学校管理制度，组织全校性活动；学校外部环境的改善，如建立家校合作伙伴关系，教师和家长积极沟通。已有研究表明，在学校中开展社会情感学习可以让学生在校园中感到更加安全，从而减少欺凌的发生。[3] 经济合作与发展组织 2015 年开展的国际学生评估项目（PISA）的测试结果也表明，教师平等对待学生、父母情感支持对降低校园欺凌发生率起到积极的调节作用。[4] 由此，研究提出假设：学校社会情感学习过程与学生欺凌行为负向相关。

---

① 王嘉毅、颜晓程、闫红霞：《校园欺凌现象的校园伦理分析及建构》，载《中国教育学刊》，2017(3)。

② 张文新、鞠玉翠：《小学生欺负问题的干预研究》，载《教育研究》，2008(2)。

③ Turner, I., Reynolds, K. J., Lee, E. et al., "Well-being, School Climate, and the Social Identity Process: A Latent Growth Model Study of Bullying Perpetration and Peer Victimization," *School Psychology Quarterly*, 2014, 29(3), pp. 320-335.

④ 陈纯槿、郅庭瑾：《校园欺凌的影响因素及其长效防治机制构建——基于 2015 青少年校园欺凌行为测量数据的分析》，载《教育发展研究》，2017(20)。

（2）学校社会情感学习过程与学生社会情感能力

在学校开展社会情感学习可以让学生掌握良好的情绪管理和人际交往能力，更好地处理与同学之间的冲突，从而提高学生的社会情感能力。研究将学生的社会情感能力界定为"理解和应对与自己、他人、集体的关系的六个维度的核心能力"，即自我认知（自知、自信、自尊）、自我管理（调适能力、反省能力、坚韧性、进取心）、他人认知（共情、尊重、亲和）、他人管理（理解与包容的能力、化解冲突的能力、处理人际关系的能力）、集体认知（集体意识、亲社会意识）、集体管理（融入集体、维护荣誉、遵守规范、合作、领导力、亲社会能力）六个维度。有学者通过对国际上已开展的 213 个"社会情感学习与学校管理改进"项目的效果进行元分析发现，在学校中开展社会情感学习可以显著地提高学生的社会情感能力。[1] 因此，研究提出假设：学校社会情感学习过程与学生的社会情感能力正向相关。

（3）学生社会情感能力与学生欺凌行为

已有研究发现，学生的社会情感能力与学生欺凌行为之间存在相互消减、相互对立的关系。虽然欺凌是个体、同伴、学校、社会等多种因素综合作用的结果，但与学生的社会情感能力有较大关系。[2] 一些社会情感能力较弱的儿童，在同龄人群体中容易因被边缘化而遭受同伴欺凌。[3] 由于缺乏社会交往技巧，在交往时他们会焦虑、敏感、缺乏自信；[4] 易与人发生矛盾和纠纷，造成人际关系紧张；[5] 且多半以逃避策略回应冲突，这种消极内向的心智往往会助长欺凌行为；[6] 而欺凌行为会严重降低受欺凌者的自尊，降低其自我评价和自我价

[1]　Durlak, J. A., Weissberg, R. P., Dymnicki, A. B. et al, "The Impact of Enhancing Students' Social and Emotional Learning: A Meta-analysis of School-based Universal Interventions," *Child Development*, 2011, 82(1), pp. 405-432.

[2]　陈纯槿、郅庭瑾：《校园欺凌的影响因素及长效防治机制构建——基于 2015 青少年校园欺凌行为测量数据的分析》，载《教育发展研究》，2017(20)。

[3]　Faris, R., Felmlee, D, "Casualties of Social Combat School Networks of Peer Victimization and Their Consequences,"*American Sociological Review*, 2014, 79(2), pp. 228-257.

[4]　Salmivalli, C., Isaacs, J., "Prospective Relations Among Victimization, Rejection, Friendlessness, and Children's Self- and Peer-perceptions," *Child Development*, 2015, 76(6), pp. 1161-1171.

[5]　章恩友、陈胜：《中小学校园欺凌现象的心理学思考》，载《中国教育学刊》，2016(11)。

[6]　Xin Ma, Len L. Stewin, Deveda L. Mah., "Bullying in School: Nature, Effects and Remedies," *Research Papers in Education*, 2011, 16(3), pp. 247-270.

值感；① 进而影响学生的亲社会技能和心理健康。② 且由于害怕遭受反复的欺凌，受欺凌者一般采取消极退缩的应对方式，这进一步增加了受欺凌的风险。③ 因此，研究提出假设：学生社会情感能力与学生欺凌行为负向相关。

根据社会情感学习的相关研究，学校开展社会情感学习能够提高学生的社会情感能力，提高学生的自信心和人际交往能力，有助于同学间建立友善关系，从而降低受欺凌的风险。因此，较高的社会情感能力有助于减少学生欺凌行为，学生社会情感能力在学校的社会情感学习过程和学生欺凌行为之间发挥着传导作用。但是，除了社会情感能力，还可能存在其他中介变量，如学业成绩④、师生关系⑤、同伴关系⑥等，它们也是学校社会情感学习过程的结果⑦，可能发挥中介作用。因此，研究提出假设：学生社会情感能力在学校社会情感学习过程与学生欺凌行为之间起部分中介作用。

3. 研究方法

(1)研究对象

研究在北京市某区采用分层抽样的方法，根据学校发展水平差异和位置差异在该区抽取 12 所小学，在每所小学的三、四、五年级分别随机抽取两个班进行整群调查。按照测试卷答题数低于 50％和填写选项相同数高于 90％为标准进行问卷清理，共获取有效数据 1617 份。女生和男生的比例分别为 48.5％和51.5％，三、四、五年级学生各占 34.1％、32.5％、33.5％。

---

① 朱瑾：《校园受欺负学生的心理分析与干预策略》，载《现代中小学教育》，2009(3)。

② Jing Wang, Iannotti, R. J., Nansel T. R., "School Bullying Among Adolescents in the United States: Physical, Verbal, Relational, and Cyber," *Journal of Adolescent Health*, 2009, 45(4), pp. 368-375.

③ United Nations Educational, Scientific and Cultural Organization (UNESCO), "School Violence and Bullying: Global Status Report," http://unesdoc.unesco.org/images/0024/002469/246970e.pdf, 2018-04-07.

④ Juvonen, J., Wang, Y., Espinoza, G., "Bullying Experiences and Compromised Academic Performance across Middle School Grades," *The Journal of Early Adolescence*, 2011, 31(1), pp. 152-173.

⑤ Konishi, C. et al., "Do School Bullying and Student-Teacher Relationships Matter for Academic Achievement? A Multilevel Analysis," *Journal of School Psychology*, 2010, 25(1), pp. 19-39.

⑥ 王丽萍：《同伴关系在中小学欺负问题与自尊及心理健康间的中介效应》，《中国特殊教育》，2012(9)。

⑦ Durlak, J. A., Weissberg, R. P., Dymnicki, A. B. et al., "The Impact of Enhancing Students' Social and Emotional Learning: A Meta-analysis of School-based Universal Interventions," *Child Development*, 2011, 82(1), pp. 405-432.

（2）测量工具

对学校社会情感学习过程的测量参照了教育部和联合国儿童基金会合作的"社会情感学习与学校管理改进"项目组编制的社会情感学习过程量表，将社会情感学习看作一个多维度的干预过程，包括班级层面、学校层面及外部环境的干预措施。通过多层面综合变革的形式开展社会情感学习已在国外教育界获得了共识。研究以综合变革模式为指导，通过专家和学生访谈，共编制了 12 道题目，测量学生感知到的学校社会情感学习过程，用编制成的《学校社会情感学习过程问卷》对 730 名小学生进行初测，并将研究样本随机分为两部分，分别用于探索性因素分析和验证性因素分析。

探索性因素分析发现，《学校社会情感学习过程问卷》共包含班级支持、学校活动和家校沟通 3 个维度（题目及因子得分见表 7-55），累积能解释社会情感学习过程总变异的 62.80%。班级支持维度有 4 道题目，测量的是学生感受到的班级层面的干预措施，主要表现为来自教师和同学的支持和关心，如"老师指导我如何处理与同学的冲突"。学校活动维度有 4 道题目，测量的是学生感受到的学校层面的

表 7-55　《学校社会情感学习过程问卷》的探索性因素分析

题目	班级支持	学校活动	家校沟通
SEL01：老师告诉我在其他同学发言时要认真听。	0.79		
SEL02：老师引导我体会教材情景中的人物情感。	0.85		
SEL03：老师指导我如何处理与同学的冲突。	0.54		
SEL04：我在班上能够得到同学的尊重。	0.60		
SEL05：学校环境让我有安全感。		0.69	
SEL06：学校定期组织关于情绪调节的讲座和课程。		0.40	
SEL07：校领导经常听取学生的意见。		0.60	
SEL08：学校采取措施减少欺凌行为。		0.73	
SEL09：老师能够及时发现我的情绪波动。			0.70
SEL10：老师会向家长反映我的情绪状态。			0.84
SEL11：老师会指出我人际交往方面的不足。			0.75
SEL12：老师会向家长反映我和同学的关系。			0.83
因子解释率/%	19.12	16.74	26.94
累积解释率/%	19.12	35.86	62.80

干预措施，主要表现为学校有关情绪调节、人际交往、学生参与管理等活动的开展情况，如"学校定期组织关于情绪调节的讲座和课程"。家校沟通维度也有4道题目，测量的是学生感受到的学校与家庭的沟通情况，如"老师会向家长反映我和同学的关系"，这与社会情感学习的综合变革模式具有一致性。

验证性因素分析发现，该问卷的结构拟合系数符合验证性因素分析的模型拟合标准，说明该问卷具有较好的结构效度，具体的模型结构见图7-6。问卷整体信度为0.88，各维度的信度系数分别都为0.75，说明该问卷的信度也较好。

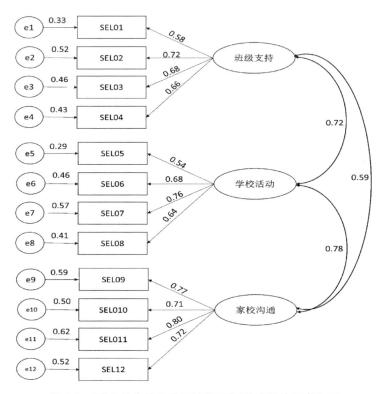

图7-6 《学校社会情感学习过程问卷》的验证性因素分析

对学生欺凌行为的测量参考了美国儿童发展研究中心的儿童发展项目的学生问卷。该问卷界定了三种类型的欺凌：言语欺凌（被同学取笑、被威胁恐吓），财物欺凌（物品被偷、物品被损坏），身体欺凌（被暴力索要财物、身体被伤害）。研究从受欺凌的视角让学生报告过去6个月每类欺凌事件发生的频率，以此来评估学生感知的遭受校园欺凌的水平。该量表6道题目的内部一致性系数为

0.77，符合统计分析的基本要求。

学生社会情感能力的测量采用教育部和联合国儿童基金会合作的"社会情感学习与学校管理改进"项目组编制的《中国学生社会情感能力问卷》(学生自评版)，包括自我认知、自我管理、他人认知、他人管理、集体认知、集体管理6个维度，共30道题目。问卷采用李克特5点量表计分方法，得分越高表示该维度的社会情感能力发展得越好。前文已证明该问卷具有较好的信效度。在此研究样本中，各维度的内部一致性系数的范围为0.60~0.74，整体问卷的信度系数是0.91。验证性因素分析结果显示，该问卷的结构拟合系数符合验证性因素分析的模型拟合标准，表明问卷的结构得到研究数据的支持，具有较好的结构效度。

(3)分析方法

研究使用SPSS 21.0和AMOS 21.0软体进行统计分析，主要分析方法包括：信度分析、探索性因素分析、验证性因素分析、描述性统计、相关分析及结构方程模型。

二、研究结果

1.学生欺凌行为的总体情况分析

通过计算学生欺凌行为总体和各道题目的均分，得出学生受欺凌程度的总体均值为0.89(标准差为0.76)，即总体而言，在校发生的欺凌行为较少，但学生之间的区别较大。其中，被同学取笑(均值为1.66，标准差为1.41)和身体被伤害(均值为1.03，标准差为1.27)的程度相对严重，43.8%的学生在过去半年被同学取笑3次或更多，25.0%的学生在过去半年身体被伤害3次或更多，9.5%的学生在过去半年经历过10次以上的身体被伤害。详细结果见表7-56。

表 7-56　学生欺凌行为的总体情况

欺凌类别	欺凌行为	均值	标准差	从未发生/%	过去半年1~2次/%	过去半年3~5次/%	过去半年6~9次/%	多于10次/%
身体欺凌	被暴力索要财物	0.38	0.88	78.1	13.4	4.1	1.2	3.2
	身体被伤害	1.03	1.27	45.9	29.0	10.9	4.6	9.5
财物欺凌	物品被损坏	0.91	1.09	44.9	34.1	11.3	4.8	4.9
	物品被偷	0.86	1.04	46.3	33.2	12.8	3.7	4.0

欺凌类别	欺凌行为	均值	标准差	从未发生/%	过去半年1~2次/%	过去半年3~5次/%	过去半年6~9次/%	多于10次/%
言语欺凌	被同学取笑	1.66	1.41	23.2	33.0	17.7	6.8	19.3
	被威胁恐吓	0.50	0.92	67.9	22.3	4.8	1.8	3.2

2. 学校社会情感学习过程、学生社会情感能力与学生欺凌行为的相关分析

研究中主要变量的均值、标准差和相关系数见表 7-57。研究发现，学校的社会情感学习过程与学生的欺凌行为存在显著的负相关，学校的社会情感学习过程与学生的社会情感能力存在显著的正相关，学生的社会情感能力与学生的欺凌行为存在显著的负相关，这些相关性与理论预期的关系一致，研究的前三个假设都得到了初步检验。

表 7-57 学校社会情感学习过程、学生社会情感能力和
学生欺凌行为的均值、标准差和相关系数

项目	相关系数			均值	标准差
	学校社会情感学习过程	学生社会情感能力	学生欺凌行为		
学校社会情感学习过程	1	0.33**	−0.12**	3.56	0.78
学生社会情感能力	0.33**	1	−0.22**	4.12	0.54
学生欺凌行为	−0.12**	−0.22**	1	0.89	0.76

注：** 表示 $p < 0.01$。

进一步分析学校社会情感学习过程及学生社会情感能力各维度与学生欺凌行为的相关效应（见表 7-58），研究发现，学校社会情感学习过程的 3 个维度与学生欺凌均有显著的负向相关关系，学生社会情感能力的 6 个维度与学生欺凌行为均有显著的负向相关关系。其中，他人管理（表现为理解与包容的能力、化解冲突的能力、处理人际关系的能力）与学生欺凌行为的相关系数高于其他维度，这一结果与理论预期的关系一致，即学生的人际交往能力越好，其受欺凌的可能性越小、程度越低。

表 7-58　学校社会情感学习过程、学生社会情感能力与学生欺凌行为之间的相关关系

维度		相关系数										均值	标准差
		学校社会情感学习过程			学生社会情感能力						学生欺凌行为		
		班级支持	学校活动	家校沟通	自我认知	自我管理	他人认知	他人管理	集体认知	集体管理			
学校社会情感学习过程	班级支持	1	0.69**	0.37**	0.28**	0.27**	0.29**	0.26**	0.27**	0.28**	-0.15**	3.88	0.88
	学校活动	0.69**	1	0.43**	0.16**	0.16**	0.20**	0.18**	0.19**	0.20**	-0.13**	3.40	1.11
	家校沟通	0.37**	0.43**	1	0.15**	0.15**	0.23**	0.21**	0.24**	0.19**	-0.03*	3.40	0.88
学生社会情感能力	自我认知	0.28**	0.16**	0.15**	1	0.53**	0.47**	0.42**	0.42**	0.46**	-0.06	4.35	0.58
	自我管理	0.27**	0.16**	0.15**	0.53**	1	0.56**	0.55**	0.59**	0.59**	-0.15**	4.27	0.63
	他人认知	0.29**	0.20**	0.23**	0.47**	0.56**	1	0.61**	0.53**	0.57**	-0.16**	3.83	0.75
	他人管理	0.26**	0.18**	0.21**	0.42**	0.55**	0.61**	1	0.59**	0.61**	-0.24**	4.06	0.74
	集体认知	0.27**	0.19**	0.24**	0.42**	0.59**	0.53**	0.59**	1	0.63**	-0.21**	4.28	0.65
	集体管理	0.28**	0.20**	0.19**	0.46**	0.59**	0.57**	0.61**	0.63**	1	-0.21**	3.90	0.76
学生欺凌		-0.15**	-0.13**	-0.03*	-0.06*	-0.15**	-0.16**	-0.24**	-0.21**	-0.21**	1	0.89	0.76

注：* 表示 $p<0.05$，** 表示 $p<0.01$。

3. 学生社会情感能力的中介效应检验

研究根据中介效应的检验程序，采用结构方程模型，分别检验学校社会情感学习过程与学生欺凌行为的直接效应和间接效应。

为验证直接效应，以学生欺凌行为为因变量，以学校社会情感学习过程为自变量，构建结构方程模型并作为基准模型，分析结果表明，模型各项拟合指数均达到标准，并且学校社会情感学习对过程学生欺凌行为的直接效应量为 $-0.18(p<0.001)$。直接效应结构方程模型见图 7-7。

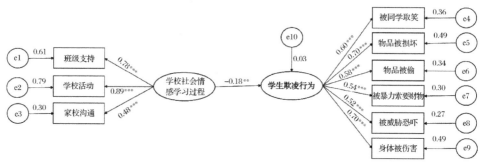

注：** 表示 p<0.01，*** 表示 p<0.001。

图 7-7　学校社会情感学习过程对学生欺凌行为的直接效应结构方程模型

为验证中介效应，研究构建了以学校社会情感学习过程为外生潜变量，以学生社会情感能力和学生欺凌为内生潜变量的结构方程模型，从而检验学生社会情感能力在学校社会情感学习过程与学生欺凌行为之间的中介作用。结果表明，模型拟合良好，拟合指数均达到标准。中介效应分析结果表明，学校社会情感学习过程对学生欺凌行为的直接效应显著，即学校开展社会情感学习的情况越好，学生受欺凌的程度越低。同时，学校的社会情感学习过程显著正向预测学生的社会情感能力，即学校的社会情感学习开展得越好，学生的社会情感能力越好。学生社会情感能力显著负向预测学生受欺凌的程度，即学生的社会情感能力越好，学生受欺凌的程度越低。

与直接效应的基准模型相比，学校社会情感学习过程对欺凌类别的直接效应量减少了 0.08，但两者之间的直接效应仍然显著，说明研究的第四条假设成立，学生的社会情感能力在学校的社会情感学习过程和学生欺凌行为之间起部分中介作用，中介效应量为 51.9%。中介效应结构方程模型见图 7-8。

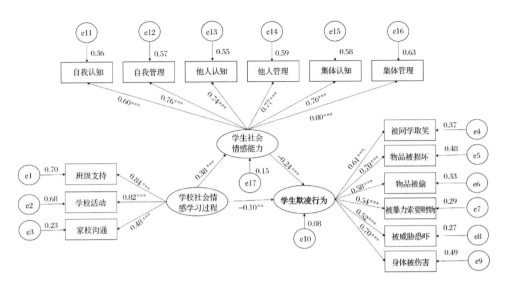

注：** 表示 p＜0.01，*** 表示 p＜0.001。

图 7-8　学生社会情感能力对学校社会情感学习过程和学生欺凌行为的中介效应结构方程模型

三、分析与讨论

1. 学校的社会情感学习过程对学生的欺凌行为具有负向预测效应

社会情感学习超越专门的学生欺凌治理的应激性反应措施，更能体现"教育为先、预防为主"的原则，是预防校园欺凌发生的溯源性举措，也已被国外研究证实是减少学生欺凌行为的有效做法，如经济合作与发展组织 2015 年组织的国际学生评估项目发现，学校积极的纪律氛围能够显著负向影响学生经常受欺凌的概率。这里进一步证实了这样的影响关系，即学校社会情感学习相关工作开展得越好，学生受欺凌的程度越低，预测效应显著。这也验证了有关欺凌行为的生态学说，即欺凌行为不仅发生在个体心理内部及心理之间，也是个体内部因素和社会环境之间的互动机制促成的生态学现象。

2. 学生的社会情感能力对学生的欺凌行为具有负向预测效应

以往研究发现，自尊较低、缺乏自信、情绪归因和情感知觉敏感性低、缺乏社交技能等是受欺凌者的显著特征，这里进一步丰富了已有的研究结果，学生受欺凌与其社会情感能力和行为表现之间有着不可分割的关系，学生的社会情感能力能够负向显著预测学生的欺凌行为，即学生的社会情感能力越好，受欺凌的程度越低。情感是个复杂的系统，对自我认知的高低及知觉敏感性的强弱直接关系到个人能否在某种场合下做出恰当的行为，不至于引起他人的反感和攻击，而这种自我知觉的敏感性能够显著降低被欺凌的可能性。研究还发现，学生在他人管理维度（理解与包容的能力、化解冲突的能力、处理人际关系的能力）的社会情感能力与学生受欺凌的相关系数高于其他维度，这也证实了欺凌行为的人际互动机制，即在人际交往情境中，具有较高他人管理能力的儿童更有可能正确判断人际关系，合理调用社会支持资源，他知道可以向谁、何时、如何寻求支持和帮助，这种能力能够有效地减少欺凌的发生。

3. 学生的社会情感能力在学校的社会情感学习过程对学生的欺凌行为的影响中发挥中介作用

研究发现，学生的社会情感能力既是学校的社会情感学习过程的结果变量，也是学生欺凌行为的前因变量。社会情感能力为学生的个体特征，它在学校的社会情感学习过程与学生欺凌之间起部分中介作用。根据自我觉知理论，个体对自己的态度、情感和其他内在状态的认识是根据他们对自己的外显行为及对自己有效与周围环境互动的预期的，因此个体就要站在外界观察者的角度依据外部线索来推断个人的内在状态，较好的社会能力自我觉知可以提高儿童在社会交往中的自信和主动性，那些对自身社会情感能力的自我觉知水平较高、更加自信的学生，相较于社会情感能力自我觉知水平低、不够自信的学生，在应对欺凌这样的逆境及其可能造成的消极影响时，可处于更有利的位置，这也是研究所揭示的影响受欺凌情况的内在动因说，即学校的社会情感学习过程并非直接减少学生的欺凌行为，而是通过学生社会情感能力的提高而减少欺凌的发生。

结　语

　　学生社会情感能力发展、学校社会情感学习综合变革需要长期且艰难的探索。社会情感学习不能停留于概念上的宣传和推广，而应在立德树人的教育目标的支持下进行教育整体变革，通过改进学校管理，让教育变得更加关注学生的社会性发展和情感提升，使学校内外形成儿童为本以及相互尊重、理解和支持的人际关系与积极氛围，帮助学生在学校和社会生活中获得发展所必需的对自我、他人、集体的认知与管理的意识、知识和技能，培养自信心和责任意识，建立积极的人际关系，形成良好的情感和道德品质，有效地应对成长过程中的挑战，促进身心的全面协调发展；让基础教育真正为学生打下宽基础，让每个孩子都能享有公平、有质量的教育，做最好的自己，拥有更加精彩的明天。

　　我们倡议学校开设社会情感学习专门课程，注重社会情感学习在学科教学中的渗透。在课程目标上，学校应把培养学生社会情感能力作为明确的教学目标。在课程结构上，学校应遵循学生的身心发展规律，既可以开设专门的社会情感学习显性课程，也可以将社会情感学习教学内容渗透于学科教学，有效避免认知发展和非认知发展"两张皮"的现象。在教学方式上，学校既可以借鉴国际上总结出的有利于社会情感能力发展的教学策略，特别是合作学习、自主学习等比较成熟的教学策略，也可以结合我国课程改革实践，重视和总结促进学生社会情感能力发展的教学策略的中国经验。

　　我们倡议学校发挥主动性，开展社会情感学习综合变革。学校需要通过整体系统来思考促进每一个学生全面发展的有效路径，明确学校开展促进学生社会情感能力发展综合变革的意义和使命，理解综合变革的特点和实施方式，排除变革阻力。学校管理者是学校变革的主要领导群体，学生和教师是学校内部的重要参与力量。学校应借鉴国外的做法，采取一致性培育策略，加强校长和教师能力建设，并在学校内部充分沟通，建立相互理解、信任的和谐关系。此外，家长、社区和各级教育行政部门是学校外部不可忽视的重要资源。

我们倡议学校立足于学生发展和学校需要，重视教师社会情感能力的提升。教师的社会情感能力是影响学校社会情感学习综合变革效果的关键因素。学校要有科学的理论作为指导，注重项目设计的科学性和系统性；抓住立足于学生发展的基础性和全面性，深入分析教师的实际需要，为学校管理者和教师提供技术支持和动机激励，让教师具有更强的情绪调节能力和自我效能感，对教师职业和学生有更积极的感受。

我们倡议学校开展行动研究，引领社会情感学习发展策略的本土研究。教育研究者要针对教育实践中的新问题，积极开展理论研究和实践研究，揭示新的规律，研制具有可操作性的实践方案，并积极深入实践，在实践中用科学方法检验并证明实践方案的有效性。学生社会情感能力的动态变化特征、有效教育策略、学校教育和家庭教育的交互叠加影响等问题都有待今后的研究和实践来解决。

参考文献

[1]卡尔.积极心理学：有关幸福和人类优势的科学：第 2 版[M].北京：中国轻工业出版社，2013.

[2]保罗·弗莱雷.被压迫者教育学[M].上海：华东师范大学出版社，2001.

[3]马丁·布伯.我与你[M].北京：生活·读书·新知三联书店，2002.

[4]丹尼尔·戈尔曼.情商：为什么情商比智商更重要[M].北京：中信出版社，2010.

[5]丹尼尔·戈尔曼.情感智商[M].上海：上海科学技术出版社，1997：35.

[6]丹尼尔·戈尔曼.EQⅡ——工作 EQ[M].上海：上海科学技术出版社，2000.

[7]克莱顿·克里斯坦森.创新者的窘境[M].北京：中信出版社，2010.

[8]内尔·诺丁斯.始于家庭：关怀与社会政策[M].北京：教育科学出版社，2006.

[9]内尔·诺丁斯.幸福与教育[M].北京：教育科学出版社，2009.

[10]内尔·诺丁斯.学会关心——教育的另一种模式[M].北京：教育科学出版社，2003.

[11]约翰·杜威.民主主义与教育[M].北京：人民教育出版社.1990.

[12]马克思恩格斯文集：第八卷[M].北京：人民出版社，2009：36.

[13]肯尼斯·J.格根.语境中的社会建构[M].北京：中国人民大学出版社，2010.

[14]佐藤学.静悄悄的革命——课堂改变，学校就会改变[M].北京：教育科学出版社，2014.

[15]玛丽亚·蒙台梭利.童年的秘密[M].北京：人民教育出版社，2005.

[16]马克思恩格斯全集：第三卷[M].北京：人民出版社，1979.

[17]陈嘉映.从感觉开始[M].北京：华夏出版社，2005.

[18]程平源.中国教育问题调查[M].北京：清华大学出版社，2013：1，204，206.

[19]郭景萍.情感社会学：理论·历史·现实[M].上海：上海三联书店，2008.

[20]联合国教科文组织.反思教育：向"全球共同利益"的理念转变？[M].北京：教育科学出版社，2017.

[21]孟昭兰.情绪心理学[M].北京：北京大学出版社，2005.

[22]朱小蔓．情感教育论纲[M]．北京：人民教育出版社，2007．

[23]朱晓宏．复归与重构——当代美国道德教育理论与实践的变革[M]．济南：山东教育出版社．20101．

[24]"当代中国少年儿童发展状况"课题组．中国少年儿童发展状况调查报告[J]．中国青年研究，2006(2)：61-68．

[25]"素质教育的概念、内涵及相关理论"课题组．素质教育的概念、内涵及相关理论[J]．教育研究，2006(2)：3-10．

[26]曹慧，毛亚庆．美国"RULER 社会情感学习实践"的实施及其启示[J]．比较教育研究，2016(12)：73-79．

[27]陈武英，卢家楣，刘连启，林文毅．共情的性别差异[M]．心理科学进展，2014(9)．

[28]陈瑛华，毛亚庆．西部农村地区小学生家庭资本与学业成绩的关系：社会情感能力的中介作用[J]．中国特殊教育，2016(4)：90-96．

[29]傅亚强，徐丽华．中小学教师教学风格调查表的研制[J]．教师教育研究，2007(2)：54-57．

[30]胡伶，万恒．农村寄宿制学生社会情感学习能力调查[J]．中国教育学刊，2012(9)：87-91．

[31]黄河清，马恒懿．家校合作价值论新探[J]．华东师范大学学报(教育科学版)，2011(2)：23-29．

[32]蒋奖，鲁峥嵘，蒋苾菁，许燕．简式父母教养方式问卷中文版的初步修订[J]．心理发展与教育，2010(1)：94-99．

[33]况志华．社会建构论的人性观取向及其心理学意义[J]．南京师大学报(社会科学版)．2007(2)：112-116．

[34]鲁洁．一个值得反思的教育信条：塑造知识人[J]．教育研究，2004(6)：3-7．

[35]邵景进，李丹，郭芳，武盼盼，张大均．父母教育卷入与流动儿童的学业成绩、情绪适应：自主感和能力感的中介作用[J]．中国特殊教育，2016(1)：48-55．

[36]史宁中，柳海民．素质教育的根本目的与实施路径[J]．教育研究，2007(8)：10-14，57．

[37]涂敏霞．广州青少年心理健康状况调查[J]．当代青年研究，2006(10)：83-88．

[38]王沛，胡林成．儿童社会信息加工的情绪——认知整合模型[J]．心理科学进展，2003(4)：411-416．

[39]徐小燕，张进辅．巴昂的情绪智力模型及情商量表简介[J]．心理科学，2002(3)：332-335，374．

[40]徐小燕，张进辅．情绪智力理论的发展综述[J]．西南师范大学学报(人文社会科学版)，

2002(6)：77-82.

[41]燕国材．素质教育的回溯、成就与思考[J]．上海师范大学学报(哲学社会科学版)，2009(2)：33-40.

[42]应奇．当代政治哲学的三足鼎立[J]．国外社会科学，1999(3)：3-5.

[43]杨传利，毛亚庆，曹慧，等．学校内部教师社会网络现状及对学校管理改进的启示——一项基于社会网络分析的研究[J]．基础教育，2017(3)：68-77，113.

[44]杨炯炯，赵艳兵．杏仁核参与情绪记忆的脑功能成像研究述评[J]．北京大学学报(自然科学版)，2009(2)：355-361.

[45]俞国良．我国中小学心理健康教育的现状与发展[J]．教育科学研究，2001(7)：62-65，69.

[46]张东娇．学校变革压力、机制与能力建设策略[J]．教育研究，2015(10)：47-56.

[47]张海霞，张涛．论青少年心理健康状况的影响因素[J]．教育与教学研究，2010(2)：26-28.

[48]张立文．中国哲学的现代价值——当今世界的病态与治疗化解之道[J]．中国人民大学学报，2005(2)：33-40.

[49]张勇．从沟通走向合作——形成家校教育合力的必然途径[J]．教育科学研究，2011(3)：61-64.

[50]钟启泉．知识建构与教学创新——社会建构主义知识论及其启示[J]．全球教育展望，2006(8).

[51]王拓．推动人的全面发展是马克思主义的本质要求[N]．黑龙江日报，2018-07-04.

[52]Barnard W M. Parent involvement in elementary school and educational attainment[J]. children and youth services review，2004，26(1)：39-62.

[53]Bar-On R. Emotional and social intelligence：Insights from the Emotional Quotient Inventory (EQ-i)[M]. // R. Bar-On, J. D, A. Parker. Handbook of emotional intelligence. San Francisco：Jossey-Bass，2000.

[54]Benn R, Akiva T, Arel S, Roeser R W. Mindfulness training effects for parents and educators of children with special needs [J]. Developmental psychology，2012，48 (5)：1476-1487.

[55]Brackett M A, Rivers S E, Reyes M R, et al. Enhancing academic performance and socialemotional competencies with RULER feeling words curriculum[J]. Learning and individual differences，2012，22(2)：218-224.

[56]Brock L L, Nishida T K, Chiong C, et al. Children's perceptions of the classroom environment and social and academic performance：A longitudinal analysis of the contribution of

the Responsive Classroom approach[J]. Journal of school psychology, 2008, 46(2): 129-149.

[57]Bryk A S, Schneider B. Trust in schools: A core resource for improvement[M]. New York: Russell Sage Foundation, 2002: xiv.

[58]CASEL. Safe and sound: An educational leader's guide to evidence-based social and emotional learning (SEL) programs [EB/OL]. (2003-03-01)/[2018-04-07]. https: //casel. org/safe-and-sound-an-educational-leaders-guide-to-evidence-based-social-and-emotional-learning-sel-programs/.

[59]CASEL. 2013 CASEL Guide: Effective social and emotional learning programmes (Preschool and elementary edition)[EB/OL]. (2013-03-19)/[2019-04-07]. https: //casel. org/preschool-and-elementary-edition-casel-guide.

[60]Cathy Atkinson, George Thomas, et al. Developing a, student-led school mental health strategy[J/OL]. Pastoral care in education, 2019, 2: 3-25 [2019-02-06]. https: //doi. org/10. 1080/02643944. 2019. 1570545.

[61]Cohen J. Social, emotional, ethical, and academic education: creating a climate for learning, participation in democracy, and well-being[J]. Harvard educational review, 2006, 76(2): 201-237.

[62]Deal T E, Peterson K D. Shaping school culture: The heart of leadership[M]. San Francisco: Jossey-Bass. 1999: 7-8.

[63]Department for Education and Skills, UK. excellence and Enjoyment: Social and emotional aspects of learning. Going for Goals Theme overview[R]. London: UK Department for Education and skill, 2005.

[64]Department for Education and Skills, UK. Social and Emotional Aspects of Learning — a quick guide to these materials[EB/OL]. [2018-04-07]. http: //education. exeter. ac. uk/primpsp/documents/pshe _ and _ citizenship/05 _ getting _ started. pdf.

[65]Diane M. Hoffman. Reflecting on social emotional learning: A critical perspective on trends in the united states[J]. Review of educational research, 2009, 79(2): 533-556.

[66]Domina T. Leveling the home advantage: Assessing the effectiveness of parental involvement in elementary school[J]. Sociology of education, 2005, 78: 233-249.

[67]Domitrovich C E, Bradshaw C P, Poduska J M, et al. Maximizing the implementation quality of evidence-based preventive interventions in schools: A conceptual framework[J]. Advances in school mental health promotion, 2008, 1(3): 6-28.

[68]Durlak J A, Domitrovich C E, Weissberg R P et al. Handbook of social and emotional

learning: Research and practice[M]. New York, London: The Guilford Press, 2015.

[69]Durlak J A, Weissberg R P, Dymnicki A B, Taylor R D, Schellinger K B. The impact of enhancing students' social and emotional learning: A meta-analysis of school-based universal interventions[J]. Child development, 2011, 82(1): 405-432.

[70]Durlak J A. Programme implementation in social and emotional learning: basic issues and research findings[J]. Cambridge journal of education, 2016, 46(3): 333-345.

[71]El Nokali N E, H J Bachman, E Votruba-Drzal. Parent involvement and children's academic and social development in elementary school[J]. Child development, 2010, 81(3): 988-1005.

[72]Elias M J, Zins J E, Weissberg R P, et al. Promoting Social and Emotional Learning: Guidelines for Educators [EB/OL]. (1997-01-05)/[2019-04-07]. https://www. pausd. org/sites/default/files/pdf-faqs/attachments/promoting social and emotional learning. pdf.

[73]Fantuzzo J, McWayne C, Perry M A, & Childs S. Multiple dimensions of family involvement and their relations to behavioral and learning competencies for urban, low-income children[J]. School psychology review, 2004, 33: 467-480.

[74]Freeman E M: Teacher perspectives on factors facilitating implementation of whole school approaches for resolving conflict[J]. British educational research journal, 2014, 40(5): 847-868.

[75]Garbacz S A, Zerr A A, Dishion T J, et al. Parent educational involvement in middle school: longitudinal influences on student outcomes[J]. Journal of early adolescence, 2017, 1: 1-32.

[76]Gardner H. Frames of mind: The theory of multiple intelligences[M]. New York: Basic Books, 1983: 6.

[77]Greenberg M T, Kusche C A, Cook E T, et al. Promoting emotional competence in school aged children: The effects of the PATHS curriculum[J]. Development and psychopathology, 1995, 7(1): 117-136.

[78]Hobby R. "A culture for learning: An investigation into the values and beliefs associated with effective schools[M]. London: Hay Group Management, 2004.

[79]Humphrey N, Lendrum A, Wigelsworth M. Social and Emotional aspects of Learning (SEAL) programmes in secondary schools: National evaluation[R/OL]. (2010-10-28)/[2019-05-05]. https://assets. publishing. service. gov. uk/government/uploads/system/uploads/attachment _ data/file/181718/DFE—RR049. pdf.

[80]January A M, Casey R J, Paulson D. A meta-analysis of classroom-wide interventions to

build social skills: Do they work? [J]. School psychology review, 2011, 40: 242-256.

[81]Jennings P A, Greenberg M T. The prosocial classroom: Teacher social and emotional competence in relation to student and classroom outcomes[J]. Review of Educational Research, 2009, 79(1): 491-525.

[82]Johanna Wyn, Helen Cahill, et al. MindMatters, a whole-school approach promoting mental health and wellbeing[J]. Australian and New Zealand journal of psychiatry, 2000, 34 (4).

[83]Jones D E, Greenberg M, Crowley M. Early social-emotional functioning and public health: The relationship between kindergarten social competence and future wellness[J]. American Journal of Public Health, 2015, 105(11): 2283-2290.

[84]Jones S M, Bouffard S. Social and emotional learning in schools: From programs to strategies[J]. Social policy report, 2012, 23(4): 1-33.

[85]Jones S M, Brown J L, Aber J L. The longitudinal impact of a universal school-based social-emotional and literacy intervention: An experiment in translational developmental research[J]. Child development, 2011, 82: 533-554.

[86]Kam C M, Wong L W, Fung K. Promoting social-emotional learning in Chinese schools: A feasibility study of PATHS implementation in Hong Kong[J]. International journal of emotional education, 2011, 3(1): 30-47.

[87]Kenneth J. Gergen. Relational Being: Beyond Self and Community[M]. Oxford: University Press, 2009: 204.

[88]Korpershoek H, Harms T, de Boer H et al. A meta-analysis of the effects of classroom management strategies and classroom management programs on students' academic, behavioral, emotional, and motivational outcomes[J]. Review of educational research, 2016, 86: 643-680.

[89]Martin E. P. Seligman, Mihaly Csikzentmihalyi. Positive psychology: An introduction[J]. American psychologist, 2000, 55(1).

[90]Marzano R J. What works in schools: Translating research into action[D]. Alexandria, VA: Association for Supervision and Curriculum Development, 2003: 65.

[91]Maurice J. Elias, Roger P. Weissberg. Primary prevention: Educational approaches to enhance social and emotional learning[J]. Journal of school health, 2000, 70(5).

[92]Mayer J D, Salovey P. The intelligence of emotional intelligence[J]. Intelligence, 1993 (17): 433-442.

[93]Mayer J D, DI Paolo M T, Salovey R. Perceiving affective content in arnbiguous visual

stimuli: A component of emotional intelligence. Joumal of personality assessment, 1990, 54: 772-781.

[94] Mayer J D, Salovey P. What is emotional intelligence? [M]// Salovey P. Sluyter D. Emotional development and emotional intelligence: Implications for educators. New York: Basic Books, 1997: 3-31.

[95] McWayne C, Hampton V, Fantuzzo J, et al. A multivariate examination of parent involvement and the social and academic competencies of urban kindergarten children[J]. Psychology in the schools, 2004, 41: 363-377.

[96] Michael E Bernard, Andrew Stephanou, Daniel Urbach. ASG student social and emotional health report[R/OL]. (2007-10-17)/[2019-08-01]. http://www.ncflb.com/wp-content/uploads/2013/02/SEWB_ASG-StudentSocialEmotionalHealthReport.pdf.

[97] Oberle E, Domitrovich C E, Meyers D C. Establishing systemic social and emotional learning approaches in schools: a framework for school-wide implementation[J]. Cambridge journal of education, 2016, 46(3): 277-297.

[98] OECD. Skills for social progress: The power of social and emotional skills[EB/OL]. [2019-08-01]. http://www.oecd-ilibrary.org/education/skills-for-social-progress_9789264226159-en.

[99] OECD. Social and emotional skills: Well-being, connectedness and success[EB/OL]. (2017-12-01)/[2019-07-01], http://www.oecd.org/education/ceri/thestudyonsocialandemotionalskills.htm.

[100] Osher D M, Kidron Y, Dymnicki A, et al. Advancing the science and practice of social and emotional learning: Looking back and moving forward[J]. Review of research in education, 2016, 40(1): 644-681.

[101] Osterman K E. Students' need for belonging in the school community[J]. Review of educational research. 2000, 70: 323-367.

[102] Pomerantz E M, Ng F F, Cheung C S, Qu Y. Raising happy children who succeed in school: Lessons from China and the United States[J]. Child development perspectives, 2014, 8(2): 71-76.

[103] Rachel Gordon, Peter Ji, Peter Muhall, et al. Social and emotional learning for Illinois students: Policy, practice and progress[EB/OL]. [2019-05-01]. https://igpa.uillinois.edu/sites/igpa.uillinois.edu/files/reports/IR11-Ch6_SEL.pdf.

[104] Reyes M R, Brackett M A, Rivers S E, et al. The interaction effects of program training, dosage, and implementation quality on targeted student outcomes for the RULER ap-

proach to social and emotional learning［J］. School psychology review，2012，41（1）：82-99.

［105］Riggs N R，Greenberg M T，Kusche C A，et al. The mediational role of neuro-cognition in the behavior outcomes of a social-emotional prevention program in elementary school students：Effects of the PATHS curriculum［J］. Prevention science，2006，7（1）：91-102.

［106］Rimm-Kaufman S E，Fan X，Chiu Y J，You W. The contribution of the Responsive Classroom Approach on children's academic achievement：Results from a three year longitudinal study［J］. Journal of school psychology，2007，45（4）：401-421.

［107］Rimm-Kaufman S E，Larsen R A，Baroody A E，et al. Efficacy of the Responsive Classroom approach results from a 3-year，longitudinal randomized controlled trial［J］. American educational research journal，2014，52：567-603.

［108］Rivers S E，Brackett M A，Reyes M R，Elbertson N A，Salovey P. Improving the social and emotional climate of classrooms：A clustered randomized controlled trial testing the RULER approach［J］. Prevention science，2013，14：77-87.

［109］Rotheram-Borus M J，Swendeman D，Chorpita B F. Disruptive innovations for designing and diffusing evidence-based interventions［J］. American psychologist，2012，67（6）：463-476.

［110］Ryan A M，Patrick H. The classroom social environment and changes in adolescents' motivation and engagement during middle school［J］. American educational research journal，2001，38（2）：437-460.

［111］Second Step. Social-emotional learning program：Create a Ssrong foundation for lifelong learning［EB/OL］.（2018-04-07）/［2019-05-05］. http：//www. secondstep. org/second-step-social-emotional-learning.

［112］Sklad M，Diekstra R，Ritter M D，et al. Effectiveness of school based universal social，emotional，and behavioral programs：Do they enhance students' development in the area of skill，behavior，and adjustment？［J］. Psychology in the schools，2012，49：892-909.

［113］Solomon D，Battistich V，Watson M，Schaps E，Lewis C. A six-district study of educational change：Direct and mediated effects of the Child Development Project［J］. Social psychology of education，2000，4（1）：3-51.

［114］Sugai G，Horner R H. Introduction to the special series on positive behavior support in schools［J］. Journal of emotional & behavioral disorders，2002，10：1063-4266.

［115］Taylor R D，Oberle E，Durlak J A，Weissberg R P. Promoting positive youth development through school-based social and emotional learning interventions: A meta-analysis of follow-up effects[J]. Child development, 2017, 88(4): 1156-1171.

[116]Tschannen-Moran M, Gareis C R. Principals, trust, and cultivating vibrant schools[J]. Societies, 2015, 5(2): 256-276.

[117]Wandersman A, Chien V, Katz J. Toward an evidence-based system for innovation support for implementing innovations with quality: Tools, training, technical assistance, and quality assurance/quality improvement[J]. American journal of community psychology, 2012, 50(3—4): 445-459.

[118]Wang M C, Haertel G D, Walberg H J. Learning influences[M]// Walberg H J, Heartel G D. Psychology and educational practice. Berkeley, CA: McCatchan, 1997: 199-211.

[119]Weissburg R P, Durlak J A, Domitrovich C E, Gullotta T P. Social and emotional learning: Past, present, and future[M]// J Durlak, C Domitrovich, R Weissburg, T Gullotta. Handbook of social and emotional learning: Research and practice. New York: Guilford, 2015: 3-19.

[120] Yoder N. Teaching the whole child: Instructional practices that support social and emotional learning in three teacher evaluation frameworks[EB/OL]. (2014-01-01)/ [2019-05-05] https: //gtlcenter. org/sites/default/files/TeachingtheWholeChild. pdf.

[121]Zins J E, Weissberg R P, Wang M C, Walberg H J. Building academic success on social and emotional learning: What does the research say? [M]. New York: Teachers College Press, 2004: 189-208.